太平天国文书制度再研究

朱从兵　著

合肥工业大学出版社

《近代国家与社会丛书》
编 委 会

总　序

《近代国家与社会丛书》为江苏省重点学科苏州大学中国近现代史博士学位点标志性成果之一，旨在通过对近代国家政治、经济、社会、思想、文化等领域重大问题的研究，揭示近代社会发展变迁的内在规定性，推进中国近现代史研究的进一步深入，为当代中国社会发展提供有益的历史借鉴。

苏州大学中国近现代史学科，自著名史学家柴德赓先生1955年南下创办江苏师范学院历史系以来，经段本洛、董蔡时诸前辈辛勤耕耘，奠定了较为雄厚的基础，并于1990年后相继批准为博士学位授权点和江苏省重点学科。学科负责人先后为段本洛教授、王国平教授、池子华教授。本学科最初以近现代江南社会经济研究为主要方向和学科特色。为进一步适应经济与社会发展的需要，本学科的研究方向不断调整和增加，"九五"期间设有近现代江南社会经济、中国近现代政治与对外关系、中国近现代思想文化等研究方向。"十五"期间增设中国近现代社会史、中国近现代城市发展等研究方向。"十一五"期间增设中华人民共和国史研究方向。

近年来，本学科出版学术专著近50部，代表性的著作有：《苏州手工业史》、《左宗棠评传》、《中国近代流民》、《红十字与近代中国》、《农民工与近代社会变迁》、《胡林翼评传》、《严复著译研究》、《李鸿章与中国铁路》、《上海小刀会起义与太平天国关系重考》、《明清时期江南城市史研究：以苏州为中心》、《中国古代传统社会保障与慈善事业研究》、《当代中国农村社会经济变迁研究》等，在《中国社会科学》（英文版）、《历史研究》、《社会学研究》、《史学理论研究》、《光明日报》、《国外社会科学》、《近代史研究》、《当代中国史研究》等报刊发表学术论文800余篇。研究成果多次获省部级科研奖励。

本学科多次承担国家、教育部和江苏省哲学社会科学基金研究项目。继段本洛先生于1994年成功申报国家社科基金重点研究课题"近代江南农村"后，又相继承担了"16—19世纪苏州与徽州历史发展差异的比较研究"（主持人唐力行教授，现为上海师范大学人文学院教授)、“农民工与社会变迁——以近代苏南为中心”（主持人池子华教授)、“中国共产党民间外交理论与实践研究”（主持人王玉贵副教授)、“近代中国‘打工妹’群体研究”（主持人池子华教授)、“清代江南地区慈善事业系谱研究”（主持人王卫平教授）等国家社科基金项目的研究工作。王国平教授、朱从兵教授、余同元教授、李峰教授承担了国家“清史工程”的研究项目。此外还承担了10余项省部级社科基金项目的研究工作。

目前，本学科的主要研究特色为：在继续保持原有区域（江南）社会经济研究特色的基础上，在社会史研究特别是流民问题、农民工问题以及红十字运动研究等方面，在学术界产生了较大影响。在铁路史、思想史特别是严复思想研究、社会保障、城市史、外交史特别是民间外交史的研究上，也具有一定影响，显示出良好的发展势头。

为汇聚学科特色，我们将陆续出版团队成员的最新研究成果，以推进本学科的发展更上层楼。

池子华

2010 年秋

前　　言

关于太平天国的文书制度，笔者和崔德田先生合著的《太平天国文书制度》（广西人民出版社 1993 年版）有过初步的较为系统的阐述，当时的研究只是提出了关于这一课题的基本框架，应该说，这个框架从文书学的角度来看是可以成立的。事实上，长期以来，学术界关于太平天国文书制度的研究亦未超出这个框架的主要内容，大多是某些类型文书的新发现和介绍，但少有学者进行更为深入的、系统的研究。究其原因，一在于这个课题的难度，经前辈学者的挖掘和整理，太平天国的史料繁多，要在认真研读这些史料的基础上进行这个课题的研究，才能得出令人信服的观点，这对许多学者来说是一个挑战；二在于现行的学术评价机制，这样的研究方法和要求与现行的学术评价机制是不契合的，耗时费力的研究得到的可能是较低的学术评价，而这种评价是与物质待遇联系在一起的。在物质主义、消费主义泛滥的今天，这样的研究对许多学者的学术品性也是一大挑战。

20 年来，笔者在充实和深化太平天国文书制度研究框架方面做着艰难的努力，目前呈现的这本小册子只是一个阶段性的总结。这种努力主要体现在以下几个方面：第一，建构太平天国的文书系统。根据现在所能见到的太平天国文书种类和战争条件下政权建设的内在需要，笔者认为太平天国的文书系统由宗教文书、军政文书、经济文书和特殊文书构成，各类文书都有其特定的基本功能。第二，探索文书制度的研究方法。文书制度的研究目的，不只是呈现制度的面相与演变，更重要的是要通过制度建构和变迁的过程去揭示更深刻的内容，太平天国的文书制度为什么是这样建构，而不是那样的建构？为什么会是这样的变化，而不是那样的变化？这些建构与变化对太平天国的最终命运有何影响？这些都是值得探讨的。笔者的尝试是，将文书制度的变迁放到太平天国前期内部权力斗争的背景中去考察，对诏书衙、诏命衙两个文书机构的研究以及对前期高层文书官员的命运的分析是个例子，这样的研究就突破了此前专门的文书学的视野。针对若干文书自身的特点，运用跨学科的方法，也是笔者所乐于尝试的。如对告示的研究，就在一定程度上

运用了传播学的基本方法，对于太平天国告示的起源等问题有新的看法。第三，强化研究的问题意识。本书虽然仍在原先的基本框架之内，但以专题探讨的形式，有意识地重点解决一个个问题。丞相制度是太平天国较为复杂的问题，自2001年广州召开纪念太平天国起义150周年学术讨论会以来，笔者就一直在探讨这个问题。当年提交的论文只是初步的，会上得到不少学者的点拨和指导，此后不断进行研究，将这项制度从最初的形成到最后的形态的演变过程基本上揭示清楚了。这是笔者花费时间最多、投入精力最多的一个专题，但近10年来始终没有发表相关成果，本书是第一次呈现笔者的研究成果。

笔者坚信，通过这一个个问题的探讨，对文书制度的系统研究才有一个更为坚实的基础，也才会有更为丰富、更为深刻的内容。深入、系统的研究是一项长期的任务，不可能一蹴而就，笔者的上述努力可以概括为在系统的框架内逐步进行深入的专题研究。本着这样的考虑，本书的内容架构为：文书系统、文书人员、文书机构、文书官制。但是每一部分多采用个案的研究，对这些个案的研究都尝试着运用新的方法和视角，寻求新的发现和新的收获。

文书系统部分意在展示太平天国文书种类的全貌，在此基础上，以个案研究的形式向读者表明文书制度研究的意义所在。这种个案研究有两种形式，一是太平天国的某件文书，二是太平天国的某种文书。前者以解读的形式放在第一章，后者以专题的形式对告示进行了较为全面的研究，专列第五章。对某件文书的解读，笔者选择的是太平天国前后期具有纲领性质的《天朝田亩制度》和《资政新篇》。通过认真仔细的研读，我们就会发现《天朝田亩制度》所建构的是一个半开放的农本秩序的社会，而《资政新篇》所建构的则是一个开放的工商秩序的社会，在这两份文件中，虽然都强调上帝教的作用，但是上帝教的性质发生了本质的变化。在《天朝田亩制度》中，上帝教是为巩固农本秩序服务的，属于传统社会的宗教范畴；而在《资政新篇》中，上帝教则蕴含了资本主义的宗教伦理，适应了资本主义工商社会的需要。因此，对文书文本的研读是准确把握这些文件真义的前提，两份文件都是对社会秩序的建构，但反映了对不同理想社会的认知和时代发展不同趋势的判断。笔者对太平天国告示的研究，在上个世纪90年代就开始了，部分成果已刊于《近代史研究》、《广西师范大学学报》等刊物，但关于告示的功能问题笔者则一直在思考和积累史料。之所以研究告示，是因为在传统的传播条件下告示有其独特的作用，它在一定程度上充当了太平天国的大众传播媒介，其活动的每个方面或每个环节几乎都少不了告示，在清军和太平军之间还存在着独特的告示战。因此，系统地研究告示对于深入了解太平天国的历史有其特定的意义，在中国历代农民起义的历史上，太平天国起义算是将告示的作用发挥到极致的一次农民起义，告示的效力在某种程度上也预示着政权的兴亡。

文书是由文书人员承办的，文书人员是文书制度的载体，也是文书工作的主体，研究文书制度不能忽视了文书人员。太平天国起义的规模是历代农民起义之最，其对文书人员的需求是大量的。能不能对这种需求有一个基本的估计，笔者按前期的军政建制推算认为大约在 8 万左右。不同级别官员的文书人员配置问题，一些史料中虽有记载，但存在着错误，是需要加以廓清的。对这个问题，目前还无法展开全面的研究，笔者重点考察了高层官员文书人员的配置情况。更为重要的是，文书人员由于工作的缘故与高层官员关系密切，得到了很多机会，但在前期内部权力斗争较为激烈的背景之下也潜藏着风险，因此，他们中有些人的命运就显得一波三折，最终付出生命的代价。对文书人员命运的考察，笔者选择的个案是曾水源，指出他最终的结局实际上是东王集权主义的牺牲品，也是历代农民起义深受皇权主义浸染的一种反映，说明了皇权主义发生作用的历史规律。

文书人员大多在文书机构中从事文书工作，文书机构不只是文书人员的集合体，它有其内在的制度和各项职能，因此，在文书制度研究中，有关文书机构的内容是必不可少的。总体来说，太平天国究竟有哪些文书机构，从现存史料来看，是基本清楚的。不清楚的是，有些文书机构之间的关系及其演变情况。在这方面，笔者最大的收获是关于诏书衙和诏命衙的研究。这个收获来源于笔者对相关史料的积累，一时间，笔者所掌握的有关诏书衙的史料就有若干种，仔细研读后，一系列的问题就出来了。而学术界对这个机构的研究却较为忽视，这就给笔者提供了机会。从这个机构负责人的职官名称入手，笔者探讨了机构的职能和机构的裁撤，从中发现了许多令人深思的问题：为什么张德坚对诏书衙负责人的记载非常独特，为什么诏书衙的职能也由其他的职官和机构承担，为什么诏书衙到后来就没有了记载。要解决这些问题，就不得不深入到前期内部权力斗争的背景中去，从而得到这样的认识：诏书衙的服务对象有一个变化的过程，其职能较多，权力较大，因此，其部分职能曾被新成立的簿书衙一度代行。由于这两个机构的纠结，故而在史料中出现了一些错误记载。虽然诏命衙的职能是简单的“主写告示”，但是，由于各级职官发布的告示名称不同，这个所谓的“主写告示”也有丰富的内容。诏命衙也和诏书衙一样，经历了服务对象变化的过程，这不仅体现在所主写的告示有了重心的变化，而且表现在对太平天国科举考试的管理上。文书机构服务对象重心的变化意味着权力高层此消彼长的斗争，实际上是权力资源重新配置的一种反映。

文书机构的负责人都有职官身份，属于一定级别的职同官。不仅如此，一般的文书人员也是一定级别的职同官。因此，文书官制必须纳入文书制度研究的视野。太平天国政权中，从事文书工作的最高官员有佐天侯陈承瑢，负责收发太平天国中央政府“往来一应文书”。如将爵职分开，那么，从事文书工作的最高职官则是六官丞相，他们中的一部分人“承意旨，具文书”。其他的文书人员都是职同官，不是正职官。看来，在文书职官中，太平天国的丞相是较为独特的，对文书官制的研究以此为个案展开，由此而有一系列的新发现。丞相制度在早期的形成过程就显得扑朔迷离，笔者利用当时在社会上流传的各种太平军首领名单构建了这一个过程的12个环节。从这个过程，我们就不由得进一步追问：为什么太平天国的爵位是从侯爵开始，而不是按传统的五爵制度从公爵开始？洪秀全封五王有没有一种先封四王、再封翼王的可能性？这样的追问，很有意思，也很具挑战性。笔者只是提供了粗浅的答案，因为要回答这些问题，必须在太平天国早期开国史上花更大的工夫，对上帝会早期与会党的关系有更为深入的探讨，当时流传的那些名单带有浓重的会党色彩，要利用好这些名单，就要剔除其中的这些色彩，复原部分历史的真实。这需要相当的功力和史料的进一步发现，可以说，要坐实笔者的答案仍有相当长的路要走。丞相制度在前期以六官丞相为主干，许多学者认为其不具部制的形式，亦无部制的功能。笔者以为，从六官丞相所发挥的作用来看，应该看到太平天国在前期建立部制的努力，只是在战争条件下许多六官丞相奔赴战争前线，使部制的形态不是非常明显。到后期，六官丞相制度逐步演变成了中央六部制，六部官员成为专职。但是，后期的丞相官职仍然广泛地存在，并沿袭前期之制有虚实之分，地位亦非常低下。与此形成鲜明对比的是，前期丞相的地位很高，是最高正职官，太平天国上层往往有“侯相”之说。笔者通过考证，太平天国的“侯相”不同于封建官场上的“侯相”，前者是具有侯爵的人与官居丞相的人连在一起的复指，而后者则是对既具侯爵又为大学士这一类人的单指。从太平天国前期职官等级序列来看，“侯相”的连称也反映了丞相在前期的崇高地位。

本书是在系统的框架内所做的若干专题或个案研究的汇总，对一些问题的探讨和思考有所深入，是笔者20年来研究太平天国文书制度的心得体会的汇集，远远谈不上是系统的研究。由此看来，太平天国史研究仍然任重而道远。考虑到前有《太平天国文书制度》的出版，而本书是在前书基础上若干问题的继续探索，故名《太平天国文书制度再研究》。

目　录

第三章　太平天国的文书机构

第四章　太平天国的文书官制

第一章　文书系统与文书解读

每个政权都有其特定的文书系统，这种文书系统反映了政权的具体特性，如政权组织的理念、权力结构的格局以及政权运作的过程。因此，建构和揭示太平天国的文书系统是有必要的。文书系统中的特定文书，往往包含着深层次的信息，这需要研究者进行深度的解读。但是，不同的研究者由于知识结构和学养积累的差异，对相同的文书可能会有不同的解读，甚至会挖掘出不同的信息。在建构太平天国文书系统的基础上，对文书解读的方法进行探讨，也是很有意义的工作。本章对《天朝田亩制度》、《资政新篇》以及刘丽川上天王奏折进行重新解读只是示例，基本的方法是仔细地、反复地研读、揣摩、思考文书的文本内容，努力地复原文书作者的真实心境、昭明作者最真实的文本意图、理清文书内在的逻辑思路。运用这种方法解读文书，研究者应该会有新的发现、新的看法。

一、太平天国文书系统

太平天国是中国历史上唯一广泛使用文书并具有完备文书制度的农民起义政权，给我们留下了大量的文书资料。总的看来，我们可以将太平天国文书分为宗教文书、军政文书、经济文书和特殊文书四大系统，每个系统又都有特定的文书形式和文书种类。

1. 宗教文书系统

太平天国宗教文书，是指其名义上的发布者或收阅者为上帝教精神领袖天父或天兄的文书。这类文书或其发布借助于宗教手段，或其内容宣传宗教教义，或其用途是为宗教活动服务的。太平天国宗教文书包括天父圣旨、天兄圣旨和各种奏章，现存天父圣旨和天兄圣旨主要集中在《天父上帝言题皇诏》、《天父下凡诏书一》、《天父下凡诏书二》、《天命诏旨书》和恩师王庆成先生编注的《天父天兄圣旨》里。

天父圣旨和天兄圣旨属于借助于宗教手段发布的宗教文书，它们是太平天国初期对敌斗争和内部权力之争的产物。道光二十七年（1847）十一月，冯云山因砸毁紫荆山雷庙而被捕。道光二十八年（1848）三月，洪秀全返回广东设法营救，造成了紫荆山上帝会根据地的权力真空，因此，杨秀清、萧朝贵分别代天父和天兄传言，用以约束和管理处于群龙无首状态的上帝会群众，并确立自己在上帝会中的领导地位。但是，天父、天兄下凡之始并未立即在上帝会确立权威地位，当时还有别人搞别种神灵附体传言，因此，会内有人记录了他们的传言以供洪秀全鉴定真伪。在经洪秀全确认天父、天兄的权威地位后，他们每次下凡都有正式的记录，然后将记录奏告天王，这些记录就是天父圣旨和天兄圣旨的由来。天父圣旨的记录是由蒙得天（即蒙得恩）和曾天芳负责的。"秀全命韦正记录天父下凡诏旨，韦正等转命蒙得天、曾天芳记录"①。天父圣旨和天兄圣旨是太平天国前期一段时间内的最高指示，包括天王在内的所有官员百姓都必须无条件地服从和执行。

太平天国农民运动带有浓烈的宗教色彩，这不仅仅反映在政治、经济、军事等各个方面，而且也十分鲜明地反映在人们的日常生活中。太平天国规定："凡生日、满月、嫁娶一切吉事，俱用牲馔茶饭祭告皇上帝。""凡作灶、做屋、堆石、动土等事，俱用牲馔茶饭祭告皇上帝。"②《天朝田亩制度》明确规定："凡两司马办其二十五家婚娶吉喜等事，总是祭告天父上主皇上帝，一切旧时歪例尽除。"③《贼情汇纂》也载："佳时、令节、寿诞、生子、弥月与夫攻陷何地，在贼中所谓喜庆事，则不拘常格，另备盛馔，普敬天父。其有疾病、修灶等事，悉如天条中所载奏章格式缮写，读而焚化之，敬天父以祈福。"又说："贼中有喜庆事必礼拜，又以寻常礼拜日为喜庆事。是日群下皆具禀奏，请安称贺。"④ 这些日常生活中的宗教活动即使在北伐军中也得到充分的反映，据《张维城口述》说："贼人每日念经三遍，早晚二遍，上灯时烧茶一遍，或十人或廿人一齐念，念完跪在席棚内叩头，后即各归营去。"因此，为这些日常生活中的宗教活动服务的宗教文书产生了，是谓奏章。奏章在太平天国准备起义的初期就已出现，反映太平天国早期历史的《太平天日》在提及洪秀全道光二十九年六月返回紫荆山根据地以后的情况时，记载道："主命觐王黄维正转回桂县。主每天同南王写书送人，时将此情教道世人，多有信从真道焉。幸得曾云正四处代传此情，大有功力，故人多洄醒也。主居月余，主与南王冯云山、曾云正、曾玉景、曾观澜等写奏章，求天父上主皇

① 中国史学会主编：《中国近代史资料丛刊·太平天国》（以下简称《太平天国》），第1册，上海人民出版社、上海书店出版社2004年版，第7～8页。

② 《太平天国》，第1册，第76页。

③ 太平天国历史博物馆编：《太平天国印书》，上册，江苏人民出版社1979年版，第410页。

④ 《太平天国》，第3册，第263页。

上帝选择险固所在栖身焉。"[①] 太平天国的这种宗教奏章共有13种：

（1）悔罪奏章：用于违犯天条者决心改过悔罪，向皇上帝祈求宽宥。

（2）礼拜奏章：一种是用于悔罪的礼拜奏章，违犯天条者在悔罪后，还必须每天早晚礼拜皇上帝，甚至在吃饭时也必须感谢皇上帝，这些活动就要吟哦礼拜奏章；另一种又称祈祷文，用于每个星期日全体太平天国成员举行礼拜皇上帝的仪式，其七日礼拜奏章"用黄表纸叠成四页，页面写奏章二字，页内空数行，尽一馆所有贼众姓名，全行写入"[②]。这种祈祷文有两个版本，一是保存在太平天国手写本的《天条书》中[③]，二是秦日纲等人于咸丰三年（太平天国癸好三年，1853）撰拟的赞美章句，认为天王洪秀全是"日光之照临，万方晋察"，而东王、列王则是"风云雨雷电光之敷布，化洽群生"，"赞美上帝，为天圣父，是魂爷独一真神；赞美天兄，为救世主，是圣主舍命代人；赞美东王，为圣神风，是圣灵赎病救人；赞美西王，为雨师，是高天贵人；赞美南王，为云师，是高天正人；赞美北王，为雷师，是高天仁人；赞美翼王，为电师，是高天义人"[④]。《天朝田亩制度》规定每25家设礼拜堂一座，"凡礼拜日，伍长各率男妇至礼拜堂，分别男行女行，讲听道理，颂赞祭奠天父上主皇上帝焉"[⑤]。星期日礼拜皇上帝是太平天国前后期执行得都比较严格的一种制度，可以说，这种祈祷文是太平天国使用最多的宗教文书之一[⑥]。

（3）祛病奏章：用于病人向皇上帝祈祷早日病退，身体康复。

（4）用于生日、满月、嫁娶等事的奏章，向皇上帝恳求吉庆。

（5）用于作灶、做屋等事的奏章，向皇上帝恳求万事胜意，大吉大昌。

（6）升天奏章：用于为死者及其家眷祝福。

（7）花烛奏章：专门用于结婚，为新人祝福。

（8）谢恩奏章：用于升官谢恩。

（9）端阳奏章、中秋奏章和除岁奏章都是用于庆贺节日的奏章。

（10）元旦出行奏章：用于元旦那天外出前向皇上帝祈求幸福。

（11）祝寿奏章：用于为天王祝寿。

---

① 《太平天国》，第2册，第648页。

② 《太平天国》，第2册，第263页。

③ 罗尔纲、王庆成主编：《中国近代史资料丛刊续编·太平天国》（以下简称《太平天国》续编，第3册），广西师范大学出版社2004年版，第5页。

④ 《太平天国》续编，第3册，第10页。

⑤ 太平天国历史博物馆编：《太平天国印书》，上册，江苏人民出版社1979年版，第410页。

⑥ 余一鳌《见闻录》收有"贼礼拜奏章"，参见太平天国历史博物馆编《太平天国史料丛编简辑》第2册，中华书局1962年版，第131页。

(12) 乔迁奏章：用于乔迁新居时祈求皇上帝保佑。

(13) 开印奏章和封印奏章：用于官员迁谪以后启用新印和停止使用旧印时举行的仪式，感谢皇上帝鸿恩扶持看顾①。

应该注意的是，宗教文书系统还包括宗教经典，如《旧遗诏圣书》、《新遗诏圣书》等（参见后文的印书介绍）和后期天王洪秀全和幼主洪天贵福一些纯粹讲述宗教的诏旨，这类诏旨如咸丰九年（太平天国己未九年，1859）的《打死六兽梦兆诏》，咸丰十一年（太平天国辛酉十一年，1861）的《长谢爷哥福久长诏》、《太平天日今日是诏》、《同天同日享永活诏》、《眼见天日主乾坤诏》、《天王敬哥如爷理本当诏》，幼主诏旨如咸丰十一年的《父子公孙永作主诏》。

2. 军政文书系统

军政文书一般有明确的行文对象，按行文关系也可将太平天国军政文书分为三类：

第一类是下行文书。

下行文书是指上级向下级发布命令或指示而形成的文书。天王诏旨是天王洪秀全发布的军政命令，在前期，天王诏旨虽多，但“秘而不传”，“外人不得而见”，天京事变后成为太平天国的最高指示或命令，是最高级别的下行文书。《贼情汇纂》指出：“凡洪逆所出伪诏，贼中称为‘天王诏旨’。”“既陷江宁，侈然自肆，遂用数尺黄绸画朱格，首行列天王诏旨四字，余系洪逆亲书天王诏曰云云，虽钦此二字，亦系自写。其黄绸长三尺，横幅朱丝，天王二字出格双抬”。②《见闻录》载：“其文字，伪天王文书曰诏旨。”③ 幼主诏旨主要是后期天王为了培养幼主洪天贵福写作诏书的能力，让他进行练习的产物，其效力则仅次于天王诏旨。天王曾颁布诏旨：“朕命幼主写诏书，颁婿万信脱迷途，遵此十救诏习练，上天常生福长悠。”④ 幼主诏旨在庚申十年以后较多。

太平天国前期的政体为天王虚君制，实际权力掌握在东王杨秀清手里，举凡施政方针、军事战略、爵职升迁任免等都须由杨秀清裁定，因此，在前期下行文书中，仅次于天王诏旨的就是东王杨秀清发布的诰谕了。《贼情汇

---

① 上述13种奏章可参见《太平天国》第1册第74～76页、《太平天国》第2册第704～707页。

② 《太平天国》，第2册，第189～190页。

③ 太平天国历史博物馆编：《太平天国史料丛编简辑》，第2册，中华书局1962年版，第127页（以下简称《太平天国史料丛编简辑》，第2册）。

④ 祁龙威：《太平天国经籍志》，广西人民出版社1993年版，第42页。

纂》载："贼中行事多所更张，初出一令雷厉风行，三日之后不弛则改，盖虑官兵之侦探，兼防逃人之漏泄，未始非贼之胜算，而独于一切诰谕诸名目，自矜井井有条，故至今犹仍之。"① 由于只有西王萧朝贵与他处于同一级官阶，东王和西王常常是会衔下达诰谕，即使是咸丰二年（1852）八月西王萧朝贵战死长沙以后，仍然出现东西王会衔发布诰谕的现象。诰谕的形成有三种情况：一是奠都天京之后的一段时间，所发诰谕都是由杨秀清、韦昌辉、石达开三人"密计妥协"而撰拟的，"大事则登伪朝面奏，小事即具伪本章入奏，亦有时事过方奏，或竟不奏者"；二是至咸丰四年（太平天国甲寅四年）以后形成了一个比较完备的且较有效率的制度，诰谕的撰拟主要由侯相"商议停妥"，侯相的作用得以凸显。《贼情汇纂》载："逮甲寅年贼踞江宁日久，为声色所迷，思无为而治，所有政事悉由伪侯相商议停妥，具禀于石逆，不行则寝其说，行即代杨逆写成诰谕，差伪翼参护送杨逆头门，交值日伪尚书挂号讫，击鼓传进，俄顷盖印发出，即由伪东参护送韦逆伪府登簿，再送至石逆处汇齐，由佐天侯发交疏附官分递各处。虽层层转达，而毫无窒碍，曾于一日之内发谕至三百件之多，缘军务中又杂以喜庆诸事也。"三是处理紧急事件的诰谕，则有特事特办的制度："倘遇紧要事件，则以尺许黄绸写成伪诰谕，重包密裹，外做家信式样，以重价令沿江百姓投递，并许以显官厚赏，愚民无知，既利其银，又冀得官，鲜有不堕其术中者。"②

诫谕是北王韦昌辉对翼王石达开及其以下诸王国宗和文臣武将的指示或命令。训谕则是翼王对其以下诸王国宗和文臣武将的指示或命令。诲谕则不似诰谕、诫谕和训谕是某人发布的下行文书的专用名称，它在前后期都存在着，在前期是燕王秦日纲、豫王胡以晃和诸王国宗对以下各级官员的命令或指示，在后期则是六爵（义、安、福、燕、豫、侯）对以下各级官员的命令或指示，但现存后期诲谕多为福、豫两爵的。諠谕是太平天国后期干王洪仁玕发布的命令或指示，是后期仅次于天王诏旨和幼主诏旨的下行文书。谆谕从现存史料来看是太平天国后期忠王李秀成、英王陈玉成、侍王李侍贤和扬王李明成等对下级官员的指示或命令。

晓谕在前期是侯、丞相、检点和指挥、将军等中层官员发布的对其以下各级官员的命令或指示，到后期则是六爵及其部属发布的指示或命令，现存后期晓谕多为安、燕、侯三爵的。札谕在前期被规定为侯以下各级官员发布的指示或命令，和晓谕为同一级别。事实上，在前期同一人发布的指示或命

① 《太平天国》，第2册，第191～192页。

② 《太平天国》，第2册，第192页。

令，有时称晓谕，有时称札谕。如咸丰五年二月十七日赖姓殿右陆拾肆指挥发布《劝四民从真向化晓谕》，而他于二月十九日发布《劝徽城郡邑流民归真炼正札谕》。后期札谕也是侯以下的各级官员使用的下行文书，其级别和前期相似。钧谕、珍谕、劝谕、咏谕是太平天国后期才出现的下行文书，似为义、安、福三爵以及副掌率、天将、主将等发布的指示或命令，诲醒、勖醒和珍醒也是后期六爵及其部属发布给中下级官员的下行文书。此外，还有一些下行文书称札、谕和会谕的。《见闻录》载："王行下曰谆谕、瑞谕，义曰泳谕，安曰诲谕，福至豫曰珍谕、钧谕，侯以下曰晓谕。"[①]

告示是太平天国的各级职官对人民群众乃至对敌军将领士兵的命令、指示或劝诫，各级职官发布的告示的名称与其下行文书名称相同。告示是太平天国对人民群众宣传思想主张和政策措施的大众传播媒介，也是人民群众了解太平天国思想主张和政策措施的重要信息渠道，它充当着太平天国与人民群众的中间桥梁（参见第五章）。

第二类是平行文书。

平行文书是指行政平级之间的公务往来而形成的文书。太平天国的平行文书有两种情况，一是太平天国对外交涉而形成的外交文书，二是太平天国内部各平级官员之间的公务文书。但无论是哪一种情况，其名称都有两种，一是"照会"，《见闻录》载"其来往文书，平行曰照会"[②]。二是"书"、"启"、"函"，如《李鸿昭等致粤港英法军官书》、《莫仕睽致英翻译官照会》、《蒙时雍李春发复梁凤超等书》和《莫仕睽至梁凤超照会》。"书"又有两种，一种是主动发出的，称"书致"；另一种是答复别人发来的，称"书复"。太平天国内部所谓的平级官员是指处于同一官阶的官员，并非指同一种职官或同一级职官。

第三类是上行文书。

上行文书是指下级向上级请示、请求或汇报而形成的军政文书。本章是太平天国最高级别的上行文书，在太平天国初期就已使用。《天父天兄圣旨》载韦昌辉对天兄说："天兄，小弟既写成本章，欲差人到平山，奏知二兄。"[③]本章在前期有严格的规定，据《贼情汇纂》载："群贼具奏于洪逆，概谓之本章，然不能迳达，必由杨逆率韦石诸逆转奏。能列名于本章者，惟杨韦石三逆，下此具本章于洪逆，仅请安、贺喜、谢恩而已，概不准奏事，且必须请

① 《太平天国史料丛编简辑》，第2册，第127页。
② 《太平天国史料丛编简辑》，第2册，第127页。
③ 王庆成编注：《天父天兄圣旨》，辽宁人民出版社1988年版，第29页。

杨逆盖印，否则洪逆不阅。”故而本章的数量很少，留存至今的则更少。《贼情汇纂》又介绍本章的格式及运转程序说：“用大黄纸叠成四页，页面朱画云水双龙，中空三寸长格，墨笔写本章二字，上盖杨逆伪印，页里红格十二行，行各二十四字，不用封套，另用红缎绣龙护书装入红缎套内，由伪参护递至伪朝门，当日批出，即由伪侍卫递至石逆头门。”[①] 后期本章又称本奏，由于实行赍奏制度，能列名于本章者也寥寥，似乎只有王长兄、王次兄和干王等总揽朝纲的诸王。

禀奏是太平天国直接上达给东王杨秀清的请示或报告。由于太平天国军政事务多必须报请东王做出决定，所以禀奏的数量较多，造成了“所谓本章寥寥，而禀奏独太多”的现象[②]。禀报在前期是燕王秦日纲、豫王胡以晃及其以下各级官员上达给北王韦昌辉、翼王石达开的请示或报告，偶尔也有上达给东王杨秀清的，如咸丰二年《曾水源林凤祥李开芳报告西王萧朝贵中炮伤重上东王杨秀清等禀报》，在后期是忠王以下各级官员上达给忠王李秀成的请示或报告。禀申在前期是侯及其以下各级官员上达给燕王秦日纲、豫王胡以晃的请示或报告，至后期按规定是侯及其以下的各级官员上达给燕、豫两爵的，实际上，上达给其他六爵及其属官的请示或报告也称禀申，如咸丰十一年十二月二十六日（1862 年 1 月 25 日）《余定安上筹天义梁扶殿左一同检刘禀申》和同治元年正月十九日（1862 年 2 月 17 日）《余定安再上筹天义梁扶殿左一同检刘禀申》，都是上达给六爵属官的。《见闻录》载：“下行上曰禀达，下禀上曰跪禀申，私函曰敬启，上行下曰札示。”[③]

敬禀在前期被规定为下级官员对侯及其以下的上级官员的请示或报告，但后期规定对侯以下上级官员的上行文书称为晓示或敬启，对侯的则称禀敬禀，但在实际的文书工作中都没有使用，所谓的晓示、敬启和禀敬禀都无实例留存至今。跪禀是后期运用最为广泛的一种上行文书，有六爵上给诸王的，有低一级六爵上给高一级六爵的，有低一级官员上给高一级官员的，甚至有一般老百姓的上书。跪禀用于上层主要是请安、贺喜和谢恩，用于下层则是言事，要求解决具体的问题。上呈是太平天国后期民事诉讼所用的上行文书。

对于上行文书，太平天国各级职官一般有批示。关于批示的名称，太平天国前后都有明确的规定，不同级别职官的批示，其名称就不同。天王对本章的批示称为御批，又名御照，东王的批示称为金批，北王的称宝批，翼王

---

① 《太平天国》，第 2 册，第 202 页。

② 《太平天国》，第 3 册，第 202 页。

③ 《太平天国史料丛编简辑》，第 2 册，第 127 页。

的则称贵批。后期又有珍批（六爵批）、锦批、雅批、钧批、台批、玉批和藻批等名称。各级官员的批示一般不批在下级官员上达的上行文书上，而是另外用纸，另具格式。《贼情汇纂》载：“凡禀事，由伪丞相拟批送进，准行发出，交伪尚书录批，粘于首逆头门。”又解释说：“伪批式：长阔无定，伪王皆黄纸，伪侯以次皆红纸。凡其下具禀奏，杨逆阅后发出，交伪丞相拟批，伪尚书謄批，伪侯以次则由所属六部书、六部掌书拟批謄批，然所批字不謄于原禀之后，故另有此式，既謄之后，则张贴伪署门首，间有用封筒递回者。”①

通过考察太平天国的军政文书，可以发现太平天国后期的文书名称较为混乱。就下行文书而言，除天王诏旨、幼主诏旨、諠谕和谆谕不得擅自僭用外，其他如晓谕、札谕、钧谕、劝谕、珍谕、咏谕、诲谕、勖醒和珍醒等似无确定的级别，各级职官可任意选用，而后期《天朝爵职称谓》和《太平礼制》中规定使用的下行文书名称如金谕、瑞谕、调谕、论谕、语谕、谓谕、是谕、嫡论谕、嫡语谕、奉敕等却未在文书工作实践中使用②。就上行文书而言，跪禀虽不是太平天国规定使用的名称，但运用却最为广泛，而禀详、禀叙、禀白、禀呈、禀敬、表奏、陈奏、嫡陈奏、详奏、嫡详奏、禀通、申报等上行文书名称虽为《天朝爵职称谓》和《太平礼制》所规定③，但在文书工作实践中亦未使用。所有这些现象并不是表明太平天国后期民主化的倾向，而是太平天国后期朝纲紊乱、政令不达的表现。

3. 经济文书系统

经济文书是太平天国从事经济活动的产物，是太平天国为了筹集军需用品、进行对外贸易和商业活动等而开出的各种收据、凭证或执照，或称为“凭”，或名曰“条”，或呼其“票”，或称为“单”，或名曰“照”，或呼其“挥”，反映了太平天国的各项经济政策和措施。这类文书按其内容可分为以下三类：

第一类是反映土地租赋关系方面的。

太平天国奠都天京以后不久颁布了《天朝田亩制度》，提出了平均分配土地的具体设想，但是这种绝对平均主义的要求在实际的社会经济活动中是根本办不到的。为了保证太平天国的军需供给和人民生活的物资供应，特别是

① 《太平天国》，第2册，第200页。
② 《太平天国》，第1册，第112～114页。
③ 《太平天国》，第2册，第700～702页。

为了解决天京城内的粮食供应问题，在《天朝田亩制度》颁布后不久，杨秀清、韦昌辉和石达开等根据天京粮食供应紧张的情况，上奏洪秀全要求实行"照旧交粮纳税"的政策，得到天王洪秀全的批准。

"照旧交粮纳税"就意味着承认当时的土地占有关系，无论是地主占有的土地，还是地主遭受农民起义的打击后由农民占有的土地，太平天国都承认他们的土地所有权，为此，太平天国发给他们田凭、荡凭等证书，作为拥有土地所有权的法律凭据。荡凭是针对沿海沿湖沿江等地的居民对滩涂湖荡等特殊地块的占有关系而颁发的。到后期颁发田凭、荡凭也收取一定的费用。如同治元年九月初七日（太平天国壬戌十二年九月十八日）的《斑天安办理长洲军民事务黄酌定还租以抒佃力告示》中称："今本爵宪酌定：还租自完田凭者，每亩三斗三升，佃户代完者，每亩二斗五升，高区八折，以抒佃力而昭平允。"①　匍天福李有庆、忠孝朝将吏政书舒在同治元年十二月十七日（太平天国壬戌十二年十二月二十四日）给石门富户沈庆余的会谕中也说："至于节征亩捐、田凭等项，缴数为弟等居多。"②　曾含章《避难记略》载："又令业户领伪凭曰田凭，诱以领凭之后得以收租，卒无人应之者。盖明知租之必不能收，而深虑贼之知为业户而加害不休也。"③

"照旧交粮纳税"政策的重心是要求占有土地的地主和农民向太平天国缴纳田赋，田赋包括地丁银和粮米两项。这有两种情况：如果是地主占有土地，那么就允许地主收租，由地主向太平天国缴纳田赋，为了保护农民阶级的利益，太平天国拟制了收租票；如果是农民直接占有土地，那么就要求农民直接向太平天国缴纳田赋。为了做好征收田赋的工作，太平天国乡官往往要了解一地田地的基本情况，以便对一地的田赋有一个总的了解，这就需要编制田地清册，田地清册又简称田册。曾含章《避难记略》说："贼初至时，派定伪乡官，责令将各图田地造伪册收粮。伪乡官向佃户写取田数，佃户中每有以多报少，此亦理之应尔也。后伪乡官造成伪册，计有成数以报贼中，又将佃户中之以多报少者，危词赚出，收取皆以入己，揆之天理王法，应当如何?"④　咸丰十一年六月二十八日（太平天国辛酉十一年六月二十四日），《僚天福统下正北乡左营师帅给东一图地保胡士毫旅帅胡作舟勖醒》即称："现来

① 太平天国历史博物馆编：《太平天国文书汇编》，中华书局1979年版，第146页（以下简称《太平天国文书汇编》）。

② 《太平天国文书汇编》，第262页。

③ 《太平天国》续编，第5册，第352页。

④ 《太平天国》续编，第5册，第353页。

监局汪大人珍谕，转咨军帅沈大人催造田地清册，仍照旧章所办。”① 在正式征收前发给各户通知，让各户知道应缴纳田赋的数量。这种通知在太平天国称为“由单”，由单有简有繁，繁者如“易知由单”，简者如“便民须知由单”、“便民由单”和“捐缴军需由单”。无论是地主还是农民，在完纳田赋以后，太平天国乡官都要发给他们完纳田赋的收据或凭证，以便随时查核。由于各地征收田赋的制度不一，这些收据或凭证的名称也比较复杂。有些地方一次性征收完毕，完纳粮米的收据或凭证称为纳米执照，或征收粮票，或漕粮纳照，或完粮串票，或粮米执照等；完纳地丁银的则称为完银串票，或漕银纳照，或田捐支照，或收照，或地丁执照等。有些地方分上忙、下忙或春纳、秋纳两次征收，这些地方完纳田赋的凭据名称有春纳执照、秋纳执照、下忙纳照、下忙粮票、下忙钱粮执照、尚限执照和尚下限执照等。有些收据或凭证，太平天国乡官还留有存根，如纳米执照的存根称为“户口田单”。在有些地方，太平天国还设有收租局，收租局在收租后必须编制花户银漕细数清单。如咸丰十一年九月二十一日（太平天国辛酉十一年九月十四日）《济天义委办锡金在城赋租总局经董薛知照》中就说：“现蒙老大人暨左壹文经政司吕大人面谕……奉此，合亟知照在城各业户一体知之，务即开明应办都图花户银漕细数菁单，并业田租数遵限送局，以凭汇造菁册转呈，切勿观望自误。”②

太平天国除了征收田赋外，还按田亩征收其他杂税，如门牌费等，对非农业的其他农村居民如灶户、渔民等也征收一些捐税。太平天国乡官都发给完税的收据或凭证，苏州大学社会学院资料室即藏有太平天国征收灶课钱的两件业户执照。忠王李秀成在同治元年（太平天国壬戌十二年，1862）的一道谆谕就很能反映太平天国统治区乡村社会的租赋关系：“今酌议仍责成各佐将先办田凭，次征上忙，再追海塘经费。次第举行，以纾民力；并勒限完纳，不准蒂欠。”③

第二类是反映商业关系方面的。

太平天国从咸丰四年（1854）开始恢复商业活动，允许行商坐贾经营商业店铺。对于行商，太平天国发给路凭，为他们的商业往来提供方便。东阳文书中《东阳南门师帅许公衡旅帅汪熙坎等请谕禁越境滋扰上韵天福跪禀》中亦称：“本欲赴台禀求路凭，前往邻邑采买米粮，以济不给。”④ 也就是说，

---

① 《太平天国文书汇编》，第192页。
② 《太平天国文书汇编》，第134页。
③ 《太平天国文书汇编》，第206页。
④ 《太平天国文书汇编》，第282页。

凡外出进行买卖，均须携带路凭。《近代史资料》第65期刊登的太平天国路凭绝大多数是发给商人的。对于坐贾，也就是一些店铺的业主老板，太平天国也发给营业执照，如商凭、照凭、店凭、执照和卡凭等。如果业主老板因时间仓促，来不及办理正式的营业执照，那么，太平天国就发给临时营业执照，如印照等，正常营业以后，再颁给正式营业执照。曾含章《避难记略》载："各乡镇店家，必有伪凭方得开张，曰商凭。每张索钱数千文，小或数百文，上书某人开张某店于某处，资本钱若干，按日每千抽伪捐钱数十文。开店者贸易无利，俱加于货物上，所以各货倍昂。"又载："船只来往，亦必有伪凭，曰船凭，上书某人某船，大小装载担脚若干，海船亦然。每张大者数千文，小亦数百文，船钱亦因之昂贵。"①

太平天国除了保护行商坐贾正当的经营权利外，还对他们提出了许多指示和要求，其中之一就是要求他们向太平天国纳税。为了保证商业税收和保护商业税收政策，防止偷税漏税，太平天国也给完纳商业税收的行商坐贾开具各种收据或凭证，如捐票、卡票、零税票和捐照等。《见闻录》载："其把卡有官卡、民卡之别：民卡凡肩挑贸易来往，均需验货抽税，给票放行，空身者任过；官卡凡公事人来往，均须验路票挂号放行，无路票则指为逃兵，立时锁究，衣百姓衣则不问。"②

第三类是反映生活及军需用品来源与供给关系方面的。

太平天国对生活及军需用品的来源和供给实行圣库制度。圣库物资的来源之一是人民群众的纳贡，在前期太平天国每到一处都得到人民群众的热烈欢迎和拥护，他们不惜"倾囷倒库"把自己的粮食等物件贡献给太平天国，太平天国为取信于民，凡贡献物资的老百姓，都发给贡单或贡照作为凭证。因为这种贡单或贡照表示对太平天国的归顺，可起到对百姓的保护作用，所以，贡单或贡照亦可称为护照。咸丰十一年十二月初日（太平天国辛酉十一年十一月二十三日）《侍王李侍贤劝浙江太平子民各知效顺谆谕》中说："今据尔邑既有投诚之辈，为此剀切谆谕，尔太平一邑子民，若果倾心归诚，即限于三日内，各乡各村、民间铺面，均要备办饷银、马匹、洋枪、火药，速速来黄，先行进贡，纳款迎师，自当按户给与护照，各乡安业如常。"③《贼情汇纂》介绍贡单说："然贼目甚多，伪官甚众，凡出外掳掠之贼，无不怀贡单以往者。当其踞一乡一邑之时，先以小惠笼络无业游民，为之耳目，探听

① 《太平天国》续编，第5册，第352页。

② 《太平天国史料丛编简辑》，第2册，第126页。

③ 《太平天国文书汇编》，第139页。

某也富，某也贫，然后大张伪示，令百姓于三日内办好贡物，交至某处，领给贡单云云。甚有一户而领四五贡单者。盖贼又分别所贡为何物，则填何项贡单以予之，如银钱衣物则盖伪圣库印信，鱼鸭鸡猪则盖伪宰夫印信，余可类推。”[①] 但是，贡单的效力似乎是个问题，“乡民方幸领得贡单，高揭门首，可为护符，孰知不数日，二起三起收贡之贼又至，乡民以贡单支拒，贼目辄勃然变色曰：‘尔以贡单吓我耶？彼东王府差来，我北王或翼王府差来者，尔不交贡，必斩尔人，焚尔屋。’乡民又觳觫，又复进献。甚至一月之中，收贡之贼五六至”[②]。百姓贡献的物资解归圣库，在进入圣库时还要登记注册，成为贡册。还有一种凭证也颇能反映圣库物资的来源，这就是封条。据《贼情汇纂》载：“封条则各伪官皆有之，卒长、两司马外出掳劫，亦各带封条数十张，但见钱谷即封，徐徐搬运。”[③] 封条的使用有若干情况：第一，“伪王无封条，如出师在外，则用太平天国年月封条。”第二，佐天侯陈承瑢发放的封条用来封船，上写“太平天国真忠报国佐天侯加壹等世袭陈×年×月×日封”，张德坚《贼情汇纂》介绍说：“此系奉伪令出师之人请以封船。凡贼中船只自南京出者，无陈贼封条，概为私行，察出治罪。”第三，各级职官用来封屋的封条，上写某官某年某月某日封，中盖职官印。《贼情汇纂》又介绍说：“此系有伪官印封条。出师在外，用以封屋。凡虏得钱粮，亦用此条封识。”张德坚还指出：“伪官在外虏掠，皆有封条，或刷印，或临时书写，纸色黄白红无定。伪佐天侯封条系专用封船者，贼目率众出扰，必领陈贼船封，否则水营不发船只。第二封条（指用来封屋等的封条）不过具一式以概其余。凡群贼出而剽掠，皆挟封条百数张以行，见房屋即封，见物即封，一经封识，居民之物即为贼有。”[④] 后期也有使用封条的记载，如咸丰十一年十一月初一日（太平天国辛酉十一年十月二十二日）《讨逆主将范汝增照复英美驻宁波领事等》最后即提到“附来封条贰拾壹纸”，用以保护外人在宁波的财产[⑤]。

反映物资供给方面的文书，主要有发物单、报销底簿、领发物单、油盐口粮挥条和油盐转发通知。发物单是圣库逐日记载所发出物资的登记单，不仅记载了收领物资的人员和数量，而且有时还记载了是由谁批准发放的，但它没有记载物资发出后的存余。报销底簿则记载了军需和日用物品的报销和存余，具体内容包括报销的人员、时间及具体的物资数量和存余的具体物资

① 《太平天国》，第2册，第235页。
② 《太平天国》，第3册，第270页。
③ 《太平天国》，第3册，第236页。
④ 《太平天国》，第3册，第241页。
⑤ 《太平天国》续编，第3册，第118～119页。

数量。领发物单是太平天国基层单位对从圣库领回物资的登记单，它按日记载，不仅记载物资在圣库是由谁发放的，发放数量，而且载明了物资是由谁从圣库领回的，一些并非从圣库领回的物资也在登记之列。

太平天国对人民群众日常生活用品如油盐口粮等的供应也实行严格管理，一般每户都持有上级将领颁发的油盐口粮挥条，每户持此挥条可去圣库领取油盐口粮。《见闻录》载："闲条曰挥，其领米油盐子药民夫皆须先至佐将处领挥，各馆收挥付物。"① 有些地方油盐口粮的供给以基层组织为单位，为此基层组织就必须统计人数，按标准算出所需油盐口粮的总数，然后给圣库发出通知，是谓油盐转发通知。还有一种油盐口粮挥条用于基层组织向圣库领取本单位的油盐口粮，与油盐转发通知一起使用，作为基层组织至圣库领取油盐口粮的凭证。到后期，油盐口粮挥条具有货币流通的性质，可作为转让、抵债、抵赋的凭据。同治元年十一月初八日（太平天国壬戌十二年十一月十七日）垈天福吴奉春敬复抚天豫徐少蘧启中说："承嘱陆恒石之事，既系令戚，与弟亲友无异，似难有拂台意，是以特备粮挥一纸，计米贰百担，交与项先生带尚，祈兄台转交陆令亲，以便与诸司结账，藉使他人踊跃解缴。"②

此外，还有一些没有实例原件留存至今而又为史料所载的经济文书，如地主收租的存根租簿、有些地方征收杂税而开具的牙帖、渔课执照等。

4. 特殊文书系统

太平天国文书的种类繁多，除前述三大系统外，还有一些未能纳入的，姑且称之为特殊文书，按其用途可分为三类：

第一类是用于维持战时社会秩序的。

维持战时社会秩序的关键是加强对统辖区内各级各类人员和组织的管理，太平天国对于军队和一般老百姓都有严格的管理制度，由是而产生了一些特殊文书。

在军队管理方面，太平天国首先规定了各军的建制，军目、军册就反映了太平军由军到伍的各级建制，军目按由师、旅、卒到两的级别顺序逐级编排各军帅所辖下属军官的名称。军册则是太平军基层组织两下辖各伍长及其伍卒名称的登记册。军目和军册都没有太平军军官兵员的具体姓名，但可使太平军由军至伍的各级标准建制一目了然。在乡村社会临时组军，即颁军册。《贼情汇纂》说："于竭泽而渔之后，忽下安民之令，于一州一邑选老贼置监

① 《太平天国史料丛编简辑》，第2册，第127页。

② 《太平天国文书汇编》，第356页。

军一人，遍颁二尺长阔之乡官军册，分军、师、旅、卒、两、伍，胁田亩多者充伪官，而以贫户为伍卒。民求一日之安，皆勉从之，比户皆悬罄。”① 其次，太平天国对各级职官和将领也严格控制，颁给官执照或将凭作为他们行使权力的法律依据。官执照又称官凭或职凭，它的颁行始于咸丰三年（1853）六月。“癸丑六月，杨逆始议每伪官各予官凭一张，谓之官执照，由韦逆定稿画式，先禀杨贼，后奏洪贼，取伪旨颁行。”每份官执照都有与之相连的底簿，底簿在左，官执照在右，中间骑缝加盖印章。前期官执照“中盖杨逆伪印，于编号骑缝处盖韦逆伪印，半钤照上，半钤底簿”②。官执照一直到后期都在使用。同治三年五月初十日，左宗棠在《奏报剿除林彩新股情形折》中称，在四月二十五日至二十七日的江西黄沙港（湖西一带）的战役中，“是役共杀贼千余名，生擒二百余名，拔出难民数千，夺获骡马数十匹、枪炮二百余杆、伪印三十八颗、伪照三十七张、旗帜、刀矛无算”③。咸丰十一年六月二十一日，官文等人在《奏报安庆围师扫平菱湖南岸敌垒现逼城环攻折》中称，在五月二十四日至六月初一日的菱湖之战中，清军俘获太平军“大小伪印一百七十八颗，伪官照五百余张”④。官执照前期由东王杨秀清颁发，后期由吏部颁发，实际上级别较高的诸王也在颁发官凭。同治元年八月十二日，曾国藩在《奏报筹办广德州受降事宜并请赏洪容海等虚衔折》中称，洪容海乞降时就向清军“呈缴伪印三百五十八颗、伪官照九百五十二张”⑤。将凭的效力比官执照大，获得将凭的职官可以有生杀予夺的大权，“其（指杨秀清、韦昌辉、石达开）所属伪官及分扰各省之剧贼，当封赏遣发时，必颁给杨逆将凭一张，用黄洋绉写好，钤盖双印，准剧贼在外先斩后奏；若无杨逆将凭，而在外杀人者，以故杀论抵。虽有此令，究未遵奉，控诉者百中之一，倘竟控准，亦论抵赏。此将凭之大略也”⑥。因此将凭是颁给太平军高级将领的。后期还有所谓的印凭，咸丰十一年正月二十九日（太平天国辛酉十一年正月三十日），敛天安梁凤超在答复英人雅龄要求颁发京片照会内称：“弟营内如

① 《太平天国》，第3册，第273页。

② 《太平天国》，第3册，第232页。

③ 中国第一历史档案馆编：《清政府镇压太平天国档案史料》，第25册，社会科学文献出版社2001年版，第696页（以下简称《清政府镇压太平天国档案史料》，第25册）。

④ 中国第一历史档案馆编：《清政府镇压太平天国档案史料》，第23册，社会科学文献出版社1999年版，第318页（以下简称《清政府镇压太平天国档案史料》，第23册）。

⑤ 中国第一历史档案馆编：《清政府镇压太平天国档案史料》，第24册，社会科学文献出版社1999年版，第523页（以下简称《清政府镇压太平天国档案史料》，第24册）。

⑥ 《太平天国》，第2册，第192页。

有公务，必有印凭，望准尚船可也。”① 在给每位职官发给将凭和职凭的同时，还进行统一管理，编制官册，并设诏书衙和簿书衙管理。咸丰四年八月二十六日，向荣在《奏报迭次攻剿上方桥获胜并亟筹合围折》中称：“斩获首级三十九颗，内有长发黄马褂老贼目一人，于其尸身内搜出伪官姓名册、器械册各一本。”② 再次，对于普通士兵，太平天国也编制兵册和馆衙名册等进行管理。兵册是太平军基层组织两的官兵及其随军人员各方面情况的记载，记载的原则是以伍为单位，先官后卒，内容包括：身份、姓名、年龄、籍贯、加入太平军的时间和地点及功勋等。后期太平军因官设馆，编制馆衙名册，如各级职官下属的牌尾名册、各种典官的属员兄弟名册，这些名册的记载内容基本与前期兵册相同，包括人员的身份、姓名、年龄、入营时间和地点，有些记载了人员的工种，有些还记载了人员的身体健康状况。然而，有些名册也比较简单，或仅录人名，或载上述内容中的一部分。对于每个普通的士兵，太平天国还发给腰牌。咸丰四年七月十四日，联顺等人在《奏请将从敌打仗之乔会书交巡防处严讯折》中提到，被太平军俘获的河南南阳人乔会书供称：“有不知姓名贼匪给了我红绸一块，叫我蒙头，并给我腰牌一块，也不叫我剃头，又给了我宝剑一把。”③ 咸丰四年十月初十日，托明阿等人在《奏报水师围攻段要口北固镇江等处获胜折》中亦称，在俘获的战利品中有“黄绸背心、黄缎帽罩、腰牌、伪执照、印板、伪照文共十五件”④。当然，腰牌也发给普通百姓，《贼情汇纂》载：“其陷武昌、江宁，自好者多伏匿不肯从贼，遂传令合城百姓赴何处听讲道理，给予外小腰牌，准其为民。如一名不到，身无腰牌，见即斩首。百姓私幸可为外小，惧无腰牌被杀，无不争赴。其时数贼目高坐台上伪言曰：‘凡外小各报姓名，令先生记簿，按名散给腰牌。’当报名给牌之时，贼又曰：‘如得腰牌先走者立斩。’其时已杀一二人，横尸地下。”⑤ 腰牌既是一个人的身份证，有时也起到路凭的作用。如叶蒸云《辛壬寇纪》说，在浙江黄岩，“百姓出入，俱验腰牌，稽查严密，惟恐侦察者溷迹其中”⑥。复次，太平天国不仅对各级职官将领和普通士兵进行管理，而且也对他们的家庭编制家册进行管理。据载：“每军自军帅始，至伍卒止，人各一

① 《太平天国》续编，第3册，第100页。

② 中国第一历史档案编：《清政府镇压太平天国档案史料》，第15册，社会科学文献出版社1994年版，第495页（以下简称《清政府镇压太平天国档案史料》，第15册）。

③ 《清政府镇压太平天国档案史料》，第15册，第35页。

④ 中国第一历史档案馆编：《清政府镇压太平天国档案史料》，第16册，社会科学文献出版社1994年版，第57页（以下简称《清政府镇压太平天国档案史料》，第16册）。

⑤ 《太平天国》，第2册，第266页。

⑥ 《太平天国》续编，第5册，第375页。

页”，造立家册，“由两司马造送，层层汇转。”① 家册的主要内容首先载明军官或兵员本人的情况，包括身份、年龄、籍贯、加入太平军的时间和地点、简历等，然后记载家庭各个成员包括父母、妻子、儿女以及兄弟姐妹，并注明他们在何地等。太平天国诏书衙、簿书衙负责管理兵册与家册（参见第三章）。最后，太平天国对水营也进行管理，颁给船牌。水营士兵将船牌纸贴于小木板上，将木板钻孔穿绳挂在船头，船牌的内容一般为船只所属的上级官员、船上基层官员（即船长）、船上牌面和牌尾的具体名单及合计人数、颁给船牌的时间等。《贼情汇纂》载：“出师之在，行船之贼亦有船牌，如门牌式。”又说：“船牌即贼馆门牌之制，卑小贼目领去辄削板凿孔，穿绳悬挂，以船牌糊其上。”② 出行的船只除了船牌之外，还有行路船票，作为通行证。船票载明船上人员、货物的数量及目的地，沿途关卡据此查验，符合所载情况即可放行。行路船票制度创自秦日纲，咸丰四年（1854）八月，他奉命前往湖北，巡查河道来往船只，统一印制了行路船票。还有一种性质的船票，相当于商船的纳税票，亦有通行证的作用。《贼情汇纂》又说：“抽税之后，给伪船票一张，如遇贼党，竟可免虏劫。”③

在百姓管理方面，太平军每攻克一地，首先通过告示要求百姓归顺太平天国，举立乡官，编制清册，了解当地人员情况。然后加强对当地居住人员的管理，给每家每户颁发门牌，到后期，门牌又称良民牌，沈梓《避寇日记》记载说“贼谓有门牌者为天朝百姓”④。《贼情汇纂》介绍说：“贼中初无门牌之设，癸丑六月，讹言有官兵混入江宁城，举国若狂，韦贼始倡议设立门牌，逐户编查，以尺许白纸，先书伪官名姓，次列给役之散贼，后列伪年月，钤盖韦贼伪印，印旁编号，以‘天父鸿恩广大无边’八字，每字千号，每贼馆各一张。若门牌无名或未领门牌者，均指为妖杀之。”“乡卒门牌，即照乡官所造家册填写，户各一张，乡民多糊于板上，悬挂门内，庶官兵至便于藏匿，贼如复至，仍可再挂。”⑤ 从咸丰三年六月于天京开始到最后失败为止，太平天国一直没有停止过使用门牌。前期由北王韦昌辉颁发，不仅给普通居民颁发，而且给各级各类机构的办公处所颁发，后期则由驻守各地的将领颁发，并收取门牌费，具有较多的经济意义。顾汝钰《海虞贼乱志》载，咸丰十年九月初一，“闻浒浦各港口都派长毛来立卡收税，梅里芝塘等处亦立卡，饬差

① 《太平天国》，第3册，第126~127页。

② 《太平天国》，第3册，第237、240页。

③ 《太平天国》，第3册，第276页。

④ 太平天国历史博物馆编：《太平天国史料丛编简辑》，第4册，中华书局1963年版，第59页（以下简称《太平天国史料丛编简辑》，第4册）。

⑤ 《太平天国》，第3册，第237、241页。

来着图催写门牌，按户缴费，量力多寡，并无板数。各处所悬伪示，果系详天福慷天燕钱侯二逆也，分三限领牌纳费”①。收取门牌费，亦给收费执照。如浙江省博物馆就藏有尚虞县右贰军帅季发给十都一里湖田庄人金翰飞门牌费执照。门牌一般来说是双联的，右联发给牌主，左联作为存根以便稽查核对。居住人员中有一种特殊情况，那就是刚从外地归来的人员或富户，太平天国发给护凭加以特别保护，如前述金翰飞因在远方贸易后回到被太平军占领的故乡后，同治元年二月，图天福黄起宏专门发给他钧谕，这份钧谕实际上就是护凭②。同治元年九月初一日（太平天国壬戌十二年九月十二日），殿前又副掌率邓光明发给石门沈庆余的劝谕也是护凭，该劝谕有云："兹特为此护凭，仰该沈庆余收执，永为保家之凭据。"最后又言："凛之慎之，切切毋违。此凭。"附言称："右仰富户沈庆余收执存此。"③ 这些都说明：这里的所谓的劝谕即为护凭。

咸丰四年（太平天国甲寅四年），太平天国曾一度给天京城内的蓄发者颁发印据，作为效忠天朝的凭证。由于天京城内发生了江宁监生吴维棠试图发动叛乱的事件，数以千计的人剪发准备响应，事情败露后，太平天国"将剪发之人屠杀净尽，并令合城之人，无论新贼老贼，俱赴韦正伪王听令，未经剪发者给印据一张，长四寸，阔二寸，上用伪王妃花凤印，印文无字，左立一凤，上覆松树，长二寸，阔一寸。三日又传令验据，无据者立杀之，统计验发验据所杀不下万人"④。

在对居住人员管理的同时，太平天国对外出人员也进行严格管理，给他们颁发各种通行证明，行水路发给行路船票，走陆路则颁给路凭或路引，这样一方面可以确保外出人员的人身安全，为他们通行无阻提供方便，另一方面也可以防止地主阶级反动分子和清军奸细密探潜入太平天国统辖区从事各种破坏活动。行路船票不仅写明坐船及船上人员的数额，而且载明船只运载的货物，以便沿途关卡查核。行路船票的内容还包括颁发者、持有者、发牌目的、目的地、对沿途哨卡的指示及发牌时间等（参见前文）。路凭，又称路票，在太平军和商贾平民中都广泛地使用着。《行军总要·陆军号令》规定，对执旗人"必先发给路凭一张，盖用佐将印信"，"纵圣兵狐疑执旗把路之人或为奸细，亦可问其路凭，细看果有佐将印信，自无疑惑"⑤。初期太平天国

---

① 《太平天国》，第5册，第368页。
② 《太平天国文书汇编》，第259页。
③ 《太平天国文书汇编》，第210页。
④ 《太平天国》，第3册，第237页。
⑤ 《太平天国》，第2册，第416页。

对天京的“城门稽查甚严”，没有路凭不能出入①。曾有地主阶级知识分子慨叹：“既思遍地皆贼，无伪路票，必稽阻。”② 咸丰十一年，请天福许根远在《整饬军纪布告》中亦说：“所有绩溪兄弟，明早即行归城，倘再任意驻扎，查出军令施行。如其办公至此，须路票为凭，急宜凛之慎之，勿怪本爵无情。”③ 柯超《辛壬琐记》中记载太平军在宁波的情况说：“凡在进出者，都给有路凭，或限十日为满，或以半月为期，填注凭内，过此作废。”沈梓在《避寇日记》中也谈到，嘉兴一带“贼船来往颇多，人乘船只须局中取路凭可也”④。可见，太平天国的路凭发挥着重要作用。路引则是一种临时通行证，必须定期更换。林大椿《粤冠纪事诗注》云：“贼据城禁出入，给负贩者以路引，三五日赴营更换。”⑤

对于外出从事侦察活动的人员，太平天国有一套独特的管理制度，有所谓的暗记凭据作为侦察活动人员的身份证明。张德坚《贼情汇纂》对此有较为详细的记载：“贼目役使奸细，另有二寸八分长、一寸宽黄纸一方，汉文花边，中刻空心篆文‘奉天诛妖’四字，更刻草书‘凭’、‘据’二戳，如左营则印于左边，右营则印于右边，前营则印于上，后营则印于下，中营则印于中，然后又分牌面牌尾，牌面则印于上，牌尾则印于下。凡暗记一张，上必加二小戳，所印之处无定，盖先分何营，后分牌面牌尾故也。每印必先印凭字，又侧加一据字，并非印色。满纸花文，印文皆系银朱水印，加印二戳狂草，颠倒模糊，专意使人不能辨识。此系扬州生员胡莼卿为秦日纲设策创置者，自矜巧妙无比，孰知我军搜出，一望即知为贼物，不待讯供，便可正法矣。”⑥

对那些临时进进出出的人员，太平天国也试图加以管理，为此而制作了一些简易的凭据，如关凭、买菜凭等。关于关凭，《贼情汇纂》载：“伪关凭用白洋布一条，长八寸，宽四寸，墨笔写关凭二字，上盖巡查伪印。贼踞城池，于各城门皆设巡查，惟开一门准其出入，所盖伪印即系此门巡查之印，印旁别有暗号，背面有粉笔画押，衙中有底簿可稽。其暗号数日一换，凡未及缴换者，即系真关凭，但与现换之式不合，亦指为妖，执而杀之。我军虽曾俘获，然仿造甚难。”“查验关凭，在城则盘验于城门，在镇集则设卡房以

---

① 《太平天国》，第4册，第624页。

② 《太平天国》，第4册，第487页。

③ 《太平天国》续编，第3册，第132页。

④ 《太平天国史料丛编简辑》，第4册，第65页。

⑤ 太平天国历史博物馆编：《太平天国史料丛编简辑》，第6册，中华书局1963年版，第449页（以下简称《太平天国史料丛编简辑》，第6册）。

⑥ 《太平天国》，第3册，第235页。

稽察之。”关于买菜凭，《贼情汇纂》亦载：“另有买菜凭据，即由各馆开一黄纸条，上写‘着某人出城买菜，诸兄弟不得阻拦’，上盖本馆伪官伪印，亦可出城。前在江宁，因内应事发，盘诘甚紧，忽改用伪王妃松树立凤之印，非此凭据，万不能出城。”关凭和买菜凭制度在天京执行得较为严格，在其他地方，相对宽松一些，据《贼情汇纂》载：“江宁查诘较严，他处亦甚松懈。曾询湖北难民云，往往乞伪官充先生者随时写一纸条：‘今有外小某人，往某处购买何物，众兄弟不得阻拦’等语。出城出卡，伪巡查略一省视，立即放行矣。”①

在解除男女的婚禁后，太平天国对结婚的男女青年也进行管理。据陈庆甲《补愚诗存·金陵纪事诗》载：“男女配合须由本队主禀明婚娶官，给龙凤合挥方准。犯奸者谓之犯天条，与吸烟者皆立斩。”② 太平天国设有管理婚姻的职官，是谓婚娶官。结婚男女由主管官申请婚娶官发给合挥，然后举行结婚的宗教仪式。合挥又称龙凤合挥，相当于太平天国男女的结婚证书，内容包括男方官阶、身份、姓名、年岁、籍贯、入营时间以及女方的姓名、年岁、籍贯等。合挥一般为双联，右联为存根，左联则交与结婚男女③。

加强社会秩序的管理，还有一个方面不容忽视，那就是对于人们的时间观念的更新。太平天国颁行天历，要求人们使用天历的时间。这不仅仅是时间观念的问题，还关涉一个政权的政治气象，具体到个人，则反映着个人的政治立场。洪仁玕的《天历序》指出：“兹我天朝新天地，新日新月，用颁新历，以彰新化。故特将前时一切诱惑之私，迷误之端，反复详明，以破其惑，庶几人人共知天国新历光明正大，海隅苍生，咸奉正朔。”④ 天历是冯云山于道光二十七至二十八年间在桂平县狱中创制的，颁行于太平天国壬子二年正月初一日，自此之后，“凡克复的地方，都立刻行使天历，民间契券必须遵用天历”⑤。现在可见到太平天国癸好三年、甲寅四年、戊午八年、辛酉十一年颁行的天历书。

第二类是用于文书工作的。

太平天国的军政文书在成文后，一般都用封套封起来交付传递。封套又

---

① 《太平天国》，第3册，第234页。

② 太平天国历史博物馆编：《太平天国资料汇编》，第1册，中华书局1980年版，序言第6页（以下简称《太平天国资料汇编》，第1册）。

③ 参见简又文撰《太平天国典制通考》中册，第1243～1244页。

④ 《太平天国文书汇编》，第334页。

⑤ 罗尔纲：《太平天国史》，第3册，中华书局1991年版，第1225页（以下简称罗尔纲：《太平天国史》）。

称封筒，相当于现代的信封。前期封套的正面仅写文书发出者的官爵姓名，背面的内容包括发文地点、文书件数、封文时间、接受地点及收阅者等要素，在封口处盖有印章。后期封套有两种，一种和前期一样，区别在于有些封套背面还写明了传递路线。另一种在正面不是标注文书的发出者，而是标注文书的收阅者，背面则标注文书件数、封文日期、接受地点等。关于前期的封筒，《贼情汇纂》介绍说："杨逆伪诰谕封筒，皆细黄纸厚裱为之，长二尺，阔一尺，正面云龙海水边，中列伪衔，背面系年月日诸字，……皆用朱红刷印，其地名、月日、人名则用墨笔填写，背面封口处盖伪印一颗，余处无印。韦、石诸逆伪文封筒如之，惟不用云龙，递改狮麟豹虎，绘画四边，伪侯以下则用红纸。"①

太平天国的收文和发文手续是相当严格的，文书人员在办理文书收发过程中必须记录来文和发文的时间、来文者和发文者、件数和简要内容，对重要的来文还要抄录全文，因而形成了太平天国的来文登记簿和发文登记簿，是谓来文底簿和去文底簿。从形式上看，这两者好像是中国旧式的流水账簿，但它们对太平天国文书起着相应的查找、保护和核对作用。

太平天国对文书的传递也有严格的规定，《行军总要·查察号令》规定："凡递送公文，无论行船行岸，自某日起，至某日止，可到得某处，若无风雨阻隔，至期务要赶到，断不可稍迟时刻，致误军机。"②《诸条禁》则规定："凡接递紧要公文，如有迟误日时者斩首不留。"③ 那么如何查核文书传递是否准时呢？对于水路传递，太平天国一方面在天京汉西门内设立测量风速的机构，"竖立定风旗，派出所逐日觇风登簿，专司稽查收文。"各级职官衙门"均立风旗，亦有人专司觇风记簿。"由此而产生了风簿。另一方面又"令各船逐日沿途登簿，每日何风？舟泊何处？行程若干？"这样两相对照便可发现文书传递是否准时了④。对于陆路传递，传递人员必须沿途填写路程单，登记途中文书交接的时间和地点，并将路程单贴于递文后以备查核。路程单又称立排单，现存太平天国路程单是附于咸丰十年六月二十九日（太平天国辛酉十一年七月初五日）发至忠王李秀成的幼主诏旨后的路程单。对于长途传递，还必须撰写传递报告，如现存《由南京至广州送信记事》即是太平天国一个传递人员在咸丰三年二月十二日至五月初七日由南京到广州投递文书的书面报告。

---

① 《太平天国》，第2册，第201页。
② 《太平天国》，第2册，第426页。
③ 《太平天国》，第3册，第230页。
④ 参见《太平天国》第4册，第632~633页。

第三类是服务于以上各种需要而刻印的书籍，是谓印书。太平天国若干印书的初始形式是手写本，正式刻印书籍，则始于起义的当年即太平天国辛开元年（咸丰元年）。此后的壬子二年、癸好三年、甲寅四年刻书较富，丙辰六年由于天京事变，未编印新书，自丁巳七年起逐渐恢复编印新书的工作，但末期癸开十三年、甲子十四年都未见有新刻书籍，目前能够见到的太平天国印书计36种[①]。每部新书首页都有所谓的“旨准颁行诏书总目”，即已经刻印书籍的目录，目前所见“总目”最多的列有29种：《天父上帝言题皇诏》、《天父下凡诏书》（二部）、《天命诏旨书》、《旧遗诏圣书》、《新遗诏圣书》、《天条书》、《太平诏书》、《太平礼制》、《太平军目》、《太平条规》、《颁行诏书》、《颁行历书》、《三字经》、《幼学诗》、《太平救世诰》、《建天京于金陵论》、《贬妖穴为罪隶论》、《诏书盖玺颁行论》、《天朝田亩制度》、《天理要论》、《天情道理书》、《御制千字诏》、《行军总要》、《天父诗》、《钦定制度则例集编》、《武略书》、《醒世文》、《王长兄、王次兄亲目亲耳共证福音书》等[②]。

除前述的特殊文书外，还有印牌、飞纸、圆马、剃头凭和黄榜等。《见闻录》载：“功牌曰批。紧急文书曰圆马，文上刻圆印，中画一马，旁列官衔，夜半皆得入城。”[③] 周鉴的《汝南一家言》不仅提到了剃头凭，而且反映了太平天国的各类文书对生活在太平天国统治区的老百姓来说都是非常重要的。他记载太平军攻占常熟以后的情况说：“其实年岁并不荒歉，皆因租米充公，民无积蓄，稍有藏储，动辄抢诈，横征暴敛，菌集一时，多皆贱粜而贵籴；三里五里设卡抽厘；田有田凭每亩四百至千数；店有店凭数千至百数十千，逐日再加，抽日头钱，虽素菜摊日收四五文亦不免也；船有船凭千余至十余千，虽鱼虾罾网船，皆有日头钱；户有门牌计灶不计人，同居各爨者不许合户，只取多买门牌也，每户数百至数千；尤奇者，人有剃头凭以过江贸易为词，钱之多寡在日期之远近。各凭有乡卡及县、府、省与金陵之分期有久近，数亦大小悬殊。如在乡卡与县府所领者，只行于卡与县府也。省可行之通省，金陵则通行无滞矣。此皆有以教之无利不往无隙不乘也。”[④]

太平天国文书系统可归纳为表1－1。太平天国文书不仅在其政治、经济、

---

① 王庆成：《太平天国的文献和历史——海外新文献刊布和文献史事研究》，社会科学文献出版社1993年版，第2、29页。

② 祁龙威：《太平天国经籍志》，广西人民出版社1993年版，第9～10页。

③ 《太平天国史料丛编简辑》，第2册，第127页。

④ 中国科学院历史研究所第三所编辑：《近代史资料》，1955年第3期，科学出版社1955年版，第84页。

军事、宗教和文化等领域发挥了重要作用，而且对于我们研究太平天国历史、鉴定新发现太平天国文书的真伪都具有重要价值，因此，进一步深入研究太平天国各级各类文书就具有非常重要的意义。

表1－1　太平天国文书系统

<table>
<tr><td>宗教文书系统</td><td colspan="2">天父圣旨、天兄圣旨、后期部分天王诏旨、13种奏章</td></tr>
<tr><td rowspan="3">军政文书系统</td><td>下行文书</td><td>天王诏旨、幼主诏旨、诰谕、诫谕、训谕、诲谕、諠谕、谆谕、晓谕、札谕、钧谕、珍谕、劝谕、咏谕、诲醒、勖醒、珍醒、告示、批示</td></tr>
<tr><td>平行文书</td><td>照会、书（书致、书复）、启、函</td></tr>
<tr><td>上行文书</td><td>本章、禀奏、禀报、禀申、敬禀、跪禀、上呈</td></tr>
<tr><td rowspan="3">经济文书系统</td><td>反映土地租赋关系方面的</td><td>田凭、荡凭、收租票、易知由单、便民须知由单、便名由单、捐缴军需由单、纳米执照、征收粮票、漕粮纳照、完粮串票、粮米执照、完银串票、漕银纳照、田捐支照、收照、地丁执照、春纳执照、秋纳执照、下忙纳照、下忙粮票、下忙钱粮执照、上忙钱粮执照、尚限执照、尚下限执照、户口田单、业户执照、田地清册、牙帖、渔课执照、存根租簿</td></tr>
<tr><td>反映商业关系方面的</td><td>路凭、商凭、照凭、执照、店凭、卡凭、印照、关凭、买菜凭、捐票、卡票、零税票、捐照</td></tr>
<tr><td>反映生活及军需用品来源与供给关系方面的</td><td>贡单、贡照、贡册、封条、发物单、报销底簿、领发物单、油盐口粮挥条、油盐转发通知</td></tr>
<tr><td rowspan="4">特殊文书系统</td><td>用于维持战时社会秩序的</td><td>军目、军册、官执照（官凭、职凭）、将凭、兵册、馆衔名册、家册、船牌、门牌（良民牌）、腰牌、路凭、行路船票、路引、（龙凤）合挥</td></tr>
<tr><td>用于文书工作的</td><td>封套（封筒）、来文底簿、去文底簿、风簿、路程单（立排单）、送信记事</td></tr>
<tr><td>服务各类政务需要的</td><td>各种印书</td></tr>
<tr><td>其他</td><td>印牌、飞纸、圆马、剃头凭、黄榜</td></tr>
</table>

二、社会秩序的重构——对《天朝田亩制度》的新解读

长期以来，学术界一直认为《天朝田亩制度》（本节后文简称为“文件”）的内容是以平均分田的土地制度为核心，但学者们忽视了它的主题和根本目的之所在，因此，学者们对它的总体内容的把握是有偏差的。反复地、认真地研读文件，我们就不难感觉到，关于分田的内容在这份文件中所占的篇幅并不大。通读全文，太平天国颁布这份文件的目的，不只是宣布其所谓的“田亩制度”，而是试图构建农民阶级的新的社会秩序。“田亩制度”是这个新的社会秩序的重要构件，甚至是这个新的社会秩序的基础。文件的冠名与此有关。我们还可以这样认为，文件之所以冠以“田亩制度”只是因为它的前半部分重点讲的是这方面的内容。这种截取开头或前半部分的片言只语或大意而给诗文冠名的方式，是旧式文人常采用的，因此，诗文的标题不一定是对全文意旨的高度概括。

文件于咸丰三年（太平天国癸好三年，1853）颁布时正文共2699字（不计任何标点符号，以下统计字数均同），我们通过重新分段（见附录），可以鲜明地看出太平天国的农民领袖们构建的新的社会秩序，包括两个组成部分：一是乡村社会秩序（第1～15段，共1138字）；二是官场政治秩序（第17～22段，共1244字）。第16段规定了实现两种秩序之间流动的依据（计占96字），从文件的内容来看，这是一个从乡村社会秩序到官场政治秩序的过渡段，而第23～25段（共221字）则规定了维系整个社会秩序的法则或手段（一是制度的约束；二是思想的控制），实际上也是对文件的总的指导思想进行总结。从具体内容而言，保升奏贬制度（第18～20段）占748字，分田制度（第4～8段）占409字，思想控制与教育制度（第14、23、25段）占301字，军队职官秩序（第21、22段）占259字，保举制度（第17段）占237字，乡村收支和分配制度（第10、12段）占205字，乡村诉讼制度（第15段）占170字。

分配是建立和维持社会秩序的杠杆，也是体现社会秩序性质的重要指针。平等、公正的社会秩序只有通过合理的分配才能得到充分的展示。分配的对象，我们可以分为生存性资源和发展性资源两大类。生存性资源是指维持人的生命延续所必需的最低限度的物质生活资料或生产资料，发展性资源主要是指在人的生存问题得到根本性解决的基础上那些有益于发展人的素质、发挥人的潜能的各类有形或无形的资源，如各种形式的教育资源、权力资源、关系资源。可以说，太平天国通过生存性资源的分配来建立和维护乡村社会

的秩序，通过发展性资源分配来建立和维护官场政治秩序。

我们先看乡村社会秩序。文件构建了乡村社会的权力结构。乡村社会的最高领导为军帅。直接为军帅执掌乡村事务的则有典分田、典刑法（典执法）、典钱谷、典入、典出各正、副1人，共10人。他们由师帅和旅帅兼任，这些人构成了类似于乡村公所的组织，重点管理乡村社会的经济与司法事务，其实质是管理从分田到分配的各个生产环节，鲜明地反映了太平天国重构社会秩序的特征。但在乡村社会还存在着纵向的权力关系，军帅以下为师帅、旅帅、卒长、两司马、伍长。每军有师帅5人和旅帅25人，共30人，因此，在师帅和旅帅中还有20人纯粹属于纵向权力结构中的乡村领导阶层。其中师帅、旅帅、卒长的最重要职责就是教育和监察，“更番至所统属两司马礼拜堂讲圣书教化民，兼察其遵条命与违条命及勤惰”。而两司马则是乡村社会基层权力中心，他设有礼拜堂作为教育的机构，又设有国库作为基层收支的机构。这两者都体现了两司马的权力和权威所在。在礼拜堂，所有童子每天都来听两司马教读，所有成员每个礼拜日都来此参加由两司马主持的祭拜皇上帝仪式，还经常有师帅、旅帅和卒长来此讲圣书，两司马得以有与纵向权力交流的机会。在国库，全体成员生产的“足用”之余的农副、手工产品都汇集到这里，由两司马管理，而全体成员的婚娶弥月的例外消费品都要经两司马之手从这里领取。而其收支的情况又直接上报于典钱谷和典出入，因此，两司马也有与横向权力交流的机会。两司马通过教育和经济（也可以说是精神和物质）这两方面的渠道取得了足够的权威资源，构成了他维系乡村社会基层秩序的后盾。伍长虽然未纳入太平天国的职官序列，但纳入了保升奏贬的序列，相当于流外官，是进入职官序列的起点，它在维系乡村社会基层秩序方面也起着不可忽视的作用，他的作用主要是配合两司马的工作，组织所属将生产所获上缴国库，率领所属至礼拜堂接受教育。伍长不但要战时统率伍卒打仗，平时耕田奉上，还要率伍卒从事“陶冶木石等匠”的工作。没有伍长的配合，两司马的两大权力和权威便不能实现。总之，军帅重在管理、督率军队和军事，典分田、典刑法、典钱谷、典出入管理经济刑名事务，师帅、旅帅、卒长管理教育和监察事务，两司马和伍长则管理基层事务。这样，乡村社会的权力网络基本构建了起来。

文件还构建了乡村社会的阶层结构。应该说，第一层是所谓的“世食天禄”阶层，文件规定：“功勋等臣，世食天禄。”（第3段）又规定：“凡天下官民，总遵守十款天条及遵命令、尽忠报国者则为忠，由卑升至高，世其官。”（第16段）这说明太平天国允许存在一个世食天禄的阶层。第二层是由军帅至两司马构成了乡村的管理阶层，这个阶层是整个国家官僚阶层的一部分，是官僚阶层的底层部分。第三层则是所谓后来“归从者”，即最普通的民众，他们构成了乡村社会的主体，他们由两种人员构成：“凡天下每一夫有妻子女约三四五口或五六七八九口，则出一人为兵；其余鳏寡孤独废疾无役者皆颁国库以养。”（第 24 段）也就是说，普通的民众分成了“伍卒”和“民”（第 17 段）。而“民”又包括因“鳏寡孤独废疾”而没有劳动能力的人和“无役”而实际从事农业劳动的人，后者即为“农”。总体来说，这些阶层不是固定不变的，是可以相互流动的。流动的制度保障就是文件中占三分之一强的篇幅所备陈的保举制度和保升奏贬制度（两者合计 985 字）。

这份文件的重要性是构建了乡村社会的生产生活秩序，这包括分田制度、农副业和手工业的生产制度、产品分配制度、教育制度和司法制度。土地是最基本的生存性资源，土地的分配在生存性资源分配中带有根本性的意义，有了土地，乡村社会的农民维持生存的最基本的温饱问题才可能得到保障，乡村社会新的基本秩序才能建立起来。因此，文件对土地分配的原则、方法和目标规定得相当细致，正是在这个意义上，太平天国将建立新的社会秩序的文件称为《天朝田亩制度》；也正是在这个意义上，文件在阐述分田的原则时明确了所要建立的社会秩序的目标是“有田同耕，有饭同食，有衣同穿，有钱同使，无处不均匀，无人不饱暖”。由此看来，分田制度是重建乡村社会生产生活秩序的基础，而乡村的权力结构也依此而建构起来，典分田、典钱谷、典出入的设置都是为分田制度的实施服务的。乡村社会的纠纷也多与田地有关，因此，典刑法（典执法）在一定程度上也是分田制度服务的。但农民只有粮食，不能满足所有的生活需要，因此，农副业和手工业的生产是不可少的。这份文件确立了手工业生产活动和农副业生产相分离的原则，农副业生产由每家每户进行，其生产内容和规模或数量都是相同的，而手工业生产活动则由伍长、伍卒统一负责，以免“农”分心而不能“力农”，这体现了太平天国的良苦用心。由于各种因素，土地的产出和农副业、手工业产品的数量有多寡之别，质量有高下之分，这就需要进行社会产品的重新分配，才能进一步建立人人平等、平均的社会秩序，也才能确保社会秩序的稳定和良性运行。同样的，也是有感于这种分配的重要性，文件在规定这部分内容时又重申了太平天国新的社会秩序的目标是：“处处平匀，人人饱暖。”文件规定生产者除留存日常“足用”之外概交国库，而例外开支则由国库统一支取，对每家每户都执行相同的标准，即所谓“通天下皆一式”。这就是太平天国的先集中管理后二次分配的圣库制度（或国库制度）。物质生活的同一性决定了天下婚姻“论财”的不可能性。因此，文件紧接着就自然地规定了“凡天下婚姻不论财”（第 11 段）。人们的物质生活问题解决了，要稳定基层社会秩序，就必须要解决人们精神世界的问题。或者说，人们的生产问题解决了，需要解决好生产之余的闲暇生活问题，这也是稳定的基层社会秩序所必备的。教育制度正是为此而构建，文件所构建的教育包括了社会教育、儿童教育和成人教育，教育的内容是上帝教和力农的劝导。社会教育是指利用风俗习惯来训育全体社会成员，儿童教育则是由两司马直接负责的，成人教育则是太平天国独具特色的礼拜制度，利用每个礼拜日将全体成员集中到礼拜堂进行，有两种形式：一是由卒长至师帅轮流负责“讲听道理”，二是由两司马主持“颂赞祭奠皇上帝”。从制度设计来看，每军有500个礼拜堂，而从卒长至师帅只有155人，因此，在同一个礼拜日，每个礼拜堂不可能都有上级官长“讲道理”，只能采取其中的一种形式。在生产和生活之中，社会成员之间的矛盾和纠纷是不可避免的，如果得不到化解或解决，有些矛盾和纠纷往往有可能成为社会动乱的触发点。因此，及时、高效、公正的纠纷化解机制是稳定社会秩序必不可少的，文件也详细地规定了乡村社会的诉讼程序。

总体来说，文件从生产、分配（包括土地和产品的分配）、教育和诉讼4个方面抓住了构建新的社会乡村秩序的要点，它所构建的乡村社会是一个半自治的社会，生产、分配、教育、生活和日常管理基本上是乡村社会的内部事务，不受中央政府的直接调控。但是，行政、司法、诉讼是不独立的，被纳入整个国家的权力系统中，通过层层上达最后都取决于天王的决断。第2段、第15段就明确规定了这一点，因此，乡村社会的权力是有限的。再者，生产、分配、教育、生活和日常管理虽然是内部事务，但都有统一的要求，因此，这种半自治的空间也是非常有限的。

单从诉讼程序来看，太平天国构建的乡村社会秩序也是一种半自治的社会秩序。乡村社会的典执法或典刑法有一定的权力，即有相当于初审的权力；并非所有的案件都必须逐级上报，只是那些不服初审判决的案件（即所谓在基层“不息”的案件）才如此，初审能够解决的案件就无需层层上报。即使是“不息”的案件，军帅和典执法仍有较大的权力，这表现在：第一，他们可以提出终审裁决的建议稿（即军帅与典执法会同“判断”之后而成的“狱辞”）；第二，终审判决的建议稿逐级上达天王后，天王要求详细复核案情，典执法有参与案情复核的权力（参见第15段）。因此，典执法的终审判决建议稿对天王主断的终审判决当有一定的影响。这种诉讼机制，与传统社会乡村的半自治有相似之处，内部不能平息的争讼事件，才通过所谓的“打官司”来解决。

那么，这种半自治社会的发展趋向如何呢？

进一步思考，我们还可以发现，太平天国奠都天京伊始所欲构建的乡村社会虽然是军政合一的社会，但却是经政分离的社会。也就是说，他们加强了对乡村社会军政的控制，却没有对乡村社会的经济基础进行严格的调控。从经济生活来说，人们也是半自立的。人们的生产、生活划一平均，为了调动人们的生产积极性，对力农者有赏，而对惰农者惩处。这是将农民固定在土地上的努力，这是人们经济生活不自立的一面。“两”设有国库，两司马只是将收支向典钱谷、典出入汇报备案而已，并无这些职官加强对国库管理的规定，更无这些职官与太平天国中央各级职官之间的层级关系。后来太平天国设有总典圣库、总典圣粮之类的官职，但这是实行“照旧交粮纳税”政策的产物。在《天朝田亩制度》的设想中，对最基层——“两”的国库的管理未纳入其整个的权力系统。对国库的盈余如何处理，没有进一步的规定。两司马对国库的物资有较大的支配权力，这是人们经济生活自立的一面，这可以看做是“经政分离”。一般说来，经政分离的长期推行，必然导致经济自主权对政治集权的侵蚀，其最终结果是乡村社会的自治。“两”的经济自主权掌握在两司马手中，这种经济自主权实际上是基层的经济集权。由于内外可以上下不时保升奏贬，基层民众对两司马有一定的制约，基层经济集权的自主、民主色彩要浓一些，因此，经政分离的趋向就是乡村社会的自治化。

从文件所创设的制度要件来看，农民在乡村社会秩序中，有人格的平等，却有人身和思想的不自由。所谓人格的平等，是指人人有分田、产品分配、教育、流动为官等方面的均等机会，但他们被固定在土地上，思想只能是接受上帝教和“力农”的教育，人身和思想都处于不自由的状态。因此，农民的地位是尴尬的，这种内在的矛盾性也决定了其走向自治的必然性。人格的平等，决定着个体要不断地展拓人身和思想自由的空间，其最终的结果即是乡村社会的自治化。

文件所极力构建的另一种秩序是官场政治秩序，它是流动的，与乡村社会秩序相联系。官场政治秩序的制度设计即是所谓的保举制度、保升奏贬制度以及军队的组军制度。太平天国通过保举制度和保奏升贬制度等进行发展性资源的再分配，其核心则是权力资源的再分配，由此而建立起太平天国的官场政治秩序。

保举制度是太平天国的人才选拔制度，保升奏贬制度则相当于官员考核制度。前者每年一次，意在为官僚队伍源源不断地输送人才，这是建立和壮大官僚队伍的基本前提；后者三年一次，其意则对现有官僚队伍奖优惩劣，这是净化和优化官僚队伍的必要手段。两者都是实现社会流动的有效途径。保举和保升奏贬的依据有两个：第一，是否遵守“条命”（“条”即“十款天条”，“命”即指天朝命令）；第二，“官”是“尽忠报国”还是“受贿弄

弊”，而“民”是“力农”还是“惰农”。也就是说，官、民既有必须共同履行的基本行为规范，又有分别适应官场政治秩序和乡村社会秩序的职业行为规范，这两方面有好的表现，才有可能取得向上流动的机会。从源头上说，乡村社会秩序中有足够的“贤”、“良”者，才能为官场政治秩序输送更多的后备队，因此，维系乡村社会秩序是维系官场政治秩序的基础。

保举者从两司马开始，被保举者是广大的“伍卒”和“民”，由保举者将被保举者的“行迹”经核实后逐级上报，最后由天王决断，被保举者所能担任的只是军帅以下乡官。通过保升奏贬制度，这些被保举者才有可能担任更高级别的官职。保升奏贬者从卒长开始，被保升奏贬者从伍长开始。其程序是：由保升奏贬者将被保升奏贬者的“贤迹”或“恶迹”经“细核”后逐级上报，最后亦由天王裁定，有“贤迹”者视情况而升一至三级，有“恶迹”者亦视情况而降一至三级，最低者被贬为“农”。监军以下官职，由上级保升奏贬下级；只有总制一职，由下级即监军保升奏贬上级即总制；而总制以上官职，则上下级可以相互保升奏贬。若遇重大事件，则各级职官均可上下级相互保升奏贬，且不必拘三年一次。因此，保升奏贬制度又不仅仅是官员考核制度，而且是一种监察和检举制度。这种制度对于整饬官场秩序、树立权威统治、建立高度集权、追求形式公正有重要意义。但是，对于下级保升奏贬上级或上下级互相保升奏贬，文件仍缺乏明确的程序规定，如果这两种形式的保升奏贬仍循由下到上逐级上报的程序，那么，保升奏贬的内容特别是奏贬的内容如何能顺利地上达天王呢？

为了防止利用保举制度和保升奏贬制度结党营私、陷害他人，文件一再地强调保举和保升奏贬的纪律规定。一开始讲保举制度时就说：“举得其人，保举者受赏；举非其人，保举者受罚。”在讲完保举制度时又说：“凡滥保举人者，黜为农。”同样的，在开始讲保升奏贬制度时又说：“凡滥保举人及滥奏贬人者黜为农。”而在讲完保升奏贬制度时也说：“但凡在尚保升奏贬在下，诬则黜为农；至凡在下保升奏贬在尚，诬则加罪。凡保升奏贬所列贤迹恶迹，总要有凭据方为实也。”总之，文件要求各级职官在履行保举和保升奏贬的职责时一不得滥，二不得诬，务求准确、公正。对违反这两个原则的职官给予严厉的处罚，或则“黜为农”，或则“加罪”。如此看来，向下的社会流动较向上的社会流动又多了一条渠道。向上的社会流动主要是通过履行太平天国规定的行为规范而实现的，向下的社会流动则不止这一渠道，执行保举制度和保升奏贬制度不力也是一个重要的渠道。所谓“黜为农”是指将那些不能很好地遵守行为规范、不能很好地执行保举制度和保升奏贬制度的官场政治秩序中人抛离到乡村社会秩序，一在充实乡村的劳动后备队，二在使官场中人体察民瘼，其根本意旨乃为“力农”的指导思想。这从一个角度也反映了官场政治秩序对乡村社会秩序的依赖。

军队的秩序是乡村社会秩序和官场政治秩序的支柱，它又依托于乡村社会秩序，兵源来自乡村社会秩序，但军队的统帅又连着官场政治秩序，军官的流动遵循着官场政治秩序的规则。所以，军队的秩序联系着乡村社会秩序和官场政治秩序。文件规定了每军的组成以及添设军队与旧设军队之间的权力关系，这实际上是规范了军队的两种权力秩序。正常组军有额定的编制，这遵循着从军帅至伍卒的纵向权力层次关系。但新设军队的权力关系，则以“军”的编制为准，不满则附旧军，所有军官必须接受旧军军帅的领导；满则另立新军，所有军官则接受新军军帅的领导，遵循正常组军的权力秩序。

太平天国实行军政合一的政策，军帅既是某一区域乡村社会的最高领袖，又是某一支军队的司令。有些学者认为太平天国实行所谓的“乡兵”制度，以为在正规军之外，另有“乡兵”，相当于民兵。从文件的构想来看，太平天国似乎并不存在着所谓的“乡兵制度”，每家每户出一人为兵，实际上就是太平天国正规部队的兵源。第3段、第24段都清楚地说明了这一点。这些士兵的任务实际上有三：一是“有警则首领统之为兵，杀敌捕贼”，充当的不仅是军队士兵的职能，还兼有地方治安警察的职能；二是“无事则首领督之为农，耕田奉尚”，也就是说从事农业生产劳动亦是他们的重要任务；三是“陶冶木石等匠俱用伍长及伍卒为之，农隙治事”，民间手工业劳动，则是他们的另一项专职任务。因此，太平军士兵实际上兼有士兵、警察、农民和手工业工人四种身份。它在维护太平天国乡村社会秩序方面具有非常重要的地位，从太平军士兵的职能来看，太平天国所构建的乡村社会秩序确实是农本社会的秩序，无论是哪一方面的职能，其作用都是保证农业生产的正常进行，保证农业生产有更多的人力和精力投入。

粗略地看来，官场政治秩序对乡村社会秩序是开放的，但由于对一部分人实行“世食天禄”或“世其官”的规定（第3段、第16段），为特权阶层预留了一定的空间，因此，这种秩序就不是全方位开放的，而带有半开放的色彩。特权阶层的存在将侵蚀整个社会秩序的肌体，挤占开放的有限空间，在农民小私有者的皇权主义思想引导下，极有可能导致官场政治秩序的闭锁及其相关制度的崩溃，最终的结局必然是专制化。

文件的最后重申了维系太平天国社会秩序的三大法则：一是思想的法则，通过师帅以下各级职官加强对民的宗教思想教育与监察；各级职官自身必须自觉地虔诚地敬拜皇上帝，每个礼拜日亦须祭奠和颂赞皇上帝，否则也将受到“黜为农”的处分。二是军事的法则，即每家每户必须出一人为兵，这既

是每家的义务，也是军队渗透到每家每户的一种控制手段。三是经济的法则，即无论何人（不论是乡村社会中人，还是官场中人）的消费都须由国家供养，离开了国库，太平天国治下的臣民将无法正常生活，国库的供养成为社会所有成员依附于太平天国的吸引力，也是太平天国的向心力所在。这三大法则也是太平天国社会秩序内部实现流动的依据，遵条命、敬上帝，是保举和保升奏贬的标准，大功大勋可使伍卒和各级军官随时得到保升，而力农以保国库丰裕则是广大的伍卒、民得以进入官场政治秩序的基本条件。第一点可归为思想的控制，第二、第三点可归为制度的约束。当然，思想的控制也是通过制度来实现的。可以说，太平天国在构建理想中的社会秩序的同时，也构建了维系这种社会秩序的制度框架。不过，我们也应当看到，在这个框架之下，有些制度的构想还是粗糙的，甚至是缺乏可操作性的。如分田制度中关于土地等级的调剂只有原则，而没有细则，难于实施；又如分配制度中的"足用"标准没有明确的规定，如付诸实施，必定弊端丛生；再如保升奏贬制度中上下相互保升奏贬的呈文程序亦无相应的说明，极易引起官场的混乱和无穷的纠葛，从而走向愿望的反面。

在构建官场政治秩序时，文件里5次提到"黜为农"（第16、17、18、20、25段各1次）、1次提到"贬为农"（第18段），从语境来看，都是将此作为处罚各级职官的手段，也是下降的社会流动的最低点。这里有两种情况：

一是因不符合上升的社会流动的标准而可能受到的最低限度的处分，如第16段规定："官或违犯十款天条及逆命令受贿弄弊者则为奸，由高贬至卑，黜为农。"如第18段："（天王降旨主断）谴谪各军帅所奏贬各官，或贬下一等，或贬下二等，或贬为农。"这里要根据程度的不同，最严厉的则"黜为农"或"贬为农"。也就是说，违反标准不一定受到此处分。但是对各级职官来说，忠实地履行礼拜制度的标准是绝对不能违背的，否则就直接受到"黜为农"的处分。这是太平天国注重宗教思想控制最为明显的表达。

二是因破坏太平天国社会流动机制或程序而直接受到的处分，在保举中，不得"滥保举人"，在保升奏贬中，一不得"滥奏贬人"，二不得"诬"（针对在尚保升奏贬在下），一旦发现这些情况，则无条件地受到此处分，而不是根据情节的轻重可能受到此处分。这是太平天国又特别注重社会流动和社会公正的最为明显的表达。

太平天国一方面试图将农民固定在土地上，限制在小农生活的视域里，另一方面又以"力农"为标准试图从农民中选拔官僚队伍的后备人员，建构正常的社会流动的通道，由此，我们可以清晰地看到，太平天国所构建的社会秩序确实是农本社会的秩序，乡村社会秩序是官场政治秩序的基础。两者是非常密切的，如果没有通畅的社会流动通道，两者脱节，即会造成官场政治秩序的失范、枯竭和乡村社会秩序的失控、固结，整个社会秩序就无法继续运行。但是，乡村社会秩序的趋向是自治化，而官场政治秩序的趋向则是专制化。这两种秩序发展趋向的矛盾，必然导致两者的脱节。这就昭示着文件所构建的整个社会秩序是不可能正常运行起来的。如果要将这种新的社会秩序的设计付诸实践，那么，它只能是短时效的，没有长期正常运转的可能性和永久的生命力。

综观文件所体现的精神来看，其所构建的社会秩序是以宗教立国的农本社会。上帝教是广大臣民必须无条件信仰的，各种形式的教育（儿童教育、社会教育和礼拜制度）是其潜移默化的灌输手段，臣民的考核、奖惩标准是其“威胁利诱”的强制措施，刚柔相济，双管齐下，宗教思想和活动渗透到他们的日常生活中，努力使上帝教思想成为人们思想意识中的主导思想，使对上帝教的信仰成为人们的自觉行为，使防止思想异端的出现成为人们日常生活中的重要任务（可不时保升奏贬）。对上帝教的信仰，已经纳入社会流动的机制中，这是广大臣民实现社会流动的“必修课”。因此，上帝教是太平天国立国的精神支柱，放弃了精神支柱，没有了精神的力量，在太平天国领袖看来，其整个的社会秩序也将难以为继。正因为如此，对各级职官的思想失控，将给予最为严厉的处分。

从以上的分析来看，“黜为农”或“贬为农”只是对各级职官处分的手段，并不意味着太平天国对“农民”地位的轻视。在文件所构建的社会阶层秩序中，总体上只有“官”和“民”两个层次，而“民”的主体是“农”，“伍卒”只是其中的一小部分，让“官”从官场政治秩序中抛离出来后所可能的去向有三个：一是“伍卒”，二是“农”，三是类似于“鳏寡孤独废疾者”的赋闲人员。“伍卒”的职能繁多，对维系乡村社会秩序作用匪轻，而贬官为赋闲人员不是对官员处分的有效手段，从常理来看，也只能是“黜为农”。官被“黜为农”，可通过“力农”获得社会流动的机会，从中体察到“力农”的艰辛，体会农业对保证国库丰裕的重要性，日后升官为政就会体谅民瘼，关心农民疾苦，重视发展农业，这恰是太平天国重视农民地位的一种表现。前面已经指出，在文件所构建的乡村社会的生产生活秩序中，农民可以平均分得土地，可以平等接受教育，可以机会均等地“力农”为官，无贫富之别，无饥寒之忧，其地位较封建专制主义下的农民有了很大的提高。“黜”是“罢免”、“革除”官职的意思，“贬”是降低官职的意思，并无贬低、轻视农民地位的含义。因此，我们不能仅以文件上出现“黜为农”的字眼即断定太平天国不重视农民的地位的结论。传统社会“重农抑商”，以农立国，但并没有赋予农民以较高的地位，广大的农民没有土地，终日劳苦，却挣扎在生存线或死亡线上。统治阶级虽然也会在特定的历史条件下招民垦荒，轻徭薄赋，但却是出于征收田赋，维护封建统治的目的，更多的是在被农民起义的打击之后对农民的一种让步。因此，农民的地位没有真正得到提高。

通过仔细研读和分析太平天国《天朝田亩制度》的内容，我们不难得出这样的结论：这份文件的内容旨在通过资源分配和制度设计建构一种新的社会秩序，这种新的社会秩序由乡村社会秩序和官场政治秩序构成，主要是通过生存性资源的分配来建立半自治的乡村社会秩序，维系这种秩序的相关制度是分田制度、农副业生产制度、产品分配制度、基层教育制度、乡村诉讼制度等，而通过发展性资源的分配来建立与前者相联系的半开放的官场政治秩序，维系这种秩序的相关制度是保举制度、保升奏贬制度和军队组军制度。整个新的社会秩序的目标是“处处平匀，人人饱暖”，而其实质则是以宗教立国的农本社会的秩序。由于这种新的社会秩序的两个部分之间的发展趋向是矛盾的，因此，它只能是短时效的，不可能长期正常运转。在新的社会秩序中，农民享有较高的地位，但也没有得到彻底的解放。所有这些反映了传统社会对农民阶级的影响和农民阶级自身的历史局限性，也反映了农民阶级尝试重构社会秩序的巨大勇气和创新精神。因此，《天朝田亩制度》在中国社会思想史上应当占有重要的历史地位。

附录：《天朝田亩制度》[①] 的重新分段：

第1段：“凡一军典分田二，典刑法二，典钱谷二，典入二，典出二，俱一正一副，即以师帅、旅帅兼摄。当其任者掌其事，不当其事者亦赞其事。”(50字)

第2段：“凡一军一切生死黜陟等事，军帅详监军，监军详钦命总制，钦命总制次详将军、侍卫、指挥、检点、丞相，丞相禀军师，军师奏天王，天王降旨，军师遵行。”(57字)

第3段：“功勋等臣，世食天禄，其后来归从者，每军每家设一人为伍卒，有警则首领统之为兵，杀敌捕贼；无事则首领督之为农，耕田奉尚。”(50字)

① 全文采自《太平天国》第1册第320～326页。原书注称：“其内容据萧一山辑影印伦敦藏十年以后刻本排印，全书正文八页，封面仍署三年新镌。兹以程演生辑排印巴黎藏四年本校注，程辑亦署三年新镌，其旨准书目仅有《天理要论》以上21部（萧辑共有30部）。”

第4段：“凡田分九等，其田一亩，早晚二季可出一千二百斤者为尚尚田；可出一千一百斤者为尚中田；可出一千斤者为尚下田；可出九百斤者为中尚田；可出八百斤者为中中田；可出七百斤者为中下田；可出六百斤者为下尚田；可出五百斤者为下中田；可出四百斤者为下下田。”（107字）

第5段：“尚尚田一亩当尚中田一亩一分，当尚下田一亩二分，当中尚田一亩三分五厘，当中中田一亩五分，当中下田一亩七分五厘，当下尚田二亩，当下中田二亩四分，当下下田三亩。”（69字）

第6段：“凡分田照人口，不论男妇，算其家口多寡，人多则分多，人寡则分寡，杂以九等，如一家六人，分三人好田，分三人丑田，好丑各一半。”（50字）

第7段：“凡天下田天下人同耕，此处不足则迁彼处，彼处不足则迁此处。凡天下田丰荒相通，此处荒，则移彼丰处以赈此荒处，彼处荒，则移此丰处以赈彼荒处，务使天下人共享天父上主皇上帝大福，有田同耕，有饭同食，有衣同穿，有钱同使，无处不均匀，无人不饱暖也。”（103字）

第8段：“凡男妇每一人自十六岁以上受田，多逾十五岁以下一半，如十六岁以尚分尚尚田一亩，则十五岁以下减其半，分尚尚田五分，又如十六岁以尚分下下田三亩，则十五岁以下减其半，分下下田一亩五分。”（80字）

第9段：“凡天下树墙下以桑，凡妇蚕织缝衣裳。凡天下每家五母鸡，二母彘，无失其时。”（30字）

第10段：“凡当收成时，两司马督伍长，除足其二十五家每人所食可接新谷外，余则归国库。凡麦豆苎麻布帛鸡犬各物及银钱亦然。盖天下皆是天父上主皇上帝一大家，天下人人不受私，物物归上主，则主有所运用，天下大家处处平匀，人人饱暖矣。此乃天父上主皇上帝特命太平真主救世旨意也。但两司马存其钱谷数于簿，上其数于典钱谷及典出入。”（136字）

第11段：“凡二十五家中设国库一，礼拜堂一，两司马居之。”（19字）

第12段：“凡二十五家中所有婚娶弥月喜事俱用国库，但有限式，不得多用一钱。如一家有婚娶弥月事给钱一千，谷一百斤，通天下皆一式，总要用之有节，以备兵荒。凡天下婚姻不论财。”（69字）

第13段：“凡二十五家中陶冶木石等匠俱用伍长及伍卒为之，农隙治事。”（25字）

第14段：“凡两司马办其二十五家婚娶吉喜等事，总是祭告天父上主皇上帝，一切旧时歪例尽除。其二十五家中童子俱日至礼拜堂，两司马教读旧遗诏圣书、新遗诏圣书及真命诏旨书焉。凡礼拜日，伍长各率男妇至礼拜堂，分别男行女行，讲听道理，颂赞祭奠天父上主皇上帝焉。凡二十五家中，力

农者有赏，惰农者有罚。”（123 字）

第 15 段：“或各家有争讼，两造赴两司马，两司马听其曲直；不息，则两司马挈两造赴卒长，卒长听其曲直；不息，则卒长尚其事于旅帅、师帅、典执法及军帅，军帅会同典执法判断之。既成狱辞，军帅又必尚其事于监军，监军次详总制、将军、侍卫、指挥、检点及丞相，丞相禀军师，军师奏天王。天王降旨，命军师、丞相、检点及典执法等详核其事无出入，然后军师、丞相、检点及典执法等①直启天王主断。天王乃降旨主断，或生或死，或予或夺，军师遵旨处决。”（170 字）

第 16 段：“凡天下官民，总遵守十款天条及遵命令尽忠报国者则为忠，由卑升至高，世其官。官或违犯十款天条及逆命令受贿弄弊者则为奸，由高贬至卑，黜为农。民能遵条命及力农者则为贤为良，或举或赏；民或违条命及惰农者则为恶为顽，或诛或罚。”（96 字）

第 17 段：“凡天下每岁一举，以补诸官之缺。举得其人，保举者受赏；举非其人，保举者受罚。其伍卒、民有能遵守条命及力农者，两司马则列其行迹，注其姓名，并自己保举姓名于卒长；卒长细核其人于本百家中，果实，则详其人，并保举姓名于旅帅；旅帅细核其人于本五百家中，果实，则尚其人，并保举姓名于师帅；师帅实核其人于本二千五百家中，果实，则尚其人，并保举姓名于军帅；军帅总核其人于本军中，果实，则尚其人，并保举姓名于监军；监军详总制，总制次详将军、侍卫、指挥、检点、丞相，丞相禀军师，军师启天王。天王降旨，调选天下各军所举为某旗，或师帅，或旅帅，或卒长、两司马、伍长。凡滥保举人者，黜为农。”（237 字）

第 18 段：“凡天下诸官三岁一升贬，以示天朝之公。凡滥保举人及滥奏贬人者黜为农。当升贬年，各首领各保升奏贬其统属。卒长细核其所统两司马及伍长，某人果有贤迹则列其贤迹；某人果有恶迹，则列其恶迹，注其人，并自己保升奏贬姓名于军帅②。至若其人无可保升并无可奏贬者，则姑置其人不保不奏也。旅帅细核其所统属卒长及各两司马、伍长，某人果有贤迹，则列其贤迹；某人果有恶迹，则列其恶迹，详其人，并自己保升奏贬姓名于师帅。师帅细核其所统属旅帅以下官，某人果有贤迹，则列其贤迹；某人果有恶迹，则列其恶迹，注其人并自己保升奏贬姓名于军帅。军帅将师帅以下官所保升奏贬姓名并自己所保升奏贬某官姓名详于监军。监军并细核其所统军

---

① 由“详核”起至此 20 字无，疑为程辑本漏刻。

② 据《太平天国印书》（江苏人民出版社 1979 年版）上册第 411 页，此处“军帅”，当为“旅帅”。

帅，某人果有贤迹，则列其贤迹；某人果有恶迹，则列其恶迹，注其人，并自己保升奏贬姓名，详钦命总制。钦命总制并细核其所统监军，某人果有贤迹，则列其贤迹；某人果有恶迹，则列其恶迹，注其人，并自己保升奏贬姓名，一同达于将帅、主将。将帅、主将达六部掌及军师，军师①直启天王主断。天王乃降旨主断，超升各钦命总制所保升各监军，其或升为钦命总制，或升为侍卫；谴谪各钦命总制所奏贬各监军，或贬为军帅，或贬为师帅。超升各监军所保升各军帅，或升为监军，或升为侍卫；谴谪各监军所奏贬各军帅，或贬为师帅，或贬为旅帅、卒长。超升各军帅所保升各官，或升尚一等，或升尚二等，或升军帅；谴谪各军帅所奏贬各官，或贬②下一等，或贬下二等，或贬为农。天王降旨，军师宣列王，列王宣掌率以下官③一体遵行。”(587 字)

第 19 段：“监军以下官，俱是在尚保升奏贬在下。惟钦命总制一官，天王准其所统各监军保升奏贬钦命总制。天朝内丞相、检点、指挥、将军、侍卫诸官，天王亦准其尚下互相保升奏贬，以剔尚下相蒙之弊。至内外诸官若有大功大勋及大奸不法等事，天王准其尚下不时保升奏贬，不必拘升贬之年。”(112 字)

第 20 段：“但凡在尚保升奏贬在下，诬则黜为农；至凡在下保升奏贬在尚，诬则加罪。凡保升奏贬所列贤迹恶迹，总要有凭据方为实也。”(49 字)

第 21 段：“凡设军，每一万三千一百五十六家先设一军帅，次设军帅所统五师帅，次设师帅所统五旅帅，共二十五旅帅；次设二十五旅帅各所统五卒长，共一百二十五卒长；次设一百二十五卒长各所统四两司马，共五百两司马；次设五百两司马各所统五伍长，共二千五百伍长；次设二千五百伍长各所统四伍卒，共一万伍卒。通一军人数共一万三千一百五十六人。”(141 字)

第 22 段：“凡设军以后人家添多，添多五家，另设一伍长，添多二十六家另设一两司马，添多一百零五家另设一卒长，添多五百二十六家另设一旅帅，添多二千六百三十一家，另设一师帅，共添多一万三千一百五十六家另设一军帅。未设军帅前，其师帅以下官仍归旧军帅统属，既设军帅，则割归本军帅统属。”(118 字)

---

① 由“一同”以下至此 21 字作“一同举于将军、侍卫、指挥、检点及丞相，丞相禀军师，军师将各钦命总制及各监军及各军帅以下官所保升奏贬各姓名”。

② “贬”字下多一“为”字。

③ 以上 13 字作“军师宣丞相，丞相宣检点、指挥、将军、侍卫、总制，总制次宣监军，监军宣各官”。

第23段：“凡内外诸官及民，每礼拜日听讲圣书[①]，虔诚祭奠，礼拜颂赞天父上主皇上帝焉。每七七四十九礼拜日，师帅、旅帅、卒长更番至其所统属两司马礼拜堂讲圣书教化民，兼察其遵条命与违条命及勤惰。如第一七七四十九礼拜日，师帅至某两司马礼拜堂，第二七七四十九礼拜日，师帅又别至某两司马礼拜堂，以次第轮周而复始。旅帅、卒长亦然。”（135字）

第24段：“凡天下每一夫有妻子女约三四口或五六七八九口，则出一人为兵；其余鳏寡孤独废疾免役皆颁国库以养。”（43字）

第25段：“凡天下诸官，每礼拜日依职份虔诚设牲馔奠祭礼拜，颂赞天父上主皇上帝，讲圣书。有敢怠慢者，黜为农。钦此。”（43字）

三、社会秩序的再构——对《资政新篇》的新解读

对《资政新篇》的解读应从总体上、整体上去把握洪仁玕在这份文件中提出的思想和主张，任何断章取义或寻章摘句式的研究所得出的结论都将是偏颇的，都会影响到对《资政新篇》思想史价值的评价。

洪仁玕为什么要写这样的文件（本节特指《资政新篇》）？他对这样的文件有什么定性的认识？他在颁布该文件的誼谕中说：“照得治国必先立政，而为政必有取资。本军师恭膺圣命，总理朝纲，爰综政治大略，编成《资政新篇》一则，恭献圣鉴，……”也就是说，从大的目的看，是为了资政，使“为政”有所“取资”。但是，这有一个前提，这份文件必须得到天王洪秀全的支持，因此，必须“恭献圣鉴”。既然要通过“圣鉴”取得天王的支持，那么，在文件中就必须有能够打动天王、吸引天王、说服天王的内容，就必须提供一些天王没有听说过的内容。洪仁玕正是这么考虑的，他在文件中三次提到“以广圣闻”的说法。文件一开始就声明：“缘小弟自粤来京，不避艰险，非图爵禄之荣，实欲备陈方策，以广圣闻，以报圣主知遇之恩也。”在文件中正式陈述具体的“方策”之前又说：“兹谨将所见闻者条陈于后，以广圣闻，以备圣裁，以资国政，庶有小补云尔。”在陈述完这些“方策”之后，再次表示：“此皆为邦大略，……因又揣知圣心图治大急，得策则行，小弟诚恐前后致有不符之迹，故恭录己所窥见之治法为前古罕有者，汇成小卷，以资圣治，以广圣闻。”由此看来，洪仁玕对这份文件能否得到洪秀全的支持还是比较担心的。由于对大的目的和具体的目的有清醒的认识，洪仁玕就将文件定性为“为邦大略”、“政治大略”。这样，后来的学者们将文件定性为太平

① “书”作“经”。

天国后期的施政纲领也才有了历史的文本依据。然而，能不能将文件定性为中国近代第一个近代化的纲领，则需要进一步解读文件的具体内容。

实际上，这里的所谓“大略”包括了具体的“方策”或“治法”，但不是“方策”或“治法”的同义语，还有其他的内容，如通过这些“方策”或“治法”要解决什么问题？最终达到什么目的？这些“方策”或“治法”背后的理论依据或者哲学依据是什么？

我们应当认识到，洪仁玕写文件的目的和文件本身的目的之间有一个递进的关系。前已论及，写文件的目的，首先是“以广圣闻”，在这个基础上，“以资国政”。通过文件“以资国政”，又要达到什么目的呢？应该说，这个目的，才是洪仁玕的最终目的，也是文件本身的目的。一般的论者忽视了文件的一开始洪仁玕开门见山的一个表达：“小弟仁玕跪在我真圣主万岁万岁万万岁陛下，奏为条陈款列，善铺国政，以新民德，并跪请圣安事：……”这是旧式公文的抬头语，也是公文的发布者本人对公文内容和目的的一个总体概括，因此，这样的表达是不能忽视的。在这个表达中，“以新民德”是最核心的，道出文件本身的目的。从总体上可以说，洪仁玕写文件的目的有三个层次：“以广圣闻”—“以资国政”—“以新民德”，这就很清楚地表明，文件的目的是要将天国建设成新型的德治国家。

如何达到“新民德”的目的呢？反复通读《资政新篇》，我们就不难知道，洪仁玕是试图通过解决“法”、“德”、“刑”三者之间的关系来达到这个目的。在介绍了内政、外交的“方策”或“治法”之后，洪仁玕带有总结性的一段话值得注意，他说：“此皆为邦大略。小弟于此类，凡涉时势二字，极深思索，故于古所无者兴之，恶者禁之，是者损益之，大率法外辅之以法而入于德，刑外化之以德而省于刑也。”也就是说，处理“法”、“德”、“刑”三者之间关系的原则是“法外辅之以法而入于德，刑外化之以德而省于刑”，这个原则的中心，是“德”，前半句是讲如何造就“德”，后半句是讲“德”的功用。按照这个原则处理三者之间的关系，就能达到“新民德”的要求。如果进一步追问，处理这三者之间关系的依据何在？洪仁玕在这段话里已经说得很清楚了，就是“时势二字”。对此，他表示“极深思索”。掌握了这样的依据，贯彻原则的具体方法也就有了，这就是“于古所无者兴之，恶者禁之，是者损益之”。应该说，有了原则、依据和方法，如何“为政”、“治邦”就易如反掌了。正是在这些总体把握的基础上，洪仁玕才向洪秀全大胆建言，提出两条可操作性很强的建议：一是“可断则断，不宜断则由小弟、掌率、六部议定再献”；二是“设谏议官”，“诸凡可否，有宜于后不宜于今者，恳留为圣鉴，准以时势二字推行”。

在这里，洪仁玕再次提到“时势二字”，而且在文件的最后部分介绍完了“兵要四则”之后，他第三次提到“时势二字”，他说：“至如各国各省情形以及军国精细等事，非纸笔所能罄述，又非目前所急务者，惟愿众弟量度时势二字，以行所当行可也。”在文件的后半部分洪仁玕反复地提到“时势二字”，说明“时势二字”的重要性。事实上，这在文件的前半部分是有呼应的，洪仁玕在文件的开始部分在陈明文件的目的之后，就阐明了文件的哲学依据，指出：“夫事有常变，理有穷通，故事有今不可行而可豫定者，为后之福；有今可行而不可永定者，为后之祸，其理在于审时度势与本末强弱耳。然本末强弱适均，视乎时势之变通为律，则自今而后者，自小至大，自省而至万国，亦无不可行矣。其要在于因时制宜、审势而行而已。”这样，如何遵循处理“法”、“德”、“刑”三者之间关系的原则，也就有了哲学高度的依据，这个依据就是“审时度势”，或“因时制宜，审势而行”。那么，当时太平天国所面临的“时”、“势”究竟是什么呢？又如何在把握“时”、“势”的进程中处理好“法”、“德”、“刑”的关系，以达到“新民德”的目的呢？回答这两个问题就成了文件的中心主题。

太平天国所面临的“时”、“势”究竟是什么？洪仁玕从内、外两个方面进行考察，将重点放在对内的考察上，这是与“资政”的需要相适应的。但对内的考察亦有对外的视野，目的是更准确地求得对“势”的把握。对内主要讲的是“设法、用人之得其当”，对外讲的是“与番人并雄之法”。

由于对外方面的内容较少，我们可以先看看洪仁玕是怎么论述“与番人并雄之法”的。他认为，“与番人并雄”就像两个商店之间的竞争一样，虽然竞争的结果有“盛”、“衰”之分，但是，竞争一要在“自固之策”的基础上讲究“信义”二字，二要敢于按照“一定之章程、一定之礼法”，“与人交接”。所以，“与番人并雄之法”的基点仍在于“德”、“礼”，洪仁玕的意图是在对外关系上也要逐步地塑造、体现天国的新“德”姿态。

对内方面的“设法、用人之得其当”是通过对中国古史的高度概括性回顾而得出来的，体现了这是一种“势”，必须引起“为政”者的重视。为什么“设法、用人之得其当”很重要？除了历史的依据外，还在于一种反向思维的考虑：“盖用人不当，适足以坏法；设法不当，适足以害人，可不慎哉！”这里实际上是考虑“德”与“法”的关系问题，而且将考虑问题的落脚点放在了“人”上，以不“害人”而造福于人为目标，这正是要求“新民德”者之“德”应有的追求，这是一种新“德”的境界。这里有一种要“新民德”，先新己德的意味，有一种德者先行天下的情怀。虽然追求的是“德”的目标、“德”的境界，但是，如何做到“设法、用人之得其当”呢？解决问题的办法却诉之于“法”，这又是“德”、“法”关系的另一种形式吧。洪仁玕指出：“然于斯二者（设法、用人）并行不悖，必于立法之中，得乎权济。”

进一步的追问是：如何做到“于立法之中，得乎权济”？洪仁玕指出：“试推其要，约有三焉：一以风风之；一以法法之；一以刑刑之。三者之外，又在奉行者亲身以倡之，真心以践之，则上风下草，上行下效矣。否则法立弊生，人将效尤，不致作乱而不已，岂法不善欤？实奉行者毁之尔。”这里所谓“三者之外”的对“奉行者”的要求，实际上就是下文紧接着所阐析的“用人察失类”。确保“于立法之中，得乎权济”的这四点要求，构成了文件的主体内容（即：用人察失类、风风类、法法类、刑刑类），很多学者在研究文件时，都将重点放在这些内容上。笔者以为，这四点虽然是文件的主体内容，但只是文件整体逻辑框架中的一个环节，它们是为总体的逻辑思路和总体的观点、目的服务的。不了解这一点，对文件的理解也会出现偏颇的情况。

如果再从总体上来看这四点的内容，我们又会发现，这四类内容的落脚点却在“德”上，这使整个分析问题的思路形成了一个循环，即：“德”—“法”—“德”。“用人察失类”主要是讲“官”、“将”之“德”。“风风类”则是从移风易俗的角度讲“民”之“德”。“法法类”则是从立法的角度讲“民”之“德”，这是四点中的重点，篇幅最长，约占全文篇幅的九分之五，其内容约可分为两部分：一是立法的指导思想，从世界各国发展的大势看到基督教的作用，试图以基督教伦理塑造新“德”，二是构建的立法所应有的具体内容，在罗列了这些内容之后，洪仁玕对这些内容的概括是：“一上所议，是以法法之之法，多是尊五美，屏四恶之法，诚能上下凛遵，则刑具可免矣。”也就是说，这些具体内容也是有塑造新“德”的功能。“刑刑类”则是塑造特殊群体——所谓“顽民”之“德”的，因为一般情况下，“法法类”的内容可以达到“新民德”的目的，但是，不能不考虑到“顽民”的情况，洪仁玕说：“虽然纵有速化，不鲜顽民，故又当立以刑刑之之刑。”由此看来，在对内方面，在阐析所谓的“设法、用人之得其当”时，洪仁玕最关注的仍然是“德”的问题。所以，无论是对内，还是对外，洪仁玕论述的中心都是“德”，这正是服从于文件的目的“新民德”的要求。

然后，我们再逐一考察洪仁玕所阐析的这四点具体内容，以证上文之分析。

由于奉行者的素质是立法的保障，所以四点之中，洪仁玕先讲“用人察失类”。关于“用人察失类”，文件讲的主要是“禁朋党之弊”。这里首先分析了“朋党之弊”何在，然后探讨了如何“禁朋党之弊”。洪仁玕认为，“禁朋党之弊”的方法有两大类，一类是运用传统的权术以“潜消其党，勿露其形”；二是运用近代的传播方式（近代的交通与新闻报刊）“以泄奸谋”。但是，运用近代传播方式是“兵强国富、俗厚风淳”的时代所采用的方法。由此，洪仁玕进一步强调了“习俗”的作用，并对当时中国不好的“习俗”状况表示担忧，发出了“且观今世之江山，竟是谁家之天下”的疑问，这就直接导入了“风风类”，由官德问题导入了民德问题。

在“用人察失类”中，洪仁玕既有对“势”的揭示，也有对“时”的铺陈。他发现了传统的方法已不适应时代的需要，“若发泄而不能制，反遭其害，贻祸不浅矣”。因此，他看到了历史的趋势是，只有依靠近代的传播方式才能彻底地解决“禁朋党之弊”的问题。而运用近代传播方式的时代环境必须是“兵强国富，俗厚风淳”。如何做到“兵强国富”，如何做到“俗厚风淳”，正是洪仁玕接着要回答的问题。他选择的是先回答如何做到“俗厚风淳”的问题，他先铺陈了当时的中国习俗不良的状况，以此说明移风易俗的重要性，如此也才能更有针对性地探求通往“俗厚风淳”的道路。通过对“势”的揭示和对“时”的铺陈将官德问题与民德问题就结合了起来，也只有官德、民德的问题都解决了，官民形成合力，太平天国的振兴才指日可待，他指出：“倘得真心实力，众志成城，何难亲见太平景象，而成为千古英雄，复见新天新地新世界也夫!”

所谓“风风类”就是讲如何移风易俗的问题。洪仁玕主张以自上而下的方法移风易俗，为什么要自上而下？主要是因为一些陋风恶习禁革的难度很大，他说：“夫所谓以风风之者，谓革之而民不愿，兴之而民不从，其事多属人心矇昧，习俗所蔽，难以急移者，不得已以风风之，自上化之也。”如何自上而下？他倡导的是“在上者”的褒贬示范作用和“牧司教导官”的教化作用。“在上者”的示范和“牧司教导官”的教化要有新的内容，如此才能移风易俗，达到“俗厚风淳”和“新民德”的目的。这个新的内容就是新的价值观，洪仁玕将事物重新进行了价值归类，分为下宝、上宝和中宝三类，而且他认为这三类事物对人的道德塑造和新的风俗的形成有不同的作用。他说：“中地素以骄奢之习为宝，或诗画美艳，金玉精奇，非一无可取，第是宝之下者也。夫所谓上宝者，以天父上帝、天兄基督、圣神爷之风三位一体为宝，一敬信间，声色不形，肃然有律，诚以此能格其邪心，宝其灵魂，化其愚蒙，宝其才德也。中宝者以有用之物为宝，如火船、火车、钟表、电火表、寒暑表、风雨表、日晷表、千里镜、量天尺、连环枪、天球、地球等物，皆有夺造化之巧，足以广闻见之精，此正正堂堂之技，非妇儿掩饰之文，永古可行者也。”在新的价值观中，洪仁玕倡导科技发明，高扬上帝教的信仰，并对上帝教的教化功能做了特别的分析。所谓特别的分析，一是占了较多的篇幅，二是与其他的教派做了比较。他分析说："且夫谈世事足以闷人心，论九流足以惑众志，释聃尚虚无，尤为诞妄之甚；儒教贵执中，罔知人力之难，皆不如福音真道，有公义之罚，又有慈悲之赦，二者兼行，在于基督身上担当之也。此理足以开人之蒙蔽以慰其心，又足以广人之智慧以善其行。人能深受其中之益，则理明欲去而万事理矣，非基督之弟徒，天父之肖子乎？究亦非人力所能强，必得圣神感化而然也！"既然要发挥上帝教在教化中的作用，那么，"上帝之名，永不必讳"则应成为共识。为什么永不必讳上帝之名？洪仁玕还分析了几个原因：

第一，天父全能强大不必讳。他指出："天父之名至大、至尊、至贵、至仁、至义、至能、至知、至诚、至足、至荣、至权，何碍一名字？若说正话，讲道理，虽千言万语亦是赞美，但不得妄称及发誓亵渎而已。"

第二，久讳遗忘不能讳。他认为："若讳至数百年之久，则又无人识天父之名矣。"

第三，译音之字无需讳。他指出："况爷火华三字，乃犹太土音，译即自有者三字之意，包涵无所不知、无所不能、无所不在、自然而然、至公义、至慈悲之意也。"

第四，传播教义之需不应讳。在洪仁玕看来，更为重要的是，若讳上帝之名，则上帝教的教义道理就"不能彰"。

他所宣扬的教义道理是什么呢？概括地说就是"上帝是实有"的道理（上帝存在论）、"三位一体"的道理（三位一体论）和"上帝是自有者"的道理（上帝万能论），他说："上帝是实有，自天地万有而观及基督降生而论，是实有也。盖上帝为爷，以示包涵万象；基督为子，以示显身指点；圣神上帝之风亦为子，则合父子一脉之至亲，盖子亦是由父身中出也，岂不是一体一脉哉！总之，谓为上帝者，能形形、能象象、能天天、能地地、能始终万物而自无始终、造化庶类而自无造化、转运四时而不为时所转、变通万方而不为所变，可以名指之曰自有者，即大主宰之天父上帝救世主如一也。盖子由父出也，视子如父也。若讳此名，则此理不能彰矣。"总之，在移风易俗的过程中，尊崇和敬信上帝的价值观是最为重要的，也是新德的核心内容。那么，如何确保上帝教在移风易俗中的这种地位呢？这就必须依靠立法的手段，由此而导入了"法法类"的内容，而且，通过阐析"法法类"的内容，洪仁玕还重点回答了如何"兵强国富"的问题。

"法法类"的内容约占了文件的九分之五，说明了这部分内容在文件中的重要地位。那么，这部分内容究竟要解决什么问题呢？洪仁玕说："所谓以法法之者，其事大关世道人心，如纲常伦纪、教养大典，则宜立法以为准焉。"

也就是说，“法法类”的内容解决的是“世道人心”的问题，即人们的“德”的问题，解决的办法即是“立法”。为什么要通过立法来解决“世道人心”的问题？洪仁玕回答说：只有通过立法，人们才不会走上邪路、歪路，“是下有所趋，庶不陷于僻矣。”当然，洪仁玕没有迷信立法的作用，他指出：“然其不陷于僻而登于道者，必又教法兼行。”在他看来，解决人们的“德”的问题，则要将教育和立法结合起来，即“教法兼行”才能做到。所谓的“教”，他强调的是政令的通达和信息的透明，让人们在通达的政令和透明的信息中接受教育，因此，他特别注意到书信馆和新闻馆的作用。他说：“如设书信馆以通各省郡县市镇公文，设新闻馆以收民心公议及各省郡县货价低昂、事势常变，上览之得以资治术，士览之得以识变通，商农览之得以通有无、昭法律、别善恶、励廉耻、表忠孝，皆借此以行其教也。”在“用人察失类”中，他就强调了近代传播方式的作用，在此再次提及，说明他对近代传播方式的作用有清醒的认识。为什么要“教法兼行”？洪仁玕从“教”如何有助于“法”和“德”的角度考虑了两点：第一，教化有了作用，法的作用才会显著，法的作用显著了，人们才会更加“知恩”，人们懂得“知恩”了，那么，“于以民相劝戒，才德日生，风俗日厚矣”。第二，教化有了作用，法的实施范围才会广，法的作用也才会持久，人们执行法会更严，在这些基础上，如果有“贤智”之人出来继续倡导维持，那么，就会出现“民自固结而不可解，天下永垂而不朽矣”的结果，也就是说，人们为了维持“法”的权威而更加紧密地团结起来，这是有助于政治稳定的。

虽然不迷信立法，强调“教法兼行”，但是，立法的问题还是要说清楚。建设新型的德治国家，法是不能缺位的，因此，说清楚立法的问题仍有相当的必要性。从“法法类”的总体内容来看，这部分内容主要就是回答如何立法的问题。如何立法的问题，文件重点解决的是立法的主观条件和客观条件问题。

关于立法的主观条件，立法者的素质和能力是至关重要的。文件指出：“然立法之人必先经历磨炼，洞悉天人性情，熟谙各国风教，大小上下，源委重轻，无不了然于胸中者，然后推而出之，乃能稳惬人情也。”由此看来，立法者必须有四个方面的素质：第一，有丰富的阅历；第二，了解自然界和人类社会的规律和特点；第三，熟悉各国的风俗、教育和法律等情况及发展的趋势；第四，对本国政务的方方面面及其来龙去脉、轻重缓急都能全面把握。当然，立法者的素质和能力中最重要的还是对“法”本身特点的了解，立法者要知道“法”的一些内容会随着形势的变化和时间的推移可能会有所变化，但是有些内容又是不能变化的。而且一些内容的变正是为了维持那些不变的东西。文件指出："若恐其久而有差，更当留一律以便随时损益小纪，彰明大纲也。"这里告诉人们，"法"中的"小纪"是可以随时损益的，而"大纲"则是不能变的。如果不能区分和掌握这种变与不变的界限，就可能影响到"法"的权威。因此，从这个角度来说，立法是有难度的，也正是因为有难度，才要求立法者有较高的素质。

既然立法是有难度的，那么，要进行立法就必须有一些客观条件。最重要的是要有高素质的"奉法、执法、行法之人"。他分析说："然则如何而后可以立法？盖法之质在乎大纲一定不易，法之文在乎小纪每多变迁，故小人坏法常窥小者无备而掠为己有，常借大者之公以护掩己私。然此又在奉法、执法、行法之人有以主之，有以认真耳。"这样，洪仁玕就从法本身的特点出发又把法的权威不仅寄托在立法者身上，也寄托在所谓的"奉法、执法、行法之人"，把"法"与这些人的"德"紧密联系起来，没有这些人的"德"之素养，"法"的权威性是无法得到维护的，这也许是他将文件的目的定为"新民德"的根本原因吧。

至于具体如何立法，洪仁玕没有正面回答这个问题，他说："至立法一则，阅下自可心领神会，而法在其中矣。"下面的内容是什么呢？这正是以往的研究者颇为关注的内容，这些内容是介绍世界各国的情况和所谓的向西方学习的具体措施。洪仁玕的意思是，他希望立法者能够观察到近代世界各国的发展大势，并在未来的立法中要有能够体现这种大势的具体内容，这些内容正是他所列举的向西方学习的具体措施。在这里，洪仁玕将立法的条件与内容放在一起来考虑，他将了解世界各国近代的发展大势作为立法的前提条件。也就是说，要立法，必须了解世界各国的发展大势，这是洪仁玕提出的"柔远人之法"的前提。

但是，以往的研究者没有注意到，洪仁玕在提出如何立法的问题后，随即提出的便是"又有柔远人之法"的命题，这个命题与其后文的"与番人并雄之法"是相应的。前文已分析，他主张应以"诚信"二字与"番人""交接"，不能闭关自守。所谓"交接"，即是指他在"柔远人之法"中所主张的"宜先许其通商"。为什么"许其通商"，因为"凡外国人技艺精巧，国法宏深"，也就是说，"外国人"一方面有先进的物质技术，另一方面还有先进的"国法"，中国应该在"通商"中学习外国人这两方面的东西。但是，"许其通商"的政策又是有界限的，这个界限就是：外国人"但不得擅入旱地，恐百姓罕见多奇，致生别事。惟许牧司等并教技艺之人入内教导我民，但准其为国献策，不得毁谤国法也。"从这个界限来看，洪仁玕主张中国与外国之间进行思想文化和物质技术方面的交流，但不允许外国人"毁谤国法"，以维护中国之“法”的权威，而许其通商的总体目的正是为了民富国强。

既然要与外国人交接，与其通商，那么，就必须对外国有所了解，在此基础上，获得一个对各国发展大势的判断。正是本着这样的考虑，洪仁玕介绍了各国的基本情况，但是，他的介绍是有倾向性的，他特别注意基督教在各国盛衰中的作用。在介绍了英美两国之后，他指出两国皆以基督立教；在介绍日耳曼邦时说，其地“信奉基督尤慎”，“最信皇上帝”；在介绍瑞邦、丁邦、罗邦时亦说它们“纯守基督之教”；在介绍法兰西邦时，指出法国“亦是信上帝、耶稣之邦”，惟稍有别；在介绍土耳其邦时，则说其“不信基督，故邦势不振”，“将来必归基督”；在介绍俄罗斯邦时，认为俄国“虽信基督而类于佛兰西之行”；在介绍波斯邦时，又说：“其人拜上帝所造之一物即太阳也，亦信妖佛”，认为“其地实归于别邦，亦恬不为耻”；在介绍马来等邦时则总结说，这些国家“皆信佛教，拜偶像，其邦多衰”。也就是说，在洪仁玕看来，要想国家富强，必须信仰基督教。通过介绍各国的基本情况，他发现信仰基督教应该是近代世界各国发展的大势。当然，洪仁玕在介绍各国情况时，也注意到英国的“法善”、美国的“礼义”与“富足”、德国“大船往各邦贸易”、法国的“技艺”；更注意到暹罗邦“与英通商”、日本邦“与美通商”的情况，但是，各国与基督教的关系则是其关注的重点。这里的关注与他在“风风类”中所判断的上帝为上宝的价值归类和不必讳上帝之名的主张形成了呼应，也是洪仁玕所构建的社会秩序的核心价值之所在。他所构建的社会秩序是信仰上帝教为核心价值观的德治社会。

然而，通过介绍各国的情况，洪仁玕的总结却是另外一番结论，他说：“以上略述各邦大势，足见纲常大典，教养大法，必先得贤人创立大体，代有贤能继起，而扩充其制，精巧其技，因时制宜，度势行法，必永远不替也。”他的总结强调了“贤人”、“贤能”在“纲常大典”和“教养大法”的确定和发展过程中的作用。应该说，他这里所谓的“纲常大典”即指基督教，而所谓的“教养大法”似也规定了“法”的目的，总体上说，“纲常大典”和“教养大法”包括了政治、教化和经济（即“养”所指）等三个方面，但都是为了解决“德”的问题。他之所以强调“贤人”、“贤能”的作用，是因为以他为代表的天国中“贤人”、“贤能”仍有为建构新的德治社会、实现“兵强国富”理想而奋发有为的机会和空间，这就是他提出“奋为中地倡”的理由。他说：“倘中邦人不自爱惜，自暴自弃，则鹬蚌相争，转为渔人之利，那时始悟兄弟不知外人欺，国人不和外邦欺，悔之晚矣。曷不乘此有为之日，奋为中地倡，以顶天父天兄纲常，太平一统江山万万年也。”

知道了“柔远人之法”，知道了世界各国的大势，从中表明了天国中人仍有努力的机会，那么，如何“奋为中地倡”呢？也就是说，“奋为中地倡”的人应该知道具体做什么事，朝什么方向努力，从而实现“兵强国富”的理想。因此，紧接着，洪仁玕就介绍了他认为应该采取的29项具体措施。这里的逻辑是：有了对“势”的把握，就须在“时”上下工夫，即所谓的“度势行法”。

从整体上看这29项措施，则是别具意味的。第1条和最后1条都是强调天王专制的权威，其权威来源于上帝教的信仰，但中间的大量内容则是努力在上帝教的伦理之下建立一个开放的、民主的工商社会秩序。因此，这29项措施之间存在着内在的逻辑矛盾，这个矛盾是洪仁玕本人所无法解决的，而且这个矛盾也是近代许多的先进分子都可能遇到的。下面就具体分析这29项措施以揭示其内在的逻辑矛盾。

29项措施的第1条是：“要自大至小，由上而下，权归于一，内外适均而敷于众也。又由众下而达于上位，则上下情通，中无壅塞弄弊者，莫善于准卖新闻篇或暗柜也。法式见下。”看来，这第1条是总纲，其余的28条是回答如何能做到“权归于一，内外适均”和如何能做到“上下情通，中无壅塞弄弊”这两个问题的。总体来说，其余28条是从政治、经济、社会等三个方面来解决这两个问题的。在洪仁玕看来，这两个问题解决了，也就意味着实现了“兵强国富”的理想。

在政治方面，共有8条：

(1) 兴邮亭以通朝廷文书，书信馆以通各色家信，新闻馆以报时事常变、物价低昂。只须写实，勿着一字浮文。倘有沉没书札银信及伪造新闻者，轻则罚，重则罪。邮亭由国而立，余准富民纳饷禀明而设，或本处刊卖，则每日一篇，远者一礼拜一篇，越省则一月一卷，注明某处某人某月日刊刻，该钱若干，以便远近采买。

(2) 朝廷考察。若探未实者，注明有某人来说，未知是否，俟后报明字样，则不得责之也。

(3) 兴各省新闻官。其有职无权，性品诚实不阿者，官职不受众官节制，亦不节制众官，即赏罚亦不准众官褒贬。专收十八省及万方新闻篇有招牌图记者，以资圣鉴，则奸者股慄存诚，忠者清心可表，于是一念之善，一念之恶，难逃人心之公议矣。人岂有不善，世岂有不平哉？

(4) 兴乡官，公义者司其任，以理一乡民情曲直吉凶等事，乡兵听其铺调。

(5) 兴乡兵。大村多设，小村少设，日间管理各户洒扫街渠，以免秽毒伤人，并拿打架攘窃及在旁证见之人到乡官处处决，妄证者同罪；夜于该管之地有失，惟守者是问。若力不足而呼救不及，不干守者之事。被伤者生则医，死则瘗，有妻子者议恤。

(6) 罪人不孥。若讯实同情者及之，无则善视抚慰之，以开其自新之路。若连累及之，是迫之使反也。

(7) 立丈量官。凡水患河路有害于民者，准其申请，大者发库助支，小者民自捐助。而屋宇规模，田亩裁度，俱出此官。受赃者准民控诉革职罚罪。

(8) 禁私门请谒，以杜卖官鬻爵之弊。凡子臣弟友，各有分所当为，各有俸值，各有才德，各宜奋力上进，致令闻外著，岂可攀援以玷仕途？即推举者亦是为国荐贤，亦属分内之事，既得俸值何可贪赃？审实革职，二罪俱罚。

这8条中，兴乡官、兴乡兵、罪人不孥、立丈量官，这是确立基层社会秩序的措施，这是“权归于一”的基础。要确保“权归于一”，既要有横向的措施，这就是“禁私门请谒”；还要有纵向的措施，这就是“兴各省新闻官”。不过，“上下情通”是“权归于一”的前提，因此，洪仁玕在这方面所进行的制度设计较为周密。“上下情通”，就是保证政令和各种信息的畅通，兴邮亭、书信馆和新闻馆就是达到这个目的的措施，而要做到“中无弄弊”，则邮亭须由国家创办，而书信馆和新闻馆由民办则须“朝廷考察”。而且，独立的新闻官也保证天王对各种信息的及时了解。在洪仁玕的社会构架中，整个社会分三层：基层、中间信息传递层、中央政府层，丈量官联系着基层与中央政府层，而新闻官则联系着中间信息层和中央政府层，这8条政治上的措施，是以“权归于一”和“上下情通”为目的的。

在经济方面，亦有8条内容：

(1) 兴车马之利，以利便轻捷为妙。倘有能造如外邦火轮车一日能行七八千里者，准自专其利，限满准他人仿做。若彼愿公于世，亦禀准遵行，免生别弊。先于二十一省通贰十一条大路，以为全国之脉络，通则国家无病焉。通省者阔三丈，通郡者阔二丈五尺，通县及市镇者阔二丈，通大乡村者阔丈余。差役时领犯人修葺崩破之处。二十里立一书信馆，愿为者请饷而设，以为四方耳目之便，不致上下梗塞，君民不通也。信资计文书轻重，每二十里该钱若干而收；其书要在某处某交递者，车上车下，各先束成一捆，至即互相交讫，不能停车俄顷，因用火、用气、用风之力大猛也。虽三四千里之遥，亦可朝发夕至，纵有小寇窃发，岂能漏网乎？

(2) 兴舟楫之利，以坚固轻便捷巧为妙。或用火、用气、用力、用风，任乎智者自创；首创至巧者赏以自专其利，限满准他人仿做。若愿公于世，亦禀明发行。兹有火船气船一日夜能行二千余里者，大商则搭客运货，国家则战守缉捕，皆不数日而成功，甚有裨于国焉。若天国兴此技，黄河可疏通其沙而流入于海，江淮可通有无而缓急相济，要隘可以防患，凶旱水溢可以救荒，国内可保无虞，外国可通和好，利莫大焉。

(3) 兴银行，倘有百万家财者，先将家赀契式禀报入库，然后准颁一百五十万银纸，刻以精细花草，盖以国印图章，或银货相易，或纸银相易，皆准每两取息三厘，或三四富民共请立，或一人请立，均无不可也。此举大利于商贾士民，出入便于携带，身有万金而人不觉，沉于江河则损于一己而益于银行，财宝仍在也。即遇贼劫，亦难骤然拏去也。

(4) 兴器皿技艺。有能造精奇利便者，准其自售；他人仿造，罪而罚之。即有法人而生巧者，准前造者收为已有，或招为徒焉。器小者赏五年，大者赏十年，益民多者年数加多，无益之物有责无赏，限满他人仿做。

(5) 兴宝藏。凡金银铜铁锡煤盐琥珀蠔壳琉璃美石等货有民探出者，准其禀报，爵为总领，准其招民探取，总领获十之二，国库获十之二，采者获十之六焉。倘宝有丰歉，则采有多少，又当视所出如何，随时增减，不得匿有为无也。此为天财地宝，虽公共之物，究亦枕近者之福，小则准乡，大则准县，尤大者准省及省外之人来采也。有争斗抢夺他人之所先者，准总领及地方官严办，务须设法妥善焉。

(6) 兴省郡县钱谷库，以司文武官员俸值公费，立官司理，每月报销。除俸值外，有妄取民贿一文者议法。

(7) 兴市镇公司，立官严正，以司工商水陆关税，每礼拜呈缴省郡县库存贮或市镇公务支用。有为己私抽者议法。

(8) 外国有兴保人物之例，凡屋宇人命货物船等有防于水火者，先与保人议定每年纳银若干，有失则保人赔其所值，无失则赢其所奉。若失命则父母妻子有赖，失物则己不致尽亏。

这8条措施的目的就是鼓励全社会尽可能地创造更多的财富，这是“权归于一”的物质基础。国库有兴宝藏的收入，省郡县钱谷库有市镇公司上缴的关税收入，而个人通过专利制度在兴车马之利、兴舟楫之利和兴器皿技艺等领域亦有很广阔的获利空间。专利制度是全部经济措施的灵魂，有了明确的产权保护，才会激发全社会成员从事经济活动的积极性和创造性，从而保证国库和省郡县钱谷库的收入。经济活动的活跃，有利于“上下情通”局面的形成，而交通的畅达、省郡县钱谷库的设立，也确保了经济领域的“上下情通”。这8条中，兴器皿技艺和兴宝藏则是中心，兴车马之利和兴舟楫之利是为兴器皿技艺和兴宝藏创造交通条件的，兴银行和兴保险则是为兴器皿技艺和兴宝藏提供金融服务和产权保护的，兴省郡县钱谷库和兴市镇公司则是为兴器皿技艺和兴宝藏创设良好制度环境的。总体来说，这8条措施构成了

开放的工商社会的基本经济秩序。洪仁玕已经意识到，如果“柔远人之法”是“许其通商”，那么，在国内就必须建立起与此相应的基本经济秩序和基本的经济制度。也就是说，要与“远人”通商，必须有相应的条件和物质基础，而这样的条件和物质基础是要依赖于稳定的基本经济秩序的。

在社会方面，内容较多，共有12条，可分兴办类、禁止类、倡导类各4条。兴办类有4条：

(1) 兴士民公会，富贵善义、仰体天父天兄好生圣心者，听其甘心乐助，以拯困扶危，并教育等件。至施舍一则，不得白白妄施，以沽名誉；恐无贞节者一味望恩，不自食其力，是滋弊也。宜令作工以受所值，惟废疾无所归者准白白受施。

(2) 兴医院以济疾苦。系富贵好善、仰体天父天兄圣心者，题缘而成其举，立医师必考取数场然后聘用，不受谢金，公义者司其事。

(3) 兴跛盲聋哑院。有财者自携资斧，无财者善人乐助，请长教以鼓乐书数杂技，不致为废人也。

(4) 兴鳏寡孤独院，准仁人济施，生则教以诗书各法，死则怜而葬之。因此等穷民操心危，虑患深，往多有用之辈，不可不以恩感之也。

禁止类有4条：

(1) 禁溺子女。不得已难养者准无子之人抱为己子，不得作奴视之。或交育婴堂。溺者罪之。

(2) 禁酒及一切生熟黄烟鸦片。先要禁为官者，渐次严禁在下，绝其栽植之源，遏其航来之路，或于外洋入口之烟不准过关。走私者杀无赦。

(3) 禁庙宇寺观。既成者还其俗、焚其书、改其室为礼拜堂、藉其资为医院等院。此为拯民出于迷昧之途，入于光明之国也。

(4) 禁演戏修斋建醮。先化其心之惑，使伊所签助者转助医院、四民院、学馆等，用有益于民生实事。

倡导类亦有4条：

(1) 外国有禁卖子为奴为例，家贫卖子，只顾眼前之便，不思子孙永为人奴，大辱祖考，后世或生贤智者，不得为国之用，反为国之害矣。故准富者请人雇工，不得买奴，贻笑外邦。生女难养，准为女伺，长则出嫁从良也。

(2) 革阴阳八煞之谬。名山利薮，多有金银铜铁锡煤等宝，大有利于民生国用。今乃动言风煞，致珍宝埋没，不能现用。请各自思之，风水益人乎，抑珍宝益人乎？数千年之疑团牢而莫破，可不惜哉！

(3) 除九流惰民不务正业。专以异端诬民，伤风败俗，莫逾于此。准其归于正业，焚去一切惑民之说。若每日无三个时辰工夫者，即富贵亦是惰民，准父兄乡老擒送，迸诸绝域，以警颓风之渐也。诚以游手偷闲，所以长其心之淫慾，劳心劳力，所以增其量之所不能。此天父之罚始祖使汗颜而食者，一则使自养身，一则免生罪念，亦为此故也。

（4）屋宇之制，坚固高广，任其财力自为，不得雕镂刻巧，并类王宫朝殿；宜就方正，勿得执信风水；不依众向，致街衢不直。既成者勿改，新造者可遵，再建重新者亦可改直。

仔细揣摩这12条，从中不难看出：洪仁玕所倡导的良风美俗的实质，就是弘扬一种在上帝教的信仰之下节约和利用一切社会资源、鼓励和动员一切社会力量去创造更多的社会财富的社会风气，这种社会风气正是开放的工商社会所需要的，也是开放的工商社会基本秩序的一个重要组成部分。有了上帝教的信仰，也才有政治上的“权归于一”；有了物尽其用、各尽所能创造财富的社会风气，也才能形成“上下情通”的政治格局。从确立上帝教的信仰来说，兴办类中的“兴士民公会”和“兴医院”都强调是“仰体天父天兄圣心”，而禁止类的“禁庙宇寺观”和“禁演戏修斋建醮”都是维持上帝教信仰的权威，倡导类中的“除九流惰民不务正业”也从“天父之罚始祖使汗颜而食”那里找到依据。从节约和利用一切社会资源的角度来说，禁止类中的禁酒及黄烟鸦片、禁庙宇寺观、禁演戏修斋建醮等就是移以前不符合上帝教信仰所耗费的资源用于创造新的财富，而倡导类中革阴阳八煞之谬则是为开发矿藏创造条件的，在屋宇之制方面不得雕镂刻巧则是遵从上帝教的要求而节约社会资源。从鼓励和动员社会力量创造财富来说，这里有几种形式：一是挖掘社会潜在的劳动力，“兴士民公会”条要求困危者工作以受所值，不得白白受施，而“兴跛盲聋哑院”和“兴鳏寡孤独院”则强调以前面所说的“教养兼行”的原则，要求跛盲聋哑者和鳏寡孤独者能够自养其身；二是释放社会隐藏的劳动力，“禁溺子女”和不得卖子女为奴就是这种意图，而“除九流惰民不务正业”也是这种用意，这两者有些类似于西方重商主义时代的废奴令和惩惰令。从这里可以看出，洪仁玕已经参透了基督教伦理的基本要义。

从总体上来看，这29条措施处理了“权归于一”和“上下情通”的关系，体现了基督教为立国之教的世界大势，还确立了所谓的“柔远人之法”所需要的开放的工商社会的基本秩序。以29条作为立法的具体内容，开放的工商社会的基本秩序的确立就有了法治基础，一个理想的“兵强国富”的社会就可能出现。

但是，对29项措施内容的概括，洪仁玕有自己的表述，认为这些措施多是“尊五美屏四恶之法”。也就是说，这些措施作为立法的内容，带有强烈的

道德色彩。将这些弘扬新道德的内容变为立法的内容，表明了立法是为建设德治国家服务的，所以，这些措施是以“刑具可免”为目的的。对于那些不得不用“刑”的“顽民”又怎么办呢？这是“刑刑类”要解决的问题。

在“刑刑类”中，洪仁玕的主张仍体现了强烈的德治色彩。在这部分，他的主张有三点：第一，“善待轻犯，宜给以饮食号衣，使修街渠道路，练其一足，使二三相连，以差人执鞭刃掌管。轻者移别县，重者移郡移省，期满释回，一以重其廉耻，二以免生他患，庶回时改过自新，此恩威并济之法也。”第二，“议第六天条曰勿杀，盖谓天父有赏罚于来生，人无生杀于今世。然天王为天父所命以主理世人，下有不法，上可无刑，是知遭刑者非人杀之，是彼自缚以求天父罚之耳。虽然，为人上者，不可不亲身教导之也。”第三，“议大罪宜死者，置一大架圈其颈，立其足，昇至桅杆顶，则去其足之下板，以弔死焉。先彰其罪状并日期，则观者可以股慄自儆，又少符勿杀之圣诫焉。”洪仁玕还分析了他这些主张的理由，指出：“十款天条，治人心恶之未形者，制于萌念之始；诸凡国法，治人身恶之既形者，制其滋蔓之多。必先教以天条，而后齐以国法，固非不教而杀矣，亦必有耻且格尔。”由此看来，治人之“恶”，“天条”与“国法”的作用是有先后的，他认为不能“不教而杀”，即使要杀，也要讲究形式，而且要做到“有耻且格”，这些都是其建立德治国家的一个重要表现。

综上所述，无论是对内，还是对外，洪仁玕都强调“德”的作用，并主张将新“德”的内容以立法的形式固定下来，这就是说，立法的目的是树立“德”的内容的权威性，正是这个缘故，洪仁玕立法的最终目的是“刑具可免”，即便是对待那些不得不用刑的“顽民”，他仍然主张以德感化，对轻刑者要善待，对重刑者最好是勿杀，即便要杀，也不能不教而杀。因此，整个《资政新篇》讨论的即是“德”、“法”、“刑”的关系，三者以“德”为中心，目的是建立一个“新民德”的社会秩序，而其结论即是“法外辅之以法而入于德，刑外化之以德而省于刑”。在《资政新篇》的附录《兵要四则》中，洪仁玕也很强调德在“用兵之法”中的作用，所谓的“兵要四则”是指“为将有为将之学问”、“为将有为将之道德”、“为将有为将之法律”、“为将要知蓄锐之方”。其中的“为将有为将之道德”和“为将要知蓄锐之方”所讲的也是“德”的问题，前者是为将之德，后者实际上是指兵之德，他说：“即我天朝初以天父真道，蓄万心如一心，故众弟只知有天父兄，不怕有妖魔鬼。此中奥妙，无人知觉……”也就是说，兵之德也是以上帝教为内容的。可以说，建立以上帝教信仰为核心的新道德是《资政新篇》一以贯之的内容。当时的洪仁玕可能看到了基督教新教伦理在资本主义发展过程中的作用，因此，他试图以上帝教代替基督教新教，作为天朝未来发展资本主义的宗教伦理。资本主义发展的早期伴随着鲜明的重商主义色彩，在《资政新篇》中也可以看到重商主义的影子。洪仁玕之所以强调“新民德”，强调德治的作用，正是因为他看到基督教新教伦理在资本主义发展过程中的作用。

洪仁玕所构建的工商社会秩序，之所以说是开放的，一表现在他的“柔远人之法”，“许其通商”，试图发展外向型的经济；二表现在社会内部的开放，这就是他非常注意信息的畅达和公开，在文件中多次提到近代新闻制度和构建近代交通网络。而且，这种工商社会秩序还是充满竞争、进取精神和活力的，所谓充满竞争、进取的精神，是指洪仁玕不仅有“柔远人之法”的胸怀，还有“与番人并雄”的志向，更有审时度势的哲学高度。在这个社会秩序中，所有的人（穷苦之人、病人、残疾人、奴、罪犯）、所有的资源都要为创造财富服务，似乎反映了一个正在成长的新兴的阶级对财富的强烈渴求，专利制度的推行，也激发了人们创造财富的能动性、积极性和创造性，上帝教的信仰不仅为人们提供了精神支柱，也为“权归于一”的政治权力结构提供了神学的依据。但是，洪仁玕在文件中缺乏更多的系统的政治架构，特别是中央政府的政治架构，“权归于一”的权力结构与开放的工商社会秩序是否相称确实是个问题。所以，洪秀全对文件中的有些内容是有异议的，这些异议反映了洪秀全与洪仁玕两人对未来社会秩序构建的不同取向，前者极力构建的是农本社会的秩序（这在对《天朝田亩制度》的解读中已有分析），而后者则精心描绘了一幅开放的工商社会的图景。

洪秀全批“此策是也”的有 8 处，批“是”的则有 16 处。他对“权归于一，内外适均”，“上下情通，中无弄弊”的批示是：“钦定此策，杀绝妖魔行未迟。”对兴各省新闻官的批示与此相似，说：“此策现不可行，恐招妖魔乘机反间，俟杀绝残妖后，行未迟也。”对“勿杀”的批示是：“爷今圣旨斩邪留正，杀妖、杀有罪不能免也。”而对大罪吊死的批示则是：“爷诫勿杀是诫人不好谋害妄杀，非谓天法之杀人也。”以往的研究者都觉得洪秀全对文件是基本赞成的，但是，这几处不太赞成的批示却最能说明他对文件的总体态度。洪仁玕对政治的架构本就不充分，即便如此，洪秀全就对其中的两条表示了不同意见。而对体现上帝教伦理的“勿杀”和“大罪吊死”表示异议，并未从中体悟到对生命的敬畏，更未意识到这些生命还是创造社会财富的力量。所以，迷恋于农本社会的洪秀全是不会理解工商社会的要义的。

四、刘丽川上天王奏折时间考

在上海小刀会于咸丰三年八月初五日（1853 年 9 月 7 日）起义不久，为

寻求太平天国的支持，刘丽川即给洪秀全去信，他自称“未受职臣”，并称这封信为“奏折”。他托准备到太平天国统治区销售武器的英人温那治转送，在镇江被吴健彰截获。

关于刘丽川写这封信的时间问题，学术界有不同的看法。《上海小刀会起义史料汇编》的编者认为：“奏章中提及克复青浦，案周立春在9月18日（八月十六日），故本件日期应在9月18日后。”[①] 但在大事表中的9月18日条下又明确认为：“大元帅刘丽川上奏太平天国天王洪秀全，报告上海及附近各县起义胜利，并表示接受太平天国领导。”[②] 恩师王庆成先生认为刘丽川写信时间“约当在9月20日左右”[③]。郭豫明先生对此有稍详的分析：“关于刘丽川上奏的时间，奏折本身只写太平天国癸好三年八月即1853年9月，无具体日期。从该折内容看，已述及八月十二日即阳历9月14日之事，其上奏日期当在此之后；而据9月25日（八月二十三日）罗孝全《小刀会首领刘丽川访问记》所载，刘丽川‘已送了两封公文往南京，与太平王通款曲’，其上奏日期又应在此之前。所以，刘丽川上奏的具体日期是在9月14日至9月25日之间。有的论著说是9月18日，不知何据。”[④]

笔者以为，要确定这封信的时间，前提是必须准确解读这封信的内容。要准确解读这封信的内容，又必须了解关于这封信目前所能见到的几种版本。仅笔者所见约有以下几种：

一是1993年版《清政府镇压太平天国档案史料》第10册的抄件。该册收录的是两江总督怡良、署江苏巡抚许乃钊在咸丰三年十月初九日（11月9日）《奏报上海骤难克复实由夷人阻挠及盘获英夷商船片》（军机处录副奏折）的附件二即为这封信的抄件，内容如下：

谨将上海首逆刘丽川寄金陵伪太平王逆信照录，恭呈御览。

未受职臣刘丽川，系广东省广州府香山县人氏，今年三十四岁。诚惶诚恐，顿首稽首，谨奏我主上陛下。臣以一介庸愚，力耕乡落，于愿已足。不期时世变迁，人民失业，夙兴夜寐。再四思维，大丈夫当立功名于乱世，不宜缩首以潜身。且仰主上圣明英武，德彰华夏，自兴仁义之师以来，不啻武

① 上海社会科学院历史研究所编：《上海小刀会起义史料汇编》，上海人民出版社1980年版，第12页（以下简称《汇编》）。

② 《汇编》，《上海小刀会起义大事表》，第33页。

③ 王庆成：《从剑桥大学收藏的刘丽川告示论太平天国与上海小刀会起义军的关系》，《近代史研究》1994年第3期，第6页。

④ 郭豫明：《上海小刀会起义史》，中国大百科全书出版社上海分社1993年版，第110页（以下简称郭豫明：《上海小刀会起义史》）。

王兴周之易易也。即今定鼎金陵，民安国泰，四海归心，应天顺人，显然可见。兹臣拼驽马之才，急欲建劾，不揣冒昧。已于本年八月初五日寅刻，率数千义勇，立定上海，直至十二，连日不用只弓寸矢，分定嘉兴、嘉定、宝山、川沙、南会（汇）等府县地方，保护居民铺户，安业如常。刻即星驰具奏，伏乞我主上早命差官莅任暨颁赐眷黄，以顺天心，以慰民望。臣不胜恳切待命之至。臣刘丽川谨奏。

太平天国癸好三年八月日奏。

另奏尾粘钞进呈御电：

臣刘丽川于道光二十五年十月二十日，蒙劳德泽先生在粤东香港传斗于臣，于是暗招军士，直至今日得有以劾力于主上陛下。另具宝剑一口，伏愿我主上将以利天下，臣不胜厚幸之至。臣再奏。

信面书：

内奏折，烦英国船主温那治送至南京城，呈镇国大人收，入转呈太平天国主上龙启。外并外国宝剑壹口。未受职臣刘丽川由上海百叩缄。①

上海师范大学历史系中国近代史研究室、中国第一历史档案馆编辑部编《福建·上海小刀会档案史料汇编》（1993 年版）收编的这封信的抄本内容与这个抄本基本相同（由于对内容理解的不同，只是标点不同），惟“不揣冒昧”为“不惴冒昧”。《清政府镇压太平天国档案史料》的抄本来自军机处的录副奏折，而关于《福建·上海小刀会档案史料汇编》的抄本来自何处的问题，编者没有直接说明，只是称：“本件系两江总督怡良、署江苏巡抚许乃钊奏片之附件，奏片见《筹办夷务始末（咸丰朝）》（一）第 233 ~ 234 页。又，本件与《上海小刀会起义史料汇编》所收录之《未受职臣刘丽川上天王奏》稍有出入，且其后的‘信面书’为该书所无。”②《筹办夷务始末（咸丰朝）》（一）只收了奏片，但并未收附件。由于有中国第一历史档案馆参编，这个抄本也当来自军机处录副奏折。

二是《上海小刀会起义史料汇编》（1958 年版）收编的《忆昭楼洪杨奏稿》的抄本。编者说明：“该抄本的本件‘忆昭楼洪杨奏稿’，原题为‘附录镇江拿获假装夷人之奸细搜出逆书’，为清咸丰三年八月（1853 年 9 月）上海小刀会起义后刘丽川上太平天国天王洪秀全的奏章。”据《太平天国史料丛

① 中国第一历史档案馆编：《清政府镇压太平天国档案史料》，第 10 册，社会科学文献出版社 1993 年版，第 460 页（以下简称《清政府镇压太平天国档案史料》，第 10 册）。

② 上海师范大学历史系中国近代史研究室、中国第一历史档案馆编辑部编：《福建·上海小刀会档案史料汇编》，福建人民出版社 1993 年版，第 321 ~ 322 页。

编简辑》第5册之《附录：本册书目解题》，《忆昭楼时事汇编》“钞本四册，原名《忆昭楼洪杨奏稿》，南京图书馆藏。此书是咸丰年间清朝的《谕旨》、《奏稿》、《函牍》及一部分探报的汇编，其中都是有关太平天国起义以后，太平军在湖南、湖北、安徽、江苏的活动及上海小刀会起义的资料”①。《忆昭楼洪杨奏稿》抄本的原文如下：

未受职臣刘丽川诚惶诚恐，顿首谨奏我皇上陛下：臣以一介庸愚，力耕乡落，于愿已足。不期时世变迁，人民失业，夙兴夜寐。再四思维，大丈夫当立功名于乱世，不宜缩首以潜身。且仰主上圣明英武，德彰华夏，自兴仁义之师以来，不啻武王兴周之易也。即今之定鼎金陵，民安国泰，四海归心，应天顺人，显然可见。兹臣拼驽马之才，急欲建效，不揣冒昧。已于本年八月初五日寅时，率千义勇，立定上海，直至十二，连日不用尺弓寸矢，分定青浦、嘉定、宝山、川沙、南汇等府县地方，保护居民铺户，案（安）业如常。刻即星夜具奏，伏乞我主上早命差官莅任，暨颁赐眷黄，以顺天心，以慰民望，臣不胜恳切待命之至意。臣刘丽川谨奏。

太平（天）国癸好三年八月日奏。

臣刘丽川于道光二十五年十月二十日，蒙劳德择先生在粤东香港传斗于臣，是暗招军士，直至今日，有以效力于主上陛下。另具宝剑一口，伏愿我主上将有以和天下，臣不胜侥幸之至。臣再附奏。②

罗尔纲先生1960年选注《太平天国诗文选》内收有《上海起义上天王本章》即此信，他在说明“来源”时说：“本篇采自江苏省博物馆藏的太平天国资料钞本内。”但这个抄本的内容与《上海小刀会起义史料汇编》收编的《忆昭楼洪杨奏稿》的抄本相同，惟有三处稍有不同。《忆昭楼洪杨奏稿》抄本中的“即今之定鼎金陵”、“案（安）业如常”、“伏愿我主上将有以和天下”，《太平天国诗文选》的抄本分别为：“即今定鼎金陵”、“安业如常”、“伏愿我主上将有以利天下”。③ 因此，江苏省博物馆藏的太平天国资料钞本内的这封信的版本也可能来自《忆昭楼洪杨奏稿》。

三是《太平天国史料丛编简辑》第5册收编的《时闻丛录》的抄本，编者根据当时收藏在中央档案馆明清档案部的“原抄件”进行了校订。校订的内容中，系“原抄件”多出的以方括号标注，原抄件与该抄本相异的，紧接

① 太平天国历史博物馆编：《太平天国史料丛编简辑》，第5册，中华书局1962年版，第494页（以下简称《太平天国史料丛编简辑》，第5册）。

② 《忆昭楼洪杨奏稿》，转引自《汇编》，第11～12页。

③ 罗尔纲选注：《太平天国诗文选》，中华书局1960年版，第51～52页。

在后面用圆括号标注。但在"青浦"处加注称："原抄件青浦写作嘉兴，实误。"最后的"信面书"亦未补上。下面是《时闻丛录》抄本及校订的内容：

未受职臣刘丽川［系广东省广州府香山县人氏今年三十四岁］诚惶诚恐顿首［稽首］，谨奏我皇（主）上陛下：臣以一介庸愚，力耕乡落，于愿已足。不期时世变迁，人民失业，夙兴夜寐，再四思维，大丈夫当立功名于乱世，不宜缩首以潜身。且仰主上圣明英武，德彰华夏，自兴仁义之师以来，不啻武王兴周之易［易］也。即今之[①]定鼎金陵，民安国泰，四海归心，应天顺人，显然可见。兹臣拼驽马之才，急欲见效（建劾），不揣冒昧，已于本年八月初五日寅时（刻），率［数］千义勇立定上海。直至十二，连日不用尺（只）[②] 弓寸矢，分定青浦（嘉兴）、嘉定、宝山、川沙、南汇（会）等府县地方。保护居民铺户，案（安）业如常。刻即星［驰］具奏，仍（伏）乞我主上早命差官莅任暨颁赐誊黄，以顺天心，以慰民望。臣不胜恳切待命之至！臣刘丽川谨奏。太平［天］国癸好三年八月日奏。

臣刘丽川于道光二十五年十月二十日，蒙劳德择（泽）先生在粤东香港传斗于臣，［于］是暗招军士，直至今日，［得］有以効力于主上陛下。另具宝剑一只（口），伏愿我主上将有[③]以利天下，臣不胜侥幸（厚幸）之至!。臣再奏。[④]

据《太平天国史料丛编简辑》第5册之《附录：本册书目解题》，《时闻丛录》"钞本一册，原名《粤西桂林守城记》，不著撰人姓氏，南京图书馆藏。原钞本为一史料合订本，包括私人笔记、信札、禀谕、探报、歌谣等资料，首篇即《粤西桂林守城记》。其中资料有见于他处的，……《太仓蔡刺史退贼守城记》与南京图书馆藏钞本《忆昭楼洪杨奏稿》附录《太仓蔡刺史退贼守城记》、常熟图书馆藏钞本《粤匪杂录》中《蔡州牧剿寇卫城录》记事同，但本书较详；……此书资料大都是身当其境者的笔记或信札，颇足供稽考之用"[⑤]。由此看来，《时闻丛录》的这个钞本可能来自《忆昭楼洪杨奏稿》的抄本。从《太平天国史料丛编简辑》第5册的编者校订的内容来看，他所依据的当时为中央档案馆明清档案部的"原抄件"也可能就是怡良、许乃钊奏片的附件，即军机处录副奏折中的抄本。

---

① 据笔者校订，此处所谓的"原抄件"当无"之"字。

② 此处系笔者校订。

③ 据笔者校订，此处所谓的"原抄件"当无"有"字。

④ 《太平天国史料丛编简辑》，第5册，第98～99页。

⑤ 《太平天国史料丛编简辑》，第5册，第493～494页。

从上面介绍的几种版本来看，最基本的就是两种：一种是怡良、许乃钊奏片的附件抄本，以军机处录副奏折的形式在中国第一历史档案馆保留至今，可称之为北方版本；另一种就是《忆昭楼洪杨奏稿》的抄本，见之于南京图书馆和江苏省博物馆，可称之为南方版本。总体来说，这两种版本的内容存在着不少的差异，但最大的不同约有三处：一是前者有关于刘丽川籍贯、年龄的内容，后者无；二是小刀会起义后攻克的厅县城排在第一的，前者为嘉兴，后者为青浦；三是前者有所谓的"书面语"，后者无。笔者以为，这三处不同，对于确定这封信时间有关键意义的，是第二处。一般人都认为，北方版本中的"嘉兴"是错误的，因为小刀会起义军从未攻克过嘉兴，应以南方版本中的"青浦"为是。他们还以此为据进一步推断这封信的时间。笔者在考察小刀会起义与太平天国的关系时，亦如是看，但在反复研读这封信的文本之后，觉得不当如此。从这封信的文本语境来看，不论是北方版本中的"嘉兴"，还是南方版本中的"青浦"，都是衍文，不仅如此，两种版本中的"嘉定"也是衍文。因此，信中所提小刀会起义军攻克的厅县城应为"宝山、川沙、南汇"三城。论者或谓小刀会是攻克过 5 个厅县城，这诚然是事实。但是这封信的语境明确告诉我们的时间范围是从八月初五日起义以后直到八月十二为止的七天，嘉定业已于八月初三被克，而青浦则于八月十五才被攻陷，都不在这个时间范围内，该奏虽用太平天国纪元，但从内容来看并未使用天历时间①。即使按天历，八月十二日即为 9 月 16 日，而此时青浦亦未被占领。而宝山、南汇、川沙分别于八月初七日、初十日、初十日被克②，这 3 个厅县城被占领的时间都属于这个时间范围。所谓的"直至十二"的准确含义可能是这 3 个厅县城被克的消息至八月十二日为止已先后传到上海，而不是指从八月初三至八月十五日的连续 12 天，文本语境没有显示出这个意思，从语言表达的角度来看，连续 12 天的意思也不当如此表达。关于这封信的内容，夏燮的《中西纪事》曾有过概述："臣刘丽川，广东香山县人，向因贸易，寄居上海，见官激民变，首先率领众兄弟起义，数日之间，克服三城。

① 刘丽川奏折中称"已于本年八月初五日寅刻，率数千义勇，立定上海"，这里的"八月初五日"并非天历时间，清政府征剿大吏如怡良、许乃钊、向荣等在奏报上海小刀会起义时间时均用这个日期。

② 亦有史料载川沙于八月十一日被克，一般均采用这个说法，参见郭豫明著《上海小刀会起义史》第 102 页页下注①。但刘丽川的奏折将川沙排在南汇前，似能说明川沙在南汇之前被克。而南汇于初十日被克，则川沙不大可能迟于初十日被克。南汇距上海较川沙为远，虽在同一天被克，但可能传到上海的消息较川沙为迟，故列于后。另，初十日之说系来自亲历者川沙厅同知窦塾的禀报，当更可靠些。姑从此说。

封储仓库，以待大兵之至。并献宝刀一枋，以表忠诚等语。”① 虽然具体内容与上述各种版本的表述不同，但所言“数日之间，克服三城”可谓精要，佐证了笔者的看法。应该说，仅从小刀会起义后攻克厅县城的排列顺序来看，后面的4城顺序尚说得过去，而将“嘉兴”或“青浦”置首则留下了最大的破绽，这也是笔者认真反复研读刘丽川奏折文本的触发点。

为什么这封信的文本中会产生这些衍文？为什么北方版本与南方版本的衍文还不相同？要解决这些问题，还得再从这封信的版本流传上来分析。

夏燮《中西纪事》之《五口衅端》（卷十一）记载了这封信的来由及最初被清方截获的情形：“是年（指咸丰三年——笔者注）秋八月，贼陷江苏之上海，其首刘丽川者，粤东寄居在沪之客民也。其起事也，与金陵之粤逆不相闻，而欲自东路句之入寇，以窥苏杭。时有上海之领事温那治者，刘逆闻其曾通款于金陵，求寄书为之先容，领事许之。乃托贸易为名，遣火轮船二，携带洋枪火药，驶赴江宁，行至镇江而事败。时大营有巡船在镇江，江面见有外洋火轮船二只，游奕江上，形迹可疑，乃率水勇径造其舟，拿获洋鬼二名，并洋枪火药等件。诘之，称系上海领事所遣，旋又于舱内搜获伪信一函、伪折一件。”② 这里的所谓“伪折”即系刘丽川的奏折。但这里没有言明被谁截获。前文反复提到的怡良、许乃钊的《奏报上海骤难克复实由夷人阻挠及盘获英夷商船片》称：“又据吴健彰禀称，盘获宁波钓船一只，内有夷人三名，洋剑一把，洋枪六十杆，洋刀四十把，洋硝一包，火药一罐，并在夷人身上搜出夷书一封，上有真命太平天国等字样。当即拆阅，查系英吉利奸商勒呐吐致镇江逆酋罗大纲一封，又附带上海逆首刘丽川逆书一件，讯据船户王阿莫等供称，系夷人雇装兵器至镇江卖给贼匪者，在后尚有一船装载洋枪一百四十杆、洋刀六十把及洋硝火药等物，已闻拿逃窜。等语。”这就非常清楚地表明刘丽川的奏折是被吴健彰截获的。奏片最后说：“除将奸夷温那治等三人发交该国领事自行惩办，船户王阿莫等由道讯办，刀剑、鸟枪发营配用，原获逆书咨送军机处备查外，理合照录恭呈御览。”因此，该奏片后附怡良“照录”勒呐吐和刘丽川的两封信③。《清政府镇压太平天国档案史料》第10册所录奏片及两个附件是根据军机处的录副奏折，而所谓“原获逆书咨送军机处备查”亦未必是原件，且一直没有人在军机处其他档案中发现此件，因此，北方版本也只有抄本；《忆昭楼洪杨奏稿》的版本来自时人的函牍、探报，也当是抄本。这些抄本的源头无疑是原件，或许笔者孤陋，原件似迄未

① （清）夏燮：《中西纪事·五口衅端（卷十一）》，转引自《汇编》，第1000页。

② （清）夏燮：《中西纪事·五口衅端（卷十一）》，转引自《汇编》，第999～1000页。

③ 《清政府镇压太平天国档案史料》，第10册，第458页。

有人获见。原件最早被吴健彰截获，他掌握着这封信的原始文本信息的发布权。各种版本内容的差异，原件的下落不明，可能就是他针对不同的对象选择了不同的发布策略而发布了不同的信息，并有可能出于某种动机，对文本信息进行了篡改或调整，故意隐匿原件而造成的。这种针对特定对象而撰拟的书信原件肯定署有写信的日期，而所有的抄件均无日期，表明隐匿日期可能是吴健彰篡改或调整这封信内容的最大动机，所有篡改或调整都是为隐匿日期服务的。那么，吴健彰为什么要隐匿日期，这个日期对吴健彰来说有什么特别的意义呢？

如果"咨送军机处备查"的不是原件，被人告发，吴健彰即犯死罪。那么，他为什么敢于不将原件文本信息的全部毫无保留、一字不差地发布出去呢？也许从了解吴健彰与小刀会起义的关系的角度能够说明这个问题。许多史料记载表明，上海小刀会起义可以说是在吴健彰的身边爆发的。他身陷起义军中何以未被杀，竟能安全逃脱，他是无法对清政府说清楚的，对此他一直讳莫如深，只得另外编造谎言，他曾于八月初九日（9 月 11 日）致禀向荣，名义上的目的是要求调兵，实际的目的在于说明小刀会起义时他的处境以掩盖真相。向荣充当了传声筒，将吴健彰的禀文内容在八月二十三日（9 月 25 日）的奏折中转述奏报了清政府。吴健彰的谎言是："该道因闻嘉定县匪徒滋事，带同备弁壮勇，驰赴太仓查办。途次接报，初五日寅刻，有匪徒直入上海县署戕官之事，遂返棹折回新闸地方，即有三合会匪数千人，蜂拥而来，当即督勇对仗一时之久，壮勇被伤数名，枪炮如雨，城门紧闭，不得已退回新关，在美国公使夷馆暂住。与各国领事商议，夷船仅止三只，夷兵四百余名，不敷调用，禀请迅调精兵赴沪攻剿。"① 九月十一日（10 月 13 日），上海怡和洋行的达拉斯就知道了吴健彰撒谎，他说："我相信他对巡抚扯谎，就说县城被陷时他刚刚不在，他临来时还会承认要向港内船只收税的。"② 但纸包不住火，真相终会为人所知。三天之后，九月十四日（10 月 16 日），刘丽川在致上海各国领事的函中说："犹忆上月吾军进驻县城，兵丁皆欲杀吴健彰，惟本帅念同乡之情，特令免予诛戳（应为"戮"——笔者注），仅将吴健彰及其家属拘押。时美领事金能亨请求本帅加意优容，准吴健彰还里，本帅乃令兵丁护送出城，以维本帅与美国之友谊，而吾南京太平王闻之，对本帅此举倍加责难。"③ 也就是说，吴健彰与刘丽川的同乡关系救了他的命。

① 《太平天国》续编，第 9 册，第 401 页。

② 严中平辑译：《怡和书简选》，北京太平天国历史研究会编：《太平天国史译丛》，第一辑，中华书局 1981 年版，第 147 页。

③ 《汇编》，第 18 页。

但他最后东窗事发，被人揪住辫子也是由于他和刘丽川的同乡关系。光禄寺少卿程恭寿于咸丰四年六月十七日奏参吴健彰"通夷养贼"罪时说："臣闻许乃钊之不能灭贼，为牵制于英夷，而英夷之敢于肆虐，上海道吴健彰实阶之厉。缘贼首刘丽川为该员同乡，向为该道管理帐目，所有匪党皆该道之练勇。初起事时，该道实在城内首先得信，即携眷属寄居夷船，道库征存税银并捐项不下三四十万，悉以遗贼，此吴健彰养贼之始。"① 其实，程恭寿并不了解吴健彰在小刀会起义时的真实情况，即便如此，他的这一番参奏，也会置吴健彰于死地的，但这是后话。当时江南地区关于吴健彰的传闻较多，《北华捷报》对吴健彰是如何逃出的问题就有及时的报道，咸丰三年八月初八日（1853 年 9 月 10 日）以《吴健彰脱逃纪实》为题进行详细的披露，九月二十日刊载的《一个美国人的来信》对吴健彰脱逃后与小刀会为敌的行为进行了谴责②，刘丽川九月十四日致各国领事函的内容（亦于九月二十日刊于《北华捷报》）亦可能在社会上传播开来，因此，江南地区的传闻对吴健彰与小刀会起义的关系当有所知，任何信息的添加都可能引起敏感的舆论的转向。由此看来，南方版本中之所以没有关于刘丽川籍贯和年龄的内容，可能就是因为吴健彰故意删去而不敢触发舆论敏感的神经，以免招来杀身之祸。但是，怡良、许乃钊对于吴健彰在小刀会起义时的经历应当是清楚的，怡良于咸丰三年九月初六日（10 月 8 日）致函美国公使马沙利表示感谢说："上海县匪徒不思食毛践土之恩，不知尊君敬上之义，胆敢戕官、踞城滋事，实为覆载所不容。上海吴道志秉忠诚，力图克复，承贵大臣为之保护，出自贵大臣从善嫉恶之本怀，兼体贵国主与我朝万年通好之真意，足见贵大臣以公义相孚，遵依条约，永远和好，不但本部堂与吴道同为欣悦，即贵国主闻之，亦必深以为然。"③ 怡良、许乃钊总以为上海骤难攻克的关键即在于洋人特别是英国人从中作梗，而吴健彰作为苏松太道，熟悉夷情，因此，他们需要吴健彰与洋人斡旋，从而取得洋人对镇压小刀会起义的支持，也就不会追究他经历的细节。怡良在咸丰三年八月二十二日（9 月 24 日）奏报嘉定等地陷落并要求惩办失守城池的地方官时就没有提到吴健彰，他在九月初一日《奏报查川沙等厅县失事人员并请分别革职议恤片》中也未议到吴健彰。怡良等人需要吴

① 中国第一历史档案馆编：《清政府镇压太平天国档案史料》，第 14 册，社会科学文献出版社 1994 年版，第 591 页（以下简称《清政府镇压太平天国档案史料》，第 14 册）。

② 《北华捷报》报道吴健彰脱逃的有关内容参见《汇编》第 307 ~ 308 页、第 342 ~ 345 页。

③ 朱士嘉：《十九世纪美国侵华档案史料选辑》，上册，中华书局 1959 年版，第 140 页。

健彰，清政府也需要他[①]。这时的朝野还没有意识到小刀会起义的首领人物就是刘丽川，怡良、向荣等人的奏报中没有专门介绍刘丽川的情况。因此，远在北方的京师朝野也许不会遽然意识到苏松太道（上海道）吴健彰与刘丽川属同乡关系，更不会从这种同乡关系敏感地嗅到什么，北方版本中出现刘丽川的籍贯和年龄方面的内容是可以理解的。为了更好地在洋人中间斡旋，减少与洋人交涉的阻力，平息舆论对交涉的干预，南方版本中省去了北方版本中的“信面书”，因为“信面书”的内容牵涉到小刀会与英国人的关系。夏燮认为“信面书”提到的英国船主温那治是某国驻上海的领事，他当时就意识到：“时两江总督怡良驻节毗陵，讯供不讳，当咨会两广督臣，请穷治其狱。而该国远在数万里外，领事之通贼，非其国主所得知。两制使恐误抚局，又以内患方殷，不遑究诘，遂寝其事。”[②]

吴健彰要保命，就不能让清政府过于准确地掌握小刀会起义的情况。因此，他在给怡良、许乃钊禀呈刘丽川奏折时虽然保留了其籍贯和年龄的内容，但对其他内容亦可能进行了篡改或调整。小刀会起义之后攻克了哪些厅县城？这些厅县城何时攻克？刘丽川不会不清楚。但北方版本中有“嘉兴”，而南方版本中有“青浦”，两种版本都将嘉定列入，这些情况当是吴健彰篡改的结果。一般论者都以小刀会从未攻克过嘉兴而断定北方版本中的“嘉兴”为误，殊不知小刀会起义也并非与嘉兴毫无关系。

一方面，嘉兴府人民积极支持上海小刀会的斗争。当时，刘丽川曾函嘱居住嘉兴府属平湖县乍浦镇的天地会首领陈宙宽招募人员至沪援助，陈宙宽便募集了一批会众，他们携带军火、陈宙宽给刘丽川的复信、支援人员名单及用于联络的白洋布等，分乘两只漕船，于咸丰三年十月初五日（1853 年 11 月 5 日）自乍浦出发，驶往上海，十月初七日到达吴淞口。他们拒绝落蓬听候查验，遭到吴健彰所部船队的炮火轰击。他们虽然也开炮抵抗，但寡不敌众，一只船被击沉，另一只船被俘，支援活动失败[③]。由此看来，吴健彰对陈宙宽的行动也是非常了解的。

---

① 咸丰帝在 9 月 25 日的谕旨中就敏感地关注到吴健彰，询问“上海道吴健彰现在何处”，巧合的是同一天向荣在奏报中转述了吴健彰的禀文，正好回答了这个问题。当时的清政府也因为需要吴健彰而没有刻意追究他的责任，咸丰三年九月初五日（10 月 7 日）的上谕说：“该道吴健彰本有失守城池之罪，惟于地方情形素为熟悉，著该督（即指怡良）等即饬该道督同地方文武，相机克复，以赎前愆。”（《福建·上海小刀会档案史料汇编》，第 324 页）咸丰帝在 11 月 21 日的上谕中又说：“吴健彰于夷情素所熟悉，著怡良、许乃钊即密饬该道，将各夷妥为羁縻，曲加晓谕，俾知匪徒及早剿灭，于通商事务方有裨益。”（《清政府镇压太平天国档案史料》，第 10 册，第 608 页）

② （清）夏燮：《中西纪事·五口衅端（卷十一）》，转引自《汇编》，第 1000 页。

③ 郭豫明：《上海小刀会起义史》，第 110 页。

另一方面，上海小刀会起义后，浙江巡抚黄宗汉也在嘉兴一带加强布防。他在咸丰三年八月十九日（9月21日）《奏报嘉定上海被扰借调浙省兵勇前往防剿折》中认为：“上海为松江府所属，松江与嘉兴接壤，该处枫泾镇有五舍口，乃上海至松江嘉兴必由之路，最为扼要。”因此，他调集兵勇1166人驰赴五舍口，“与苏省官兵会合防剿”[①]。向荣等人在咸丰三年八月二十三日（9月25日）《奏报上海等厅县失守现拨兵前往剿抚折》中也指出：“上海等厅县，皆三吴菁华之地，不独海关税银赖充军饷，转瞬筹办海运，尤为大局所关。且青浦既陷，距松江府城仅四十里，距苏州省城亦不过一百数十里，而邻近之金山等县，即与浙省接壤，均将戒严。必须添调重兵，方可次第收复。”[②] 又称：“上海、川沙一带，与浙省海道毗连。现准浙江抚臣黄宗汉来函，亦拟出赴嘉兴一带防堵。臣许乃钊现亦知会黄宗汉，在连界要隘互相联络，以扼窜逸而壮军威。”[③] 黄宗汉还有进一步的行动，他将调往昆山的320名兵丁改调至五舍口以上之东洨地方，以为后路之应援，“一以为上海声援，一以杜其分窜嘉松之路”。他还在嘉兴郡城驻扎省城防兵280名，在平湖之泖口驻扎义勇200名，在嘉善县之张泾汇、茜泾荡驻扎义勇400名，作为“东洨之策应”[④]。

黄宗汉的调兵布防给人一种嘉兴已被小刀会攻克的错觉。其实黄宗汉调兵的目的是挡住小刀会起义军势力进入浙江境内，以免引火烧身。他倡办海运漕粮，江浙漕粮皆从上海起运，作为倡导者，他要保证自己境内漕粮的及时筹办。挡住小刀会的势力，他就可以全力筹办咸丰四年的漕粮。当时的咸丰帝也非常关注咸丰四年的海运漕粮，在朱批怡良等人咸丰三年九月十七日（1853年10月19日）的奏折时就指出：“上海必须迅速克复，明岁海运漕粮所关甚大。”[⑤] 咸丰帝在同年十月十七日（11月17日）的上谕中又说：“上海为通商要口，且来年办理海运江浙两省漕粮，均须及早雇备船只，赶紧开兑。若不将匪徒克期剿灭，必致贻误大局，所关甚重。”[⑥] 吴健彰可能利用了黄宗汉的这种心理，在刘丽川的奏折中加上“嘉兴”可以得到黄宗汉的心理认同；从黄宗汉的角度来看，既然刘丽川奏折上提到嘉兴，即使真实情况未曾攻克，

---

① 中国第一历史档案馆编：《清政府镇压太平天国档案史料》，第9册，社会科学文献出版社1993年版，第350页（以下简称《清政府镇压太平天国档案史料》，第9册）。

② 《清政府镇压太平天国档案史料》，第9册，第402页。

③ 《清政府镇压太平天国档案史料》，第9册，第402页。

④ 《清政府镇压太平天国档案史料》，第10册，第10~11页。

⑤ 《清政府镇压太平天国档案史料》，第10册，第199页。

⑥ 《清政府镇压太平天国档案史料》，第10册，第558页。

但也可表明小刀会可能进攻嘉兴的某种意向，而刘丽川联合陈宙宽的行动亦印证了这一点，他的调兵行动就找到了进一步的根据。

怡良、许乃钊的奏片时间是十月初九日（11月9日），在上述史事之后，因此，北方版本中出现“嘉兴”，并将“嘉兴”列在首位，似乎意味着小刀会起义的重心已至嘉兴，有转移清政府视线的考虑，也为黄宗汉的调兵遣将提供了充足的理由。在此情况下，谁还会去追究他吴健彰的责任呢？

但是，江南地区的舆论对小刀会未曾攻克嘉兴是非常清楚的，也不可能相信刘丽川会犯这样的错误。如果刘丽川奏折中所提攻克县城仍有“嘉兴”，舆论怀疑的目光就可能转向吴健彰。谎报军情，一旦被人揭发，就性命难保。因此，吴健彰感到不妥，在向江南地区的舆论传播刘丽川奏折的内容时，又将“嘉兴”改成了原件未提到的“青浦”。因为青浦确曾被小刀会攻克，而旋被清军收复，被小刀会占领的时间很短（八月十六日至二十一日）。既已被清军攻克，也就可能无人去考虑这些县城的排列顺序了。更为重要的是，清军在镇压小刀会起义初期一个令清政府满意的战果就是八月二十日在嘉定拿获了周立春，而周立春是青浦人。怡良等人前后5次在奏报中汇报周立春及其心腹的情状①，这似乎给朝野上下形成一种印象，青浦人周立春为肇祸之首。青浦人周立春成为备受关注的反面人物，也有可能成为舆论的中心。在这种情况下，还会有人怀疑“青浦”排在第一的理由吗？南方版本中改“嘉

① 这5次奏报的情况是：咸丰三年八月二十二日（9月24日），《两江总督怡良奏周立春起事，嘉定、青浦、南汇、宝山、川沙先后陷落，请将失守城池之冯翰等分别惩办折》一开始重点奏报了青浦县已革地保周立春起事的情况。咸丰三年八月二十三日（9月25日），《怡良奏报克复宝山、嘉定、青浦并生擒首要周立春折》汇报了初期最令清政府满意的消息：清军于八月二十日攻克嘉定，擒获逆首周立春，当天又克宝山，二十一日再克青浦。咸丰三年九月初一日，《怡良奏报审拟殴官拒捕首犯周立春情形折》重点汇报了周立春的供词，从供词看，似乎周立春是整个起义的唯一首领：“八月初三、初五等日，该犯令王幗初、李少卿各自带人先后至嘉定、上海踞城劫掠。又令王小山、李少卿等带人分赴宝山、南汇、川沙，占踞城池，并两次攻打太仓州城，俱被兵勇杀退。”（《清政府镇压太平天国档案史料》，第9册，第521页）咸丰三年九月十七日（10月19日），《怡良等奏报收复川沙并获要犯封洪审明正法折》汇报了克复川沙厅城的情况及在嘉定捕获及审讯封洪的经过，称：“又据委员丁国恩禀称：连日在嘉定县搜缉逆党，访有封洪一名。封洪年（年：为衍字）为周立春心腹，在该县东南乡煽惑乡民，最为巨恶，现已拿获，禀解来省。”（《清政府镇压太平天国档案史料》，第10册，第198页）咸丰三年十月初九日（即11月9日），《怡良等奏报查明嘉定等县起事缘由督剿上海情形折》将嘉定起事的缘由调查得比较彻底，从咸丰元年豁免钱粮开始分析远因，说明当时地方吏治的腐败，叙事的中心人物仍是周立春，认为嘉定抗粮斗争与上海起义均为周立春发动，只是在周立春被擒后，“所有嘉、宝等处余匪，均归并上海，分拒六门，并力死守，闽广及土匪各自树党。现据……逆犯佥供，刘丽川为粤匪之首，一切皆其主谋，李定幗为闽匪之首，业已逃走，不知所往。土匪则潘阿金即潘小镜子为首，又有宁波匪徒附和其间。”（《清政府镇压太平天国档案史料》，第10册，第454页）。

兴”为“青浦”，职是之故。

而北方版本中仍保留了“嘉兴”，又是对黄宗汉不利的，所以，在咸丰帝要黄宗汉查办吴健彰的问题时，他是下了工夫的，对吴健彰心怀不满。据咸丰四年八月初九日（1854 年 9 月 30 日）的《北华捷报》说：“爽官富有，他的官职是花钱捐来的，因此每人都想打倒他。他最大的敌人是，皇帝宠臣之一的黄宗汉。据说，黄弹劾吴健彰的奏折是最严厉的。”①

为什么在奏折中还要出现“嘉定”呢？嘉定何时被起义军攻克，吴健彰是比较清楚的，之所以在奏折中加上“嘉定”无非是想造成清政府对小刀会起义的模糊了解，也有为自己推卸责任的考虑。因为小刀会一下子占领这么多的地方足以说明小刀会起义军力量的强大，让他一个小小的苏松太道是无法应付的。另一方面，嘉定虽然于八月二十日（9 月 22 日）被清军收复，但嘉定的农民斗争一直持续到咸丰四年三月。在咸丰三年八九月间，嘉定东南乡的农民曾有响应上海起义军谋攻嘉定县城的行动。因此，为了解决当时的紧迫问题，将嘉定放在前面是可以理解的。嘉定最先被占领，又最先被清军收复，收复后仍有农民的斗争。当时咸丰帝备极关注嘉定起义的事由，而周立春又是在嘉定被获的。当时的认识似乎以为小刀会起义是嘉定起事的延续。向荣在八月二十三日（9 月 25 日）的奏折中就说：“查嘉定匪徒本属乌合，何致旬日之内，蔓延四县一厅。”② 怡良关于周立春及其心腹的多次奏报形成的似乎也是这样一种认识。在吴健彰篡改内容时，将嘉定放在前边可能是嘉定真实情况的某种反映，不会遭到敏感舆论的诘驳。

那么，吴健彰何时发现刘丽川的奏折呢？据《忆昭楼洪杨奏稿》中的《丹阳禀》称：“探得上海吴道宪于二十六日至焦山水师大营会晤麟藩宪，商办事件，有不日换船，由内河南下，谒见督抚宪之信。二十七日，吴道宪于船上遥见一小划船行驶，内装夷人三名，向甘露寺去。当令随身健勇追上拿获，搜出炮子火药各件，讯系偷卖与逆匪者。”③ 该资料原注为（咸丰三年）“九月初四日到”。按此，原文中的“二十七日”当指八月二十七日（9 月 29 日）。从吴健彰于咸丰三年八月二十七日（1853 年 9 月 29 日）截获刘丽川奏折到怡良、许乃钊于十月初九日（11 月 9 日）上奏，这其间有 40 多天的时间。在这个时段里，小刀会起义的情况如何呢？刘丽川奏折中提到他们连克数厅县城，但这些厅县城很快又被清军收复了。八月二十日，清军克复嘉定、

① 《有关吴健彰的报道》，《北华捷报》，第 218 期，第 34 页，转引自《汇编》，第 203 页。

② 《清政府镇压太平天国档案史料》，第 9 册，第 401 页。

③ 《丹阳禀（九月初四到）》，《忆昭楼洪杨奏稿》，转引自《汇编》，第 152 ~ 153 页。

宝山，八月二十一日，又克青浦，八月二十三日，再克南汇，八月二十五日，川沙亦被清军攻陷，并捕获周立春的心腹封洪。至八月二十七日吴健彰截获刘丽川奏折时，对清政府来说正处于捷报频传的态势，给人的总体感觉就是：除上海外，被小刀会占领的各厅县城都被清军收复了。在收复各厅县城后，清军又在上海发动了一系列的攻势，八月二十六日、二十八日、二十九日，九月初一日、初三日、初七日、十一日、十三日、十七日、十九日、二十二日，十月初一至初三日、初十日，清军都在不断地主动发起进攻，争取尽快攻克上海。也就是说，在怡良和许乃钊于十月初九日上奏时，清军已连续进行了1个多月的战事并在酝酿更大规模的战役。在捷报频传声中，清政府对尽快攻克上海寄予了很高的期望。在这种情况下，尽管当时有关起义的准确信息已传到朝廷（仍无人奏报刘丽川的情况），但京师朝野中就可能没有人去过分细看刘丽川奏折。就连咸丰帝本人在看了刘丽川奏折后也没有什么特别的收获，只是说："另钞录搜获逆书二件，亦俱览悉。该督抚务即严饬各员弁，明攻逆匪，暗防外夷，星速督兵进剿，克期收复，毋再延误，并将通贼奸匪刘丽川设法缉获，毋任漏网。"① 因此，吴健彰对刘丽川奏折的篡改利用了当时清军的进攻形势和清政府对于攻克上海的期望心理。当然，真相只能隐瞒一时，随着时间的推移，清军的多次进攻并未能很快攻克上海，迫使朝野反思这其中的原因，在这个过程中，作为前期专责征剿小刀会起义的江苏巡抚许乃钊一再受到清政府的处理，吴健彰最终也在劫难逃。

在十月初九日（11月9日）这一天，怡良等人向清政府上了两折一片，其内容是大有考究的。两折为《奏报查明嘉定等县起事缘由并督剿上海情形折》和《奏报军需浩繁循例请照征兵等案报销折》，目的是将清政府的视线引向周立春，并向清政府表功，提醒清政府督剿已取得初步战绩，又以此作为向清政府要钱的资本，而要钱不仅仅是为征剿，亦有肥私的目的，晚清官场上的报销案大抵如此。《奏报上海骤难克复实由夷人阻挠及盘获英夷商船片》与前面两折并不矛盾，虽有战绩，但要骤然攻克上海仍有实际的困难，这就为清政府不计吴健彰的罪愆打下伏笔。两折一片的综合效果是没有让清政府朝野过分地关注刘丽川的奏折。因此，吴健彰的篡改遂能瞒天过海于一时。

上述问题辨析清楚后，确定刘丽川奏折的时间则较易。从前文的考辨中可知，奏折的全部内容由三个部分构成："奏"、"再奏"和"信面书"。"奏"中不言青浦，说明写折时青浦尚未占领，写折时间当在八月十五日（9月17日）以前。"奏"中提及"直至十二"，未言"直至今日"，说明写折时间当

① 《清政府镇压太平天国档案史料》，第10册，第608页。

在八月十二（9 月 14 日）以后。因此，刘丽川奏折的时间当在八月十二至十五日之间，即在八月十三日或八月十四日。北方版本中有“刻即星驰具奏”，南方版本中有“刻即星夜具奏”，联系前文语境，似指到八月十二占领各厅县城后立即向天王报告，“星驰”指速度，而“星夜”指时间，但“刻即”指两个时间的衔接，此处似以南方版本的“星夜”为妥，意即在八月十二日攻克三个厅县城后立即连夜“具奏”，因此，写折时间当紧接在八月十二日（9 月 14 日）之后的八月十三日凌晨。“再奏”后未署时间，表明与“奏”的时间一致。“再奏”中有“直至今日”的说法，从语境来看，此处的“今日”并非指当时特定的某一天，相当于“现在”的含义，表示至目前为止的一段时间范围。即令此处的“今日”表当时特指的某一天，也更有力地说明奏折的时间是在八月十二之后，否则，在“直至十二”处即可用“直至今日”。

八月十三日已写好的信，为什么迟至八月二十七日（9 月 29 日）才到达镇江而被吴健彰截获呢？八月二十三日（9 月 25 日），罗孝全在上海文庙采访了刘丽川，并于当天写成了《小刀会首领刘丽川访问记》，发表在八月二十九日（10 月 1 日）的《北华捷报》上。其中记载说：“刘氏云：‘已送了两封公文往南京。与太平王通款曲：其一由陆路，其一由水路递送。彼正等候复音，并盼望南京派大员前来与其布置上海各事。如其希望成功，彼将能令城中中西居民人人喜欢，比自本月 7 日占城后所做任何的事更为满意的了。’”① 从这则报道可以看出，刘丽川的奏折在八月二十三日（9 月 25 日）前就已发出，所谓由水路递送的“公文”当指八月十三日（9 月 15 日）写的奏折。从前文所引夏燮的记载来看，寻找合适的人选转递可能会费些时日，而温那治也不会因为接到转递的这封信而立即出发（他可能有自己的时间安排），这样辗转之中不到十天的时间就过去了。但八月二十三日（9 月 25 日）之前，温那治肯定已经出发了，否则，刘丽川不会对罗孝全那样说。至八月二十七日（9 月 29 日），约有四天以上的时间，水路从上海至镇江而被吴健彰截获，基本是合适的。郭豫明先生根据罗孝全的这个记载认为：“当时，刘丽川为慎重起见，将奏折书写两份，除了水路递送之外，又从陆路送去，由陆路递送的奏折是否送达，不得而知，因为目前尚无确实材料可资证明。”② 如果郭先生的猜测是对的，那么，这个问题也许就解决了。也就是说，在八月十三日至二十三日，刘丽川先派人从陆路递送，再寻人从水路转送。但是，有一个问

① 《小刀会首领刘丽川访问记》，《北华捷报》，第 166 期，第 38 页，转引自《汇编》，第 62 ~ 63 页。

② 郭豫明：《上海小刀会起义史》，第 112 页。

题不容忽视，那就是：罗孝全采访刘丽川的当天也就是小刀会开始用太平天国名义发布告示的第一天。小刀会之所以于八月二十三日（9月25日）开始以太平天国的名义发布告示应当是因为小刀会已经收到太平天国的回音，否则，小刀会是不会这样做的。太平天国的回音是不是对由陆路传递的八月十三日（9月15日）奏折的答复呢？从当时的条件来看，有可能在十天的时间内在南京与上海之间往返吗？据怡良于八月十三日《奏上海县闽广客民起事戕官已咨向荣等派兵协剿折》，至八月十一日，由于署松江府知府蓝蔚雯的禀告，怡良已在苏州获知八月初四夜间上海起义的事；而通过综合分析向荣、许乃钊等人于咸丰三年八月十五日《奏嘉定上海滋事已选派兵勇驰往镇压片》及八月二十三日的《奏报上海等厅县失守现拨兵前往剿抚折》可知，至八月十五日，向荣已从苏州藩、臬两司的禀报中获知上海起义的事，而吴健彰致向荣禀于八月初九自从上海经由镇江通过水陆联合转递至金陵大营约需十四天的时间。也就是说，当时从上海至苏州流传起义信息的时间约七天，而从苏州至南京约需四天，合计从上海至南京为十一天左右。总之，无论是通过镇江，还是通过苏州，从上海单程传递信息至南京都需要十天以上的时间。因此，小刀会要在八月二十三日（9月25日）收到太平天国对刘丽川八月十三日（9月15日）奏折的回复是不可能的。小刀会起义军的领袖于八月二十三日（9月25日）开始以太平天国名义张贴告示，可能是因为他们在这一天已经收到太平天国对刘丽川在八月十三日（9月15日）前的另一封公文的回复。刘丽川所谓的“两封公文”系指两封不同的公文，而不是同一封公文抄写了两份。

笔者通过更为仔细地研读史料文本，没有被错误的添加信息所蒙蔽。刘丽川奏折中的几个表示时间的关键词（“八月初五”、“直至十二”、“刻即星夜”、“直至今日”）已经构成了确定其写作时间的信息链条，结合小刀会起义初期的历史进行分析，便不难断定这份奏折写于咸丰三年八月十三日（1853年9月15日）凌晨。可以说，在这个时间之前，小刀会起义军处于进攻的态势，取得一系列的胜利，但就原件内容而言，涉及的仅是三个县城。吴健彰隐匿日期，篡改内容，增加了小刀会在一个时间段内攻克县城的数量，不使清政府准确了解小刀会起义实情，从而达到为自己推卸责任的目的。这就是刘丽川奏折的抄件为什么没有具体日期的历史缘由。夏燮《中西纪事》称：“上海之陷也，大令死焉，而吴道以避入洋馆，捏禀公出，规脱处分。”①而对刘丽川奏折的隐匿和篡改则是吴健彰“规脱处分”的一大招数吧。

---

① （清）夏燮：《中西纪事·五口衅端（卷十一）》，转引自《汇编》，第1001页。

第二章　太平天国的文书人员

文书人员是太平天国的一支重要力量，他们不但是太平天国信息的制作者和加工者，而且是太平天国信息的传递者，对于太平天国各类信息的上传下达和平级交流负有直接的责任。深入探讨和研究太平天国的文书人员对于进一步理解其胜败存亡的原因具有重要的意义。

一、文书人员的组成、人数与配置

1. 组成和人数

根据张德坚《贼情汇纂》卷三《伪官制》可制成《太平天国前期文书职官表》（见下页表2－1），太平天国文书人员在前期即由此表所列各种职官组成，这些职官都有从事文书工作的职能，如典诏命负责起草或缮写诏旨，六官丞相承意旨具文书，左史和右史主记事记言，通赞和引赞主记天王视朝时出入言语，典簿书主批复文书，六部尚书主受禀奏，宣诏书收发文书，佐天侯主朝内收发文书，典镌刻主刊刻诏旨文书，土营宣诏书掌通军册籍，东殿承宣、北殿承宣和冀殿承宣主发号施令，朝内疏附、土营疏附、军中疏附和提报主接递或传递文书等等。至于各级书理，又称书使、书手、先生、掌书或掌书记，主要在军中和基层从事文书工作。

太平天国前期文书人员的人数如按其官制和军政编制推算是相当可观的，现分朝内军中文书人员和守土官、守土乡官的文书人员两大类对太平天国前期（限咸丰七年以前）的文书人员的总数作一个粗略的估计。

我们先考察朝内军中文书人员的人数问题。太平天国的最高文书官仅佐天侯陈承瑢1人，张德坚《贼情汇纂》载："伪侯衔系真忠报国世袭。其顶天侯、护天侯加封伪王，其爵不复置。以佐天侯为最尊，主收发伪文书，总揽伪朝政。"① 在介绍陈承瑢时又说："杨韦诸贼倚任之，所谓伪朝内官也。贼

① 《太平天国》，第3册，第104页。这里说顶天侯之爵不复置，似误，可参见第四章。

中往来一应文书，皆承瑢收发。”① 但是，佐天侯为爵位，并非官职，所以，它不是太平天国的最高文书官职。太平天国的最高文书官职为丞相，这也是文书人员中唯一的正职官。丞相分天官、地官、春官、夏官、秋官和冬官，每官设正、又正、副、又副4人，共24人，但前期任丞相者不止24人，是为同官异任。

表2－1　太平天国前期文书官职表

<table>
<tr><td colspan="2">最高文书官</td><td>佐天侯陈承瑢</td></tr>
<tr><td colspan="2">最高文书官职</td><td>六官丞相</td></tr>
<tr><td rowspan="10">职同官</td><td>职同检点</td><td>左史、右史、引赞、通赞、东殿六部书、东殿承宣、东殿引赞</td></tr>
<tr><td>职同指挥</td><td>典簿书、典诏命、宣诏书、典镌刻、北殿尚书、翼殿尚书、北殿承宣、翼殿承宣、朝内疏附</td></tr>
<tr><td>职同将军</td><td>提报</td></tr>
<tr><td>职同总制</td><td>燕六部书、豫六部书、燕历、豫历、燕传、豫传、国宗掌书</td></tr>
<tr><td>职同监军</td><td>侯相检指六部掌书、侯相检指历、侯相检指传、各军宣诏书、各军疏附</td></tr>
<tr><td>职同军帅</td><td>将军书理、总制书理、监军书理</td></tr>
<tr><td>职同师帅</td><td>军帅书理</td></tr>
<tr><td>职同旅帅</td><td>师帅书理</td></tr>
<tr><td>职同卒长</td><td>旅帅书理</td></tr>
<tr><td>职同两司马</td><td>卒长书理</td></tr>
<tr><td colspan="2">流外官</td><td>两司马书理</td></tr>
<tr><td colspan="2">其他</td><td>土营宣诏书、土营疏附、海关书手、侍臣②</td></tr>
</table>

（该表主要参见《太平天国》第3册第83～93页，《贼情汇纂》卷三《伪官制》）

丞相以下的文书人员皆为职同官，最高为职同检点，主要有左史4人，右史4人，引赞8人，通赞8人，东殿六部尚书72人，东殿承宣24人，东殿引赞8人，共128人。史料记载中有东殿七十一承宣的官职，因此，职同检点的文书人员至少为175人。

次为职同指挥，主要有典簿书4人，典诏命2人，宣诏书4人，典镌刻4

① 《太平天国》，第3册，第51页。

② 杜文澜《平定粤寇纪略·附记二》载：“侍臣者，主出入伪诏书、诏命、章奏，数人而已。”（《太平天国资料汇编》，第1册，第317页）。

人，北殿尚书36人，翼殿尚书6人，北殿承宣和翼殿承宣各24人，朝内疏附2人，共106人。

次为职同将军，仅提报2人。

次为职同总制，主要有燕六部书6人，豫六部书6人，燕历2人，豫历2人，燕传8人，豫传8人，计32人。国宗掌书亦为职同总制，但无定员，任国宗自署。按国宗与燕、豫二王爵为同级，燕、豫二王各配备文书人员16人，但国宗未配历、传，说明国宗的文书人员较燕、豫二王为少，低于16人，国宗较侯爵为高，而侯爵尚配有六部尚书6人、历1人、传6人，共13人，因此，国宗掌书即令任国宗自署亦不低于13人。太平天国前期封国宗13人，国宗掌书可能在169人左右。这样，职同总制的文书人员共有201人。

次为职同监军，主要有侯相检指六部掌书、侯相检指历、侯相检指传、各军宣诏书和各军疏附。太平天国前期自咸丰三年（1853）九月封秦日纲和林凤祥开始，共封侯19人，除去秦日纲、胡以晃升封王爵外，尚有17人。他们计有文书人员221人。丞相自己是文书人员，但他们都配有部属，计六部掌书6人、历1人、传4人共11人，24位丞相共有文书人员264人。检点每人配有六部掌书6人、历1人、传2人共9人。前期检点编制为36人，但史料记载中有殿右一百五十二检点的官职，因此，实际检点人数当不少于152人，152位检点计有文书人员1368人。指挥所配文书人员与检点同，为9人。前期指挥编制为72人，但史料记载中有殿右一百零八指挥的官职，故实际指挥人数不低于108人，108位指挥的文书人员共972人。据《贼情汇纂》载，太平天国前期军队编制为95军，而史籍记载中未见有超过此数的明文记载，兹以95军估算军中宣诏书和疏附人数。每军配宣诏书2人、附疏1人，因此95军共有宣诏书和疏附285人。总计职同监军的文书人员为2138人。

次为职同军帅，主要有将军书理、总制书理和监军书理。将军、总制和监军每人都配备书理4人。前期编制将军为100人，总制为95人，监军为100人。史料记载中，总制与监军未见有超出编制的官职名称，惟将军一职超出甚多。现见到的超出编制最多的将军名称有：炎三十六正将军、水五十二正将军、木三十五正将军和金三十六正将军等。将军的编衔方法是炎、水、木、金、土五行元素和一至十的数次配以正、副，从炎一正将军、炎二副将军起至土十正将军、土十副将军止，共100人。按此编衔方法，实际将军人数至少为338人。因此，职同军帅的文书人员至少为2132人。

以下职同师帅者为军帅书理，职同旅帅者为师帅书理，职同卒长者为旅帅书理，职同两司马者为卒长书理。每位军帅配书理4人，每师帅、旅帅和卒长都配书理2人。按太平天国前期军队编制，每军辖5师，每师辖5旅，每

旅辖5卒，因此，95军计有军帅书理380人，师帅书理为950人，旅帅书理为4750人，卒长书理即为23750人，卒长书理数正与《贼情汇纂》所载吻合。[①] 总计前述朝内军中文书人员为34607人。两司马书理为流外官，若每位两司马配书理1人，95军共有47500位两司马，即有两司马书理47500人。这样，朝内军中文书人员可达82107人。但考虑到战争年代的特殊环境，每位两司马都配备书理1人是非常困难的，兹以半计，朝内军中文书人员亦达58357人。

然后我们再来估计一下守土官、守土乡官的文书人员人数。太平天国前期设有江南、江西、湖北和安徽等4省。江南省设立于定都天京以后，以天京为省会，实际管辖区域为3郡13县；江西、湖北和安徽等3省都是在太平天国回师西征、占领大片土地之后设立的，江西省建省于咸丰四年三月，以九江为省会，实际管辖区域为13郡56县；湖北省的实际管辖区域主要是清政府湖北省东部地区的4郡25县；安徽省则以安庆为省会，实际管辖区域为12郡39县。由于南昌和赣州2郡城为清军所占，所以，前期太平天国4省的实际管辖区域为30郡133县。

按太平天国行政建制，县设监军，相当于清政府的知州、县令，郡设总制，相当于清政府的知府和直隶州知州。总制和监军每人都配备书理4人，这样太平天国的守土官总制和监军的文书人员就有652人。至于守土官以下的守土乡官人数，只能作一个更为粗略的估计，因为各县设军多寡不一，《贼情汇纂》卷三《伪守土官伪乡官表》说："每一州县分三军五军不等。"其实各县设军大多在5军以上，姑以每县设3军计算，太平天国133县当设399军，军帅每人配备书理4人，399军共有军帅书理1596人，此外每军还配有宣诏书2人和疏附1人，399军共有宣诏书和疏附1197人。由于各地居民状况和地理环境等因素，军、师、旅、卒、两的组织要按照规定的户数进行编制是不可能的。现特按照平均每军辖3师、每师辖3旅、每旅辖3卒、每卒辖3两计算，因为原为5进制（卒进两除外），若低于3进制，则不能编制各级组织，即使勉强组成，为了管理的方便，也会不断地合并、重组。军帅以下乡官每人配书理2人，各级乡官的文书人员分别为：师帅书理2394人，旅帅书理7182人，卒长书理21546人，共31122人。但是，在动乱的战争年代里，要在基层找到足够的文书人员谈何容易？现亦以减半计算，至于流外官两司马书理，则予以忽略。这样，从师帅书理到卒长书理共15561人，再加上前所述军帅书理1596人，宣诏书和疏附1197人，则守土乡官的文书人员共为

① 《太平天国》，第3册，第285页。

18354 人。总计守土官和守土乡官的文书人员共为 19006 人。

综合两个方面的估计，太平天国前期文书人员即达 77363 人。这个估计忽略了以下因素：一是据《贼情汇纂》载，前期高层官员的文书人员都还有下属的文书人员，特别是东王、北王和翼王的六部尚书的下属有两个层级（六部掌书、掌书书理），诸殿六部尚书究竟有多少人从事文书工作，估计为数不少，后文以东王府六部尚书为例所做的分析，即表明这是一个很大的数字；二是太平天国一切职同官均有书理。在太平天国中央有很多职同官，这些职同官的文书人员如何配置，值得探讨；三是太平天国中央还设有一些文书机构如诏命衙、诏书衙、删书衙、左史衙、右史衙、引赞衙、通赞衙、镌刻衙、疏附衙等，前述一些文书官职当是负责或隶属于这些机构的，但这些机构中究有多少文书人员也尚待查考；四是随着太平天国运动的发展，其职官编制和军政建制必将不断扩大，随之而来的必然是文书人员的大量增加，前述一些超过编制的官职名称只是一个缩影；五是太平天国中央在地方还设有省级行政机构，也就是在总制之上还有管理省级军民政务的高级大员或军事领袖，这些机构和官员的文书人员也无法考证；六是太平天国土营、水营和海关的文书人员亦不详；七是这个估计的某些环节已经过减半处理或以低于规定建制的标准作过处理。所有这些因素都使得 77363 这个估计成为最低限度的估计。但是，这个估计也忽略了以下两个重要因素：一是太平天国职官中存在着大量的闲职和虚职，这些闲职和虚职在一般情况下是不配备文书人员的，例如闲散国宗不配备掌书，只有带兵在外作战的国宗才能配备掌书。特别是到后期封王 2700 多人，根本就不可能再根据爵位和官职的规格来配备相应的文书人员；二是太平天国地方政权具有不稳定性，有些地方政权随建随撤，有些地方在短时间内甚至没有建立起地方政权。这两个重要因素又可能使 77363 这个估计超出了当时的历史实际。那么，如何看待 77363 这个估计呢？笔者以为，平衡考虑这两大方面的因素，太平天国前期文书人员约在 8 万人左右应是基本符合历史实际的，当然这个结果可以看做是按太平天国官制和军政编制推算出来的仅供参考的一个约略数据，它说明了太平天国对文书人员的大量需求。

2. 前期高层官员的文书人员配置问题

根据张德坚《贼情汇纂》卷三之《伪同职官总表》和《伪同职官分表》，太平天国前期高层官员的文书人员配置状况应该是比较清楚的。在这些表之后，张德坚对一些问题还有补充说明，这些说明本应对深入了解这个问题有所帮助，但由于在收入《中国近代史资料丛刊》第二种《太平天国》第 3 册

时编者标点不当，反而使人对一些问题感到茫然。在这些说明中有《伪同职所属伪官名目》，其下列官职经编者标点为："六部尚书，六部书，六部掌书书理"，对这些官职，张德坚有较为详细的说明，对这段说明文字，编者的标点如下：

> 凡伪王侯丞相检点指挥，有六部尚书，六部书，六部掌书诸名色。其六部尚书所属，又各署六部掌书，六部书。六部掌书，又各有掌书书理。惟伪东殿各尚书之掌书，颁给印信，其余掌书书理六曹执事，若吏胥而已。①

笔者仔细研读《伪同职官总表》、《伪同职官分表》，觉得似以如下标点为宜：

> 凡伪王侯丞相检点指挥，有六部尚书、六部书、六部掌书诸名色。其六部尚书所属，又各署六部掌书。六部书、六部掌书又各有掌书书理。惟伪东殿各尚书之掌书，颁给印信，其余掌书书理六曹执事，若吏胥而已。

笔者的变动有三处：一是将第一句中"六部尚书"、"六部书"和"六部掌书"之间的逗号改成顿号。二是将第二句断在"又各署六部掌书"之后。三是将第三句变为"六部书、六部掌书又各有掌书书理"，这与第二处变动是联系在一起的。第一处属于标点符号的使用规范问题，本文不作深论。问题的关键在于第二处和第三处。

第二句如按原标点，我们就感到非常费解，六部尚书中究竟何者所属可署六部掌书，何者所属可署六部书？事实上，六部尚书所属是不可能各署六部书的，只能各署六部掌书。根据《伪同职官总表》和《伪同职官分表》，东殿六部尚书职同检点，北殿、翼殿（六部）尚书职同指挥，燕、豫六部书和国宗掌书职同总制，侯相检指六部掌书职同监军，将军、总制、监军书理职同军帅。由此可知，六部尚书同职官品为职同检点或职同指挥，而检点、指挥可设六部掌书，因此，六部尚书亦可设六部掌书。如果六部尚书要设六部书，就必须有职同燕、豫二王爵的，而这在前期是不可能的，也从未见到这方面的记载。这是"其六部尚书所属，又各署六部掌书"的依据。第三句按原标点在理解上是没有问题的，那么，笔者的标点是否就难以理解呢？否也。燕、豫六部书和国宗掌书职同总制，也就是说，燕、豫六部书相当于六部掌书。而侯相检指六部掌书职同监军，将军、总制、监军均设职同军帅的书理，处在同一个级别上，因此，笼统地说"六部书、六部掌书又各有掌书书理"也是可以的。按前述辨析，《伪同职所属伪官名目》下列官职名称亦应

① 《太平天国》，第3册，第96页。

标点为："六部尚书、六部书、六部掌书、书理"。

在《伪同职所属伪官名目》下所列官职还有"书使"，张德坚对此解释说："凡一切同职官，均有书理，但概称书使，视长官同何职，属官亦同所属何职，如军中各典官职同监军，其书使亦同监军书理所同之职。"①

关于这段文字，笔者以为，《太平天国》的编者标点没有问题，问题在于张德坚的概括不太缜密。如果一切同职官均有书理，而一直到卒长书理都是职同两司马，那么，一个高层官员的文书人员将是一支非常庞大的队伍。兹以东王府的文书人员为例进行分析。

东殿设六部尚书，其设置情况为：东殿吏部一尚书至吏部十二尚书止；东殿户部一尚书至户部十二尚书止；东殿礼部一尚书至礼部十二尚书止；东殿兵部一尚书至兵部十二尚书止；东殿刑部一尚书至刑部十二尚书止；东殿工部一尚书至工部十二尚书止。每部12人，计72人。我们先计算一个东殿尚书所可能拥有的文书人员。东殿六部尚书，职同检点，而检点可设六部掌书，其设置情况为：吏部掌书、户部掌书、礼部掌书、兵部掌书、刑部掌书、工部掌书，每一侯相检指每部各一人。一个东殿尚书可设六部掌书6人。六部掌书，职同监军，而监军可设书理4人，一个东殿尚书可设掌书书理24人。掌书书理相当于监军书理，职同军帅，而军帅亦可设书理4人，一个东殿尚书可设军帅书理96人。军帅书理职同师帅，而师帅可设书理2人，一个东殿尚书可设师帅书理192人。师帅书理职同旅帅，而旅帅设书理2人，一个东殿尚书可设旅帅书理384人。旅帅书理职同卒长，而卒长亦可设书理2人，一个东殿尚书可设卒长书理768人。卒长书理职同两司马，而两司马可设书理1人，则一个东殿尚书可设两司马书理768人。两司马书理属于流外官，不属于同职官，他不再设书理。总计一个东殿尚书有掌书和各级书理2238人。这样，东殿拥有各类直接为东王服务的文书人员（计六部尚书72人在内）共161208人。

在介绍东殿各属官时，张德坚又说："自尚书至大旗手，均职同检点，余俱职同将军，统计三千五百六十四人。此皆给事杨逆及仪从之官，头目若是之多，所属之数可想。其六部尚书，又各有六部掌书如胥吏，但冠带而给印，伪东王权重事繁，故属官视他人以倍。"② 职同检点的东殿属官除六部尚书外，还有东殿承宣24人、东殿仆射32人、东殿指使2人、东殿引赞8人、东殿掌门2人、典东舆头目2人、东殿大旗手1人，共71人。这71人的文书人员规

① 《太平天国》，第3册，第96页。

② 《太平天国》，第3册，第102页。

模与72位六部尚书相近，按前文推算的方法，可达158898人。职同将军的东殿属官据《贼情汇纂》之《职同将军伪官名目十》实际所列，当不止3564人，而应为3594人[①]。如果所有同职官均配置文书人员的话，那么，按张德坚所记载的标准，职同将军的3594位东殿属官需配置职同军帅的书使14376人、职同师帅的书使57504人、职同旅帅的书使115008人、职同卒长的书使230016人、职同两司马的书使460032人和两司马书理460032人，总计达1336968人。这样，仅在东殿从事文书工作的各种级别的人员即达到1657074人。

应该说，这样的规模在当时的历史条件下是不可能的，据张德坚的推算，当时太平天国各级官员约315221人，伍卒额数为3085021人[②]。由此看来，他在推算太平天国各级官员的人数时，也未将各级书理配置的书使计算在内，因此，他对太平天国官员配备文书人员原则的概括是有问题的。东殿六部尚书作为处理政务的中心，其文书人员配置的规模可能会大一些，但还有底线，那就是只配到六部掌书书理为止，掌书书理以下各级书理作为同职官不再配置文书人员。按此原则，72位六部尚书的掌书及其书理也达到2160人。至于其他的同职官即使配置文书人员，也只配至其次一级同职官品为止。即一个职同军帅的同职官只配职同师帅的书理。这就是说，身为职同官的各级书理、书使是不能配备文书人员的。所谓凡同职官均配书使的原则是要将书理、书使本身排除在外的。

从文书人员配置的角度来看，太平天国的官阶是相当明显的，东王设六部尚书72人，北王、翼王亦设六部尚书，但北王六部尚书为36人，而翼殿六部尚书只有6人，燕王、豫王设六部书各6人，侯、丞相、检点、指挥设六部掌书各6人。以下将军、总制、监军、军帅都只能设书理4人，师帅、旅帅、卒长均设书理2人。也就是说，指挥以上的官员当属于太平天国的高层官员，而给指挥配备的文书人员人数与翼王相同，只是名称不同而已。那么，太平天国从何时开始给高层官员配备六部尚书、六部书、六部掌书呢？

我们以六部尚书的设置作为探讨的中心。从具体的授职时间来看，最早比较明确的是黄启芳于咸丰三年（癸丑年）十月升北殿吏部尚书，“掌封伪官，颁发伪执照”。李寿春则不很明确，他于咸丰三年（癸丑年）二月升东殿簿书，但“嗣改为吏部一尚书”，所做的事却为“在杨贼头门接发伪文书”。

---

① 东殿属官究有多少人，似乎无定数。据张德坚《贼情汇纂》卷三介绍官制的表、文的推算，计3737人，都很具体。但他在卷十一《贼数》中又说是3837人，不知何据。

② 《太平天国》，第3册，第285～287页。

同是吏部尚书，但职能相差较大，这说明制度初创时的混乱状况。这里的问题是“嗣”字，这表明东殿设六部尚书似乎较早，不会晚于北殿，应在十月之前。从两人的授职情况来看，六部尚书的设置当在咸丰三年二月至十月间。能否进一步缩短这个时间范围呢？要解决这个问题，就必须回答以下问题：在设置六部尚书之前，各殿是否配置有文书人员？如有，何种名目？为什么要改设六部尚书？

对第一个问题的回答是肯定的。最早给各殿配置的文书人员是簿书。关于簿书的研究，可参见后文的考证和分析。从中可知，从黄启芳咸丰二年（壬子年）八月任职北殿簿书至卢贤拔咸丰三年七月调为东殿簿书，各殿簿书官职存在了一年左右的时间。咸丰三年，太平天国还给各殿配置了丞相，但差不多在簿书官职消失的同时，各殿丞相也不再设置了。当时可能的情况是，各殿簿书在增设了各殿丞相后，隶属于各殿丞相，但又随着各殿丞相的撤销而被撤销。

差不多在各殿丞相被撤销的同时出现了各殿六部尚书。这其中应该是一种承继关系，即在撤销了各殿丞相后，改设各殿六部尚书。如果是这样的话，那么，考虑到咸丰三年八月还有翼殿丞相的设置，各殿六部尚书的设置也不会早于咸丰三年八月。如此看来，各殿六部尚书的设置应在咸丰三年八至十月。此后，各殿尚书机构特别是东殿尚书的建设仍在继续，需要调动其他职官来担任各殿六部尚书，大约至咸丰四年（甲寅年）三月，各殿尚书机构的建设全部完成，这时，侯谦芳调为东殿吏部二尚书，侯淑钱由总圣库协理升为东殿史部二尚书，而侯裕宽亦由指挥调为东殿户部二尚书。

太平天国为什么要撤销各殿丞相而改设各殿六部尚书呢？太平军自金田起义以后一路进军至奠都天京，所向披靡，较为顺利，与东王杨秀清杰出的军事指挥才能有密切的关系。奠都天京后，太平天国政权建设的趋势就是东王的集权，许多重要机构的服务对象悄然发生变化，都从服务于天王向服务于东王的方向转移，如诏命衙、诏书衙就是很突出的例子，诏书衙更是转变为处理太平天国国务的中心（参见后文）。但是，诏书衙的职能还没有涵盖所有的政务，而簿书和丞相的设置编制过少（东殿只有左丞相和右丞相），因此，成立编制较多的新机构来处理大量的政务成为太平天国政权建设中迫切需要解决的新问题。新机构的设置依据一是向天王看齐，天王朝内有六官丞相的设置；一是向传统的职官制度取经，六部一直是隋唐以来中央行政机构的核心，其实两者都源自《周礼》的六官，六部设置成为合理的选择。当然，这里最重要的原则还是职官设置向天王看齐。

奠都之后的政权建设实际上就是权力资源的再分配或重组，咸丰四年二

月是天京事变前的一个重要转折关头。在这个月，太平天国发生了许多重要的人事变动和调整（具体变动和调整的情况参见后文关于文书人员命运问题的研究）。总之，通过这些变动和调整抬高了一些文书人员的地位，使曾水源、罗苾芬和黄再兴三人的权势如日中天。

为了抵制东王的集权和其他诸王权势的扩张，天王可能采取了多方面的措施，从文书工作的角度，有两点是值得重视的：一是在咸丰四年三月至六月间他成立了簿书衙来代行诏书衙的职能，但是，簿书衙随后又被撤销了；二是允许燕王、豫王设六部书，侯、丞相、检点、指挥设六部掌书，向东王的职官设置看齐，以降低东王、北王和翼王六部尚书的权威。因此，东王等人加快了六部尚书的建设，大概至咸丰四年三月，东殿六部尚书的设置基本完成。而且，东殿、北殿和翼殿六部尚书的人员较多（计东殿 72 人、北殿 36 人、翼殿 6 人，共 114 人），要尽先保证六部尚书的设置完妥，保证较好的人才进入六部尚书，然后才依次将六部书、六部掌书设置起来。这样，燕、豫六部书和侯相检指六部掌书的设置就比六部尚书的设置晚一些。如果说，至咸丰四年三月完成六部尚书设置的话，那么，六部书和六部掌书的建置应在咸丰四年三月以后。究竟在何时呢？关于六部书设置的时间，目前尚无史料来解决这个问题。关于六部掌书设置的时间，可根据新近发现的门牌进行大致的推测。2006 年 9 月，太平天国历史博物馆接到江西省瑞昌市一徐姓男子的来信，信中称他有一件祖传的太平天国甲寅四年八月卅日（咸丰四年八月十五日）颁发的门牌。该馆经过实物考察，确定此门牌属于真品，具有重要的文物价值，它是迄今为止发现的太平天国最早的刷印门牌，也是太平天国前期统治江西数年期间留下的唯一的存世文献文物。该门牌年月日上钤有“太平天国殿右拾贰检点吏部掌书”的官印，说明此时六部掌书的官职已经设置。而目前存世最早的太平天国癸好三年十一月（咸丰三年十一月）安徽省安庆郡望江县胡厥初和徐怀交两张良民牌上所钤则是“太平天国殿右拾贰检点”的官印①。这就是说，在六部尚书已经开始设置的情况下，六部掌书并未设置起来。这样看来，六部书和六部掌书的设置当在咸丰四年三月至八月之间。

综上所述，六部尚书、六部书和六部掌书属于太平天国前期高层官员的文书人员，由于六部尚书职同检点，故其仍可各署六部掌书，而六部书则不能各署六部掌书。但六部书和六部掌书大概也只能配置其职同官品次一级的

① 张铁宝：《江西瑞昌新发现太平天国甲寅四年门牌》，《中国太平天国史研究会通讯》，第 11 期，第 19 ~ 20 页。

书理。张德坚所谓凡同职官均有书理的说法不大符合当时的历史实际，因为根据这个原则来推算，在东王府单从事文书工作的人员就达到165万多人，这是不可能的。即使这个说法成立，也要将各级书理排除在外。我们还应该看到，这些文书职官的设置是太平天国前期权力斗争的产物，由于斗争的阶段性，这些职官的设置并不是在同一时段，是有先后顺序的。六部尚书从咸丰三年八月至十月开始设置，大约至咸丰四年三月完成，以后才是六部书、六部掌书的设置，至咸丰四年八月，六部掌书的设置也已经较为普遍了，这从新近发现的门牌可以得到证明。至于六部书的设置时间则当在六部书和六部掌书之间，不会晚于咸丰四年八月，也不会早于咸丰三年八月。

二、文书人员的来源、地位和作用

1. 文书人员的来源问题

前文的探讨表明，太平天国在不断发展的过程中逐步建立起一支文书人员队伍，如按其官制和军政编制推算，文书人员队伍的规模尚称可观，在8万人左右，它说明了太平天国对文书人员的大量需求。实际上，太平天国的文书人员是相当缺乏的，这可从太平天国文书人员的来源问题上得到印证。

在太平天国起义的酝酿阶段，文书人员的匮乏是毋庸置疑的。那时并无所谓的专职文书人员，一些重要的领导人都曾不同程度地做过文书工作，特别是南王冯云山为太平天国军政教制度的确立和完善做了大量的文书工作，据载："冯云山，……稍读书，……造伪书惑众，……倡乱以来用兵诡谲，几于不测，所有伪谕悉出主裁。"[①] 又有史料载："冯云山，年三十余岁，颇通文义，幼年曾入县学，假造妖书，有散劫真言、归元宝诰等名目，又创为天律十六条款、太平制诏军书，各处传习，晨夕跪诵，……"[②] 洪秀全第二次入桂后，由于扩大上帝会的需要，他也直接做一些文书工作，在这个过程中，洪秀全和冯云山又培养了早期的文书工作人员，其中，卢贤拔和曾氏族人等是比较重要的。杜文澜《平定粤寇纪略》卷一载："秀全自度无术，因托名西洋教。……复与冯云山、卢贤拔等造真言、宝诰诸伪书，密为传布。"[③] 这说明卢贤拔较早地参与了文书工作，《贼情汇纂》载他"初在贼中称为卢先生，

① 《太平天国》，第4册，第669页。
② 《太平天国》，第4册，第354页。
③ 《太平天国资料汇编》，第1册，第2页。

其伪天条奏章，及三字经等伪书，俱贤拔与洪贼密撰”。反映太平天国早期历史的《太平天日》又载同一时期的情况说：“主（指洪秀全）命覲王黄维正（即王为正）转回桂县。主每天同南王写书送人，时将此情教导世人，多有信从真道焉。幸得曾云正四处代传此情，大有功力，故人多溯醒也。主居月余，主与南王冯云山、曾云正、曾玉景、曾观澜等写奏章，求天父上主皇上帝选择险固所在栖身焉。”① 这又反映了曾姓族人在早期参与了洪秀全、冯云山等人的文书工作。北王韦昌辉也曾从事过文书工作，《天父天兄圣旨》记载他曾对天兄说：“天兄，小弟既写成本章，欲差人到平山，奏知二兄（指洪秀全）。”②

由于文书人员的缺乏，初期太平天国领导人在亲自从事文书工作的同时，很重视吸收和培养广西乡村小知识分子作为自己的文书人员，这些人以黄玉崑、卢贤拔、曾水源、曾钊扬、黄再兴、罗苾芬、何震川、刘承芳、黄启芳、李寿晖、李寿春、侯谦芳、赖汉英、陈宗扬、曾云正、曾玉景、曾观澜等人为代表。道光三十年（庚戌年，1850）是上帝会准备和发动金田起义的一年，曾水源、曾钊扬、何震川、罗苾芬、黄启芳等就是在这一年被洪、冯吸收进来专职从事文书工作的。《贼情汇纂》中有详载：

曾水源：“庚戌年冯云山在胡以晃村内，传天帝教，写字无人，邀水源入伙。”③

曾钊扬：“庚戌年冯云山等传天帝教惑众，钊扬走从之，得司笔札……”④

何震川：“庚戌年洪逆倡乱，被胁入伙，一家二十二口，失散殆尽，仅剩一弟一侄，并震川三人。初封典诏命，职同将军，掌缮写伪谕。”⑤ 李滨的《中兴别记》卷一介绍说：“何震川，象州附生。洪逆诸伪书及僭妄伪制，大半震川与卢贤拔等草创润色。”⑥

罗苾芬：“自幼贩卖烟土于浔梧一带。道光十八年粤督林奏：‘粤省凡获贩鸦片者，杀无赦。’苾芬惧，遂亡命于粤西，为韦贼司会计。庚戌年洪贼倡乱，昌辉挟以入伙，初封御林侍卫。”⑦

黄启芳：“先在韦贼家教读。庚戌年，洪贼倡乱，韦贼挟以入伙，凡一切

---

① 《太平天国》，第2册，第648页。

② 王庆成编注：《天父天兄圣旨》，辽宁人民出版社1988年版，第29页。

③ 《太平天国》，第3册，第57页。

④ 《太平天国》，第3册，第57页。

⑤ 《太平天国》，第3册，第59~60页。

⑥ 太平天国历史博物馆编：《太平天国资料汇编》，第2册上，中华书局1979年版，第12页（以下简称《太平天国资料汇编》，第2册上）。

⑦ 《太平天国》，第3册，第58页。

文案，皆启芳与罗苾芬掌之，颇见信任。”①

总体说来，这些人的文化水平不是很高，较高者如曾水源和曾钊扬是童蒙师，“颇知文义”或“颇通文墨”，何震川则为广西诸生，“颇有笔气”，还有赖汉英“颇通文墨，兼知医理”。余者如卢贤拔、黄再兴、罗苾芬、黄启芳、李寿春等都是“粗通文墨”，但他们在太平天国运动的准备和发展过程中，迅速地成长起来，成为太平天国前期文书人员队伍的骨干力量，诸王府的重要文书官职大多由他们担任，如卢贤拔曾任东殿簿书（东王、北王和翼王都曾设有簿书的文书官职，后设尚书，始废簿书）、春官丞相等职；曾水源曾任东殿簿书、天官正丞相等职；曾钊扬曾任右史、东殿右丞相、天官又副丞相等职；黄再兴曾任左史、地官副丞相等职；刘承芳曾任翼殿簿书等职；黄启芳曾任北殿簿书、右二殿簿书、北殿吏部尚书等职；李寿晖曾任正典镌刻、东殿簿书、吏部一尚书等职；侯谦芳曾任天朝总宣诏书、东殿吏部二尚书等职；赖汉英曾任夏官副丞相、东殿尚书等职；陈宗扬曾任秋官又正丞相、东殿丞相等职②。这些广西乡村小知识分子使得太平天国有了初步的专职文书人员。

随着太平天国运动的发展，太平天国对文书人员的需求愈益增加，愈益感到文书人员的缺乏。因此，在从广西到南京的一路战斗中以及在定都天京以后，太平天国一直十分注意文书人员的发展工作，非常重视培养和壮大文书人员队伍，每到一个新的地方，都把招收文书人员当做一项重要工作去做。招收文书人员的方式一般有以下几种：

第一种是举行科举考试。科举题名者有一部分人从事文书工作，如湖北人傅少阶和胡仁魁就是在通过科举考试后充当殿前诏书的③，而太平天国著名的女状元金陵人傅善祥还掌握了东王府的文书批判权。

第二种是发布求贤榜，是谓太平天国的招贤制度。关于太平天国的招贤制度，有记载说：“贼于科举外，又有招贤之制。窃据郡县，暨剧盗行兵所至之地，皆署榜于所居门墙及伪官衙前，曰：‘招贤’而悬示于榜。”张贴招贤榜意在招徕包括充当文书人员在内的各种人才。实际上就有大量的小知识分子响应了太平天国的召唤而加入到太平天国文书人员的队伍中来，《贼情汇纂》反映这一情况时载：“然所至之地，惟医卜星相，稍知字义，及乡俗浅学、市井狷才、江湖落魄、生计无资者，赴其招为一时衣食计，既至江宁，

① 《太平天国》，第3册，第58~59页。

② 朱从兵、崔德田：《太平天国文书制度》，广西人民出版社1993年版，第19~20、22~25页。

③ 《太平天国》，第4册，第677页。

皆使入诏书衙，任以佣书之役，……”①

第三种是从百姓中发掘文书人员，以行政命令的方式强迫百姓中读书识字者加入太平天国文书人员队伍，有记载说：“贼不识字，传伪令：凡读书识字者，悉赴伪诏书，否则斩，搜出匿者同罪，乃得数百人，使为诗及对，又试以伪示，合贼式者，分入各贼馆为书使，亦不打仗。”② 还有文书传递人员也是如此。据佚名《徽难全志》载，同治元年十一月初六日，“贼走休（宁）北余村打馆，当发数马队冲至阜岭下，掳民三人。贼之文书，叫他送至西递”③。朱用孚撰反映太平天国后期历史的《摩盾余谈》载：太平军“获乡塾教授，则胁其书写伪示。壮者分隶各贼馆服役及背驮行李。”④ 赵雨村《被掳纪略》载：咸丰十一年，“黄大人一日自庐州回馆，与我云：‘今日有英殿工部尚书（凡封王皆有六部）汪大人，托我荐掌书令（办笔墨称掌书令），我已荐尔到他馆内。他那文馆子，比我这武馆子强之百倍。”⑤

第四种是直接从俘虏中发掘文书人员，这是一种使用得最为普遍的方法。太平军每当抓获俘虏，都一一询问他们有何特长，操何职业，能否读书，是否识字。一旦发现俘虏中有读书识字之人即招为文书人员，礼遇优加。如有记载说：“贼掳我官吏绅衿读书有心计人，或挫折以死，或分为各馆充当书手，号曰先生，所办无非写奏章、诰谕、封条、出告示、造兵册、家册等事……”⑥姚宪之《粤匪南北滋扰纪略》载：“凡系裹胁之人，能写字者不令出仗，派司笔墨，或写伪告示，或写贼众名册，呼之曰‘先生’。”⑦ 戴熙《吴门被难记略》载，咸丰十年四月，“余十四日辰刻，被掳至伪丞相熊姓馆中，充小夫六七日，虽肩担背负，不觉重累，非祖宗佑欤？后因书红、黄两大旗，先有韩姓者夺而写之，贼知书法不佳，余即握笔挥之，贼大喜，遂尊余为先生，专职笔墨”⑧。此外有很多具体生动的例子反映了太平天国在各地从俘虏中发掘文书人员的情况，兹不详举。

太平天国对文书人员的重视，也吸引了一批地主阶级文人知识分子主动加入到太平天国文书人员队伍中来。佚名《寇难琐记》载太平天国后期史事

---

① 《太平天国》，第3册，第114页。

② 《太平天国》，第4册，第654页。

③ 南京大学历史系太平天国研究室编：《江浙豫皖太平天国史料选编》，江苏人民出版社1983年版，第302页（以下简称《江浙豫皖太平天国史料选编》）。

④ 太平天国历史博物馆编：《太平天国史料丛编简辑》，第1册，中华书局1961年版，第102页（以下简称《太平天国史料丛编简辑》，第1册）。

⑤ 《太平天国》续编，第4册，第408页。

⑥ 《太平天国》，第3册，第314页。

⑦ 《太平天国》续编，第4册，第116页。

⑧ 《太平天国》续编，第4册，第397页。

时说："始时所出告示，文理粗率，近来颇有一种文人投入，故笔札较清通，大抵兵兴以来，儒生失业居多，束修无措，学徒星散，无志节者，半作钞胥之吏，亦有公门中刑钱幕客，别无生活，遂为长毛牢笼，计千里之内，不知若干人矣。其方正廉洁填于沟壑者，令人可悯。"①

由于太平天国重视发展文书人员队伍，千方百计地发掘文书人员，太平天国文书人员队伍逐渐壮大起来，出现了大量的非广西籍的文书人员，他们成为太平天国文书人员队伍的主体力量。但总体来说，太平天国一直没有招够足敷使用的文书人员，这种情况直到后期仍然存在着。为此，太平天国还有一些补救措施：一是雇用一些不愿归顺太平天国的知识分子代办文书，如叶吟舟就是这种情况，他为太平天国从事文书工作，但没有接受太平天国的官职，只是领取代办文书的薪水银，有鹤樵居士手辑《盛川稗乘》记载说："叶吟舟者，苏州人，足微跛，本在县署就幕，素熟公事。自咸丰十年五月起至同治二年九月止，凡王永义申嘉兴贼文书及一切军务禀报，及与各处贼营伪官文移往来，悉出吟舟之手，做就后即送至王永义家阅看，钤用伪印，然后发递。吟舟居住九埭头王氏庄屋内，系王永义聘请幕友办理贼中文报，每月薪水银四十两，始终未授伪职。"② 这种情况还有其他的史料可证。余一鳌《见闻录》载："先生曰书史，曰掌书，雇来先生曰民书。"③ 沈梓《避寇日记》亦载："十八日，闻汪长毛竖奉令召兵旗号，二十边，有沈渔池朱氏子投入汪馆，有安家费一元与其母，于是镇上无赖子无从糊口者往往投之。汪处文人办笔墨，每日给钱二百八十文，钟乃荐香芸于汪馆。"这里所说的就是指雇用那些不愿拜上帝的"文人办笔墨"的情况④。二是太平军各基层组织之间相互调剂，如有资料载："（太平天国肖天侯曹茂盛）举酒谓何（何亦为太平军中一将领）曰：'成败不足论，人少难以集事，君现有两文案，盍以其李归我，当以牌尾数人相易。'……何颔之，时予（指该资料作者）兄弟在座，相视不敢言。席散后，何从容言曹处情形，并言其旧文案某姓，曾保举文军政司，现随营江皖未归，命予往曹处代司文案。予兄弟再三辞，何不许，曰：'我与曹同盟兄弟，曹处即我处也，何惮焉？'翌晨，何亲导予往，出门迤东

① 《江浙豫皖太平天国史料选编》，第155页。

② 《太平天国史料丛编简辑》，第2册，第202页。王永义，该史料载："盛泽富户王永义，平素恃富豪横，为暴乡里，先于（咸丰十年）五月初四日赴邓光明贼营进贡迎降，贼授其侄小王五官为军帅，给予令旗、令箭，令在本处把守。"（见同书第183页）

③ 《太平天国史料丛编简辑》，第2册，第127页。

④ 史式：《太平天国词语汇释》，四川人民出版社1984年版，第164页。

行半里许，曰谢衙前，巷内第宅颇广，值曹早餐，即命举酒，酒数巡，何吖咛别去。”① 刀口余生《被掳纪略》载：“今日有英殿工部尚书汪大人托我荐掌书令，我已荐尔到他馆内。他那文馆子，比我这武馆子强之百倍。”②

综上所述，可将太平天国文书人员的来源概括如下：

第一，从地区来说，太平天国文书人员处于高层的大多是广西首义前后参加进来的广西籍乡村小知识分子，一般的或处于基层的则大多是太平军在进军过程中发展的湖南、湖北、江西、安徽、江苏、浙江和福建等省的地主阶级文人知识分子或有一定文化水平的社会阶层。

第二，从发展文书人员的方式来说，有三种情况：第一种是初期高层领导人亲自从事文书工作，如南王冯云山等，他们还注意吸收和培养广西籍乡村小知识分子从事文书工作；第二种是通过科举制度和招贤制度吸收一部分知识分子充实文书人员队伍；第三种则是从一般黎民百姓和俘虏中发掘文书人员，这是一种使用得最为普遍的方法。

第三，从文书人员的文化水平来说，较低水平的是稍知文字、能读书会写字或粗通文义笔墨的三教九流；中等水平的是乡村塾师和童蒙师等；较高水平的则是清朝政府的诸生、童生、附生和官吏绅衿及太平天国的科举中人。

2. 文书人员的地位、作用和影响

太平天国由于需要大量的文书人员而深感文书人员的缺乏。为了能够招到足够的文书人员，吸引众多的知识分子和能读书会写字的社会阶层加入到文书人员队伍中来，太平天国赋予了文书人员以崇隆的地位和比较优裕的待遇。

首先，太平天国文书人员都是品级不同的同职官（佐天侯与六官丞相除外），文书人员的同职官品比其所属的正职官官品次一至四级。将军以上正职官的文书人员在职同检点到职同监军之间，天王、东王的文书人员职同检点，北王、翼王的文书人员职同指挥，燕王、豫王和国宗的文书人员职同总制，侯相检指的文书人员职同监军；自将军至监军的文书人员一律职同军帅；自监军至卒长的文书人员同职官品都较正职官次一级。每军的宣诏书和疏附同职官品还超过军帅书理，为职同监军。至于其他职同官的文书人员，地位也较高，“视长官同何职，属官亦同所属何职，如军中各典官职同监军，其书使亦同监军书理所同之职”，为职同军帅。在有条件的情况下，有些同职官也配有书使和尉伺。两司马书理为流外官，“至卑本无伪职，然散卒奉之如官长，

① 《太平天国》，第5册，第314页。

② 史式：《太平天国词语汇释》，四川人民出版社1984年版，第117页。

倘该管长官知其能，即下札谕调取，……有朝为两司马书理，暮为将军书理者”[①]。由此可知，即使是两司马书理，在太平军中亦具有较高的地位。

其次，从前期一开始无论是处于高层的或是一般的文书人员都具有较高的地位，特别是那些在诸王府里从事文书工作的文书人员如曾水源、黄再兴、罗苾芬、李寿春和侯谦芳等，其地位更是非同寻常。曾水源“与洪扬二贼不离跬步”[②]，是“凡东贼事代批代行，每晨见东贼议事者”。黄再兴是“凡翼贼事代批代行，每日见翼贼议事者”。而罗苾芬则是“凡北贼事，代批代行，每晨见北贼议事者”[③]。至于李寿春和侯谦芳的地位更是不同一般，他们的权势简直到了炙手可热的地步，有史料载：“杨贼有机密事，皆与寿春与侯谦芳秘计。”“杨贼信任之（这里指侯谦芳），同恶相济，凡有机密事，皆引谦芳与李寿春计议，权势在韦石二贼之上，伪侯相为之侧目。”[④] 这些处于高层的文书人员与太平天国诸王关系密切，为他们献计献策，对太平天国的军政决策起着非常重要的作用。张晓秋《粤匪纪略》介绍杨秀清时说：“不识字，文案至，人诵而听断焉。”[⑤] 张汝南《金陵省难纪略》则对此有稍详的记载：“丞相入，三跪呼然后起白事。丞相皆广西人，不识字，必携书手入读奏章。东贼自言：‘五岁丧父母，养于伯，失学不识字，兄弟莫笑；但缓读给我听，我自懂得。’故书手往往得见贼与其居。”[⑥] 当然对这些人的要求也比较高，往往要他们参加科举考试，佚名《粤逆纪略》载，癸丑“八月十二日，杨逆传令，凡各馆书手，均于贡院考试，不从者加以鞭扑。是日即以伪书命题，不拘各体，于是皆写百余字以塞责。次日又令再试，仍以伪书命题，限五百字，六韵诗五首。伪官亦有应试者，约三百人”[⑦]。

至于一般的文书人员地位也较高，太平天国在初建男馆女馆时就规定：“各馆择能书者为书手，高于听使与圣兵。”[⑧] 男馆女馆制度废除后，文书人员的待遇并没有多大的变化，地位仍然较高，张德坚的《贼情汇纂》记载说：“识文字人贼掳为先生，供给丰厚，与伪职埒……若剧贼渠帅之先生，与知军事，不难祸福人，造作悖逆文告，撰拟机密禀奏……”[⑨] 又说：“及其派充先

---

① 《太平天国》，第3册，第96～97页。
② 《太平天国》，第3页，第57页。
③ 《太平天国》，第4册，第672～673页。
④ 《太平天国》，第3册，第67～68页。
⑤ 《太平天国》续编，第4册，第47页。
⑥ 《太平天国》，第4册，第705页。
⑦ 《太平天国》续编，第4册，第69页。
⑧ 《太平天国》，第4册，第696页。
⑨ 《太平天国》，第3册，第294页。

生，贼目优待之，群贼尊崇之……”① 在太平天国的礼拜过程中，文书人员的地位也是很高的，张德坚载：“桌前立小竹板，约三尺长一寸宽，上写‘奉天令’三字，桌后设椅三张，饰以椅衣。椅三张者，盖本馆贼目及副职伪官与先生坐位也。如此馆先生较多，甚至设立五座七座。其教以星、昴、房、虚四宿日礼拜。先一日伪帅遣人负礼拜旗一面，鸣钲于市，大呼明日礼拜，各宜虔敬，不得怠慢。各馆即于是夜三更交子时后点灯二盏，供茶三杯，肴三盛，饭三盂，鸣锣集众，环坐一堂。贼目及充先生者即坐于正中所设数座上，群贼两旁杂坐，齐诵赞美毕，充先生者缮成黄表奏章，尽列一馆贼名，此时手执奏章，跪地朗诵，读讫焚化，则以所供肴馔共享，此七日礼拜之仪也。每日朝饔夕飧，亦必鸣钲齐集，尽所掳之肴供三盌，茶饭如之，自贼目以下亦环坐而读，赞美毕，充先生者伏地默读奏章，谓之默咒。群贼俱跪读讫，始杂坐饮食。”在执行刑罚的过程中，文书人员亦有一定的话语权，“或杖至数百，得副职伪官及充先生者一言缓颊，亦即停止”②。即使是在穿着上文书人员也有一定的特权：“掳来书写人，统称先生，准穿长衫，著鞋袜，小馆扎黑绸包巾，大馆扎黄包巾，无腰牌号褂。”③ 张汝南《金陵省难纪略》载：“……其后各书手俱准长衣著鞋，然未加官职，不准著风帽，但以黄巾裹头，或制黄帽如剧中武松所戴者。”④ 太平军攻陷南京后，据胡恩燮的《患难一家言》载：“闻余戚孙澂之弟砚农，为贼胁入仪凤门买卖衙充伪书吏，颇能自主，乃与中表周某拟往投之。”⑤ 佚名《金陵纪事》载：“（太平天国）最重牌刀手，错杀皆不问，封伪职则为参护。亦最重书手，敬如宾客，即识字与知文理者封升伪职监军，余多为总制。”⑥ 丰城毛隆保的《见闻杂记》载咸丰三年事亦说：“贼营中缺读书人，有从之者，称为先生，即派七八人服侍云。”⑦ 这些情况都说明了在太平天国前期由于迫切需要文书人员而给他们以较高的地位和较好的待遇。

再次，即使到后期，太平天国文书人员仍享有较高的地位。由于圣库制度不再得到严格的执行，一般士兵俘获物品就不上缴圣库，只是将贵重物品先献给本营官，而“次等衣物亦必先提数事献于充先生者，其余方敢自

① 《太平天国》，第3册，第304页。
② 《太平天国》，第2册，第262、265页。
③ 《太平天国》，第3册，第178页。
④ 《太平天国》，第4册，第713页。
⑤ 《太平天国史料丛编简辑》，第2册，第338页。
⑥ 《太平天国史料丛编简辑》，第2册，第49页。
⑦ 《太平天国史料丛编简辑》，第2册，第79页。

有”[①]。这反映了文书人员在一般士兵心目中有着重要的地位。不仅如此，后期太平天国的一些重要将领也非常重视和推重文书人员，给予他们以很高的地位，有些文书人员还有升为正职官的可能，这一点已为当时的一些地主阶级文人知识分子所稔知，他们的记载说：“闻贼中亦重读书人，而各魁帅于读书人尤为敬礼，凡被掳即收入贼巢司笔墨，或尊为上宾，参与帏幄，……”又有记载说：“盖贼中对于文人，大有礼贤下士之风，每得一人，辄解衣推食，延纳惟恐不周。即拂逆其意，亦柔气假借，不加呵斥也。”[②] 咸丰七年二月太平军在福建长汀有殿左九十七指挥张姓者出示说：“掳人多者即计所掳之数升官，若掳得识字通文者，倍加推重。”那么，对于这些被掳的识字通文者如何处置呢？他们的地位和待遇又如何呢？曹大观的《寇汀纪略》回答了这些问题：“于是贼中掳得其人，珍若珙璧，呼为先生，谲之密室，不令足迹外出一步；凡监军总制之官，非三品以上先生不得任，以理民词、办军务，非晓畅文义不能也。”[③] 鲁叔容《虎口日记》载：“贼重读书人，称先生，有加礼。”刀口余生《被掳纪略》载：“朱大人一日与黄大人云：尔武馆子全不知敬重读书的人。”这里朱大人对黄大人的“武馆子”“不敬重读书人”的现象表示批评[④]。曾含章《避难记略》亦载：“贼中作伪文书、伪札、伪示者，待之如幕宾，称之曰先生，出亦乘轿，亦有小贼服事者。”[⑤] 沧浪钓徒著《劫灰余录》载：“识字能书，贼颇敬重，均以先生称之，其余皆不足重。”[⑥] 还有一则较为具体的资料可证这些记载之不虚。陈才芳《思痛录》载，同治元年九月初二日，“贼目将芳唤至后宅，问曰：‘汝此刻尚能写字否?’芳曰：‘项上伤痕疼痛，手腕不甚得力，不能写小楷。’贼目曰：‘能写大字否?’芳曰：‘大字强勉能写。’贼目曰：‘可为我写儿副封条。’芳问如何写法，贼目取大旗一面，令二人展开，上书贼目伪衔，文系‘天父天兄太平天国殿前中丞三十三天将梁’。贼曰：‘即照此书写。’芳阅毕，即令收去。贼曰：令汝照写，如何收去？芳曰：‘已记之矣。’贼曰：‘不信汝一看即能记。’芳即照书一条，贼目喜曰：‘果是好先生。汝去养伤，不必过劳，俟汝伤愈，我尚有重托事件。’”[⑦]

由于文书人员在太平天国政权和军队中享有较高的地位，受到非常的重

---

① 《太平天国》，第 3 册，第 271 页。
② 《太平天国》，第 4 册，第 472 页。
③ 《太平天国》，第 6 册，第 812 页。
④ 史式：《太平天国词语汇释》，四川人民出版社 1984 年版，第 253 页。
⑤ 《太平天国》续编，第 5 册，第 346 页。
⑥ 《太平天国史料丛编简辑》，第 2 册，第 143 页。
⑦ 《太平天国》续编，第 4 册，第 442 ~ 443 页。

视，享有优裕的待遇，因此，连一些地主阶级文人知识分子也对在太平天国政权中从事文书工作感到满意，一个名叫李圭的南京人被太平军俘虏后被迫做了文书人员，他当时的感觉是："况已做写字人，又不辛苦，从此安心在此间……"① 那些在基层从事文书工作的，由于基层公务文书往来较少，甚至感到非常轻松，有记载说："……居贼中闲甚，日惟往来文书一二封。暇则枯坐，或翻阅残书，时从兄处往来，贼亦不问。"②

文书人员虽有较高的地位，但亦必须遵守太平天国的法律规定，特别是文书工作方面的规定，这主要有以下几条："一、凡接递紧要公文，如有迟误日时者斩首不留。一、凡写办军务紧要公文，如有心错误者斩首不留。一、凡有人私带妖魔入城或妖示张贴谋反诸事，自有天父指出，定将此人点天灯，其知情不告者一概斩首不留。一、凡各馆书士如有编造歌谣及以凡情歪例编成诗文，迷懞兄弟者，斩首不留。一、凡一切妖书如有敢念诵教习者，一概皆斩。尔等静候删改镌刻颁行之后，始准读习。一、凡一切妖物妖文书一概毁化，如有私留者，搜出斩首不留。一、凡邪歌邪戏一概停止，如有聚人演戏者全行斩首。"③

太平天国文书人员之所以享有较高的地位，不仅是由于文书人员非常缺乏，而且是由于他们在太平天国政权中发挥着比较重要的作用。太平天国文书人员的作用体现，除前已提及的高层文书人员对太平天国诸王的军政决策起重要作用外，还在于文书人员既是太平天国各类信息的制作者和加工者，又是太平天国各类信息的传递者。各种发文的撰稿、誊抄或印刷、钤印和传递以及各种来文的登记、批复和处理都是由他们配合完成的，兹以前期诰谕为例说明：由于诰谕是东王杨秀清发布的下行文书，具有较强的权威性，因此，诰谕草稿的撰拟显得相当慎重，均由侯和丞相商议，经翼王石达开同意方能定稿，然后才能以东王的名义缮写诰谕，缮好的诰谕要进行登记并加盖印章：先送到东王府头门，交值日尚书登记挂号，然后击鼓传进里面，少顷便已盖印发出门来。盖印后的诰谕仍须由东王府的参护送至北王府登记注册，再送至翼王府与其他文书汇齐，最后交由佐天侯陈承熔发交疏附分递各处④。由此可见，诰谕由草拟文稿到分送各处必须经过一定的程序，而这些程序的顺利完成必须有各级文书机构和人员的密切配合才成为可能。太平天国文书人员的工作效率在前期是相当高的，张德坚的《贼情汇纂》记载说："虽层层

---

① 《太平天国》，第4册，第485~486页。
② 《太平天国》，第5册，第315页。
③ 《太平天国》，第3册，第230~232页。
④ 《太平天国》，第3册，第192页。

转达，而毫无窒碍，曾于一日之内发谕至三百件之多，缘军务中又杂以喜庆诸事也。”① 这些都反映了文书人员在太平天国信息的上传下达和平级交流中发挥着非常重要的作用。

在基层，文书人员也发挥着重要作用。每当太平军攻克城邑或逢节日喜庆、首领出行以及启用新的官印等重大事件，基层文书人员都将有文书工作可做：或向上级汇报战绩，或向上级恭贺新喜，或为首领出行、启用新印做些备用的特殊文书，等等。可以说，如果没有文书人员的工作，太平天国就将政令不畅、军令不达、言路堵塞、信息滞流，整个政权和军队的大厦将很快土崩瓦解，太平天国运动也就不可能坚持14年之久。不仅如此，文书人员在教育人民群众方面也发挥着重要作用。为了进行宗教思想宣传，加强对统辖区人民和士兵的管理，太平天国规定了礼拜制度，《天朝田亩制度》规定：“凡礼拜日，伍长各率男妇至礼拜堂，分别男行女行，讲听道理，颂赞祭奠天父上主皇上帝焉……”② 文书人员在礼拜制度方面的作用未有明文规定，兹以具体史料记载说明。在前期，据张德坚的记载：“逮至七日礼拜之期，……其贼目及充先生者令新掳之人诵习赞美天条书及一切伪书，并极言天父天兄天王东王诸神异……”③ 礼拜的“主席台”上还专门设了文书人员的坐席，礼拜时，“贼目及充先生者即坐于正中所设数座上，群贼两旁杂坐，齐诵赞美毕，充先生者缮成黄表奏章，尽列一馆贼名，此时手执奏章，跪地朗诵，群贼长跪，读讫焚化，则以所供肴馔共享，此七日礼拜之仪也”④。到后期，也有具体的史料反映文书人员在礼拜过程中的活动：“殿正中设一桌，桌后南向设一椅，若公案然，曰‘天父堂’，殿东壁一桌堆纸笔，为贼之掌书记处，……李贼出坐殿中椅上，……面白身矮瘦贼曰：‘掌书大人，要备表文敬天父。’贼随去。少顷，握黄纸一通置桌上，又一贼传人曰：‘俱来拜上帝。’随见长发贼大小十三四人至，分两边挨次立，李贼立正中，面向外，复谓一贼曰：‘可令新家伙们立廊前观听。’余众至，则李贼首唱，群贼和之，似系四字一句不了了，约二十余句。唱毕，所谓掌书大人者趋至桌前，北向捧黄纸，不知喃喃作何语，读罢就火焚之。闻七日一礼拜，届期必若是，是即贼剿袭西洋天主教以惑众者也。”⑤ 看来，无论是前期，还是到后期，文书人员不但要在举行礼拜前准备好礼拜用的表文（又称礼拜奏章或祈祷文），而且还

① 《太平天国》，第3册，第192页。
② 《太平天国》，第1册，第322页。
③ 《太平天国》，第3册，第302页。
④ 《太平天国》，第3册，第262页。
⑤ 《太平天国》，第4册，第478页。

在礼拜过程中部分主持礼拜的仪式。

文书人员的地位和作用决定了他们对太平天国的胜败存亡具有深远的影响。由于文书人员的缺乏，一部分地主阶级文人知识分子被迫加入太平天国文书人员队伍；又由于文书人员的优裕待遇，一部分地主阶级文人知识分子为暂保性命或谋求生计而主动混入太平天国文书人员队伍。胡恩燮《患难一家言》载："闻余亲戚孙瀓之弟砚农为贼胁入仪凤门买卖衙充伪书吏，颇能自主，乃与中表周某拟往投之。"① 佚名《寇难琐记》载咸丰十年事说："始时所出告示，文理粗率，近来颇有一种文人投入，故笔札较清通，大抵兵兴以来，儒生失业居多，束修无措，学徒星散，无志节者，半作钞胥之吏，亦有公门中刑钱幕客，别无生活，遂为长毛牢笼，计千里之内，不知若干人矣。其方正廉洁填于沟壑者，令人可悯。"② 因此，在太平天国文书人员中地主阶级文人知识分子不少，这给太平天国文书工作带来极为不利的影响：

一是，他们人在曹营心在汉，故意破坏太平天国文书工作，这种情况在前期就已存在，张德坚的《贼情汇纂》就反映说："文弱之士苟且偷生者暂图目前温饱，亦断不肯为设一谋，且有故意写字讹别者。如伪示动称天王、列王下理天下人民，下理理字有意写作埋字。逆贼惨虐不堪，下埋人民，诚不诬也。"③ 这种故意篡改太平天国文书文字的做法，必定使太平天国的文书效力受到一定的影响。有些主动混进文书人员队伍的地主阶级分子甚至直接进行颠覆太平天国政权的破坏活动，他们"亦知一日得生，暂饱两餐，未尝不欲谋通消息，顾力或不逮，不免曲意逢迎，渐谋亲信，庶可得当以报我军（指清军），或游说渠魁翻然来归……"④ 因此，张继庚叛乱事件的发生不是偶然的。

二是，他们深受封建统治阶级思想意识的熏染，在为太平天国政权和军队从事文书工作的过程中常沿用以前的封建文体、虚浮娇艳的文风和华藻艳丽的语言，有的甚至故意破坏太平天国文书工作，在文书中"挑唆反间"，故作令人惊奇危惧之笔，使太平天国文书浮文巧言连篇累牍，艰涩难懂，从而导致太平天国文书的效力下降，这种情况即使在前期也可从太平天国女状元傅善祥身上见其端绪，有记载说："傅善祥者，金陵人。二十余岁，自恃其才。东贼闻之，选入伪府，凡贼文书，皆归批判，颇当贼意。由是贼伪官均

① 史式：《太平天国词语汇释》，四川人民出版社1984年版，第214页。
② 《江浙豫皖太平天国史料选编》，第155页。
③ 《太平天国》，第3册，第314页。
④ 《太平天国》，第3册，第295页。

尚文，有不合善祥式者，辄批骂，恃宠骄傲。屡言老长毛狗屁不通。"① 这种情况到后期越来越严重，据王彝寿《越难记》："伪坐镇以各伪局文牒不合式，乃颁发字样，上行下者，为劝谕，为吟谕，为勖醒，为诲醒，为珍批。"② 因此而引起了干王洪仁玕的高度重视，他于1861年发布諠谕，敏锐地分析了浮文巧言来源于所谓的文墨之士、气盛少年和新进之人（这些人大多是地主阶级文人知识分子出身），睿智地识破了某些地主阶级文人知识分子的阴谋，指出："况现当开国之际，一应奏章文谕，尤属政治所关，更当朴实明晓，不得稍有激刺，挑唆反间，故令人惊奇危惧之笔。"要求"嗣后本章禀奏以及文稿移书启，总须彻实明透，使人一目了然，……"③ 洪仁玕的这则諠谕在太平天国文书制度史上具有重要意义，但由于太平天国文书人员队伍中存在着大量的地主阶级文人知识分子，他没有也无法从根本上扭转太平天国文书人员的文风及太平天国文书日益下降的实际效力。文书效力的下降必然导致太平天国军政信息的流动不畅、军政决策的迟缓失误以及政策措施的执行不力，从而导致太平天国的全面失败。

三、前期高层文书人员的命运

太平天国在前期不断发展的过程中由于大量文书工作的需要而培养了一批文书人员，那些在诸王府里工作的高层文书人员由于与诸王关系密切，地位较高，一度曾达到他们人生的辉煌阶段。但是，在前期领导集团内部的权力斗争中，东王集权专制的趋势日益明显，这些人的命运也潜伏着危机，他们中的一部分人在较短的时间内经历了始而见信、继而被疑、终则遭戮的命运轨迹，这其中以曾水源最具有代表性。

关于太平天国人物的研究，大多集中在军政人物，如前期诸王和后期的洪仁玕、李秀成等④，而对文书人员的研究则相对较少，罗尔纲《太平天国史》第3册中有一些文书人员的略传，郭毅生、史式主编的《太平天国大辞

① 钟文典：《太平天国开国史》，广西人民出版社1992年版，第271页。

② 史式：《太平天国词语汇释》，四川人民出版社1984年版，第442页。

③《太平天国》，第2册，第616~617页。

④ 这方面的代表性著作主要有苏双碧《太平天国人物论集》（福建人民出版社1984年版），钟文典《太平天国人物》（广西人民出版社1984年版），苑书义、林言椒主编《太平天国人物研究》（巴蜀书社1987年版），罗尔纲《增补本李秀成自述原稿注》（中国社会科学出版社1995年版），史景迁《"天国之子"和他的世俗王朝——洪秀全与太平天国》（朱庆葆等译，上海远东出版社2001年版），王庆成《石达开》（三联书店1978年版），苏双碧《洪秀全》（广东人民出版社1994年版），夏春涛《从塾师、基督徒到王爷——洪仁玕》（湖北教育出版社1999年版），等等。

典》也收录了有关的文书人员词条[①]。在这些文书人员中，较受关注的是曾水源，但亦仅有少量的学术论文[②]。将太平天国的文书人员作为一个群体来进行研究的学者则很少，只是笔者作过初步的尝试，撰有《太平天国文书人员初探》和《太平天国前期高层官员配置文书人员问题新探》等文[③]。这些论文没有将这个群体放在太平天国前期的权力结构和权力斗争的背景中去考察，更没有将个案的研究与群体的研究结合起来去探讨，因此，对太平天国文书人员群体，特别是对高层文书人员群体的研究仍有进一步深入的必要。这里选择的个案是曾水源，他在高层文书人员群体中较有代表性。

曾水源，广西浔州府武宣县人[④]，出生于乡村稍富裕的家庭，自幼聪颖，传说他在10多岁时即为乡村童蒙师，还有爱好风琴的雅趣，可谓才艺俱佳。金田起义时，他只不过20多岁，加入太平天国从事文书工作。他的性格既有“和平”的一面，又有“机诈”的一面，这种性格上的两面性使他在政治上迅速崛起，成为太平天国文书官员中大红大紫的人物。最初他与洪秀全、杨秀清关系密切，后来又一度得到杨秀清的高度信任，但随后他又陷入人生的低谷，几度遭杨秀清猜忌，最后却因“小事”而被杨秀清杀害。可以说，他是太平天国高层文书人员中命运最富戏剧性的人物之一。透过他的命运，我们可以看到太平天国前期权力斗争的若干细节，以此加深对天京事变的认识。

大凡进行政治运动，总少不了思想的传播和动员，这就离不开大量的文字宣传材料，就需要有人从事文书工作。从前文可知，太平天国起义酝酿的最初阶段，冯云山和洪秀全在亲自从事文书工作的同时也培养了早期的文书人员，如卢贤拔和曾氏族人等。而道光三十年则是最为关键的一年，曾水源、曾钊扬、何震川、罗苾芬、黄启芳都是于这一年加入上帝会从事专职文书工作的。有了专职的文书人员，就使文书工作有了更细的分工，从而也使不同的文书人员发挥的作用呈现出一定的差异性，这种差异性遂使一些文书人员

---

① 罗尔纲《太平天国史》（中华书局1991年版）中《传》之部分有陈承瑢（第1847～1849页）、卢贤拔（第1949～1951页）、曾水源（第1951～1955页）、曾钊扬（第1955～1956页）、黄再兴（第1956～1958页）、何震川（第1958～1959页）等人的略传。郭毅生、史式主编的《太平天国大辞典》（中国社会科学出版社1995年版）之《人物类》中收录的文书人员词条为“卢贤拔”（第377页）、“何震川”（第434页）、“陈承瑢”（第458页）、“侯谦芳”（第487页）、“黄再兴”（第516页）、“曾水源”（第535～536页）、“曾钊扬”（第536页）。

② 这些论文主要有：罗尔纲《天朝元勋曾水源墓碑跋》（罗氏著《太平天国文物图释》，三联书店1956年版），谢桂兰《曾水源墓发现始末》（南京鼓楼区教育局、政协编《鼓楼文史》，内部资料1988年）、张铁宝《天朝元勋曾水源传略》（同谢桂兰文）、张铁宝《关于曾水源研究的几个问题》（太平天国历史博物馆编《纪念罗尔纲教授文集》，内部资料1998年），等等。

③ 拙作分别发表于《广西师范大学学报（哲学社会科学版）》1997年第4期、2007年第5期。

④ 罗尔纲：《太平天国史》，第3册，第1951页。

的地位发生了变化。杜文澜《平定粤寇纪略·附记一》载："贼中伪诏诰文檄出震川手，而卢贤拔依倚附和之。贤拔伪封掌朝仪，同将军职，凡贼中之天条、三字经、伪书及官职制度，皆贤拔草创上秀全，而令震川润色之，悖逆尤甚，后无闻。"① 李滨《中兴别记》卷一亦载："洪逆诸伪书及僭妄伪制，大半震川与卢贤拔等草创润色。"② "卢、何二贼外，有曾水源、曾钊扬，俱粤西贼，训蒙童于胡以晃家。入江宁，以撰伪书受职，未尝与军事，又皆二贼之卑视龌龊者。"③ 李滨所谓的太平天国前期的四十兄弟中文书人员就占了五个（曾钊扬、卢贤拔、罗苾芬、曾水源、何震川），当然，冯云山的作用仍然很大，据载："倡乱以来用兵诡谲，几于不测，所有伪谕悉出（云山）主裁。"④ 冯云山以其上帝会发起者和组织者的身份，地位本高。但曾水源和曾钊扬的地位提高得很快，《贼情汇纂》载曾水源："及洪逆倡乱时，封为御林侍卫，拟撰伪书，批答伪本章，与洪杨二贼，不离跬步。"⑤ 载曾钊扬："及洪贼等倡乱，其一切伪文檄，皆钊扬与之合计。"⑥ 也就是说，在一段时间内，曾水源和曾钊扬成为洪秀全、杨秀清身边不离左右的大红人。

当时曾水源的地位都超过了后来的北伐主将林凤祥和李开芳。咸丰二年（壬子年，1852）九月，曾水源与林凤祥、李开芳一起随西王萧朝贵进攻长沙，在西王中炮受伤后，他们又一起将有关情况向东王、北王、翼王禀报，当时的列名顺序是曾水源第一，林凤祥和李开芳分别列名第二、第三，这说明当时的曾水源地位要高于林、李⑦。

但是，长沙之战后，曾水源的官职升迁就比林、李要慢一些，林、李的地位大大超过了曾水源。长沙之战后，曾水源的升迁情况为："壬子九月，贼在长沙时升伸后副侍卫，仍掌一切文案。十一月在岳州，升土官正将军，始与军事，首陷岳州。十二月，武昌陷，杨贼奏请改补伪东殿簿书。"⑧ 这里的"改补"就意味着东殿簿书职同将军，或者不超过将军的级别。《贼情汇纂》载："（林凤祥）壬子九月在长沙，升土官正将军。十一月在岳州，升殿左一指挥，十二月在汉阳，升殿左一检点，率群丑首陷武昌省，升天官副丞相，

① 《太平天国资料汇编》，第1册，第305页。
② 《太平天国资料汇编》，第2册上，第12页。
③ 《太平天国资料汇编》，第1册，第306页。
④ 《太平天国》，第4册，第669页。
⑤ 《太平天国》，第3册，第57页。
⑥ 《太平天国》，第3册，第57页。
⑦ 《太平天国文书汇编》，第216~217页。
⑧ 《太平天国》，第3册，第57页。

素称亡命，每与官兵死战。”[①] 而李开芳于咸丰二年“九月在长沙，升金官正将军，仍管右一军。十一月在岳州，升殿右二指挥，率群丑攻陷汉阳，升殿右二检点。十二月陷武昌省，升地官正丞相”[②]。至咸丰二年十二月，林、李都已位居丞相，而曾水源还是将军，中间差了指挥和检点两级。

其他的文书官员也没有超过林、李二人。后来主管“贼中往来一应文书”收发的陈承瑢至咸丰二年十二月的官职也只是殿右二检点。文书工作的元勋之一卢贤拔至南京才提为检点，罗尔纲先生说他是咸丰二年夏升为检点，但不知何据。他极可能仍是原职左掌朝仪，未有大的升迁。曾钊扬升得较快，他至咸丰二年十二月时，已升任和卢贤拔一样的官职了。卢任左掌朝仪，他为右掌朝仪，只是职同官品较卢高一级，史载曾钊扬的情况为：“壬子十月贼势大张，设官封职，授与右史，职同将军，掌记伪王之言动，而不与军事。十二月升右掌朝仪，职同指挥，编纂伪仪制。”[③] 按此，卢贤拔的左掌朝仪也应该从原初的职同将军升为职同指挥。

何震川较曾钊扬慢一些，在钊扬升职右掌朝仪后，他继任了右史职：“壬子十二月升殿前右史，日登伪朝记洪逆之言动，月成一书，与左史联名呈献。”[④] 何震川的殿前右史应当和曾钊扬一样，职同将军。如此一来，其职官级别也赶上了曾水源。

在金田起义以后进军南京的过程中，还有一些人逐渐地加入到文书工作队伍中来，如李寿春、李寿晖和黄再兴等人。《贼情汇纂》载李寿春“初为诏书衙协理”[⑤]，李寿晖为李寿春的哥哥，“壬子四月封为正典镌刻，校对一切伪书”[⑥]。而黄再兴的情况则有些特殊，《贼情汇纂》载：“初在贼中，不甚著名。庚戌倡乱，为后二军前营左一东两司马。辛亥二月升卒长，因开功折明晰，洪贼知其能写字，令入诏书衙编纂伪诏书。”这以后，黄再兴发展得又快一些，他于“壬子十月在长沙，诏书编成，以功升左史，职同将军，掌一切文案，及记各伪王登朝问答之辞，谓之记录，月缴一本于洪贼”[⑦]。这样，他和何震川已处于同一个级别了，左史、右史各有分工，共同对洪秀全负责，成为太平天国的高层文书官员。

职官级别不太明确的是罗苾芬和黄启芳，罗的升迁有过反复，他于“壬

① 《太平天国》，第3册，第52页。
② 《太平天国》，第3册，第53页。
③ 《太平天国》，第3册，第57页。
④ 《太平天国》，第3册，第60页。
⑤ 《太平天国》，第3册，第67页。
⑥ 《太平天国》，第3册，第64页。
⑦ 《太平天国》，第3册，第57～58页。

子八月在长沙攻城，为官兵所败，降为监军。十一月贼破汉阳，升复前职。十二月升伪北殿簿书，掌一切文案”[①]。而关于黄启芳在道光三十年以后至咸丰二年十二月的情况，《贼情汇纂》的记载很简单：“壬子八月在长沙初封伪北殿簿书，后改为右二簿书。”[②] 也许是因为至十二月罗苾芬升为北殿簿书，位列第一，可能称为北殿左一簿书，所以他才改成北殿右二簿书。东殿簿书的最高职同官品为职同检点，而翼殿簿书最低时只职同总制，北殿簿书的职同官品未见明确记载，当介于职同检点与职同总制之间，因此，罗、黄二人的官职也不会超过曾水源。

总的来说，咸丰二年九月长沙之战后至十二月，曾水源的官职升迁不但比林、李要慢，而且也不比同类的高层文书官员快。文书人员的官职升迁速度总体上要慢于军功人员，这反映了特定的起义年代的政治规则和价值取向。早在咸丰元年（太平天国辛开元年）八月，在永安时天王就诏令各军在“每场杀妖后”由两司马立即记录所管士兵的功罪，作为赏罚的依据，“小功有小赏，大功有大封”[③]。也就是说，这样的政治规则和价值取向早已确立。

曾水源等人在咸丰二年（壬子年）的文书官职升迁情况表明，长沙之战前后，文书官职有重大的变动，这就是各殿簿书的设置。从黄启芳的任职情况来看，此职设置的时间不迟于咸丰二年八月。至咸丰二年十二月，早期重要文书官员的任职集中在各殿簿书、左右史和左右掌朝仪。从服务对象来说，左右史和左右掌朝仪都为天王洪秀全服务，各殿簿书为各王提供文书服务。卢贤拔、曾钊扬、何震川和黄再兴都是为天王服务的。而曾水源任东殿簿书，则离开天王，成为东王的文书人员，罗苾芬和黄启芳都是北殿簿书，属于北王的文书人员。由于翼殿簿书在咸丰二年十二月前未见记载，而东殿簿书亦仅曾水源一人，这就意味着各殿簿书仍需增设。

时间进入咸丰三年（癸丑年），太平天国的形势一片大好，太平军从武昌一路进军，至二月攻下南京，随后又占领镇江、扬州。文书官员也迎来了官职升迁的好时机。我们先来看一看曾水源的升迁情况，据载：“癸丑三月在江宁升职检点。四月升东殿左丞相。十月改为天官又正丞相。十一月带贼众攻打三汊河，赏穿黄袍。”[④] 应该说，咸丰三年曾水源的升迁还是相当快的，一年三迁，成为二十四丞相中的第二位，还有“赏穿黄袍”的礼遇。其他重要文书官员的升迁情况如下：

---

① 《太平天国》，第3册，第58页。

② 《太平天国》，第3册，第59页。

③ 《太平天国文书汇编》，第34页。

④ 《太平天国》，第3册，第57页。

陈承瑢：“癸丑二月升地官副丞相。九月升天官正丞相。”①

卢贤拔：“癸丑三月封恩赏丞相。四月告病开缺。七月调为杨贼簿书。十月升秋官又正丞相，仍理杨贼伪府事。”②

曾钊扬：“癸丑四月，杨贼伪府理文案乏人，升伪东殿右丞相，职同检点。五月封恩赏丞相。十一月改为天官又副丞相，仍理伪东殿事。”③

何震川：“癸丑二月至江宁，升职指挥。四月升职检点。六月封恩赏丞相。九月改为殿前右正史。十月升左正史。”④

黄再兴：“癸丑二月至江宁，升职指挥。四月升职检点。六月以科炭功封恩赏丞相。十月升地官副丞相，理伪北殿事。”⑤

罗苾芬：“（癸丑）四月升伪北殿丞相。十一月升地官又正丞相，仍理伪北殿事，凡韦逆行事，苾芬能以意会，故信任之。”⑥

黄启芳：“癸丑十月升伪北殿吏部尚书，掌封伪官，颁发伪执照。”⑦

奠都南京以后，还提拔了几位重要的文书人员，如：李寿春和李寿晖兄弟、侯谦芳、刘承芳。这其中，刘承芳的升迁速度最快。他们的情况如下：

李寿春：“癸丑二月封东殿簿书，嗣改为吏部一尚书，在杨贼头门接发伪文书。杨贼有机密事，皆与寿春及侯谦芳秘计。十月封恩赏丞相。”⑧

李寿晖：“癸丑三月至江宁，调为东殿簿书，职同检点。八月封恩赏丞相，十一月升殿右六检点，仍理伪东府事。”⑨

侯谦芳：“癸丑二月封伪天朝总宣诏书，职同指挥。七月封恩赏丞相。”⑩

刘承芳：“自至江宁，始封伪翼殿簿书，职同总制。癸丑八月，随石达开赴安徽省安民，升翼殿丞相，职同指挥。十月升地官又副丞相，仍理伪翼殿事。”⑪

总之，咸丰三年（癸丑年），文书官员的任职趋向是：或升任六官丞相，或被封恩赏丞相。升任六官丞相的有 7 人：陈承瑢、曾水源、卢贤拔、曾钊扬、黄再兴、罗苾芬和刘承芳，占六官丞相共 24 人的四分之一强，表明了文

---

① 《太平天国》，第 3 册，第 51 页。
② 《太平天国》，第 3 册，第 53～54 页。
③ 《太平天国》，第 3 册，第 57 页。
④ 《太平天国》，第 3 册，第 60 页。
⑤ 《太平天国》，第 3 册，第 58 页。
⑥ 《太平天国》，第 3 册，第 58 页。
⑦ 《太平天国》，第 3 册，第 59 页。
⑧ 《太平天国》，第 3 册，第 67 页。
⑨ 《太平天国》，第 3 册，第 64 页。
⑩ 《太平天国》，第 3 册，第 68 页。
⑪ 《太平天国》，第 3 册，第 58 页。

书官员的重要地位。张德坚认为六官丞相是“仅有其名，承意旨具文书而已”[①]，其根据大概在此吧。咸丰三年奠都天京后，太平天国因政权建设而产生了大量的文书工作任务，文书人员的地位普遍得到提高，被封恩赏丞相的也有7人，卢贤拔于三月受封，曾钊扬于五月受封，何震川和黄再兴于六月受封，侯谦芳于七月受封，李寿晖于八月受封，李寿春于十月受封。没有升任六官丞相而被封恩赏丞相的有何震川、李寿春、李寿晖和侯谦芳等人。既未升职六官丞相也未被封恩赏丞相的只有黄启芳。在升任六官丞相的7人中，在升任六官丞相前被封恩赏丞相的有卢贤拔、曾钊扬、黄再兴，在升任六官丞相前曾任各殿丞相者有曾水源、曾钊扬、罗苾芬、刘承芳。因此，这7人中陈承瑢和曾钊扬较为特殊。前者在升任六官丞相前既未任各殿丞相，亦未被封恩赏丞相，而后者则相反，在升任六官丞相前既任过各殿丞相，也被封过恩赏丞相。陈承瑢从地官副丞相升任六官丞相中的首任——天官正丞相，曾水源紧随其后，位列第二。曾钊扬任东殿右丞相，职同检点，被封恩赏丞相，没有达到丞相的级别而给予丞相的荣衔。曾水源的情况则不同，他从由检点升东殿左丞相，又改为天官又正丞相，一个“升”字和一个“改”字足以表明东殿左丞相已相当于六官丞相了，东殿左丞相要高出东殿右丞相很多，说明了当时曾水源地位的特殊。

咸丰三年（癸丑年）继续设置簿书官职，二月，李寿春升为东殿簿书，刘承芳升翼殿簿书（职同总制），三月，李寿晖调为东殿簿书（职同检点），七月，卢贤拔调为东殿簿书。这是簿书任职最晚的记载。从黄启芳咸丰二年（壬子年）八月任职北殿簿书至卢贤拔咸丰三年（癸丑年）七月调为东殿簿书，各殿簿书官职存在了约一年的时间。但太平天国还另有女簿书的设置，主要是在东王府中，一直存在到咸丰四年（甲寅年），一度发挥着较大的作用，后来可能成为旋建旋撤的簿书衙的属官。直到簿书衙裁撤后，才不再有女簿书。

各殿簿书由谁来管理？是否由各王直接管理？要回答这个问题就必须注意到咸丰三年（癸丑年）文书官职设置的变化。

一个最重要的变化就是出现了各殿丞相的官职。四月，曾水源由检点职升为东殿左丞相，曾钊扬由原来的右掌朝仪升为东殿右丞相（职同检点），罗苾芬由北殿簿书升北殿丞相（同职官品不明）。八月，刘承芳由翼殿簿书（职同总制）升为翼殿丞相，职同指挥。这4人后来都升为六官丞相，只是曾钊扬中经受封恩赏丞相而升六官丞相。此后亦未见关于各殿丞相的授职记载。据涤浮道人《金陵杂记》载：“伪东、翼、北殿簿书”，“归伪东、翼、北丞相所系，亦系写贼文者。”[②]《贼情汇纂》卷三之《昔有今废伪官名目》中列

① 《太平天国》，第3册，第104页。

② 《太平天国》，第4册，第620页。

有东殿丞相、西殿丞相、北殿丞相和翼殿丞相[①]。因此，各殿簿书和各殿丞相差不多在同时不见授职记载，并不是偶然的，那就是随着各殿丞相的撤销，各殿簿书也被撤销了。各殿丞相存在的时间大约是从咸丰三年（癸丑年）四月至八月。随着各殿簿书和各殿丞相被撤销而来的另一个重要变化就是出现了各殿六部尚书的设置。黄启芳于十月升北殿吏部尚书，"掌封伪官，颁发伪执照"。李寿春于二月升东殿簿书，但"嗣改为吏部一尚书"，所做的事却是"在杨贼头门接发伪文书"。同是吏部尚书，但职能相差较大。这里的问题是"嗣"字，这表明东殿设六部尚书似乎较早，不会晚于北殿，应在十月之前。考虑到八月还有翼殿丞相的设置，估计也不会早于八月，约在八至十月间。十月以后，由于各殿丞相的撤销，各殿丞相纷纷改职，多升六官丞相，并继续留在各殿理事，这样就改变了六官丞相为天王属官的性质。与此同时，各殿六部尚书在癸丑年只有少量的授职，这意味着至甲寅年仍需加强建设。为了提高各殿六部尚书的地位，任职者多封恩赏丞相。这样，我们从咸丰三年（癸丑年）文书官职设置的两大变化就可以清楚地看到文书官员升职的两大趋向。

经过咸丰三年（癸丑年）的调整，天王名义上设置六官丞相，而各王设置六部尚书，克服了六官丞相与各殿丞相级别不清的状况。实际上，天王的权力被削弱了，虽然有六官丞相的设置，但丞相或在各王府理事，被纳入各王的势力范围；或率兵在外，服从于东王的调遣。而且从文书官职的服务对象来看，卢贤拔和曾钊扬被调入东殿，黄再兴被调入北殿，而北殿仍有罗苾芬理事，刘承芳则理翼殿事。何震川升任左正史，但从左右史的分工来看，他与东王的关系也更近了。咸丰三年（癸丑年）内部曾就"建天京于金陵"、"贬妖穴为罪隶"和"诏书盖玺颁行"等问题进行讨论，不少文书人员纷纷撰文陈述己见。前两个问题有利于东王（特别是"建天京于金陵"就是东王的主张），而第三个问题有利于天王，何震川就前两个问题撰文附和，而未对第三个问题发表意见，这就鲜明地反映了何震川的政治立场。曾水源升任天官又正丞相后，虽然一度参加三汊河战役，但并未离开东殿。因此，高层文书官员多集中在东殿和北殿，而以东殿为甚。

进入咸丰三年（癸丑年），何震川的作用似乎更大了。《金陵癸甲纪事略》载何震川的情况说"凡伪诏书，半出其手，屡为贼试文"[②]，又有史料载："贼中伪诰文檄，皆出其手，而卢贤拔依倚附和之。"[③] 这就是说，何震

① 《太平天国》，第3册，第98~99页。

② 《太平天国》，第4册，第673页。

③ 《太平天国革命时期广西农民起义资料》编辑组：《太平天国革命时期广西农民起义资料》，上册，中华书局1978年版，第129页。

川在文书工作方面的地位都已超过了卢贤拔。但是，曾水源的势头更盛，他在升任天官又正丞相之后，又参加了三汉河之役，在这次战役中，他表现不凡，战后被“赏穿黄袍”，按照起义年代官职升迁的政治规则来看，他应该还有高升的可能，咸丰四年（甲寅年）上半年，他的官职升迁情况证明了这一点。然而甲寅年又是高层文书官员的命运发生急剧转变的一年，他们的地位不再是一路飙升。我们再来看一看咸丰四年（甲寅年）各文书官员的升迁情况：

曾水源：“甲寅二月升天官正丞相，仍理伪东府事。七月，杨贼令其攻打东坝败回，收入东牢，今未复职。”① 另据《金陵癸甲纪事略》载：“凡东贼事，代批代行，每晨见东贼议事者。甲寅闰七月，东贼使往芜湖，误期，削伪职。”② 张晓秋《粤匪纪略》载：“能文机诈，杨逆初信任之，嗣以偶误贼务，欲杀之，现仍锁禁。”③

陈承瑢：“甲寅二月升兴国侯。五月改佐天侯。……杨韦诸贼倚任之，所谓伪朝内官也。贼中往来一应文书，皆承瑢收发。”④ “其顶天侯、护天侯加封伪王，其爵不复置。以佐天侯为最尊，主收发伪文书，总揽伪朝政”⑤。

卢贤拔：“甲寅二月封镇国侯，旋以夫妻犯天条革职。五月杨贼令在删书衙删改六经。”⑥ 另据《金陵癸甲纪事略》载他为“东贼妻兄”，并说他“陷九江庐州等处，俱亡命争先，授伪侯。嗣与其妻私有孕，东贼怒其犯天条，削伪侯为伍”⑦。

曾钊扬：“甲寅二月洪逆下伪诏，删改六经，以钊扬总其成。”⑧《金陵癸甲纪事略》载：“副水源理东贼事，并修伪诏书。”⑨ 张晓秋《粤匪纪略》亦载他：“同为杨逆所信任，坐怨望革退。”⑩

何震川：“甲寅二月升夏官正丞相，与曾钊扬等删改六经，兼办军务。窥其隐微，似亦知贼之为贼，然既失其中，不过苟延岁月，敷衍其事，享目前之富贵已耳。”⑪

---

① 《太平天国》，第3册，第57页。
② 《太平天国》，第4册，第672页。
③ 《太平天国》续编，第4册，第49页。
④ 《太平天国》，第3册，第51页。
⑤ 《太平天国》，第3册，第104页。
⑥ 《太平天国》，第3册，第54页。
⑦ 《太平天国》，第4册，第671页。
⑧ 《太平天国》，第3册，第57页。
⑨ 《太平天国》，第4册，第672页。
⑩ 《太平天国》续编，第4册，第49页。
⑪ 《太平天国》，第3册，第60页。

黄再兴："甲寅二月改理伪翼殿事。六月贼复陷武昌省，石达开奏洪逆，令再兴赴湖北一带，安民造册。七月抵武昌，与伪国宗石凤魁同襄军事。八月官兵恢复武汉，再兴下窜田家镇，集溃败之众，以御我师。十月杨贼发伪诰谕，调回江宁，以不能守武汉，奏而杀之。"①《金陵癸甲纪事略》载："凡翼贼事，代批代行，每日见翼贼议事者。"②

罗苾芬：《贼情汇纂》在专门介绍他时没有提到他在咸丰四年（甲寅年）的情况，但在专门介绍黄玉崑时，提到了他们两人的关系，载黄玉崑："甲寅二月升卫国侯。三月因事革职，重责数百，交罗苾芬监押，玉昆羞忿，乘间投水，苾芬遣人救之，密不声张。盖贼之伪令，凡自尽遇救，亦必斩首，玉昆与苾芬厚，故待之如此。嗣在石贼伪府襄理书缮。八月复职，改封卫天侯。"③《金陵癸甲纪事略》载罗苾芬："凡北贼事，代批代行，每晨见北贼议事者。"④ 罗苾芬和刘承芳于太平天国甲寅四年四月二十四日曾联名致札谕给美国水师提督布嘉南，所署官职皆为六官丞相，二人的官职似未有变化。

黄启芳："甲寅四月升春官正丞相，仍理伪北殿事。"⑤

李寿春：《贼情汇纂》在专门介绍他时也没有提到他在甲寅年的情况。但从侯谦芳的情况来看，他仍然处于相当受信任的地位。这可能是在曾水源出了问题之后。

李寿晖："甲寅二月，杨贼出示，招人制造喷筒，改名花筒，以寿晖董其成，致染漆疮，禀请开缺。"⑥

侯谦芳："甲寅三月调为东殿吏部二尚书。杨贼信任之，同恶相济，凡有机密事，皆引谦芳及李寿春计议，权势在韦石二贼之上，伪侯相为之侧目。"⑦

刘承芳："甲寅八月又随石达开赴安徽。十二月随至湖口县。凡石贼所在之处，皆与承芳俱。"⑧ 这就是说，刘承芳在翼殿代替了黄再兴的地位。

奠都之后的政权建设实际上就是权力资源的再分配或重组，咸丰四年（甲寅年）二月是天京事变前的一个重要转折关头。在这个月，太平天国发生了许多重要的人事变动和调整。

首先是陈承瑢、卢贤拔、黄玉崑等人升封侯爵。陈被封兴国侯，卢被封

---

① 《太平天国》，第3册，第57～58页。
② 《太平天国》，第4册，第673页。
③ 《太平天国》，第3册，第52页。
④ 《太平天国》，第4册，第673页。
⑤ 《太平天国》，第3册，第59页。
⑥ 《太平天国》，第3册，第64页。
⑦ 《太平天国》，第3册，第68页。
⑧ 《太平天国》，第3册，第58页。

镇国侯，黄被封卫国侯[①]。这样天官正丞相的位置就空了出来，曾水源即补此缺，因此，他成为六官丞相之首，继秦日纲和陈承瑢之后，他是天官正丞相的第三个任职者。他以天官正丞相的职位而仍理东殿事，表明了东殿势力的强大。

其次是进一步充实删书衙[②]的机构，曾钊扬负总责，何震川亦于此月升职丞相后进入删书衙工作。到五月，卢贤拔受处分后亦进入删书衙。咸丰四年二月初五日（太平天国甲寅四年正月二十七日）天父于其中一次下凡时认为："四书十三经""其中阐发天情性理者甚多，宣明齐家治国孝亲忠君之道，亦

① 卢贤拔升封镇国侯的时间，罗尔纲先生据《天父圣旨》卷三所载疑《贼情汇纂》记载为误，但考虑到天历与阴历有一个时间差，并不排除《贼情汇纂》正确的可能性。其载"甲寅二月封镇国侯，旋以夫妻天条革职"中的一个"旋"字很能说明问题。

② 关于删书衙（又称删书馆），李滨的《中兴别记》有较详的记载。其卷九载："初，伪丞相赖汉英攻南昌，日久不得逞，告援伪天京，杨秀清遣伪国宗石贞祥、韦俊等应之。汉英舍南昌上窜，遇援至，遂会股陷九江，秀清启伪天王洪秀全削汉英伪职，调还伪天京，发删书馆。删书伪馆设于明瓦廊，掌以伪天官又副丞相曾钊扬，副以伪夏官正丞相何震川，增损十三经，附会邪说，以为经云上帝即彼教上帝，改王为相，如文王、武王皆曰文相、武相，以己称王故也。凡悍酋获罪及贷其死者，辄夺伪职而隶是馆。"（《太平天国资料汇编》，第2册上，第144页）卷十又载，"是月（指咸丰三年十月），贼杨秀清使赖汉英援扬州。初，赖逆犯江西省城，不得逞，解围走，石贞祥谮于杨贼，诬以通官军，不欲破城，调还江宁，宥死，发删书馆，兹再遣之出。"（同前书第169页）张德坚《贼情汇纂》载赖汉英事称："（癸丑）五月，杨贼令其上犯江西，路过安徽，沿途纵火，衙署民房，焚毁殆尽。围攻江西省，轰城三次，皆为我兵堵截杀退。九月杨贼调汉英回江宁，斥其无用，革职删书，现踞江宁明瓦廊前户部郎中梅曾亮宅。"（《太平天国》，第3册，第71~72页）《贼情汇纂》又载："贼本欲尽废六经、四子书，故严禁不得诵读，教习者与之同罪。癸丑四月杨秀清忽称天父下凡附体，云：'天命之谓性，率性之谓道，以及事父能竭其力，事君能致其身，此等尚妖话，未便一概全废。'故令何震川、曾钊扬、卢贤拔等设书局删书，遍出伪示，云俟删定颁行，方准诵习。"（《太平天国》，第3册，第327页）从这则记载来看，删书衙似乎成立于咸丰三年（癸丑年）四月，但言杨秀清令何震川、曾钊扬、卢贤拔设书局删书，则与《贼情汇纂》所载各人进入删书衙时间不符，从正文所引史料可知，这些人进入删书衙是在咸丰四年（甲寅年）四五月间，而天父发布关于删书诏书亦在甲寅年，因此，此处所言癸丑四月，可能是甲寅四月之误。这并不意味着删书衙就成立于咸丰四年（甲寅年）四月。较多的史料表明，咸丰三年（癸丑年）九月，赖汉英已经从事这项工作了。说明删书衙应当成立于咸丰三年（癸丑年）九月，但此时的人还较少，而且不久赖汉英又参与军事，这个工作旋被削弱了。这引起了东王的注意，这才有太平天国甲寅四年正月的天父发布的删书诏旨。为了加强这项工作，甲寅四月，曾钊扬和何震川被调至此衙，并以曾钊扬"总其成"。五月，卢贤拔进入删书衙工作后，负责该衙的管理，所以，张汝南《金陵省难纪略》载："又添删书衙，使春官丞相卢贤拔主其事，择能文书手佐之，卢广西人有知之者，谓在集镇时称通品，能写名帖书券约，洪贼以自起事前诡谋及现在乱迹，令检录之。"（《太平天国》，第4册，第719页）据前分析，笔者的结论是，删书衙应该成立于咸丰三年（癸丑年）九月，其地址即在明瓦廊，有可能即是赖汉英住所。赖汉英再与军事后，太平天国为了加强删书工作，咸丰四年（甲寅年）四五月间又将一些重要的高层文书人员充实进来，而有些高层文书人员是在受了处分之后进来的，因此，就有史料认为此衙具有安排受处分官员的功能。当然，这样的功能颇具意味，意在让他们接受东王的思想。

复不少。”他要求“凡有合于正道忠孝者留之，近乎绮靡怪诞者去之”①。删书衙的充实出自东王杨秀清的要求，而其工作就是删除“四书十三经”中“近乎绮靡怪诞者”。

再次是调整若干高层文书官员的工作。大约是由于北王过度信任罗苾芬和黄启芳，黄再兴离开北殿，调入翼殿，得到翼王的高度信任。黄玉崑也一度在翼殿“襄理书缮”。黄启芳因而升职丞相，仍理北殿事，使北殿继续保有两位丞相“理事”。李寿晖则脱离了文书工作，从此月起开始负责制造喷筒的工作。

这些变动和调整使部分高层文书官员在咸丰四年（甲寅年）二月以后的一段短时间内达到最辉煌的人生阶段。诚如《金陵癸甲纪事略》所载，曾水源是“凡东贼事，代批代行，每晨见东贼议事者”，罗苾芬是“凡北贼事，代批代行，每晨见北贼议事者”，而黄再兴则是“凡翼贼事，代批代行，每日见翼贼议事者”。这三人的权势可谓如日中天。尤可道者，乃曾水源，按其升迁的态势，如果不出意外，他也有升封侯爵的希望。特别是东王对他委以大任，让他赴东坝策应上海小刀会起义军，这是太平天国的一次重大决策，因此，这就是为他升职创造机会，积累军功资本。

但是，在东王扩大势力的背景下，在这些高层文书官员走向人生辉煌的同时，也潜藏着跌落低谷的危机。首先是卢贤拔因夫妻违犯天条而获罪，被革职，令入删书衙，戴罪立功。但当时有人认为东王杨秀清因亲戚关系而偏袒他②，因为当时同样因夫妻违犯天条而获罪的冬官又正丞相陈宗扬却被斩首。天父只得下凡杖责东王，并将卢贤拔“锁押”。其实，仔细研读《天父圣旨》卷三所载，不但陈的情节较卢严重，而且陈的认罪态度也较卢顽劣，因此，重惩陈宗扬有一定的公正性。其次是曾钊扬“坐怨望革退”，也就是说，他可能因发了某种牢骚而被革职。但究为何事而发牢骚，张晓秋记载不详，我们不得而知。无论如何，在东王专制日趋加强的背景下，“怨望”就意味着悖逆，因此，任何的“怨望”都可能遭受最严厉的惩处。至咸丰五年三月初十日（太平天国乙荣五年三月十九日），天父下凡时指出：“并曾钊扬虽有过错，其亦有些前功，不忍加戮。”结论是“曾扬错不杀为奴”。这里也未言明曾钊扬所犯何错，只说东王杨秀清念他删书衙工作的前劳而未加杀害。但是，被贬为奴，自此他也结束了人生的辉煌阶段。再次是让曾水源积累军功资本以获升迁，也出了问题。下文专论及此。最后是黄再兴以武汉、田家镇之败

① 王庆成编注：《天父天兄圣旨》，辽宁人民出版社 1986 年版，第 103 页。

② 《金陵癸甲纪事略》载卢贤拔：“伪镇国侯，广西浔州人，约三十余岁，东贼妻兄也。”（《太平天国》，第 4 册，第 671 页）。

而获罪被杀。关于黄再兴被杀之冤，罗尔纲先生在《太平天国史》第3册黄再兴的传中曾有辨正，兹不赘述。黄再兴被杀，恐有前因，奠都天京后他参加讨论三个问题时就“诏书盖玺颁行”撰文，而未附和东王。因此，将他调离天王，调入北殿。由于北殿的宠臣是罗苾芬，估计黄与罗之间会产生矛盾，黄再兴受到排挤。咸丰四年，他设法调入翼殿，竟得到石达开的重用和信任，但东王不会放过他，终以军败而被杀害。继黄再兴之后，刘承芳成为翼殿最重要的文书官员，深得翼王的重用。对黄再兴的处置，实是一石二鸟，一是儆诫其他的文书官员，必须服从东王的意旨；二是掣肘翼王，让他不要过分发展自己的势力。

曾水源处在人生的顶峰，当他志得意满的时候，危机正在袭来。奠都天京之后权力资源再分配的趋向是东王的集权。集权者的重用往往需要忠诚的回报，因此，集权者的势力越是发展，他的疑心也越重，防范就越严。即使对于他高度信任的人，也是如此。既要培植亲信，又要防范亲信的背离，这就是集权者的矛盾。曾水源就处在这种矛盾的风口浪尖上。

前文已述，天王要毁书，东王主删书，由此可知天王重在宗教建设，而东王重在政治建设。咸丰四年二月侯爵封号以“国”后缀，表明了政权重心在东王的政务，自四月封李俊良为补天侯以后即改以“天”为后缀，则反映了天王的主张。但与此同时又升封了一批北伐高级将领为侯爵，封号以“湖”为后缀，又体现了东王的政见。封号后缀的变化透露了太平天国内部权力斗争的若干信息。在这种情况下，进行若干人事的变动和调整是在情理之中，而若干人物的命运发生戏剧性的变化也在情理之中。是建国（当然要灭“胡”），还是护天，表面是政权建设的不同政策趋向，而实际上是权力资源再分配的依据。既以建国为重心，诏书衙、诏命衙等机构逐渐地成为服从于东王的处理政务的机构，特别是诏书衙则成为国务中心，通过咸丰四年的建设，东王府的六部尚书也成为一个庞大的机构，“其六部尚书所属，又各署六部掌书。六部书、六部掌书又各有掌书书理”①。东殿属官的规模超乎人们的想象，“自尚书至大旗手，均职同检点，余俱职同将军，统计三千五百六十四人。此皆给事杨逆及仪从之官，头目若是之多，所属之数可想。其六部尚书，又各有六部掌书如胥吏，但冠带而给印，伪东王权重事繁，故属官视他人以倍”②。东王的势力急剧地膨胀起来。天王则试图成立簿书衙分夺诏书衙的部分职能，

① 《太平天国》，第3册，第96页。

② 《太平天国》，第3册，第102页。

由于与东王集权的利益发生冲突，簿书衙在成立之后不久又被撤销了[①]。天父下凡，不只是一种上帝教的宗教仪式，更是太平天国权力金字塔的顶端，因而成为东王的一种权力资源。通过天父下凡，他可以达到树立权威、集权专制的政治目的。仅在咸丰四年二月初四日（太平天国甲寅四年正月二十七日）这一天，东王就通过数次天父下凡将黄玉崑、陈承瑢、蒙得恩和谢满妹、胡九妹锁起，然后又审讯了陈宗扬和卢贤拔。

不断集权的东王需要赤胆忠心的亲信，曾水源在东殿理事日久，成为东王圈定的亲信人选之一。在委以大任之前，东王还要对他试探一下。咸丰四年六月十三日（太平天国甲寅四年六月初一日），“天父因凡间子女，或有轻视圣旨，泥执约书，故特诏约书有讹当改，并诏圣旨有错，以试众心”。因此，天父下凡先要求旧遗诏书、新遗诏书“不用出先”，然后要求傅学贤等人传令各侯相、翼王、北王来听圣旨，处理“圣旨”的问题。这也是以政务为重心的主张。当时曾水源在接到傅学贤的禀报后第一个来到东王府，天父对他说：“曾水源，朕天父圣旨书及尔天兄圣旨书暨天命诏旨书皆有差错。”曾水源奏曰：“天父天兄圣旨，无有错也。”接着天父又诏曰：“且未成文成章，尔等拿去斟酌，改好成文成章来也。”曾水源等又曰：“小子不晓得，蒙天父劳心教导。”天父要求将他的意思禀奏东王并转奏天王[②]。曾水源经受住了这一次考验。

随后，东王派曾水源前往东坝策应上海小刀会起义军。但以军功积累获迁资本存在着很大的风险，这次曾水源辜负了东王的期望，出了问题。

问题在什么地方？一说他误期，再一说他兵败。《金陵癸甲纪事略》载：“曾水源于闰七月东贼使往芜湖，误期削伪职。”[③] 这里所谓的“闰七月”即指咸丰四年闰七月。《贼情汇纂》则载曾水源的情况时说：“（甲寅）七月杨贼令其攻打东坝败回，收入东牢，今未复职。”[④] 这两则史料中前者说是“往芜湖”，杜文澜的《平定粤寇纪略》亦持此说，后者说是“令其攻打东坝”，这其实是一回事，即曾水源是从芜湖攻打东坝的。关于时间，前者称是闰七月，后者则说是七月，这可能是因为七月底发生的事及其善后而延续到闰七月，似亦不足为疑。

关于此次战役的具体情况，李滨的《中兴别记》有较为详细的记载，其

---

① 朱从兵：《太平天国诏书衙考辨》，《历史研究》1999年第5期，第103页。

② 《太平天国》续编，第2册，第229～330页。

③ 《太平天国》，第4册，第680页。李圭《金陵兵事汇略》卷二亦持“误期削伪职”之说（参见罗尔纲、王庆成主编《太平天国》续编第4册第264页）。

④ 《太平天国》，第3册，第57页。

卷十五载：咸丰四年七月辛酉（二十四日），“东坝防军广东三江口副将福赓御贼不利，死之。向荣以翼长福兴会邓绍良，率广东兵勇二千六百余驰往督剿，福赓赐恤如例，谥勤武。先是，贼罗大纲率船数百艘，自芜湖阑入内河，越高淳，犯东坝，贼杨秀清使伪天官正丞相曾水源助之，福赓以兵单请援，向荣遣傅振邦及游击萧知音率兵勇二千应之，复调镇江军往助，皆不及至，而福赓已战死”①。癸亥日（二十六日），“傅振邦等破贼于东坝，明日，福兴至，侦水陆贼曾水源等悉屯高淳，治濠垒，督军袭破之，贼败走登舟，退还江宁，贼杨秀清削曾水源伪职，系伪东牢”②。

从李滨的记载来看，曾水源是先胜后败，并未言及其赴芜湖误期的问题。但《金陵癸甲纪事略》和杜文澜《平定粤寇纪略》所载恐非全无所据，因此，这种情况是有可能存在的。如果东王委以大任，而曾水源一则误期，二则兵败而回，其受重罚是必然的。几种史料记载都说他是被“削职”了，并被关进东牢。

曾水源被关进东牢，东王身边总得有股肱之臣，这时李寿春和侯谦芳得势了，他们二人的权势可谓炙手可热，甚至“在韦石二贼之上”，连侯相也要“为之侧目”。在曾水源被削职期间，杨正潮曾任天官正丞相。郭廷以《太平天国史事日志》的六官丞相表中列有杨正潮，并说明他于咸丰四年起任天官正丞相，并于咸丰四年九月二十六日死于镇江，从时间来看，他替补曾水源是可能的。向荣咸丰四年十月初三日《击灭金陵援镇之匪并镇江连日获胜折》称：九月二十六日，“复闻镇江水次炮声不绝，该逆恐腹背受敌，乃相率拼死撑持，我兵往来冲扑，鏖战逾时，李发荣、李定太带领奋勇突入贼队之中，正遇黄袍骑马之伪天官正丞相杨正潮，率党力拒，被蓝翎兵丁张得禄放枪击毙落马，立时斩取首级，我兵拥上，连砍牌刀手四十余人”③，“并据生供逆首伪丞（承）宣许茂才、伪尚书邱仓明、伪丞相杨正潮三名，皆已先后被杀”④。在该折随后的咸丰四年十月初九日的上谕亦称：九月二十六日，“至高资汛，该逆背水据敌，德安挥兵力剿，杀贼五六十人，该逆惊退，落水淹毙极多，当即过河追击。适陈国泰拨水勇登岸助战，守备李定太等突入贼队，有黄袍骑马之伪天官正丞相杨正潮，率党力拒，被蓝翎兵丁张朝禄枪刺落马，斩获首级，我军连砍牌刀四十余人”⑤。

---

① 《太平天国资料汇编》，第 2 册上，第 257 页。
② 《太平天国资料汇编》，第 2 册上，第 258 页。
③ 《清政府镇压太平天国档案史料》，第 16 册，第 10 页。
④ 《太平天国》，第 8 册，第 381 页。
⑤ 《清政府镇压太平天国档案史料》，第 16 册，第 45 页。

关于杨正潮，我们无法了解他的更多情况，他以天官正丞相的职位战死沙场。天官正丞相又空缺了。这时，曾水源似乎得到东王的原谅，复出任天官正丞相。这种情况有曾水源本人给副总典圣库谭顺添的一则照会为证。其内容如下："太平天国天官正丞相督试正总提功勋阅文加三等曾照会殿前丞相天朝副总典圣库功勋监试加三等谭兄台下：为照会事。缘现届仲冬，天气渐寒，前蒙天父开恩，赐来裘袍甚多，除将貂狐猞猁进奉天朝及列王服用外，如有次等裘袍，不拘裘面，照发数件，交相尉带回为要。再闻兄台前次买有拖尾凤琴一张，未知其式如何，声音可好否？交来尉带回一看，明天即着人送还，断不敢稍有损失，致兄台感伤。近日如来东王府听令问安，千祈落敝衙一晤。特此照会，并请玉安。"①

从照会中出现"现届仲冬"字样判断，照会的时间只能是在咸丰四年十一月，因为咸丰三年仲冬时，他未升天官正丞相，而咸丰五年仲冬时，他已被斩杀。从"前蒙"字样又可判断，他复出天官正丞相已有一段时间，极有可能是在十月，因为九月二十六日杨正潮才战死。从字里行间还可看出，他当时的心情不错，还有欣赏拖尾凤琴的闲情逸致。其中所言"近日如来东王府听令问安"也暗示着东王府已成为权力的中心。

但曾水源的好心情未能保持多久，至咸丰五年（乙卯年）正月，他的麻烦又来了。杜文澜《平定粤寇纪略·附记三》记载说："迨咸丰五年正月，伪天官丞相曾水源往芜湖，误期削职，其弟怨悔，逸去。贼首怒，疑水源所使，磔之。"② 而《中兴别记》卷十八载咸丰五年正月事时对此有更深入的叙说："先是贼杨秀清使天官正丞相曾水源犯皖，败还，削伪职，其弟怨逃被获，杨逆疑水源使之通官军，刑以五马分尸，谓众曰，新兄弟逃去者有之，今老兄弟亦有背我，岂我有负于曾水源耶？众曰，否。不然，昔在金田举大事，固尝闻讲道理曰，天父许众小至江宁小天堂，男女团聚。乃至是已三载矣，男女异处，禁别益严，咸以为天父诳众小，故皆思去，恐不止伊弟一人已也。杨逆曰，汝等真不测天父厚恩，日愈久则配愈多，今欲速得配，或不多耳。因佯作天父降附其体状，谓蒙天父恩许配偶，遂弛伪禁，安固众心，设伪媒官，令伪巡查遍稽女馆，年十五至五十者若干人，列诸册簿，贼众报名伪媒官所，掣签领配。"③ 李圭《金陵兵事汇略》亦有大体相似的记载④。《天父圣旨》卷三载咸丰五年二月初三日（太平天国乙荣五年二月十三日）天父下凡

① 《太平天国文书汇编》，第244～245页。

② 《太平天国资料汇编》，第1册，第324页。

③ 《太平天国资料汇编》，第2册上，第309～310页。

④ 《太平天国》续编，第4册，第264页。

宽赦卢贤拔等人时说："今元勋、功勋兄弟姊妹，俱皆团聚。"① 这说明此前业已弛禁，《中兴别记》的记载还是有可能的。

两则史料的记载似乎使人可以得出曾水源被杀的错误认识，其实，被杀的只是他弟弟，此时曾水源并未被杀。由此看来，虽然事情的结局是换来了男女团聚的喜事，但曾水源付出了失去弟弟的惨重代价，而且他在东王胸中留下"岂我有负于曾水源耶"的块垒。块垒不除，曾水源就有随时被杀头的危险。《天父圣旨》卷三载：咸丰五年六月初一日（太平天国乙荣五年六月初七日）早，"天父劳心下凡，因天官正丞相曾水源、匡天侯黄维江两人，前有过错。至曾水源，前蒙天父叠次劳心下凡。头次命斩，复蒙天父大开仁慈，命押禁先。今早又荷蒙天父大开天恩，劳心降梦诏于东王，赦伊等死罪。圣旨曰：'双田江水小，为事过今饶。恩伊原功日，奴其两儿骄。'诏毕，天父回天矣"②。这里的"前有过错"当指其弟逃跑事，而不指其东坝兵败事。所言"头次命斩"，表明当时东王确实有杀曾水源的打算，但考虑到其弟逃跑可能与婚配事有关系，故而未杀，"命押禁先"，至此时又彻底地赦其死罪，官复原职。由此可见，外界传言其被杀并不是毫无来由的。

20 天之后，在东王府发生的一件事使曾水源被东王斩杀，从而结束了他短暂的人生。

东王的集权专制导致人心惶惶，而东王与天王进行权力斗争，鹿死谁手，尚难料定。此时正值东王"金体违和"，一些身在东殿的人私下里不免有些议论，对日后的出路深表忧虑。但东王防范甚严，这些议论总会传到东王那里，而东王对这些议论者往往处以最严厉的惩罚。身为天官正丞相的曾水源和东殿吏部一尚书的李寿春仅仅是因为听到一次议论而未向东王报告，即招来杀身之祸。《天父圣旨》卷三对天父（实则东王）审讯曾水源和李寿春的情况有较为详细的记载。据载，咸丰五年六月二十二日（太平天国乙荣五年六月二十八日）夜，天父下凡命将仆射黄仕珍、参护萧志胜和李寿春、曾水源锁起，先审黄仕珍，将其斩首示众，然后再审曾水源、李寿春和萧志胜三人。天父曰："曾水源，尔前年曾犯过欺禾不禀之罪，尔知么？"曾水源奏曰："小子无用，肚肠浅嫩，触怒东王。知过了，罪该万死。前蒙天父大开天恩，赦小子死罪矣。"天父曰："尔既知得前时之错，于今两次矣。"这说明东王虽然赦其死罪，但对曾水源弟逃跑而他不禀报之事仍耿耿于怀，旧账新账一起算，曾水源是不会有好结果的。在审李寿春时天父曰："尔为吏部一尚书，是尚书头子。尔敢如此怠慢东王乎？"这很清楚地表明，东王对自己亲信的忠诚度要

---

① 王庆成编注：《天父天兄圣旨》，辽宁人民出版社 1986 年版，第 113 页。

② 《太平天国》续编，第 2 册，第 332 页。

求是相当高的，他容不得亲信对自己有丝毫的怠慢，亲信必须将所知不利于他的事毫无保留地禀报，以便他及时了解时局动向。这天夜里天父曾两次下凡，第一次下凡并未将三人处死，还要求三人“宽心在东牢”，表示对他们“自有分断”。但到第二次下凡时，天父就有了决断，以同样的理由将曾、李杀害。当时天父审问曰：“曾水源，尔在府门，尔见女官如何仓卒，尔知么？女官又如何说话，尔曾听闻否？——奏明。”曾水源奏曰：“小子其时实见女官极为仓卒。只因小子瞒昧至极，见女官如此仓卒，心飞胆怯，因是束手无策。”天父曰：“女官曾讲过：‘东王若升天，尔们为官的都难了。’此句话尔听闻么？”曾水源奏曰：“此句话，小子曾听闻女官讲过矣。”天父曰：“尔听闻此话，尔尚置若罔闻，尔罪无可辞矣。”在审李寿春时，天父只问他是否听过女官“所说此话”，在得到他的肯定回答后，天父亦说：“尔亦听闻此话，尔罪亦无辞矣。”天父征求在场众人对如何处理他们二人的意见，众人回答说：“此二人如此欺天欺东王，实是死有余辜矣。”因此，天父命将二人“即行押出斩首示众”。不仅如此，曾水源年幼的儿子曾启彬也同时被杀。六月二十四日（太平天国乙荣五年六月三十日）早，天父下凡以李寿春和曾水源二人为例“降圣旨儆戒众小子、小女等”，其圣旨曰：“此等逆天又欺禾，不知赎病是伊哥。敢在府门用眼看，诈聋奸草今如何。”① 在集权者那里，唯一的准则就是对他忠诚，违犯这个准则就会沦为俎上肉、刀下鬼。

通过上述记载，我们还不能完全窥探到发生在东殿而导致曾、李被杀的事情的全貌。从记载的语境来看，曾、李与女官极可能有过一次私下的议论，女官所言，即对他们而发，因为曾、李都是东王的大红人，东王当时正值“金体违和”，如果升天，曾、李的前途何在？确实是个问题。所以女官所言具有极强的针对性，也具有很大的风险性。这就排除了女官在公开场合议论时曾、李从旁经过而听到的可能性。女官出自好意的提醒，曾、李不会告发。而凭曾、李多年的政治经验，大概也会隐隐地对自己的前途有所忧虑，不告发女官也是想为自己日后留有出路。但他们议论时应该还有其他的人在场，这些人和女官以及曾、李的关系也应该比较好，否则他们不会一起私下议论。这些人中肯定有人跳出来表达了不同的意见，并表示要向东王告发，因为没有现场人的直接告发，东王不会非常熟悉当时的情况。张德坚的《贼情汇纂》介绍杨秀清时说：“秀清多任心腹，密布私人，逻察群下，有言行可疑，或为官兵内应，及有一切犯伪令事，皆默识之。”② 因此，这个人如果不是东王暗

① 《太平天国》续编，第2册，第333～335页。

② 《太平天国》，第3册，第46页。

派的探子，就是政治投机者。虽然他们原来的关系不错，但政治投机者总是不择手段地寻求更高层次的主子，以达到自己不断高升的目的，实现自身利益的最大化。在有人表示要告发的情况下，当场的人一下子懵了，女官表现出“极为仓卒”、“心飞胆怯”，而曾水源表现出“束手无策”也就正常了。告发者抢先一步，而曾、李两人无论向东王禀报与否也于事无补了。曾、李的问题在于没有在女官所言出口后即刻禀报东王，否则其罪可免，而仅罪及女官了。无论是其因“性和平”而不忍加害好意提醒的女官，还是其因“机诈”而权衡利弊、预留后路，总之，片刻的犹豫或不置可否的附和给政治投机者创造了机会，由此他们也只能是命赴黄泉了。

曾水源到南京后，虽然位列天官正丞相，但命运却一波三折，始则因东坝兵败而入东牢，继则因其弟逃逸而被禁押，终则因他人告发而遭杀害，他成了东王集权专制的牺牲品。天京事变后，洪秀全为他和他的儿子在南京挹江门内睦寡妇山修墓，太平天国己未九年六月重修，墓碑正中题“天朝元勋曾水源之墓”①。看来太平天国没有忘记他曾经做过的贡献，算是给了他一个公正的评价。

东王集权专制是皇权主义思想在东王身上的体现。皇权主义是中国历代封建专制制度不断发展的伴生物，也是封建专制制度得以不断延续和发展的思想基础。任何社会阶层都会受到皇权主义的浸染，历代揭竿而起的农民往往在获得初步的胜利后就成为皇权主义的俘虏，有的甚至一步一步地成为皇权主义的实践者。太平天国起义的农民英雄们也难以逃出这个历史规律的制约。太平天国起义在早期酝酿阶段，就出现了一批与起义领导人关系密切的文书人员，但是，他们后来都成了东王杨秀清极度皇权主义思想的牺牲品，这其中以曾水源最具代表性。始而见信，继而被疑，终则遭戮，是一切身在集权者或皇权主义者左右的人所可能走过的命运轨迹。透过这些文书人员的命运，我们可以清晰地看到太平天国前期领导人之间在皇权主义思想的支配下权力斗争的复杂性，可以深刻地理解太平天国起义失败的历史必然性。

① 罗尔纲：《太平天国史》，第 3 册，第 1954 ~ 1955 页。

第三章　太平天国的文书机构

——机构演变与权力斗争：以诏书衙为中心的考察

诏书衙是太平天国的一个重要文书机构，但有关它的一系列问题如它的成立时间、它的负责人、它的职能、它与簿书衙及诏命衙等的关系等等，一直没有得到解决，而有些问题，史籍中还出现了一些错误记载。笔者在研究太平天国文书制度的过程中，逐渐地发现了这些问题，并感到对这些问题的探讨有助于我们深入了解太平天国前期权力配置微妙变化的过程。

一、诏书、宣诏书与诏书衙

《金陵述略》称："逆匪所刻妖书，逆示颇多。省中刻有续诏书、义诏诰等类，多文义极不通，极狂悖。"① 天王辛酉十一年正月二十六日《改太平天国为上帝天国诏》中云："凡诏书各件有'太平天国'四字，通改换'上帝天国'，以正万古孝敬爷之纲常，……"在同年二月的《赐通事官领袖接天义罗孝全诏》中亦说："朕今钦赐各项诏书，尔等细认，朕诚上天否？"这些史料中提到的"诏书"一词，在更多的史料中还有出现，这里只是略举。如果将所有史料语境中出现的"诏书"一词进行词义探讨，那么，它会有哪些含义呢？对此有些专家学者作了很有价值的研究和探讨。罗尔纲《太平天国史》认为："太平天国'诏书'这一个名词有两种意义：一种是广义的，就是对旨准颁行的一切书籍的称谓，《旨准颁行诏书总目》中所指的'诏书'便是属于这一类；另一种是狭义的，就是对编印的太平天国革命史的称谓。"并指出这种叫做"诏书"的太平天国革命史有两部记事②。郭毅生主编《太平天国大辞典》第237～238页的"诏书"条目系吴良祚先生撰写，他认为其含义有四：（1）太平天国印书的通称，指一切宣传天父天兄之道和太平天国思想、政策、制度的书；（2）列入"旨准颁行诏书总目"的书；（3）太平天国的实

① 《太平天国》续编，第5册，第81页。

② 罗尔纲：《太平天国史》，第2册，第1605～1606页。

录；（4）太平天国的编年史[1]。史式先生在《太平天国词语研究》中将“诏书”解释为“太平天国官修史书”[2]，他在《太平天国词语汇释》中的“诏书”条也指出，诏书是“太平天国官修史书。此书不用传统的纪传体或编年体，而‘叙事如闲书’”，并特地说明：“按罗尔纲先生考证，在太平天国印书中，《诏书》是迄今尚未发现的佚书。”[3] 恩师王庆成先生在其所著《太平天国的文献和历史》一书中也对“诏书”一词的含义进行了研究，指出：“太平天国诏书的特征，一方面表现于内容，另一方面表现于作者。在内容上，‘诏书’是宣示恩德、权能、训世化民的书，是宣示天父天兄天王之道的书。……作者的特征则更为鲜明，即只有天父、天兄、天王和天父代言人东王发布的书，才能称为‘诏书’。……简言之，太平天国‘诏书’是有资格发‘诏’者写的书。”“它可以是诗、是文，是经、是史。”[4] 这些观点和解释无疑都是正确的，也是颇有见地的。但是，毋庸讳言，这些观点和解释又是不全面的。

长期以来，太平天国史的研究者们忽视了一个太平天国文书机构——诏书衙的存在，《太平天国大辞典》、《太平天国词语汇释》都未有“诏书衙”条目；简又文《太平天国典制通考》、罗尔纲《太平天国史》虽提到“诏书衙”，但未展开研究；郦纯《太平天国制度初探》（增订本）、王庆成《太平天国的文献和历史——海外新文献刊布和文献史事研究》对“诏书衙”作了初步的探讨[5]；其他的太平天国史研究者都很少注意到对诏书衙进行全面和深入的研究，由此导致了对“诏书”一词解释的不全面。

关于诏书衙，张汝南的《金陵省难纪略》有一处记载：“伪官内有伪左引

---

① 郭毅生、史式主编：《太平天国史大辞典》，中国社会科学出版社 1995 年版，第 237 ~ 238 页。

② 史式：《太平天国词语研究》，广西人民出版社 1993 年版，第 233 页。

③ 史式：《太平天国词语汇释》，四川人民出版社 1984 年版，第 243 ~ 244 页。

④ 王庆成：《太平天国的文献和历史——海外新文献刊布和文献史事研究》，社会科学文献出版社 1993 年版，第 123 ~ 124 页。

⑤ 关于诏书衙，在郦著第 142 ~ 143 页，郦纯将其归属于天朝典官，即是办理整个政府的事务的职官。关于天朝职官的职掌，郦纯认为《贼情汇纂》的记载过于简略。“如典簿书即诏书衙的职务虽可从字义上看出是主管诏旨文书的机关，在《伪朝内官》却无说明。从卷 4《伪兵册》说各军兵册须送诏书衙的记载看，可知诏书衙兼管军册。据《金陵杂记》说，诏书衙并兼管各项户籍名册。又，招访所得人才，先送诏书衙学习，则诏书衙兼具有学术机关的性质。另述于第 6 章第 1 节。典诏命前书只说缮写诏旨，后书则说也任撰作书籍之责。”在郦著第 440 页，他又指出：“又于中央政府设诏书衙。诏书衙本是典朝内簿书的机关，但太平天国有招贤之制，所得各方人才，送天京后，都先安置于诏书衙，然后量才录用。诏书衙既为文人聚会之地，所以又具有学术研究机关的性质。《汇纂》卷 12《杂载》说：‘癸丑（1853 年）七月，安徽望江县伪军帅禀奏保荐望江县生员龙凤翿有安邦定国之才。龙凤翿偕其父至江宁上书洪逆，不下数万言，内引周武、汉高为比。……旋送入诏书衙学习。’即此一事，可以见之。”在王著第 143 页，王庆成先生认为：“诏书衙”是文案、秘书单位。

赞右引赞，伪左通赞右通赞，伪左掌朝门右掌朝门，伪左史右史。又有正史官，诏书衙，镌刻衙，刷书衙。后又添删书衙。”① 而张德坚的《贼情汇纂》有九处记载②，其《卷二·剧贼姓名下》在介绍黄再兴和李寿春时都提到诏书衙，其中有关黄再兴的记载还有助于我们研究诏书衙成立的大致时间：“伪地官副丞相黄再兴……辛亥二月升卒长，因开功折明晰，洪贼知其能写字，令入诏书衙编纂伪诏书。壬子十月在长沙，诏书编成，以功升左史，职同将军，……”③

从辛亥二月洪秀全令黄再兴进入诏书衙编纂太平天国诏书这一历史事实可以表明，诏书衙基本上是一个文书机构，“辛亥二月”即咸丰元年（1851）二月时已经存在，因此，它的成立时间最起码不晚于咸丰元年二月。此时当属太平军移营大湟江口时期，这一时期，太平军先后取得了牛排岭之役的胜利和灵湖大捷（或称三里圩大捷）的战绩，洪秀全趁灵湖大捷之机，在武宣东乡“登极”④。洪秀全为鼓励太平军将士英勇杀敌，从一开始就要求各军记载将士在作战中的表现，作为日后论功行赏的依据，为此洪秀全还于咸丰元年九月二十五日特地颁布了《令各军记功记罪诏》⑤。黄再兴身为卒长，负有此责，他可能就是在记载这些战斗中立功人员的表现时而得到洪秀全的赏识并被派入诏书衙编纂诏书的。论者或谓太平天国不可能如此之早就成立了像诏书衙之类的文书机构。笔者以为，黄再兴的升职历程并非孤证。太平天国的另一文书机构——诏命衙成立也较早，甚至在诏书衙成立之前，可为旁证。何震川的升职历程即证明了这一点，《贼情汇纂》载：“伪夏官正丞相何震川……广西柳州府象州新寨村人。年约三十，身材高大，面白而圆，五官平正，有髭髯，人其文秀。初为广西诸生，曾应北闱乡试。庚戌年洪逆倡乱，被胁入伙，一家二十二口，失散殆尽，仅剩一弟一侄，并震川三人。初封副典诏命，职同将军，掌缮写伪谕。壬子十二月升伪殿前右史，日登朝记洪逆之言动，月成一册，与左史联名呈献。”⑥ 这则资料中两次出现“初”字，从资料的前后文来看，“初封副典诏命”的“初”当指庚戌年即道光三十年（1850）何震川参加起义之“初”，也就是说，有可能在道光三十年洪秀全等人就成立了以典诏命为负责人的诏命衙。由此可见，诏书衙和诏命衙都属于

① 《太平天国》，第4册，第709页。

② 这九处记载见《太平天国》第3册第57~58、67、101、114、126、127、247、258、328页。

③ 《太平天国》，第3册，第57~58页。

④ 饶任坤、陆仰渊、李彦福：《天国兴亡》，中国青年出版社1988年版，第50页。

⑤ 《太平天国文书汇编》，第34页。

⑥ 《太平天国》，第3册，第59~60页。

成立较早的文书机构，它们是为洪秀全等人开展宣传活动服务的。在咸丰元年（辛亥年）二月以前，洪秀全等人有两次重大的政治活动，即金田起义和东乡登极，诏书衙极有可能就成立于这两次重大的政治活动之时，因为，一方面，这两次重大的政治活动都意味着洪秀全地位和身份的变化，而成立像诏书衙之类的文书机构，是与这种变化相适应的；另一方面，伴随着这两次重大政治活动而来的必然是大量的文书工作和宣传活动，成立这些文书机构也是太平天国农民运动进一步深入发展的需要。

诏书衙在成立以后随着太平军一起转战各地，并紧随洪秀全左右从事文书工作。黄再兴在咸丰元年二月至咸丰二年十一月期间就在诏书衙随太平军从武宣转战到长沙，并一直在编纂诏书。不仅如此，诏书衙还随太平军从长沙转战到南京，据涤浮道人《金陵杂记》载，诏书衙到南京后设在慧圆庵①。因此，在太平天国确实存在着诏书衙这一文书机构。

按太平天国文书机构的命名原则，文书机构及其负责人的官职都是以其所从事的工作来命名的，如通赞之于通赞衙，引赞之于引赞衙，承宣之于承宣衙，典诏命之于诏命衙，典镌刻之于镌刻衙，左史之于左史衙，右史之于右史衙，提报之于提报衙，疏附之于疏附衙，等等②。因此，根据诏书衙确实存在这一历史事实，我们有理由认为，诏书不仅是太平天国的一种文书名称，而且也是太平天国的一种文书官职，诏书即为诏书衙的负责人。马寿龄《金陵癸甲新乐府》载："不肯作诏书，文人之名无其徒；不肯当圣兵，武人之徒无其名；不文不武穷无归，赖有牌尾犹可依，老弱废疾并一馆，二十五人数刚满。"③ 这首乐府诗至少表明诏书与圣兵一样，是某种职业或身份，而非是太平天国的文书名称。涤浮道人《金陵杂记》在记载太平天国官职和机构时，将诏书紧接在正副典诏命之后，对这两者的介绍内容都可分为对应的三部分：正副典诏命和诏书的任职者来源、职能范围及其衙门所在地，很显然，诏书和正副典诏命一样，是一种文书官职④。《金陵杂记》还进一步记载："（在丞相、检点、指挥）以下又有将军侍卫等伪职，而侍卫伪名甚多，按照干支节气称立名目，故伪侍卫之职，计有六七十人，皆居洪逆巢穴前后。将西辕门李姓住宅，悉改为伪侍卫等伪衙，相与踞住。其余仍有伪典诏命正副各一人，伪诏书、伪宣诏、伪国医、伪朝仪、伪引赞、伪通赞、伪绣锦各名目。"⑤ 这

① 《太平天国》，第4册，第618页。

② 《太平天国史料丛编简辑》，第2册，第33～37页。

③ 《太平天国》，第4册，第732页。

④ 《太平天国》，第4册，第618页。

⑤ 《太平天国》，第4册，第612页。

就更明白无误地确认诏书和其他官职一样属于太平天国的一种朝内官职。谢介鹤《金陵癸甲纪事略》也有类似的记载："天贼伪府，有伪侍卫九十六名，亦能带兵，职同伪检点，余俱下一等，以天干及二十四气分名。伪左右史，伪侍臣，均职同伪检点，伪朝仪，伪诏书，伪诏命，均职同伪指挥。"① 不仅如此，谢介鹤还记录了一些担任包括诏书在内的重要文书官职的具体人物，如：

"傅少阶，伪殿前诏书，湖北人，伪天试会元。

胡仁魁，伪殿前诏书，湖北人，伪天试翰林。

刘盛培，伪诏命，湖北人，自言庠生，欲逃，贼禁出城，故未得兔逸。

赖汉光，伪殿前左史，广西人，伪东试翰林，粗知文字。

邓辅廷，伪殿前右史，广西人，在湖北始附贼，张炳元罗织其名，贼杀之。"②

胡仁魁确有其人，癸丑年他曾参加"建天京于金陵"等问题的讨论，他附和东王的意见，撰文《建天京于金陵论》。从谢介鹤的记载也可以明确看出，诏书的职同官品为职同指挥，它和诏命、左史、右史一样都是直接为天王服务的文书职官，故可在前加"殿前"字样。

根据张德坚对黄再兴的介绍，我们只知道黄再兴在进入诏书衙前是卒长，而在进入诏书衙的一年零九个月后升为左史，职同将军，我们不知道他在诏书衙中担任何职。应该指出的是，黄再兴从卒长迁为左史，越级太多，他在诏书衙中可能是担任了某种重要的官职，极有可能就是诏书衙的负责人，担任诏书。左史在咸丰二年十一月时是职同将军，但左史的地位在不断提高，到后来，左史是越过职同指挥而职同检点的，这一点，张德坚和谢介鹤的记载都是一样的。如按左史地位提高的速度，诏书在咸丰二年十一月时当职同总制。如果黄再兴在诏书衙中担任诏书，负责诏书衙的工作，诏书编成，自是他的劳绩，升官非他莫属，而从职同总制的诏书升为职同将军的左史也比较正常，就不存在什么越级太多的问题了。

在诏书衙中，除有诏书负责全衙的工作外，还有协理的官职，协助诏书从事工作。所谓"协理"，按涤浮道人《金陵杂记》的解释是："亲信之贼，如人家料理家务之人，贼权极大，并可授伪指挥等职。"③ 佚名《金陵纪事》载："天官以下六官，官皆有协理，皆稍知文理识字者。"④ 各衙还有副协理

---

① 《太平天国》，第4册，第657页。

② 《太平天国》，第4册，第677页。

③ 《太平天国》，第4册，第620页。

④ 《太平天国史料丛编简辑》，第2册，第49页。

的官职，张汝南《金陵省难纪略》载："指挥上即为检点，指使乃贼王府官职比总制，指使即各伪衙副协理。"[①] 事实差不多如此，据咸丰四年《佐天侯陈承瑢给黄再兴招集工匠建造宫殿札谕》，陈承瑢也设有协理官职，石映发、柳启传就曾担任佐天侯的协理[②]。此外像总圣库和国宗都设有协理的官职[③]。李寿春曾担任过诏书衙协理的官职，他的官职升迁历程就说明了这一点，据张德坚《贼情汇纂》载："伪殿前丞相东殿吏部一尚书李寿春，……粗通文墨，颇有心计。初为诏书衙协理。"[④] 在诏书衙工作的是些什么人呢？张德坚的《贼情汇纂》也回答了这个问题，他在论述太平天国招贤制度的社会影响时指出：（部分知识阶层响应太平天国的招贤榜）"然所至之地，惟医卜星相，稍知字义，及乡俗浅学、市井狷才、江湖落魄、生计无资者，赴其招为一时衣食计，既至江宁，皆使入诏书衙，任以佣书之役，或徒困辱之，终不得美职。"[⑤] 应当说，在诏书衙工作的都是能读书识字并具有一定文化水平的知识阶层，他们"终不得美职"正好反映了他们长期在诏书衙工作的历史实际。

由于诏书是负责诏书衙工作的，因此，人们还常用它来代指诏书衙，就正如一些地主阶级文人知识分子用典诏命代指诏命衙、用典镌刻代指镌刻衙一样。谢介鹤《金陵癸甲纪事略》载："贼不识字，传伪令：凡读书识字者，悉赴伪诏书，……"[⑥] 很明显，这里的所谓"伪诏书"不是指太平天国的文书名称，而是代指诏书衙。

应当指出的是，太平天国在朝内和军中还有宣诏书的官职，在朝内，"宣诏书正副又正又副共四人，主收发伪书"[⑦]。发贴告示也是朝内宣诏书的一项基本职能[⑧]，朝内宣诏书的同职官品为职同指挥[⑨]；在军中，"凡陆营、水营，除正职官外，亦设各典官，与伪朝所立大同而小异。如通军册籍，则设正副宣诏书二人掌之"[⑩]。各军宣诏书的同职官品为职同监军。杜文澜《平定粤寇纪略·附记三》在介绍时太平天国官制时说："贼设伪官，分朝内、军中、杂职为三途。……其杂职司贼之食用者，一事一官，皆曰典，有典粮、典油盐

① 《太平天国》，第4册，第708页。
② 《太平天国文书汇编》，第177页。
③ 《太平天国》，第3册，第101页、第103页。
④ 《太平天国》，第3册，第67页。
⑤ 《太平天国》，第3册，第114页。
⑥ 《太平天国》，第4册，第654页。
⑦ 《太平天国》，第3册，第101页。
⑧ 《太平天国》，第3册，第218页。
⑨ 《太平天国》，第3册，第87页。
⑩ 《太平天国》，第3册，第107页。

诸名。又有称衙者，如宣诏、拯危、药材、买办、宰夫诸伪官皆曰衙，司贼之勒索者。"① 因此，宣诏书与诏书是太平天国两种不同的官职。

由上所述，我们知道，诏书衙（有些清方文献亦称为诏书馆，参见后文）成立于咸丰元年二月前，可能成立于金田起义或东乡登极之时，后来随太平军转战南北，直到南京在慧圆庵设馆办公，由职同指挥的诏书负责全衙的工作，并有协理从旁协助。因此，诏书不仅是太平天国的一种文书名称，而且也是太平天国的一种文书官职，它有时还用来代指诏书衙。

二、簿书、女簿书（内簿书）、典簿书、簿书衙与诏书衙

关于诏书衙的负责人，张德坚的《贼情汇纂》有不同的记载，他指出："伪左右史正副共四人，主记事记言，如古制。……朝内疏附二人，题报二人，主接递文报。典簿书正副共四人，即伪诏书衙。典诏命正副二人，主缮写伪诏旨。宣诏书正副又正又副共四人，主收发伪书。"② 从张德坚的记载来看，诏书衙的负责人又应当是典簿书，这就与笔者前文的分析相矛盾。但张德坚的这段记载绝不是没有问题的，因为他所提到的左右史、朝内疏附、典诏命、宣诏书等都有明确的职掌，唯独典簿书没有明确的职掌，他只留下了令人感到困惑的"典簿书正副共四人，即伪诏书衙"的记载，而关于诏书衙的职掌，也没有明确的说明。论者或谓"典簿书正副四人即诏书衙"系《贼情汇纂》的排版遗漏，但这种可能性是没有的，因为张德坚制的职官表里根本就没有诏书这一官职。如按太平天国文书机构的命名原则，典簿书所掌管的应该是称为"簿书衙"的机构，也就是说，典簿书当为簿书衙的负责人。事实上，太平天国存在着这一机构，张德坚的《贼情汇纂》有两处提到簿书衙，其中一处是对太平天国自身文献的抄录，为东王杨秀清于咸丰四年（甲寅年）六月命黄再兴出师湖北时发给他的将凭，将凭赋予黄再兴先斩后奏的权力。将凭指出："兹蒙天父天兄大开天恩，本军师在朝奏天王旨准，特命地官副丞相黄再兴前赴湖北地方，扫灭妖魔，抚安良善，恐军中兵士以及该统下人等有不遵条命任意犯科者，许尔佐将审实口供，将该犯先行斩首，游营示众，再将所犯情由粘供具禀回朝，候本军师详核定拟，转告簿书衙将该犯官册除名，以昭慎重。"③ 东王命黄再兴出师湖北，时在咸丰四年（甲寅年）

---

① 《太平天国资料汇编》，第1册，第320页。

② 《太平天国》，第3册，第101页。

③ 《太平天国》，第3册，第199页。

六月[①]，从这则史料，我们可以断言两点：第一，直至咸丰四年六月，簿书衙的机构仍然存在，或者说，至咸丰四年六月，簿书衙的机构已经存在了；第二，簿书衙的职能之一为管理“官册”，即官簿。官簿是记载太平天国各级各类职官的档案簿，数量较大，张德坚《贼情汇纂》有多处记载：“往者武汉、田家镇两次大捷，所获贼伪官簿、家册甚多。”[②]“伪官及乡官女官名目人数，皆考自伪文告、伪官簿，及王福兴、李丕基、宣必昌、谭恩普诸难民所说，独程奉璜记说尤为详备。”[③] 在介绍陈承瑢后又说：（诸贼）“籍贯及起事情形，皆朱祖培、李采、覃瀚元说。何年月升何官皆考自伪官簿。”[④] 数量如此庞大的官册或官簿是由簿书衙负责管理的。不仅如此，簿书衙还负责一般家册和兵册的管理，张德坚《贼情汇纂》载：“贼兵卒有兵册、家册，每月终送簿书衙稽查人数。如有逃人，下月造册，即将其人名下写三更二字，初甚不解。既而访知系杨贼诡称天父说过变妖之人谓之三更逃黑夜，并造言曰：‘任尔三更逃黑夜，难逃天父眼睁睁。’（考自伪文告）”[⑤] 这则资料中张德坚“考自伪文告”的注脚似乎更为有力地证明了簿书衙管理家册、兵册的真实性。而张晓秋《粤匪纪略》则称：“典簿书，掌功名册。”[⑥] 早在起义酝酿时期上帝会就很重视册籍登记工作。在紫荆山秘密活动时，冯云山即有会众入会登记册，团营组军以后，又有军目、军册、兵册、家册等等。钟文典教授认为太平军正式编组军队应始于咸丰元年六月从象州回师紫荆、金田以后[⑦]。“辛亥七月十九日”（此处辛亥年为咸丰元年），天王在茶地发布移营令时，已有主将、总制、监军、军帅、师帅、旅帅等名目。因此，太平军开始正式编组军队当不迟于咸丰元年七月。但据现存的有可能是咸丰元年十二月编制的太平军后二军帅梁立泰的家册来看，太平军开始正式编组军队则在道光三十年（庚戌年）九月，因为梁立泰的官职升迁有一点值得注意，即在道光三十年（庚戌年）八月时，他为“前营长东两司马”，而到了仅一月之差的九月，他就迁为“前营旅帅”。兵册、家册的最初编制不一定与太平军正式编组军队同时，有可能在道光三十年九月以后，但也不会太晚，因为随着太平军的正式编组，加强对太平军将士的管理必然会很快地提上议事日程，兵册和家册的编制就势在必行。因此，太平军兵册和家册的最初编制至迟不会晚于咸丰元

① 《太平天国》，第3册，第58页。
② 《太平天国》，第3册，第282页。
③ 《太平天国》，第3册，第111页。
④ 《太平天国》，第3册，第51页。
⑤ 《太平天国》，第3册，第317页。
⑥ 《太平天国》续编，第4册，第58页。
⑦ 钟文典：《太平天国开国史》，广西人民出版社1992年版，第140～141页。

年十二月，因为这时已有了梁立泰家册的出现。如果兵册、家册在最初编制之后就交给簿书衙管理，那么，簿书衙也应当是一个成立得比较早的文书机构，其成立时间和诏书衙、诏命衙非常接近。但目前我们尚无史料证明这一点，根据张德坚关于簿书衙的记载，我们仅仅可以初步认为，簿书衙是太平天国管理官册、家册、兵册等簿本册籍的稽查、核实机构。

但是，管理家册与兵册的似乎不只是簿书衙一个机构。张德坚对太平天国家册和兵册的介绍又表明诏书衙是太平天国管理家册和兵册的最高档案机构。他的记载说："伪兵册，每一两司马造一本，呈本管卒长。每卒长合四两司马兵册，汇造一本，呈本管旅帅。每旅帅合五卒长兵册，汇造一本，呈本管师帅。每师帅合五旅帅兵册，汇造一本，呈本管军帅。每军帅合五师帅兵册，汇造一样四本，分送本管监军总制将军，及伪诏书衙，如有逃走增添，随时改造，节节呈送。"①"伪家册，每军自军帅始，至伍卒止，人各一页，亦由两司马造送，层层汇转，如伪兵册之制。各军典官所属，亦造兵册家册，由各典官迳送本管总制，总制汇造送伪诏书衙。"② 涤浮道人《金陵杂记》有关诏书衙的记载也表明其职能之一为管理家册和兵册："贼掳得两广两湖稍知文字者为伪诏书，又掳胁各处能写字者为其抄写。逆等并掳得男女名册，月月抄写，在逆等以为名已入册，无处可逃，然逃者愈众，听其注册，人数既多，亦无处报查，贼营之多寡虚实，此馆按月皆有总数。"③ 由上可见，簿书衙与诏书衙都是管理家册和兵册的机构。

据胡恩燮《患难一家言》载，张继庚因图谋叛乱被太平天国逮捕，在审讯的过程中，他企图进一步施展挑拨离间的诡计，使太平天国内部自相残杀。"一日，伪丞相黄以新（指黄玉崑——笔者注）加以酷刑，而炳垣卒无辞，贼遂檄前庐州守降贼之胡元炜来。炳垣长揖曰：'上元廪生张继庚谒见大公祖。'元炜赧然，已而再四研鞫。炳垣曰：'黄丞相半月来以刑求，某故无一言，幸蒙垂询，敢不具白，实告公，某非通军者，通官军者，某悉知之。'元炜问为谁，炳垣曰：'人甚众，顾一时不悉记忆，试取名册来，某为指之。'元炜问北贼，贼从之，而诏书衙靳不发。"④《张郦原金陵内应纪略》亦载："君见某守，长揖曰：'上元禀生张继庚谒见大公祖。'某跼蹐焉。讯状，君厉声曰：某事，劳黄丞相兼旬之神，未供一字，今值大公祖下询，当具以白。某非通官军者，通官军者某悉知之，顾人众，不悉记忆，必调名册，而后可指出。

① 《太平天国》，第3册，第126页。

② 《太平天国》，第3册，第127页。

③ 《太平天国》，第4册，第618页。

④ 《太平天国史料丛编简辑》，第2册，第353～354页。

某守白北贼，从之。伪诏书衙，靳不发册，某守曰：就所记者先言之。”[①] 可见，诏书衙对张继庚的要求是有一定警惕性的。问题的关键在于，张继庚所要的“名册”是官册，还是一般的兵册和家册呢？罗尔纲先生认为张继庚所要的名册即是官册[②]。另据《金陵张炳垣先生举义文存》之卷首《事实》载：“继庚欲剪其心腹死党，使自相屠戮，佯曰：‘我受刑甚惫，不能尽记，得尔官册，则可一一指。’册至，每指一人，贼辄杀之，横尸于东门者三十五人。”[③] 李滨《中兴别记》卷十三亦载当时胡元炜审张继庚的情形，当时的张继庚狡猾地说：“人众不悉记，必欲我言，请许我检册。伪官册掌于伪诏书衙，胡贼白韦贼，调册，掌册者持重不与。”[④] 罗先生所见正确。因此，我们可初步断定，诏书衙也是一个管理太平天国官册的机构。

簿书衙与诏书衙都具有管理太平天国官册、兵册与家册的职能，而碰巧的是，典簿书与诏书的同职官品又相互一致，为职同指挥[⑤]，这就极易使人们将簿书衙与诏书衙混淆起来。

据佚名《粤逆纪略》载，簿书衙还有“主批文本”的职能。我们不能认为他的记载是毫无根据的，因为他关于通赞衙、引赞衙、承宣衙、参护衙、疏附衙、左史衙、右史衙、镌刻衙、诏命衙职能的记载基本上是正确的[⑥]。但是，关于“主批文本”这一职能，张德坚《贼情汇纂》的记载与佚名《粤逆纪略》也是不一样的：“伪批式，凡禀事由伪丞相拟批送进，准行发出交伪尚书录批粘于首逆头门。”“凡其下具禀奏杨逆阅后发出，交伪丞相拟批，伪尚书誊批，伪侯以次则由所属六部书六部掌书拟批誊批，然所批字不誊于原禀之后，故另有此式（指太平天国批示格式——笔者注），既誊之后，则张贴伪署门首，间有用封筒递回者。”[⑦] 也就是说，批复文本的职能是由丞相、各殿尚书、六部书以及六部掌书负责的，而非由簿书衙负责。事实上，各殿批复文本的情况是不一样的：曾水源是“凡东贼事代批代行，每晨见东贼议事者”[⑧]，黄再兴是“凡翼贼事代批代行、每日见翼贼议事者”[⑨]，罗苾芬则是“凡北贼事代批代行、每晨见北贼议事者”[⑩]。而东殿文书的批判权在一段时

---

① 《太平天国》续编，第5册，第69页。
② 罗尔纲：《太平天国史》，第4册，第2689~2691页。
③ 罗尔纲：《太平天国史》，第4册，第2703~2704页。
④ 《太平天国资料汇编》，第2册上，第216页。
⑤ 据《太平天国》第3册第85页：“典簿书4人，职同指挥。”
⑥ 《太平天国史料丛编简辑》，第2册，第34页。
⑦ 《太平天国》，第3册，第200页。
⑧ 《太平天国》，第4册，第672页。
⑨ 《太平天国》，第4册，第673页。
⑩ 《太平天国》，第4册，第673页。

间内是由女簿书负责的，谢介鹤的《金陵癸甲纪事略》载："女簿书，东贼逼取民女识字者充之，以代己批判。有傅善祥者，金陵人，二十余岁，自恃其才。东贼闻之，选入伪府，凡贼文书，皆归批判，颇当贼意。"① 实际的操作就是"意出东贼，批由女簿书"②。佚名《粤逆纪略》亦载："凡各伪王皆以妇人供奉，闻杨逆主批伪本者亦一妇人，名伏嘉祥，广西人，谓之为女簿书。"③

关于"主批文本"职能的不同记载又说明了什么问题呢？

与以上问题相关的是，太平天国不仅存在着典簿书、女簿书的官职，而且还存在着簿书的官职。曾水源于咸丰二年（壬子年）十二月始任东殿簿书、李寿春于咸丰三年（癸丑年）二月始任东殿簿书、李寿晖于咸丰三年（癸丑年）三月始任东殿簿书、卢贤拔于咸丰三年（癸丑年）七月始任东殿簿书，黄启芳于咸丰二年（壬子年）八月在长沙始任北殿簿书、罗苾芬于咸丰二年（壬子年）十二月始任北殿簿书，刘承芳至江宁始封翼殿尚书④。女簿书，又称内簿书，东殿似乎不只是傅善祥一人，女簿书由多人担任，谢介鹤《金陵癸甲纪事略》对女簿书还有记载说："（伏）善祥得罪，女簿书无当东贼意者。有人以（朱）九妹闻。"⑤"贼目禀事（于东王），交女伪簿书，盖逼取民女通文墨者为之，计数十人……"⑥ 所有这些都说明从咸丰二年（壬子年）在长沙时起到刚进南京城时，各殿设簿书官职是比较普遍的。

我们从文献资料中未发现簿书与簿书衙之间有什么关系，如按太平天国机构命名原则，簿书衙的负责人当为典簿书，而簿书极有可能是簿书衙里的工作人员，《粤逆纪略》的作者似乎就有这样的观点，他之所以提出簿书衙主批文本的看法，可能就是因为前述各殿负责批复文书的除黄再兴外，大多担任过簿书职务，而女簿书也负责东王府的文书批复。但簿书是属于各殿王府的，它不可能由一个统一的机构来管理，否则就会冒犯东王的权威，这是东王所不能接受的。那么，簿书究竟是一个什么样的职官呢？《贼情汇纂》只是泛泛地说："所置伪簿书左右史等官，专主章奏，倡立科条，裒然成帙。"⑦《中兴别记》记载说："司伪文檄者曰簿书，伪王以下曰掌书。"⑧ 佚名《粤逆纪略》载："各书记，伪王府则曰簿书，自伪丞相至指挥，则曰书使，以下则

---

① 《太平天国》，第4册，第663页。
② 《太平天国》，第4册，第667页。
③ 《太平天国史料丛编简辑》，第2册，第33页。
④ 《太平天国》，第3册，第53页、57~60、64、67~68页。
⑤ 《太平天国》，第4册，第663页。
⑥ 《太平天国》，第4册，第667页。
⑦ 《太平天国》，第3册，第163页。
⑧ 《太平天国资料汇编》，第2册上，第10页。

曰文史、办史。”[①] 从这两则史料看，簿书相当于各王府的书记，为级别较高的文秘人员，但这两则资料的记载还未表明簿书在各殿的地位。张汝南《金陵省难纪略》载：“各伪王府有丞相一人，伪簿书二人，伪指使二人，东贼伪丞相二人，伪制与洪贼伪朝丞相同。”[②] 张汝南认为各王府只有簿书二人，与史实是相符的，从咸丰二年（壬子年）十二月至咸丰三年（癸丑年）三月，东殿即先后有曾水源、李寿春和李寿晖等三人任簿书，但李寿晖于咸丰三年（癸丑年）三月任东殿簿书时，曾水源正好升职检点；而北王府在咸丰二年（壬子年）八月至十二月间，也只有黄启芳和罗苾芬二人任职簿书。这则资料仅仅指出了各王府簿书的任职人数，也同样没有明确指出簿书在各王府的地位。另据涤浮道人《金陵杂记》载：“杨韦石等诸逆统下伪职名目，如伪东、北殿丞相（各一贼，皆广西人，为贼主办文案），伪东、翼、北殿簿书（不知若干人，两广两湖之贼，归伪东、北丞相所系亦系写贼文者），伪左右仆射，伪东、翼、北承宣（皆两广贼，能操土音登答传话者）……以上除裁缝、簿书外，余皆首逆等亲信之贼也。”[③] 涤浮道人载簿书非诸王亲信恐非真实，从前文可知，曾水源和罗苾芬都曾任职簿书，但他们在东王府和北王府里的地位较高，与东王和北王的关系亦非常密切。这则资料的重要性在于它指出了簿书为各殿丞相所属，是各殿丞相的文书人员。因此，簿书的命运应当与各殿丞相的命运息息相关。

在前期，丞相为太平天国的最高官职，有三种类型，一是恩赏丞相，为官员加衔，或赏授，在外称钦差大臣，并无属官。另有所谓的“殿前丞相”亦是官员的荣衔，不同于恩赏丞相（参见第五章）。二是平胡丞相，以三汊河战役立功封，位次最卑，皆不给印[④]。三是六官丞相，在朝中与诸王一起进行文书工作，部分外出带兵作战，此为实职。据张德坚载：“贼政令皆归伪东王，次则伪北王、翼王与议，六官丞相仅有其名，承意旨具文书而已。惟奉伪命出任兵事，权亦次于伪王。”[⑤] 在同职官中，没有职同丞相，职同检点为最高的同职官，因此，丞相这一官职是比较特殊的，对天王和太平天国来说，具有某种不同一般的意义，往往作为太平天国的最高奖赏。咸丰四年五六月间（太平天国甲寅四年五月）《东王杨秀清通令朝内军中人等禁酒诰谕》称：“自谕之后，仍还有私自饮酒者，许该统下国使、将使、听使人等拿解送案，

① 《太平天国史料丛编简辑》，第2册，第39页。
② 《太平天国》，第4册，第709页。
③ 《太平天国》，第4册，第620页。
④ 《太平天国》，第3册，第104页。
⑤ 《太平天国》，第3册，第104页。

奏封丞相。”[①] 咸丰四年四月十七日（太平天国甲寅四年四月初七日）《北王韦昌辉招延良医诫谕》亦称：“果能医治见效，即赏给丞相，如不愿做官，即赏给银一万两，并使其回家安享，以奖其艺，决不食言，断不使之失所。”[②]既然丞相的地位如此尊崇，那么，对诸王来说，特别是对东王来说，在自己的王府里亦应当有丞相官职的设置。但东王位居人臣，又不能僭越而设置六官丞相，只能设置左右丞相二人，其余诸王也只能设丞相一人，以示东王低于天王而高于其余诸王的等级地位。揆诸现存文献，东殿丞相二人曾由曾水源与曾钊扬担任过，咸丰三年（癸丑年）四月，曾水源又由检点升职东殿左丞相，曾钊扬也由右掌朝仪升职东殿右丞相，职同检点；北殿丞相一人曾由罗苾芬担任过，咸丰三年（癸丑年）四月，他由北殿簿书升北殿丞相；而翼殿丞相一人则曾由刘承芳担任过，咸丰三年（癸丑年）八月，他由翼殿簿书升翼殿丞相，职同指挥。张汝南认为“东贼伪丞相二人，伪制与洪贼伪朝丞相同”是不对的，因为天王有六官丞相的设置。然而，东王为了显示自己日益提高的地位，又不甘心于这种状况，遂废丞相，而设尚书。张德坚《贼情汇纂·卷三·昔有今废伪官名目》中就列有东殿丞相、西殿丞相、北殿丞相与翼殿丞相[③]，可见各殿丞相到后来是被撤销了。从表面上看，诸王没有了丞相，似乎是降低了职官设置规格，隐藏了东王图谋扩大权势的野心。而从实质来看，一方面，殿前丞相作为一种荣衔，各殿官员仍可继续授予；另一方面，各殿尚书的同职官品较原来各殿丞相、簿书的同职官品并未降低，东殿六部尚书职同检点，北殿尚书与翼殿尚书职同指挥[④]。而原来的东殿丞相也职同检点，北殿丞相与翼殿丞相职同指挥，东殿簿书职同检点，北殿簿书与翼殿簿书职同总制[⑤]。对于刚刚产生的新官职，东王杨秀清极力维护其权威，咸丰四年（甲寅年）间曾将冒犯东殿兵部尚书侯谦芳的职同总制的北殿参护李凤先处以死罪[⑥]。更为重要的是，天王有六官丞相，诸王有六部尚书，实际是在向天王的职官设置看齐，而且，诸王的六部尚书是一个庞大的机构，“凡伪王侯丞相检点指挥，有六部尚书，六部书，六部掌书诸名色。其六部尚书所属，又各署六部掌书，六部书。六部掌书，又各有掌书书理。惟伪东殿各尚

① 《太平天国文书汇编》，第89页。

② 《太平天国文书汇编》，第114页。

③ 《太平天国》，第3册，第98~99页。

④ 《太平天国》，第3册，第83页。

⑤ 各殿丞相的同职官品参见《太平天国》第3册第57页曾钊扬条、第58页刘承芳条，各殿簿书的同职官品参见第64页李寿晖条、第58页刘承芳条。

⑥ 《太平天国》，第2册，第387~388页。

书之掌书，颁给印信，其余掌书书理六曹执事，若吏胥而已”①。而东殿“其六部尚书，又各有六部掌书，如胥吏，但冠带而给印，伪东王权重事繁，故属官视他人以倍”②。在东王府还有专门的东殿尚书挂号所③。诸王特别是东王的地位得到大大的提高，因此，各殿丞相的撤销意在削弱天王的地位。

既然簿书为各殿丞相所属，而各殿丞相后来被撤销，那么，我们可以初步推断簿书官职也随着各殿丞相的裁撤而被撤。太平天国废丞相、簿书而置尚书的历史事实可从两个方面来得到证明：一是，关于簿书官职的具体任职者，在史料文献中记载的较少，有史可考的仅前述的7人，特别是咸丰三年（癸丑年）十月以后的任职者至今尚未发现，这绝不是一种偶然现象。二是，关于尚书官职的具体任职者，史料文献中的记载却较多，有史可考的尚书任职者有24人（参见表3－1）。

表3－1 各殿尚书任职情况表

王府	姓名	任职	资料来源
东王府	李寿春	东殿吏部一尚书	《太平天国》第3册第67页 《太平天国》第4册第676页
	侯谦芳	东殿吏部二尚书	《太平天国》第3册第68页
	侯淑钱	东殿吏部三尚书	《太平天国》第3册第68页 《太平天国》第4册第643页
	陈承发	东殿吏部六尚书	《太平天国》第3册第73页
	吉成子	东殿户部一尚书	罗尔纲《太平天国史》第1册第279页
	侯裕宽	东殿户部二尚书	《太平天国》第3册第68页
	傅学贤	东殿礼部一尚书	罗尔纲《太平天国史》第1册第280页
	侯谦芳	东殿兵部尚书	《太平天国》第1册第387页
	刘绍廷	东殿刑部一尚书	罗尔纲《太平天国史》第1册第280页
	刘昌隆	东殿刑部六尚书	《太平天国》第3册第72页
	莫思兴	东殿工部一尚书	《太平天国》第4册第676页 《太平天国》第4册第644页
	李凤敔	东殿工部二尚书	《太平天国》第3册第72页 《太平天国》第4册第676页
	赖汉英	东殿尚书	《太平天国》第4册第676页
	卢盛才	东殿尚书	《太平天国》第4册第676页
	侯成福	东殿尚书	《太平天国》第4册第676页

① 《太平天国》，第3册，第96页。
② 《太平天国》，第3册，第102页。
③ 《太平天国》，第3册，第165页。

（续表）

王府	姓　名	任　　职	资料来源
北王府	黄启芳	北殿吏部尚书	《太平天国》第3册第59页
	蒙荣芝	北殿户部一尚书	《太平天国》第3册第73页
	姚茂鸿	北殿工部一尚书	《太平天国》第3册第73页 《太平天国》第4册第676页
	黄超芳	北殿尚书	《太平天国》第4册第673页
	徐茂功	北殿尚书	《太平天国》第4册第677页
	张有勋	北殿尚书	《太平天国》第4册第677页
翼王府	韦尔编	翼殿吏部尚书	《太平天国》第3册第74页 《太平天国》第4册第677页
	潘合孚	翼殿尚书	《太平天国》第4册第677页
	杨在田	翼殿尚书	《太平天国》第4册第677页
	周北顺	翼殿尚书	《太平天国》第4册第677页

各殿丞相与各殿簿书被撤销后的去向大致如下：

（1）各殿簿书→各殿六部尚书→六官丞相或恩赏丞相，如黄启芳和李寿春：黄启芳于咸丰二年（壬子年）八月初被封为北殿簿书，后改为右二簿书，至咸丰三年（癸丑年）十月时升北殿吏部尚书，咸丰四年（甲寅年）四月升春官正丞相①。李寿春初为诏书衙协理，咸丰三年（癸丑年）二月被封为东殿簿书，嗣后改为吏部一尚书，十月被封为恩赏丞相②。

（2）各殿簿书→各殿丞相→六官丞相，如刘承芳和罗苾芬：刘承芳咸丰三年（癸丑年）自至江宁（约三月左右）始封翼殿簿书，八月升翼殿丞相，职同指挥，十月升地官又副丞相。罗苾芬于咸丰二年（壬子年）十二月授北殿簿书，咸丰三年（癸丑年）四月升北殿丞相，咸丰三年（癸丑年）十一月升地官又正丞相。

（3）各殿簿书→六官丞相等其他官职，如李寿晖和卢贤拔：李寿晖于咸丰三年（癸丑年）三月任东殿簿书，十一月授殿右六检点。卢贤拔于咸丰三年（癸丑年）七月调为东殿簿书，十月升秋官正丞相，仍理东王府事。

① 《太平天国》，第3册，第58~59页。

② 《太平天国》，第3册，第67页。

（4）各殿丞相→六官丞相，如曾水源与曾钊扬：曾钊扬于咸丰三年（癸丑年）十一月由东殿右丞相改为天官又副丞相，仍理东殿事。曾水源于咸丰三年（癸丑年）十月亦由东殿左丞相改为天官又正丞相。

从上述可知两点：一是在被撤销的各殿簿书与各殿丞相中，只有各殿簿书改任各殿尚书，而各殿丞相则无改任各殿尚书者。所以，罗尔纲先生指出：东殿初设簿书，后置尚书，始废簿书①。其实不独东殿如此，其他各殿也大抵一样，只是他没有探究簿书是怎么被撤的。二是各殿丞相的撤销时间与簿书的撤销时间是一致的，约在咸丰三年（癸丑年）十月至十一月间，从7位任职者的官职升迁时间表（参见表3－2）就可以明了这一点。这么多任职各殿簿书或丞相的官员于咸丰三年（癸丑年）十月、十一月或升或改官职，应当是与太平天国官制的某种变动或改革有联系的。

表3－2 各殿丞相与簿书的官职升迁表

姓　名	原　　职	升　　职	改职时间
曾水源	东殿左丞相	天官又正丞相	癸丑十月
卢贤拔	东殿簿书	秋官正丞相	癸丑十月
黄启芳	北殿右二簿书	北殿吏部尚书	癸丑十月
刘承芳	翼殿丞相	地官又副丞相	癸丑十月
曾钊扬	东殿右丞相	天官又副丞相	癸丑十一月
李寿晖	东殿簿书	殿右六检点	癸丑十一月
罗苾芬	北殿丞相	地官又正丞相	癸丑十一月

必须指出的是，簿书改制的酝酿时间当在咸丰三年（癸丑年）八月至九月间。从李寿春的职官升迁时间来看，他由东殿簿书改为东殿吏部一尚书，是在咸丰三年（癸丑年）二月至十月间。这期间，李寿晖于咸丰三年（癸丑年）三月始任东殿簿书，而卢贤拔于咸丰三年（癸丑年）七月始任东殿簿书②。因此，李寿春改任东殿吏部一尚书的时间，当在咸丰三年（癸丑年）七月以后，但也不会在咸丰三年（癸丑年）十月，亦即在咸丰三年（癸丑年）八月至九月间，这一时期，只有少数的簿书改制，属于酝酿时期。至咸丰三年（癸丑年）十月至十一月间，才是所有的各殿簿书与各殿丞相改制的正式时期。由于簿书人员较少，仅依靠簿书改制来建立各殿尚书机构是远远

① 罗尔纲：《太平天国史》，第1册，第281页。

② 《太平天国》，第3册，第53～54页。

不够的，此后，各殿尚书机构特别是东殿尚书的建设仍在继续，需要调动其他职官来担任各殿各部尚书。大约至咸丰四年（甲寅年）三月，各殿尚书机构的建设全部完成，在咸丰四年（甲寅年）三月，侯谦芳调为东殿吏部二尚书，侯淑钱由总圣库协理升为东殿吏部三尚书，而侯裕宽亦由指挥调为东殿户部二尚书，这么多人同时升职东殿尚书并非纯属偶然。

簿书官职的撤销清除了簿书、典簿书与簿书衙之间的混乱关系，规范了太平天国机构的命名原则。簿书撤销后，簿书衙与典簿书是否还存在呢？从前文的论证来看，簿书的撤销在咸丰三年（癸丑年）十月至十一月间，而甲寅六月时簿书衙还存在着，簿书衙存在就意味着典簿书的存在，典簿书的存在又意味着簿书的存在。事实上，《贼情汇纂》和《金陵省难纪略》在介绍太平天国的职官时，就同时记载了各殿尚书与簿书[①]。如《贼情汇纂》载："一切军务皆由杨逆主裁，仅东殿尚书侯谦芳、李寿春等一二人与之计议。凡有令则交佐天侯传至检点林锡保、胡海隆处，各伪官日至检点衙听令，虽佐天侯等有时燕见，一月之间亦不过二三次。其一切文书不能面白，故纤芥之事必具禀奏，层层转达，以取伪旨。贼多市井无赖，识字不多，厌见文字，悉任掌书裁处。于是则多设簿书掌书诸伪官，而被胁充先生者，似可渐操其柄也。"[②] 这将如何解释呢？

在张汝南的记载中，诏书衙是在介绍天王朝内官时提到的，接着就谈及各殿六部尚书："各王又添六部尚书，称某殿某部尚书，如东殿吏部尚书。"[③]也就是说，诏书衙与各殿六部尚书是同时并存的，张汝南的记载虽提到簿书，但没有提到簿书衙，这可能也不是偶然，因为张汝南记载太平天国的各种职官数目较多，也较全面，在一般情况下是不会漏记簿书衙的，张汝南没有记载簿书衙只能反映当时没有簿书衙这个机构。谢介鹤《金陵癸甲纪事略》对女簿书记载尤详，而对各殿簿书和簿书衙没有记载，在他所列举的太平天国人物中，亦无担任各殿簿书者。而涤浮道人的《金陵杂记》记载了许多太平天国机构的负责人任职对象、职能范围和馆址所在地，这其中也未提到簿书衙，但他的记载提到了各殿簿书官职。由此，我们可以断言：（1）女簿书由于身份的特殊性，在簿书官职被撤后，仍继续存在，最起码直至咸丰四年（甲寅年）正月[④]；（2）太平天国簿书衙机构是在簿书官职被撤销之后成立的，但它后来也被撤销了，撤销的时间当在咸丰四年（甲寅年）六月以后，

① 《太平天国》，第3册，第172页；第4册，第709页。

② 《太平天国》，第3册，第172页。

③ 《太平天国》，第4册，第709页。

④ 王庆成编著：《天父天兄圣旨》，辽宁人民出版社1986年版，第101～102页。

而将簿书衙的有关职能移交给了诏书衙。关于典簿书与簿书衙的记载较少（特别是关于典簿书的记载则更少，仅《贼情汇纂》有一处记载），而关于簿书和诏书衙的记载较多（参见表3－3），可能就反映了这种历史事实。

表3－3　史料对簿书、簿书衙与诏书衙的记载情况表

作　者	书　名	是否提到簿书	是否提到簿书衙	是否提到诏书衙
张德坚	《贼情汇纂》	是	是（2处）	是（9处）
张汝南	《金陵省难纪略》	是	否	是（1处）
谢介鹤	《金陵癸甲纪事略》	载女簿书	否	是（2处）
涤浮道人	《金陵杂记》	是	否	是（2处）
佚　名	《粤逆纪略》	是	是（1处）	是（1处）
胡恩燮	《患难一家言》	否	否	是（1处）

关于簿书衙的记载仅有三处，其中二处见于张德坚的《贼情汇纂》，一处见于佚名《粤逆纪略》。张德坚自咸丰三年（癸丑年）起记载所谓的“贼情”，咸丰四年（甲寅年）十一月始受曾国藩之命编辑《贼情汇纂》，中间屡有增补修改，约至咸丰五年（乙卯年）七月编成，编成后仍继续增补修改。他的记载起始时间较早，所依据的大多是他所搜集到的太平天国文书与他所采访到的资料，编辑时又进行了一定的研究，因而，相对于张汝南和谢介鹤等人来说，他对太平天国各方面情况的了解应当是比较深入细致和全面的，在《贼情汇纂》中出现簿书衙的记载是情理之中的事情。由于后来簿书衙被撤，他可能也有所风闻，就对有关簿书衙的内容进行了删改，但他又不能确知被撤的时间和实际的具体情况，故而在他的记载中出现了前后矛盾的现象，乃至产生了典簿书为诏书衙负责人的错误见解。佚名《粤逆纪略》亦记述了太平天国定都天京后初期的各项政策措施，簿书衙在这一时期曾一度存在，《粤逆纪略》提到簿书衙也是正常的，但他对簿书衙了解不多，故而只能简单地提到“簿书衙主批文本”。张汝南的后人在介绍《金陵省难纪略》的成书过程时说：“是书成于咸丰六年，先君子馆于杭时之所述也。当癸丑二月城破之后，先君子两觅死不得，遂日谋所以脱身者，辗转至次年八月间，始得率眷属出重围，越三年丁巳，馆于杭，课余忆及，信笔记之；故书中所载皆咸丰三四两年贼中情状。贼令暮四朝三，纷更不定，其后虽有传闻，先君子以非亲见，概不纪录。”① 而谢介鹤《金陵癸甲纪事略》的写作背景则是：“介

① 《太平天国》，第4册，第686页。

鹤于癸丑春为贼虏至金陵，置粮馆中，曾与金陵张炳元，隽李金丽生，及同志数百人谋内应，卒不成，炳元死之，介鹤乃以计逸出，依今观察静山赵公于凤山行馆，因忆陷贼时所见所闻，笔之于书，起自癸丑正月二十九日，止于甲寅七月三十日，凡贼之逆天悖人，穷凶极恶，及其旦夕灰灭之状，无不略具，而从逆者之蝇攒而虮聚者，亦可以按名而诛焉。”① 也就是说，张汝南的《金陵省难纪略》和谢介鹤的《金陵癸甲纪事略》都属于亲身所见所闻的追忆之作。涤浮道人《金陵杂记》也是作者的亲历亲闻：“《金陵杂记》一卷，为某陷贼时所作，耳不绝锋镝声，目不绝愁苦状，欷虚涕泪，痛何忍言。聊述夫在城生灵被贼戕害之惨，并伪制伪令伪改作诸端，于此见逆等之灭绝天理，至斯已极；而天心厌乱，亦从此可卜矣。”② 涤浮道人的《金陵杂记》可谓是纪实之亲历记。张汝南、谢介鹤与涤浮道人在咸丰三年（癸丑年）和咸丰四年（甲寅年）都在天京，都有其所见所闻的记载留传于世，三人的记载中都提到簿书而没有提及簿书衙，只能说明两个问题：一是，太平天国内部细微的职官变动可能也不会引起外部的任何反应，簿书官职的撤销就没有引起张德坚和谢介鹤的注意。他们以为在出现各殿尚书后，各殿簿书仍继续存在，以致他们认为各殿尚书与各殿簿书是同时并存的，他们对各殿尚书与各殿簿书的记载缺乏时间概念，将不同时间的职官放在一起，使人不能明了这些职官设置的先后时间，从而产生一种这些职官是同时并存的感觉，前引张德坚将东殿尚书与簿书一起记载的资料就说明了这一点；二是，簿书衙存在的时间非常短暂，以致未能引起外界的充分注意。一个机构或官职存在时间的长短与它在史料文献中记载的数量和频度是密切相关的，簿书、诏书与诏书衙存在的时间较长，所以史料文献中的记载就较多，而典簿书与簿书衙存在的时间非常短暂，未能引起外界的充分注意，所以史料文献中的记载就极为少见。这就进一步否定了典簿书与诏书衙存在某种关系的可能性，而说明了典簿书与簿书衙有可能存在着一定的关系。典簿书作为簿书衙的负责人，既然簿书衙存在的时间短暂，那么典簿书存在的时间也必然短暂，这两者在史料文献中的记载极少也就顺理成章了。一个极有可能的情况是，簿书衙在咸丰三年（癸丑年）与咸丰四年（甲寅年）六月前不久尚不存在，也就是说，簿书衙是在咸丰四年（甲寅年）六月前不久成立的，但在成立不久后又被撤销了。正因为簿书衙旋建旋撤，故而关于簿书衙的记载就极为少见，这

① 《太平天国》，第4册，第649页。
② 《太平天国》，第4册，第609页。

就显得很正常了，这种推测也很符合所谓“贼令暮四朝三，纷更不定”[①] 的历史实际。当然，在“纷更不定”中，也有一些“令”、“制”是基本延续不变的，诏书和诏书衙即其一例。簿书衙在存在的一段时间内，因诏书衙的任务繁重，代行了它的部分职能，致使张德坚将簿书衙的负责人与诏书衙的负责人混淆起来，而未能加以修正。应该说，簿书衙在成立时，簿书改职六部尚书已经完成（否则，簿书衙管理分属各殿的簿书，就会侵犯诸王的权威），因此，“簿书衙”与“典簿书”中的“簿书”已经没有官职的含义，而纯指簿本册籍之意。这样，簿书衙和典簿书就完全符合了太平天国文书机构与文书职官的命名原则了。如果我们初步确定全部完成簿书的撤销是在咸丰四年（甲寅年）三月，而咸丰四年（甲寅年）六月簿书衙尚存在，那么，簿书衙的成立当在咸丰四年（甲寅年）三月左右。张继庚企图使太平天国内部自相残杀的险恶用心被诏书衙识破后，据《患难一家言》载：“元炜谓炳垣曰：‘尔姑以所记者言之。’炳垣以三十四人对，三十人者，皆猛悍死战，纵横数省者也。北贼告东贼，立令骈诛，不许一人脱。已而贼悟为所绐，乃趣斫之，炳垣遂遇害，时咸丰四年三月六日也。”[②] 这说明，在咸丰四年（甲寅年）三月初，官册还是由诏书衙管理的。因此，我们可以断言，在咸丰四年（甲寅年）三月初之前，簿书衙一直没有成立。也就是说，簿书衙至少存在了从咸丰四年（甲寅年）三月至六月的3个月时间。

簿书衙为什么会旋建旋撤呢？簿书衙的成立主要是为了缓解诏书衙的工作压力，代行诏书衙和其他文书机构的部分职能，关于诏书衙的职能，笔者拟于下文作详细分析。但是，簿书衙成立后便日益形成了不利于东王集权的局面。一是，诏书衙原为天朝典官，本为天王府的文书服务机构，但它正逐渐被东王僭夺，在向着为东王府服务的方向转移，我们从诏书衙张贴的该衙对联就可看出这一点：“诏出九重天那怕妖魔施毒计，书成一统志岂容狐兔竟横行。”[③] 这里的“九重天”是指东王府。《天父圣旨》载：咸丰五年七月十三日（太平天国乙荣五年七月十九日），“其时，韦正、翼王及众朝官因东王代世赎病，金体欠安，皆在九重天府，候请东王金安。”[④] 洪秀全于咸丰八年（太平天国戊午八年）十一月的《赐英国全权特使额尔金诏》中也指出：“上帝又降圣旨曰：九重天上一东王，辅佐江山耐久长。”[⑤] 因此，诏书衙正日益

---

① 《太平天国》，第4册，第686页。

② 《太平天国史料丛编简辑》，第2册，第353～354页。

③ 《太平天国》，第3册，第247页。

④ 郭毅生、史式主编：《太平天国史大辞典》，中国社会科学出版社1995年版，第103页。又见王庆成编注：《天父天兄圣旨》，辽宁人民出版社1986年版，第118页。

⑤ 《太平天国文书汇编》，第43页。

成为东王府的代言机关。簿书衙成立之初当属天朝典官，代行诏书衙的部分职能无疑是在向东王争权。二是，簿书衙成立后，女簿书仍然存在，并代东王批判文书，如从规范机构命名原则的角度看，女簿书应归属于簿书衙，而女簿书的批判权也就归属于簿书衙了，所以才有佚名《粤逆纪略》“簿书衙主批文本”的记载，这些都对东王权威的侵犯，都是在向东王争权。所有这些都是东王所不能容忍的，由此也就决定了簿书衙的命运，在它刚刚成立不久就被撤销了，并将它代行诏书衙的那部分职能再移交给诏书衙。

应该指出的是，在天京事变后，作为东王杨秀清服务机构的诏书衙就不复存在，但国家的档案管理必须进行，因此后来又恢复了簿书衙的设置，这从咸丰九年九月十五日翁同书的录副奏折《翁同书奏报分路进攻霍山获胜并破毛坦厂敌垒折》得到验证。该折称九月初五日清军进攻霍山毛坦厂太平军营垒时，“杀毙贼匪不计其数，生擒六十三名，搜获殿前右二百五十六丞相、炎八十五正将军、木七十二副将军、协天福左五宣传、怡天福正典薄书、前四十七军中营前旅帅等伪印六颗，贼旗二十七面，枪炮、马匹、器械无算”①。此处“典薄书”当为“典簿书”之误。既然有典簿书的官职，当会有簿书衙的设置。

从上面的考辨中我们可以知道，东王杨秀清为了逐步地僭夺天王的权力，在咸丰三年（癸丑年）十月至十一月间撤销原来各殿的丞相和簿书官职，另设各殿六部尚书；至咸丰四年（甲寅年）三月，在完成各殿尚书建设的情况下，为了减轻诏书衙的工作压力，又另设簿书衙代行诏书衙的部分职能。各殿六部尚书的设置提高了诸王特别是东王的地位，但簿书衙的设置却妨碍了东王的集权，因此，簿书衙在刚刚成立后不久又被撤销。由于簿书衙代行诏书衙的部分职能，而地主阶级文人知识分子对于簿书衙旋建旋撤的情况又不甚了了，他们或对簿书衙记载较少，或将簿书衙与诏书衙这两个文书机构混淆起来，从而导致了一些错误的记载，所以，典簿书为簿书衙的负责人，而不是诏书衙的负责人。

三、诏命、典诏命、诏命衙与诏书衙

对“诏命”一词，以往太平天国史的研究者也没有引起重视，《太平天国大辞典》与《太平天国词语汇释》均无该词条目。一般地，所谓“诏命”是

① 中国第一历史档案馆编：《清政府镇压太平天国档案史料》，第21册，社会科学文献出版社1996年版，第574页（以下简称《清政府镇压太平天国档案史料》，第21册）。按：原文标点有误。

指来自太平天国朝内的包括天王诏旨在内的命令，张德坚《贼情汇纂》的记载就说明了这一点："洪逆僭号太平天国之初，其传伪命，已有朝内军中之称，而未著其制。至负固江宁，僭建伪朝，遂定内外之分。然亦无成书可稽。伪官簿为钞录未竟之册，文武并途，前后错出，尊卑相间，率属无分。今考伪文案，集众说，于伪衔未系某军某地者，断自伪王至将军，附以流杂，为伪朝内官。虽将军以下，皆尝出据要地，抗拒官军，分扰郡县，然其大概，则在朝为本职，必得伪诏命而后出也。惟是官名位阶，日新月易，虽其所自定，亦旋相矛盾。"①

但更为重要的是，"诏命"并非单纯指太平天国某种级别的命令，它也是太平天国的一种官职，作为官职，或称"诏命官"，或称"典诏命"。张汝南《金陵省难纪略》载天王朝内有正典诏命、副典诏命②。涤浮道人《金陵杂记》讲述太平天国官职，在提到丞相、检点、指挥、将军、侍卫后，接着指出"其余仍有伪典诏命正副各一人"③，张德坚《贼情汇纂》亦载："典诏命二人，职同指挥。"④ 因此，在太平天国朝内存在着诏命衙的文书机构则是确凿无疑的。诏命衙的负责人为正副典诏命二人，且其职同官品为职同指挥，谢介鹤《金陵癸甲纪事略》亦载："伪朝仪、伪诏书、伪诏命，均职同伪指挥。"前文已经指出，诏命衙也是成立较早的文书机构之一，且其负责人典诏命最初的职同官品仅为职同将军，也经历了一个由职同将军升至职同指挥的过程。诏命衙成立后也与诏书衙一样，紧随太平军转战各地，到定都天京后，据涤浮道人《金陵杂记》载，诏命衙的办公机构设在南京富民巷⑤。

典诏命和诏命衙的一个重要职能就是所谓的"主写告示"。张汝南《金陵省难纪略》载："天贼朝内有伪正典诏命、副典诏命主写告示。"⑥ 佚名《粤逆纪略》载："伪诏命衙，主为贼写伪示。"⑦ 告示是太平天国与广大人民群众联系最为密切、对广大人民群众影响最为直接的文书，是太平天国的大众传播媒介（可参见第五章，该章是对太平天国告示的专题研究）。太平天国的告示名称与其各级职官的下行文书名称一致，张德坚《贼情汇纂》载："杨逆所出伪示称诰谕，韦逆称诫谕，石逆称训谕，秦胡二逆称诲谕，出外掳掠国

① 《太平天国》，第3册，第106页。
② 《太平天国》，第4册，第709页。
③ 《太平天国》，第4册，第612页。
④ 《太平天国》，第3册，第87页。
⑤ 《太平天国》，第4册，第618页。
⑥ 《太平天国》，第4册，第709页。
⑦ 《太平天国史料丛编简辑》，第2册，第35页。

宗亦称诲谕，侯、相、检、指称晓谕，将军以下称札谕。……刑赏生杀喜庆生诞亦皆出示，如洪逆伪生诞则杨逆出示，杨逆则韦逆出示，韦逆则石逆出示之类。”① 当然，天王洪秀全所出告示就称诏旨了。《江南春梦庵笔记》虽为伪书，但其所记太平天国“告于众曰诏旨、令旨、告示”② 并不为错。所以，张德坚《贼情汇纂》载，何震川初封副典诏命，掌缮写伪谕（实际是指各级告示）。又载：“典诏命正副二人，主缮写伪诏旨。”③ 告示的内容有些是指令性的、命令性的，有些则属于发布信息的。通常所谓“张榜公布”就是指通过张贴告示来发布某种信息，因此，有时又将发布信息的告示称为榜、公榜。涤浮道人《金陵杂记》载：“广西通文理之贼为伪正副典诏命，大约系述写洪逆言语，捏造伪书，缮写伪榜等事。”④ 王永年《紫蘋馆诗钞》中载：“送公文曰疏附衙，写伪官榜、告示、录谕旨等曰诏命衙，学塾曰育才馆，……”⑤ 咸丰四年（太平天国甲寅四年）《东王杨秀清奏请议定职官恳恩封赏本章》称：“小弟杨秀清立在陛下暨小弟韦昌辉、石达开跪在陛下，奏为议定职官，恳恩封赏事：缘蒙天父列兄大开天恩，差我主二兄降凡，为天下万国真主，建都天京，天事日繁日多，需人佐理。今弟等大胆僭议，开具名单，一并启奏我主万岁旨准施行，以便弟等转饬诏命官书成金榜，张挂朝门。如此缘由，理合肃具本章，启奏我主万岁万岁万万岁御照施行。”⑥ 这里的所谓“金榜”其实就是杨秀清等人公布太平天国职官改革信息的告示。所有这些似乎不同的记载反映的都是一个内容，即典诏命和诏命衙的职能之一就是为太平天国“主写告示”。

所谓诏命衙主写的告示，到后来实际上是指东王发布的告示即诰谕。《贼情汇纂》载：“一示之成，更易数四，由伪侯定稿，呈于石逆，准行则送伪诏命衙缮写，写成交石逆判朱，送杨逆处盖（伪）印，转交伪宣诏官发贴，满纸荒唐，莫可句读。”⑦ 这里虽未明言诰谕，但如果不是诰谕的话，就不可能“送杨逆处盖（伪）印”。一般东王发布的诰谕均盖有东王印，咸丰三年四月二十九日（太平天国癸好三年五月初一日）东王、西王诰谕四民各安常业告示的年月日上钤有东王印与西王印，而咸丰四年（太平天甲寅四年）四月东

① 《太平天国》，第3册，第217～218页。
② 《太平天国》，第4册，第442页。
③ 《太平天国》，第3册，第101页。
④ 《太平天国》，第4册，第618页。
⑤ 《太平天国史料丛编简辑》，第6册，第393页。
⑥ 《太平天国文书汇编》，第167页。
⑦ 《太平天国》，第3册，第218页。

王杨秀清劝告天京人民诰谕的文末“遵”字上则钤有东王印[①]。“送杨逆处盖伪印”系为钤东王印，既钤东王印，则必为诰谕无疑。结合咸丰四年（太平天国甲寅四年）《东王杨秀清奏请议定职官恳恩封赏本章》中所称“以便弟等转饬诏命官书成金榜”，更应可以断定诏命衙所写告示即为诰谕。前文已指出，金榜是东王杨秀清等发布某种信息的另一种告示。在前期，“金”作为前缀是与东王联系在一起的。东王的口头指示称金谕，《天父下凡诏书》载：“东王曰：‘天父真是劳心，弟与众官总要知天恩可也。’北王与众官对曰：‘遵东王金谕。’”[②] 秦日纲曾禀复东王说：“卑爵遵即谕明各官，嗣后凡有保举官员，毋得徇情滥保，有玷官方，以重人才而慎选举，时时亲为勘验，凛遵我东王金谕而行。”[③] 东王的批示称为金批，《贼情汇纂》举例“伪批式”为：“某官某人于某年月日禀奏为某事奉东王金批云云。”[④] 甚至到后期幼东王的印也称作金印。咸丰十年（太平天国庚申十年）十二月，“幼主诏命章王林绍璋兼正掌率，凡内外本章，自信王洪仁发、勇王洪仁达以下，俱交正掌率，盖公议图记，交赉奏再加图记，封箱传献幼东王盖金印，永以为例”。张汝南《金陵省难纪略》亦称：“贼伪示多出自东贼，北翼间见亦或出自西南，洪贼则决无。”[⑤] 张汝南的这个记载是很能说明问题的，反映了诏命衙逐渐转向为东王服务的内在机制。因此，所谓诏命衙主写告示，是有所特指的，并非所有的太平天国告示均由诏命衙缮写（这也是不可能的），而且诏命衙缮写诰谕也只是诰谕从拟稿到发贴程序中的一道环节。前文曾指出，天王发布的告示称诏旨，因此，缮写诏旨为典诏命和诏命衙的职能，这与其主写告示的职能并不矛盾。但缮写诏旨与主写告示（即诰谕）绝不可能是典诏命和诏命衙同一时期的两种职能。一般说来，在太平天国等级森严的情况下，同一官职与机构不可能同时为天王和东王服务。即使出现这种情况，对太平天国来说，那也正表明典诏命和诏命衙服务对象的转移尚未完成，这应该是东王僭夺典诏命和诏命衙过程中的一种异常现象。

从动态的角度来看，一种可能性极大的情况是：在设置典诏命和成立诏命衙之初，由于文书机构的数量较少，所谓“主写告示”就意味着他们为天王服务的同时也兼及为其他诸王提供缮写告示的服务，故而张德坚《贼情汇纂》在介绍何震川初任副典诏命时只言其“掌缮写伪谕”（虽然诸王告示名

---

① 王庆成：《太平天国的文献和历史——海外新文献刊布和文献史事研究》，社会科学文献出版社1993年版，第254～256页。

② 郭毅生、史式主编：《太平天国大辞典》，中国社会科学出版社1995年版，第254页。

③ 罗尔纲：《太平天国史》，第2册，第972页。

④ 《太平天国》，第3册，第200页。

⑤ 《太平天国》，第4册，第712页。

称不同，但统称为“谕”还是比较准确的)，但在名分上典诏命和诏命衙是属于朝内官职和朝内机构的，并以直接为天王发布诏旨而提供缮写服务为主要任务，张汝南《金陵省难纪略》载正、副典诏命系“天贼朝内”官职即为佐证之一①。太平天国的其他文书人员在早期都承担着为天王与其他诸王提供文书服务的任务，这以曾水源与曾钊扬最为典型。随着太平天国农民运动的进一步发展，诏命衙的服务对象越来越专一化，逐渐成为专门为天王颁布诏旨而提供缮写服务的文书机构，所以，张德坚《贼情汇纂》又有“典诏命正副二人，主缮写伪诏旨”的记载。这里的“主”字是值得令人回味的。但到后来，随着东王集权的加强，典诏命和诏命衙的服务对象又在发生转移，而主写诰谕则是它们的职能再次发生变化、服务对象转移已经完成的结果，从咸丰四年（太平天国甲寅四年）《东王杨秀清奏请议定职官恳恩封赏本章》来看，这种变化最起码至咸丰四年（甲寅年）即已完成。诏命衙和诏书衙一样，在东王集权的过程中，最终也成为东王府的服务机构。这个微妙的变化，在张德坚的《贼情汇纂》中并未得到明显的反映，诚如笔者在拙作《太平天国诏书衙考辨》中所言，“太平天国内部细微的职官变动可能不会引起外部的任何反应”②。所以，张德坚未能注意及此，也是正常的。也正因为如此，才有一些不明就里的地主阶级文人知识分子笼统地记载说：“写伪官榜、告示、录谕旨等曰诏命衙。”③ 粗看起来，这是一种比较全面的记载，但这是不准确的，它没有反映出诏命衙职能动态的微妙变化过程。

另有资料记载曾任副典诏命的何震川的情况云：“何震川曾为诸生，胡依晃、洪大全均曾应童子试，略通文义。三人相结纳，伪示、伪诏均出其手；末句多有下文分解四字，俚鄙可笑。”④ 这里所言“伪示、伪诏均出其手”并非统言何震川任副典诏命时的职能。“伪示”“出其手”可以说是何震川任副典诏命时的职能，而“伪诏”“出其手”则是他后来改任其他职官时的职能，而且这里的“诏”也不指“诏旨”，而指“诏书”。一是因为，若指天王直接下达的“诏旨”，一般就不可能出现“末句多有下文分解四字”的现象，从而显得“俚鄙可笑”；若是指经过编纂的“诏书”，这种现象就可能出现。二是因为，缮写和编修诏书是何震川后来的工作职能。有资料载：“贼令人抄写伪诏书，自戊申起叙至入金陵城等事，前出冯云山手，后出曾钊扬、何震川

① 《太平天国》，第4册，第709页。
② 参见拙作《太平天国诏书衙考辨》，《历史研究》1999年第5期，第102页。
③ 《太平天国史料丛编简辑》，第6册，第393页。
④ 《太平天国》，第4册，第394页。

诸贼手。”[1] 所谓的“抄写伪诏书”实际上是指“删改六经”后的重新抄写。有史料载：“甲寅二月，洪逆下伪诏，删改六经，以（曾）钊扬总其成。”[2] 又有史料载曾钊扬云：“稍识字，副（曾）水源理东贼事，并修伪诏书。”[3] 还有史料记载何震川说：“甲寅二月升夏官正丞相，与曾钊扬等删改六经，兼办军务。”[4] 所以，将这些资料综合起来考虑，所谓“伪示、伪诏均出其手”不是统指何震川任副典诏命时的职能，这就非常清楚了。也就是说，关于何震川“伪示、伪诏均出其手”的记载并不能作为典诏命或诏命衙同时具有主写告示和缮写诏旨这两种职能的证据。

诏命衙逐渐成为东王府的服务机构，还可从它的另一项职能得到进一步的印证。诏命衙还负责太平天国的科举考试，相当于太平天国的招生办公室。但从现有的资料来看，诏命衙在前期似乎仅负责东试和天试武科，关于东试，据《贼情汇纂》载：“贼之于癸丑岁开科江宁也，出示令士子先期十日，赴伪诏命衙报名，谓之东试，来者不及五十人。”[5] 关于天试武科，《贼情汇纂》亦有记载：“贼称军中带兵伪官曰佐将。甲寅二月陷江宁省，因佐将乏人，故又开武科，以四月初一日为乡试，遍贴伪示，令投考者先期五日赴伪诏命衙报名。……应试者三百余人，皆各衙牌刀手。”这次武科，最初是由佐天侯陈承瑢主持的，谓之乡试，后北王韦昌辉又主持会武试，最后由东王亲莅主持会试，并由东王奏请天王洪秀全，以刘元合为武状元，以谷光辉、周得三分别为榜眼、探花[6]。

在前期，诏书衙也负责太平天国的科举考试，佚名《粤逆纪略》载：“贼设诏书衙，令通文者就试，听候录取，其考试题目皆伪书中字句，取中则勒带行李到馆歇宿，并令出城抬米，就试者大半散去，余仅六丨余人，以为抬米外无苦差矣，乃忽传令，威逼上船充当贼兵，一时文人无可如何，含泪而去，自是无就试者。”[7] 这里虽未言明是东试还是天试，但从笔者所接触到的当时地主阶级文人知识分子对太平天国的记载习惯来看，如果牵涉到东王或明知与东王有关的，必定言明“东贼”如何如何，因此，如是东试，必定言明是东试，若不特地讲明，而泛言所谓“贼”一般是指太平天国的总体状况，或言天王洪秀全的情况。这则史料中记载的考试，当指天试文科。也就是说，

① 《太平天国》，第 4 册，第 656 页。
② 《太平天国》，第 3 册，第 57 页。
③ 《太平天国》，第 4 册，第 672 页。
④ 《太平天国》，第 3 册，第 60 页。
⑤ 《太平天国》，第 3 册，第 112 页。
⑥ 《太平天国》，第 3 册，第 113 页。
⑦ 《太平天国史料丛编简辑》，第 2 册，第 33 页。

初期科举考试中的天试文科是由诏书衙负责的。

前文已考，诏书衙在一段时间内的职能较多，工作压力较大。太平天国曾一度设立簿书衙以缓解诏书衙的压力。笔者以为，在前期等级森严的情况下，科举考试特别是同一级别的天试最初应是由一个统一的机构负责的。为什么会出现诏书命和诏命衙同时负责太平天国科举考试的现象呢？既然太平天国设法缓解诏书衙的工作压力，那么，新设簿书衙就不是唯一的办法，让其他的文书机构代行部分职能也应是一种办法。从目前所掌握的资料来看，关于诏命衙主写告示的记载是较多的，相对来说，它的职能比较单一，让它代行诏书衙负责科举考试的部分职能是极有可能的。因为科举考试非同小可，不可能立即全部代行，让其负责天试的一部分，也是合情合理的。诏命衙和诏书衙均朝着为东王府服务的方向转移，为什么让诏命衙先行代管天试武科呢？这里是否存在一个诏命衙服务对象转移的速度比诏书衙快的问题呢？据前引资料看，东试于咸丰三年（癸丑年）举行，而天试武科于咸丰四年（甲寅年）二月至五月举行①。这表明至咸丰三年诏命衙已有负责东试的职能，已成为东王府的服务机构。而天试武科于咸丰四年二月起已由诏命衙负责，这说明在此之前，是可能由诏书衙统一负责的。这表明诏命衙服务对象的转移速度确比诏书衙要快。为什么诏命衙的转移速度较诏书衙要快呢？涤浮道人《金陵杂记》所言“广西通文理之贼为伪正副典诏命”和“贼掳得两广两湖稍知文字者为伪诏书”就暗含了典诏命的地位也比诏书更高一些的意思。这是因为在太平天国领导人的意识流中，广西人的地位要高一些，据佚名《金陵纪事》载：“前以两广人多穿黄马褂为贵显，两湖人不服，别结盟，有内应之意，为所杀，后并杀真降贼者，伊势遂孤。”② 佚名《粤逆纪略》载：“（咸丰三年）五月杪，贼贴伪示，令湖南北女馆俱食粥，惟广西女馆准食饭，于是楚人皆异心，乃结盟相约为大兵内应，讵谋泄，死者数百人，此贼之自相残也。”③ 由此看来，诏命衙的地位要比诏书衙高一些，尽先让地位高一些的机构为东王府服务才能更加体现东王王权的尊贵和威严，而诏书衙的职能较多，其服务对象转移的难度亦大一些，因此，诏命衙服务对象转移的速度要比诏书衙快一些也就不足为怪了。在诏书衙还没有完全成为东王府的服务机构的情况下，让已经成为东王府服务机构的诏命衙代管诏书衙的什么职能是

---

① 前文所引两条关于太平天国科举考试的资料均引自张德坚《贼情汇纂·伪科目》。虽然后一则资料中“甲寅二月陷江宁省”有误，应为“癸丑二月陷江宁省”，且与下文“因佐将乏人”较契合，但从《伪科目》的大语境和前后文来看，这里所描述的天试武科情形当在咸丰四年（甲寅年）。

② 《太平天国史料丛编简辑》，第2册，第47页。

③ 《太平天国史料丛编简辑》，第2册，第38页。

大有考究的。因此，诏命衙代行负责天试武科，就特别令人感到意味深长。

诏命衙被东王赋予负责东试的职能，而原本由诏书衙负责的天试武科，也逐渐成为它的职能管辖范围。诏命衙兼管东试与天试武科，不仅抬高了东试的地位，而且也表明了东王正在部分地僭夺天王的用人大权，特别是僭夺天试武科的管理权，这意味着东王对武力人才的偏爱（他亲莅武科会试即为明证）。这是一种非同小可的迹象（因为武力人才是篡夺政权所依靠的最直接的力量），本应引起天王的高度警觉。从当时总的形势来看，诏命衙至咸丰三年已经成为东王府的服务机构，至咸丰四年已具有主写诰谕的职能，并从二月起开始代行尚未完全成为东王府服务机构的诏书衙的负责天试的部分职能。各殿尚书机构的建设至咸丰四年三月已经完成，提高了诸王特别是东王的职官设置规格。簿书衙在咸丰四年六月前后的旋建旋撤也表明诏书衙至此时已成为东王府的服务机构。所有这些都表明，咸丰四年是太平天国定都天京过程中进行权力资源重新配置并接近完成的一年，所以这年的《东王杨秀清奏请议定职官恳恩封赏本章》实际上就是东王以天父来压服天王对已经发生的权力资源配置的变化表示同意和承认的宣言书。应该说，这还只是一个起点。因此，从诏命衙等文书机构职能的微妙变化就不难看出太平天国前期内部的权力斗争确是一场不可避免的血光之灾的前兆。就像永安建制进行的权力资源重新配置未能彻底解决内部权力斗争一样，定都天京所进行的第二次重新配置也不会从根本上解决内部权力的分配问题，政治野心家对权力的渴求是没有止境的，一场更加激烈的争取权力资源重新配置以遂其愿的斗争是必然要到来的。

只是到内部权力斗争大爆发已经逝去的后期，由于诏书衙随东王势力的消亡而寿终正寝，太平天国又不可能废弃主写告示的诏命衙（因为太平天国的施政离不开告示），科举考试才全面由诏命衙负责。太平天国于咸丰十一年制订的科举条例《钦定士阶条例》，规定了诏命衙在科举考试过程中的三项职责：第一，诏命衙为科举考试的报名处，“凡遇天试科年，……到京文士子约士、杰士投礼部验凭，武士子猛士投兵部验凭，即持照往诏命官处报名，由诏命官开册送考。……所有在京应试者，于报名时各持取中执照投诏命官处验明，在册注明某某官属下，无庸请凭。其朝官有愿应试者，亦准报名送考。惟在京属官，有未经中式约士等本无执照而志观光者，须由各本官行文诏命官处报名入册收考，以免朦混”①。第二，诏命衙还负责试卷的准备，“试卷由诏命官内选派理卷官二员，于每届试期先行照知刷书官备办文卷多本，编

① 《太平天国》，第2册，第556页。

列字号。字号底簿交总阅收存，以备拆封时应用”①。第三，诏命衙还负责考官的遴选，“其各郡的提学，各省的提考，每逢子、午、荣、酉年，于正月十五日京试考选。应考的资格，为朝官及各廷、府等处有印属官与京试曾经中式者。其无印属官愿考者，由本管官行文诏命处报名入册收考。其报名册中，一概俱注明官衔出身，以杜冒滥”②。

诏命衙的命运和历史可以基本折射出太平天国的命运和历史。它是太平天国成立相当早的文书机构之一，并逐渐成为前期内部权力斗争的工具，由于它肩负着为太平天国选拔人才的历史重任，因此，至太平天国后期，它仍然存在，与太平天国共存亡。

总体来看，诏命衙的职能主要是负责缮写太平天国具有决策内容的高层次文书，因此，就有史料记载说：“写伪官榜、告示、录谕旨等曰诏命衙。”③诏命衙实际上是一个级别较高的秘书单位。从它负责科举考试中的东试和天试武科来说，诏命衙又是一个招生机构，总体说来，诏命衙的职能比较简单划一，并不显得复杂。让我们再来看看诏书衙的职能：

第一，负责编纂诏书，前文所引《贼情汇纂》对黄再兴的介绍即表明这一点。《贼情汇纂》的另一处记载也说：“《伪太平诏书》，皆洪逆所下伪诏，由伪诏书衙汇修发刻，书已发钞。《伪颁行诏书》，亦洪逆伪诏，颁行贼境者，书已发钞。”④

第二，负责为太平天国各部门挖掘和培养文书人员，《金陵癸甲纪事略》载：“贼不识字，传伪令：凡读书识字者，悉赴伪诏书，否则斩，搜出匿者同罪，乃得数百人，使为诗及对，又试以伪示，合贼式者，分入各贼馆为书使，亦不打仗。”⑤ 这里的“诏书”即是诏书衙，因为类似的记载在李圭的《金陵兵事汇略》亦有记载：“无何，贼传伪命，凡读书识字者，悉赴伪诏书馆，否则斩，匿不报者同罪，因得数百人使为伪诰文檄示，合贼式者，分入各酋馆为伪书吏。”⑥

第三，负责管理太平天国的官册、兵册和家册等册籍簿本，对此前文已经论及。这里需要补充的是，在太平天国实行门牌制度以后，诏书衙还负责管理门牌。杜文澜《平定粤寇纪略·附记二》载：“贼令尤严男女之辨，行军所掳，男归男营，军帅统之，妇女则别置后营，粤西老蛮妇统之。至金陵设

---

① 《太平天国》，第2册，第559页。
② 《太平天国》，第2册。第557页。
③ 《太平天国史料丛编简辑》，第6册，第393页。
④ 《太平天国》，第3册，第258页。
⑤ 《太平天国》，第4册，第654页。
⑥ 《太平天国》续编，第4册，第250页。

馆，钤束更甚。行营间有混迹女馆，逐日搜查，立门牌，以馆长出名统其下，月送册伪诏书馆核数，虽粤西老贼，亦不敢乱群肆行强暴，闺秀得恃以自贞。"[①] 谢介鹤《金陵癸甲纪事略》亦载："杀贼之谋未泄，人能私自过馆，其数尚难稽查。至是贼有门牌之设，以馆长出名，统其下，月送册于伪诏书，以核其数。调往他处，及逃走者均注明。"[②] 李滨《中兴别记》亦载："贼令尤严男女之辨，……至金陵设馆，钤束更甚。行营间有混迹女馆，逐日搜查，立门牌以馆长出名统其下，月送册伪诏书馆校数，虽粤西老贼，亦不敢乱群肆行强暴，闺秀得恃以自贞。"[③]

第四，诏书衙还是一个提供学习机会的场所，《贼情汇纂》载："癸丑七月，安徽望江县伪军帅禀奏保荐望江县生员龙凤翀有安邦定国之才，龙凤翀偕其父至江宁上书洪逆，不下数万言，内引周武、汉高为比，狂悖已极。洪逆批数字曰：'周武、刘邦是朕前步先锋，卿知否?'龙凤翀不解所谓。旋送入诏书衙学习，并未擢授伪职。（考伪诏书稿及程奉璜说）"[④] 关于龙凤翀上书太平天国之事，佚名《粤逆纪略》亦有记载："龙凤翀，望江人也，为贼划策，上书数千言，大约劝其勿浪战，婴城固守，以老我师，分股出掠，以牵我势，用安庆为门户，以窥江西。书上，授伪承宣职。"[⑤] 笔者以为，这两处不同的记载并不矛盾，龙凤翀的数万言上书在前，而其数千言上书则可能是他进入诏书衙学习后的又一次上书，因此，太平天国也改变了当初对他的态度，并授予官职。

第五，初期还曾负责过科举考试中的天试文科，前已有史料为证，不再赘引。

从上所述，我们也不难看到诏命衙与诏书衙的一些共同点：一是，诏命衙与诏书衙最初都是在天王左右服务、处理太平天国高层次文书的文书机构，诏命负责缮写诏谕，而诏书则负责将已缮写好或已发布的诏谕汇编起来，成为所谓的诏书（文书），这两个机构在工作上具有相互配合的性质，正是因为如此，后来太平天国依照古制设置更高一级的在工作中相互配合的左右史官职时，长期从事诏书与诏命工作有功的黄再兴与何震川，才有机会差不多同时升职左右史，黄再兴于壬子十月由诏书升职左史，而何震川则于壬子十二月由副典诏命升职殿前右史。左右史同样是在职能上互相配合的文书机构，

① 《太平天国资料汇编》，第1册，第316页。

② 《太平天国》，第4册，第655页。

③ 《太平天国资料汇编》，第2册上，第316页。

④ 《太平天国》，第3册，第328页。

⑤ 《太平天国史料丛编简辑》，第2册，第39页。

《贼情汇纂》记载："伪左右史正副共四人，主记事记言，如古制。"[①] 佚名《粤逆纪略》亦载："伪左史衙、伪右史衙，俱掌纪载之事。"[②] 二是，诏命衙与诏书衙都曾负责过太平天国的科举考试。

但是，诏书衙的职能较多，从它负责编纂诏书来看，它是一个文案、秘书单位；从它负责挖掘和培训文书人员、为一些人提供学习机会来看，它是一个教育、培训单位；从它管理簿本册籍来看，它又是一个档案单位；从它负责科举考试来看，它还是一个招生单位。诏书衙的职能具有多样化的特点，这是它与诏命衙的一个显著区别。由于诏书衙的服务对象经历了一个由天王而东王的过程，在天京事变后，诏书衙亦随之消失，而诏命衙则是太平天国前后期都存在的一个重要文书机构，这一点则是它与诏书衙的另一个显著的区别。因此，诏书衙与诏命衙的区别是显而易见的。此外，据涤浮道人《金陵杂记》载，"广西通文理之贼为伪正副典诏命"，而"贼掳得两广两湖稍知文字者为伪诏书"[③]。看来，典诏命似乎比诏书的地位更高一些，因为，只有广西通文理的知识阶层才能担任诏命，而诏书的任职对象则广泛得多，为"两广两湖的稍知文字者"。其实，涤浮道人的这一记载未必正确，据他自己的另外记载，曾有湖北人刘盛培担任过典诏命的官职[④]。也许正是诏命衙与诏书衙之间的这些显著区别，才使得人们没有将诏命衙与诏书衙混淆起来。

从前文的初步考察也不难知道，张德坚为什么没有对典簿书或诏书衙的职掌作一明确的说明，其重要的原因就在于：第一，他没有探究清楚典簿书与诏书衙之间的关系，不知道簿书衙的真实情况。第二，实感于诏书衙的职能太多，在对其他部门或职官作简短说明时，无法对诏书衙作简短说明，也就只得空而不言了。

---

① 《太平天国》，第3册，第101页。
② 《太平天国史料丛编简辑》，第2册，第34页。
③ 《太平天国》，第4册，第618页。
④ 《太平天国》，第4册，第677页。

第四章　太平天国的文书官制

——个案研究：太平天国丞相制度考

《贼情汇纂》说："至广置女官，备军师、丞相、总制、监军之员，则不惟近日教匪所无，亦自昔白袷、红巾之徒所未见。"① 又说："先儒谓有关雎麟趾之精意，而后可行周官，王莽行于前而致诛，安石行于后而兆祸。贼之暗陋，远逊二人，于体国经野之道，未窥毫末，踵事效尤，僭设六官（指六官丞相）军师诸职，徒以饲养枭獍，涂炭蒸庶，累于圣人，适增其矫诬之罪而已。"② 张德坚所论反映了太平天国创设六官丞相等职官制度是有一定创新勇气的。盛巽昌先生认为"太平天国六官丞相也是职官制度的一大创造，史无前例"③。丞相是太平天国前期的重要官职，加强对丞相制度的研究有助于我们深入了解太平天国前期内部政治斗争的历史。关于太平天国前期的丞相，许多论者认为其为太平天国的一种官阶。罗尔纲先生认为："太平天国采取周礼这种官名，设立了六官丞相，但只作为最高一级官阶，而没有实任的任务，与周礼名同而实异。"丞相"不是掌管全国政务的官职"④。史式先生在《太平天国词语研究》中也指出："太平天国的丞相既不是文官，也不是武官；既不全是朝内官，也不全是军中官。……'丞相'不过是第六级官阶，并不是职务。"⑤ 郦纯亦将丞相定为第六官制级别⑥。盛巽昌指出：丞相"作为仅次于诸王所授的军师、主将的官阶，而并未实任丞相职务。"⑦ 这些看法似有值得商榷之处。对后期丞相的演变，也多存在着模糊认识。因此，有展开对太平天国丞相制度进行研究的必要。

---

① 《太平天国》，第3册，第77页。

② 《太平天国》，第3册，第115页。

③ 盛巽昌：《太平天国职官志》，广西人民出版社1999年版，第4页。

④ 罗尔纲：《太平天国史》，第2册，第966、893页。

⑤ 史式：《太平天国词语研究》，广西人民出版社1993年版，第90页。

⑥ 郦纯：《太平天国官制军制探略》，上海人民出版社1958年版，第4页。

⑦ 盛巽昌：《太平天国职官志》，广西人民出版社1999年版，第4页。

一、从左、右丞相到正、副六官丞相

一般认为，太平天国官制系统中最早设置丞相是在永安封王建政之时。太平天国的官制是先从太平军中开始实行的。太平军正式“仿周礼夏官之制”编组军队，是比较早的，金田团营初期的军旅组织有军长、百长、营长和先锋长等名目。据洪仁玕说：道光三十年（庚戌年，1850），“天王劳心，即将博白、贵县、象州、金田、花州各来扶主等队，俱立首领，编以军帅、师帅、旅帅以下等爵，男女有别，虽夫妇不许相见，故所至无不胜捷。”① 而且，在道光三十年（庚戌年）不仅出现了军中官职，还有一些朝内官，特别是文书官职的出现（如诏命、诏书，参见前文）。咸丰元年（太平天国辛开元年，1851）六月从象州回师紫荆、金田以后，军中、朝内职官逐渐完备起来。咸丰元年七月二十六日（太平天国辛开元年七月十九日）天王在茶地发布的移营令，已有主将、侍卫、总制、监军、军帅等名目。在茶地移营之后，撤离金田、新圩，东进平南之前，杨秀清、萧朝贵、冯云山称军师。从洪秀全于咸丰元年九月初五日（太平天国辛开元年九月二十五日）《令各军记功记罪诏》及同年九月二十三日（天历同年十月十二日）《谕兵将立志顶天真忠报国到底诏》等诏令看，太平军在永安期间官制已日臻完善，已设置了从两司马、卒长到丞相、军师的职官系统。而具体到一些官职，永安建制并不是其演变的终点，有些官职仍在不断的演变之中。

笔者以为，太平天国丞相制度在早期有一个演变的过程，而且从这个过程中我们可以发现太平天国前期爵位为什么不从公爵而从侯爵始的秘密，可以了解石达开的“翼王”爵号的来由，甚至还可以进一步理解丞相在后期的演变趋向。从最初出现丞相到最后六官丞相24职的形成经历了十二个环节，笔者充分利用了当时社会上流行的各种太平军首领名单对这些环节进行了逻辑性梳理。

第一环节：左、右丞相。起义发动阶段，作为上帝教的领袖人物，应有左膀右臂，加强上帝会的组织发动工作，所以，洪秀全、冯云山等人一开始即沿用中国古代的丞相制度，以丞相为宰相，辅佐太平王谋划起义大计。洪秀全最初称太平王时，曾设左、右丞相。金田起义后，清廷征剿大吏一直在注意搜集有关太平军内部领导人与官制的情报。在太平军攻克南京前夕，有一份今藏剑桥大学图书馆题为《贼头目姓名籍贯单》反映太平军初期内部领

① 王庆成：《稀见清世史料并考释》，武汉出版社1998年版，第482页。

导与官制情况的清军探报，该探报称："又掘上年称报贼首韦正伪称太平王，以秀清、陈玉书为左右伪丞相，以梁兆熊、廖八为伪总兵。"[①] 这份探报或系传闻，虽有许多不实之处，但既为探报，总有其可信的基本素材。后来东王、西王、北王、翼王各殿均设左、右丞相当仿此，张汝南曾指出："东贼伪丞相二人，伪制与洪贼伪朝丞相同。"[②] 如此处针对洪秀全初设左、右丞相当为确，若就后来改设六官丞相而言，则为误。但张汝南既知道太平天国后设六官丞相和东殿左、右丞相，又知道天王初设左、右丞相，因此，这种记载不能简单地以正误来裁判。这种记载的矛盾不是一般的矛盾，而是叙述时顾前不顾后的不自觉的矛盾。这种不自觉的矛盾恰恰反映了洪秀全初期设左、右丞相的历史事实，这种丞相也是后来编号丞相的基础（参见后文）。李圭《金陵兵事汇略》说："咸丰元年辛亥正月，秀全在大黄江僭伪号为太平王，杨秀清为左辅正军师，萧朝贵为右弼又正军师，冯云山、韦昌辉、秦日纲、石达开为丞相。"[③] 也就是说，冯云山、韦昌辉、秦日纲、石达开等人在早期有可能都曾任过左、右丞相，如按李圭的记载次序，秦日纲、石达开应该分别任过左丞相、右丞相，这正是后文引述的各种太平军首领名单中秦日纲和石达开的基本官职。

《贼头目姓名籍贯单》认为，洪秀全"此姓名系伪记，不是真的，官兵查访不定"。这种对洪秀全地位的认知，在太平军攻克南京后向荣给清政府的奏报中仍有体现。该探报中有"又掘上年称报贼首韦正伪称太平王"句，说明这份名单的出现时间当在清方刚刚了解洪秀全为太平王之时，即咸丰二年（1852），因为在咸丰元年的清军奏报中往往误以为韦正为太平军的最高首领。

第二环节：丞相左翼公、丞相右翼公。既然左、右丞相能发挥左膀右臂的作用，如同鸟之两翼，能使鸟正常飞翔一样，左、右丞相也如同两翼而使上帝会的各项工作能够正常开展。因此，在秦日纲和石达开任左、右丞相时，为了尊崇丞相，突出石达开和秦日纲的地位，洪秀全遂封他们为"翼公"，左丞相为左翼公，右丞相为右翼公，希望他们能在军事上继续发挥左膀右臂的"羽翼"作用，"翼"字之深意于此彰焉。对于这种变动，称呼上出现了问题，似不便连称"左丞相左翼公"、"右丞相右翼公"，由于"左翼公"、"右翼公"之左右已判出地位的高低，且翼公是新封的爵位，较丞相更为尊崇，无需再在丞相名号前系"左"、"右"序号了，由是而有"丞相左翼公"和

① 王庆成：《太平天国的文献和历史——海外新文献刊布和文献史事研究》，社会科学文献出版社 1993 年版，第 480～481 页。

② 《太平天国》，第 4 册，第 709 页。

③ 《太平天国》续编，第 4 册，第 242 页。

"丞相右翼公"的称谓。《贼头目姓名籍贯单》分别介绍秦日纲和石达开说："秦日昌，伪丞相左翼公，卅七岁，面白微须（花县人）。石达开，伪丞相右翼公，面黑长颈微须（增城县人）。此人卅九岁，粗通文墨，贼中伪示伪檄皆出其手。"① 金毓黻、田余庆等编《太平天国史料》辑《万大洪晓谕》后附名单②分别介绍秦日纲和石达开说："秦日高：年三十七岁，面白无麻，丞相左翼公。""石达开：年三十九岁，面白微麻，丞相右翼公。"并注明"此示贴九江府城外"。《长白清供单》的伦敦不列颠博物院本③亦源于《万大洪晓谕》后附名单，其对两人介绍是："秦昌：封丞相左翼公，花县人，年方二十七岁。""石达开：封丞相右翼公，增城县人，年方二十九岁。"并注明"由上海火船钞来示"。这些名单的流传表明：秦日纲和石达开曾为丞相左翼公、丞相右翼公的说法在一段时间是较为流行的。而《长白清供单》的《粤匪杂录》本④对秦日纲的介绍是："秦日昌：三十七岁，面白，微须，花县人，丞相左翼公。"对石达开的介绍则是："石达开：三十九岁，面黑，微须，广东巨城人，封右翼公。"这里未说石达开是丞相右翼公，而只言其"右翼公"，可能是一种简称，还有一种可能是右翼公之封后于左翼公，在此供单出现时，秦日纲本来就是"丞相左翼公"，而石达开则是刚封的"右翼公"，所言"封右翼公"，正是这个意思，所以对他们的介绍稍有区别，而实际上，他们就是丞相左、右翼公。

第三环节：左翼公随营丞相、右翼公军务丞相。上帝会组织力量的壮大，与地方封建势力的冲突就不可避免，如何有效地开展对敌斗争，以迎接即将来临的全国性武装起义，成为一个重要的问题，这就有必要对丞相的职能进行分工，由是而有所谓的军务丞相、随营丞相之分。《时闻丛录》收有当时在社会上流行的《天德皇帝朱明武太平王洪秀全等名单》，其中，对秦日纲的介绍为："左翼公江苏安徽江西广东山东直隶陕甘军大臣随营丞相秦日昌，年三十七岁，面白微须，花县人。"对石达开的介绍为："右翼公两湖北京奉天云贵四川河南广西浙闽等处军务丞相石达开，年卅九岁，能知阴阳星相，托水雷震，花县人。"这份名单明显出自天地会系统，对太平天国人物的介绍都不准确，但其中隐含的一些基本信息是不可忽视的，笔者以为，所谓"左翼公随营丞相"和"右翼公军务丞相"的信息就值得重视，有时编造也来源于现

① 王庆成：《太平天国的文献和历史——海外新文献刊布和文献史事研究》，社会科学文献出版社1993年版，第480～481页。

② 金毓黻、田余庆等编：《太平天国史料》，中华书局1959年版，第264～265页。

③ 罗尔纲：《太平天国史事考》，生活·读书·新知三联书店1955年版，第154～155页。

④ 罗尔纲：《太平天国史事考》，生活·读书·新知三联书店，1955年版，第153～154页。

实，掺杂着现实的成分。后来，石达开出走后，在翼殿还设有“军功”名目的官职，如军功丞相、军功检点等。据牛剑秋《太平天国翼殿官属印模跋》，有“军功丞相吴图记”印模①。“军功”名目的官职可能源于石达开早年曾任“军务丞相”。

第四环节：左翼公丞相、右翼公丞相。翼公的爵位总是高于丞相的职位，所以，过了一段时间，人们对他们的称呼就渐渐地变为先爵后职，并淡化了所谓的“随营”和“军务”之分，这就有了“左翼公丞相”、“右翼公丞相”的称谓。《粤氛纪事诗》在介绍完五王后又介绍说：“秦日川、王逢开为左右翼公丞相。其次胡以晓等为侍卫将军、正副先锋有差。”② 此处“秦日川、王逢开”当为秦日昌、石达开之误，“胡以晓”当为胡以晃之误。

第五环节：天官（副）丞相右翼王、地官（正）丞相左翼公。随着对敌斗争的发展，内部的经济问题就日益凸显，必须有人专门负责这个问题。所以，洪秀全等人即将军务丞相和随营丞相改设为天官丞相、地官丞相。天官负责干部管理，而地官则负责解决内部的经济问题，为即将发动的大规模起义提供经济上的支撑。通过考察，洪秀全等人决定升封石达开为王爵，爵位封号仍用“翼”字，据《洪大全供》所提供的太平军首领名单，秦日纲为地官丞相左翼公，石达开为天官丞相右翼王③。值得注意的是，此时的石达开已被封为王，管理干部并进入了领导核心，但是，秦日纲的爵号中未放弃“翼”字，表明秦日纲与石达开的地位仍在伯仲之间。这份名单的合理性在于，天官丞相高于地官丞相，但如果石达开仍为右翼公，其地位就低于身为左翼公的秦日纲了，导致职爵的矛盾。如果石达开升为王，那么职爵的矛盾就被化解了。然而，咸丰二年（1853）法国巴黎出版的、加勒利和伊凡合著的《中国叛乱史》中的一段记载也需要得到合理的说明，两位作者说：“现在让我们结识一下叛乱的主将和他四个抢掠成性的伙伴。”接着，他们介绍了太平王洪秀全、东王杨秀清、西王萧朝贵、南王冯云山、北王韦昌辉。然后又说：“这些高级首领的身边有许多文武官员。这里我们仅提两位丞相，假如叛军的目的得以实现，这两个人注定会起着重要作用。丞相秦日纲现年37岁，身材瘦小，但十分精明，极富智慧。人们知道他是广东人。副丞相石达开相貌奇丑，很瘦，肤黑如炭，长颈项支撑着骨骼突出的脸和尖形的头。他是一个文人，据说从前发布的檄文大多都出自他的笔下。据此情形可以推测他是一名上帝

① 史式：《太平天国词语汇释》，四川人民出版社1984年版，第212页。
② 《太平天国史料丛编简辑》，第6册，第377页。
③ 罗尔纲：《太平天国史事考》，生活·读书·新知三联书店1955年版，第156页。

会的成员，或是郭士立‘福汉会’的会员。”[①] 这里说秦日纲是正丞相，石达开是副丞相，似乎秦日纲的官职高于石达开。其实不然，当时可能的情况是，石达开任天官副丞相，而秦日纲任地官正丞相。而天官副丞相高于地官正丞相，这与右翼王高于左翼公是一致的。如果是这样的话，那么，天官丞相、地官丞相就不只是秦日纲和石达开二人。

关于《洪大全供》的问题，罗尔纲先生经缜密的考证认为，洪大全并无其人，实为湖南天地会首领焦亮，所谓洪大全亲供及其上咸丰帝表文纯系钦差大臣赛尚阿授意其机要幕僚丁守存的捏造。罗尔纲分析丁守存捏造的依据为掳获文件、俘虏供辞和侦探消息三个方面，他认为，其中的“俘虏供辞”之一系附在天地会《万大洪布告》后面的《长白清供单》。虽然《长白清供单》何以作为《万大洪布告》的附件还无法索解，但罗尔纲肯定“从供单的本身也就可以证明长白清当是从太平天国而来”。他提供了一种历史的可能性是：太平天国俘获了在广西作战的湖南乡勇长白清，“因为他归附了革命，就派他来满清军营侦探敌情”[②]。因此，《长白清供单》有一定的历史参考价值，它有两种版本，一种是《粤匪杂录》钞本，一种是伦敦不列颠博物院钞本[③]。

《贼头目姓名籍贯单》较《长白清供单》两种版本均详。是后者本于前者，抑或是前者本于后者呢？前者所记石达开与秦日纲的官职与后者伦敦不列颠博物院钞本同，惟不列颠博物院钞本所记两人的年龄均较前者少了10岁。但前者所记杨秀清、萧朝贵、冯云山与韦昌辉的爵位与不列颠博物院钞本不同，而同于《粤匪杂录》钞本。王庆成先生认为前者“当是根据当时社会上的传闻而获得的消息”[④]。不列颠博物院钞本注明系“由上海火船钞来示”，说明这份供单在社会上也产生了一定影响。因此，前者本之后者当有一定的可能性。所谓“社会上的传闻”当包括了长白清贡单的种种版本。不列颠博物院钞本值得注意的是增列了钱江。按钱江是另有其人，抑或即是指曾在江北大营效力的钱江？该钞本称钱江“封三法大司马，浙江人，年方五十岁”。而在江北大营效力的钱江也是浙江人，约嘉庆五年（1800）生，到这份贡单出笼的时间也在50岁左右。咸丰三年五月他因触怒江北大营帮办大臣雷以諴而被捕杀。其实，钱江与太平天国并无关系，也许将钱江列入该名单是

---

① 《太平天国》续编，第9册，第122～123页。

② 罗尔纲：《太平天国史事考》，生活·读书·新知三联书店1955年版，第151～152页。

③ 罗尔纲：《太平天国史事考》，生活·读书·新知三联书店1955年版，第153～154页。

④ 王庆成：《太平天国的文献和历史——海外新文献刊布和文献史事研究》，社会科学文献出版社1993年版，第480页。

为捕杀而制造的借口[1]。因此，不列颠博物院钞本的流传当稍后。《贼头目姓名籍贯单》当本于《粤匪杂录》钞本和不列颠博物院钞本前的传钞本[2]，但从这几份名单中洪秀全的年龄来看，《贼头目姓名籍贯单》介于《粤匪杂录》钞本和不列颠博物院钞本之间，应该说，《贼头目姓名籍贯单》本于《长白清供单》是没有问题的。因此，根据前述名单所做的关于太平天国早期丞相制度演变的如上分析是可以成立的。

从前述的分析和所引的一些材料来看，洪秀全封五王（东西南北翼）也可能有一个酝酿的过程。在这个过程中，先确定封东西南北四王；在四王确定后，又试图效仿古代公侯伯子男五爵制度，首封公爵，并以翼公为最高公爵，设左、右翼公，以石达开为右翼公，以秦日纲为左翼公；与此同时，又确立了王爵不任而由公爵任丞相的制度。曾任丞相职的杨秀清在被封东王后就不再任丞相，这样就出现了所谓“丞相左翼公”、“丞相右翼公”的称谓。关于太平天国先确定封四王及石达开初任丞相的问题，张汝南《金陵省难纪略》记载说：“贼在修仁、荔浦时，止天贼及东西南北四贼旗号而已。翼贼伪天官正丞相，秦日纲伪天官副丞相。及围桂林，天贼下诏封翼贼为伪左军主将翼王，羽翼天朝，日纲始转正。”[3] 这里的记载，一般都以为有时间上的错误，因为天王封五王诏在永安时已颁，但不能因此而完全忽视这则史料的价值，它有可能反映了太平天国先封四王而石达开初任丞相的史实。据洪仁玕述、韩山文著的《太平天国起义记》载：“据说秀全先让最高之称号于其他四首领——冯云山、杨秀清、萧朝贵及韦正——及彼等谦让不肯，而且发愿完全服从洪之威权，彼乃自登尊位，而分封四人为四方之王。”[4] 这里也反映了先封四王的历史事实，此处未提翼王石达开，这说明石达开被封翼王还不在最初议封王爵的范围，那是后来的事。当然，这样的史实还有待进一步证实。到后来，又决定升封石达开为王，因为天官丞相的地位已高于地官丞相的秦日纲，且石达开“粗通文墨，贼中伪示伪檄皆出其手”[5]，其王号当袭公爵号，称翼王，并自此不设公爵，而从侯爵始，这样就构成了太平天国五王；

---

① 关于钱江问题，郭廷以《太平天国史事日志》上册第 208 ~ 221 页的考证尤详。

② 郭廷以认为，《粤匪杂录》中亦有万大洪布告之供单，但已减为十三人，无万大洪及钱江，于洪秀全改为“自称太平王”，已不言封；杨萧冯韦分别改为东西南北王，较万大洪布告之贡单已近真不少。大约《粤匪杂录》系据万大洪布告之贡单转钞，加以改正，足证是时关于太平军方面之知识较前正确，遂将与洪杨无关之万大洪、钱江删去（参见《太平天国史事日志》，第 217 页）。

③ 《太平天国》，第 4 册，第 707 页

④ 《太平天国》，第 6 册，第 873 页。

⑤ 王庆成：《太平天国的文献和历史——海外新文献刊布和文献史事研究》，社会科学文献出版社 1993 年版，第 481 页。

既封五王，辅佐天王的职能已无需丞相负责，必须对丞相制度进行调整，由此而采用六官丞相制度，未封秦日纲为王已属不公，故而以秦日纲为六官丞相之首，他首先被封为天官正丞相。这样的一个过程在太平天国的自身文献中是不可考的，这主要是因为太平天国反映自身早期历史的文献多为后来的追记之作，对诸王往往直称其王号，他们的早期官爵称谓并未提及。因此，《贼头目姓名籍贯单》和《长白清供单》自有其重要的史料价值。

第六环节：天官正丞相（右翼王）、天官副丞相（左翼公）。随着组织的发展壮大和起义的日益临近，必须进一步加强组织干部的管理，对应到古代六官的理想，这就需要天官来履行这样的职责。因此，洪秀全遂加强了对天官的建设，石达开由天官副丞相升为天官正丞相，秦日纲由地官副丞相升为天官副丞相，这样就确立了石达开职权高于秦日纲的基本格局。因此，张汝南所载石达开、秦日纲任天官正、副丞相应该有这样的一个过程。张汝南称石达开任翼王后，秦日纲即升为天官正丞相。但张汝南似不知石达开曾有升封右翼王的经历，因此，在他成为单纯的“翼王”之前，似乎还可以称他为“天官正丞相右翼王”，而秦日纲也可称之为“天官副丞相左翼公”。

第七环节：丞相右翼王、丞相左翼公。随后，人们又简称石达开为丞相右翼王，简称秦日纲为丞相左翼公了。石达开、秦日纲均为天官丞相，且石之高于秦，通过王爵高于公爵已足能表达，无需再强调天官丞相之正副了，所以简称“丞相右翼王”、“丞相左翼公”亦更符合人们对职权高低的基本认知。据作为《洪大全上咸丰帝表文》附件的《洪大全供太平军首领名单》，秦日纲为伪丞相左翼公，石达开为伪丞相右翼王[①]。澳籍华人学者黄宇和《太平军初起是北上还是东进的问题初探》一文提供了叶名琛档案中的洪大全供词，该供词亦有一份《洪大全供出盗营逆匪名单》，该名单对秦日纲和石达开的介绍分别为：“秦日昌，年三十七岁，面白无须，广东花县人，封伪丞相左翼公。”“石达开，年三十九岁，面黑微须，广东增城人，封伪丞相右翼王。”洪大全被擒是在永安突围时。黄宇和指出，叶名琛档案中的洪大全供词是由乌兰泰寄给叶氏的，而洪大全正是乌兰泰所部擒获。乌兰泰与叶名琛共事五载，两人关系不错，乌兰泰奉调入桂，叶名琛要求他随时将重要军情函告，乌兰泰没有邀功的考虑，因而没有杜撰的必

① 中国历史第一档案馆编：《清政府镇压太平天国档案史料》，第3册，社会科学文献出版社1992年版，第244页（以下简称《清政府镇压太平天国档案史料》，第3册）。

要，洪大全供词的真实性似乎不能怀疑[1]。咸丰二年四月二十六日，祁寯藻等奏报会审定拟要犯洪大全凌迟处死，其奏折后附件二为《洪大全供太平军首领名单》。该名单对秦日纲和石达开的介绍分别是："秦日昌：年三十七岁，面白微须，广东花县人。封伪丞相左翼公。""石达开：年三十九岁，面黑微须，广东增城县人。封伪丞相右翼王。"[2] 咸丰三年六月二十四日，军机大臣等递查开洪秀全杨秀清等人名单，名单中对秦日纲和石达开的介绍分别为："秦日昌，广西花县人，伪丞相，左翼公。据徐广缙奏，长沙贼窜时歼毙。""石大剀，广东增城人，伪丞相，右翼王。据徐广缙、罗绕典先后奏在长沙戳毙。"[3]

第八环节：右丞相翼王。从前述几份名单看来，称呼石达开为丞相右翼王的还不少。但是，有"右翼王"，却没有"左翼王"，为了表示对"右翼王"的独尊，这个"右"字发生了转移，它移到丞相前面去了，这样，就出现了"右丞相翼王"的称呼。赵烈文《落花春雨巢日记》载：咸丰三年五月"初一日乙巳，晴，将晚大雨。吴圣俞言曾见贼中通书，前列伪衔，首为禾乃师赎病主左辅正军师东王杨、右弼又正军师西王萧、前导副军师南王冯、后护又副军师北王韦，右丞相翼王石共五人皆不名。单月三十一日，双月三十日。又改地干丑为好，卯为荣，亥为开，本年即称癸好三年，不知何义。"[4] 这表明"右丞相翼王"的称呼的确是存在过的。但是，秦日纲是不能进一步简称为"左丞相翼公"的，这是为什么呢？因为左丞相高于右丞相，而后面的翼公却低于翼王。这样，右丞相翼王已成为独特的职官称谓，这为翼王封号的出现奠定了职权认知的基础。

第九环节：石达开独享"翼王"爵号，秦日纲升任天官正丞相。对石达开称谓的再进一步发展的结果就是——"右丞相"没有了，成为"翼王"！此时，"翼"字成了石达开爵号专用字，秦日纲升封天官正丞相，他不能再称"翼公"了。以后，太平天国再封爵时，也只能从侯爵开始，而不能再从"公"开始了，以避"翼公"之讳。有了翼王的称呼，石达开的声名就逐渐进入了清廷征剿大吏的视线之中，从这个角度来说，石达开的名字较晚出现

① 北京太平天国历史研究会编：《太平天国史译丛》，第一辑，中华书局 1981 年版，第 273～274 页。

② 《清政府镇压太平天国档案史料》，第 3 册，第 243～244 页。

③ 中国第一历史档案馆编：《清政府镇压太平天国档案史料》，第 8 册，社会科学文献出版社 1993 年版，第 189～190 页（以下简称《清政府镇压太平天国档案史料》，第 8 册）。这份名单据《随手登记档》注：该单"未发下"。

④ 太平天国历史博物馆编：《太平天国史料丛编简辑》，第 3 册，中华书局 1962 年版，第 34 页（以下简称《太平天国史料丛编简辑》，第 3 册）。

在清廷征剿大吏的奏报中是合乎逻辑的。对于以上的演变过程，我们可制成下表，以便更清晰地看到这个过程的基本轨迹。

表4－1　石达开、秦日纲爵职演变表

史料来源	石达开爵职演变	秦日纲爵职演变
《贼头目姓名籍贯单》①、李圭《金陵兵事汇略》②	右丞相	左丞相
《贼头目姓名籍贯单》 《万大洪晓谕》后附名单③ 《长白清供单》(伦敦不列颠博物院抄本)④	丞相右翼公	丞相左翼公
《长白清供单》(《粤匪杂录》抄本)⑤	(丞相)右翼公	丞相左翼公
《天德皇帝朱明武太平王洪秀全等名单》⑥	右翼公军务丞相	左翼公随营丞相
《粤氛纪事诗》	右翼公丞相	左翼公丞相
《洪大全供》、《中国叛乱史》⑦	天官(副)丞相右翼王	地官(正)丞相左翼公
张汝南《金陵省难纪略》	天官正丞相(右翼王)	天官副丞相(左翼公)
《洪大全上咸丰帝表文》 《洪大全供出盗营逆匪名单》(叶名琛档案)⑧ 《祁寯藻等奏报会审定拟要犯洪大全凌迟处死折》⑨ 《军机大臣等递查洪秀全杨秀清等人名单》⑩	丞相右翼王	丞相左翼公
《落花春雨巢日记》(咸丰三年五月)	右丞相翼王	(左丞相翼公)×
徐广缙奏报(咸丰二年十月二十六日) 《粤匪犯湖南纪略》(壬子二年)	翼王	(天官正丞相)

① 王庆成:《太平天国的文献和历史——海外新文献刊布和文献史事研究》,社会科学文献出版社1993年版,第480～481页。

② 《太平天国》续编,第4册,第242页。李圭在《金陵兵事汇略》中说:"咸丰元年辛亥正月,秀全在大黄江僭伪号为太平王,杨秀清为左辅正军师,萧朝贵为右弼又正军师,冯云山、韦昌辉、秦日纲、石达开为丞相。"

③ 金毓黻、田余庆等编:《太平天国史料》,中华书局1959年版,第264～265页。

④ 罗尔纲:《太平天国史事考》,生活·读书·新知三联书店1955年版,第154～155页。

⑤ 罗尔纲:《太平天国史事考》,生活·读书·新知三联书店1955年版,第153～154页。

⑥ 该名单录自《时闻丛录》,见《太平天国史料丛编简辑》,第5册,第157～159页。

⑦ 《太平天国》续编,第9册,第122～123页。

⑧ 北京太平天国历史研究会编:《太平天国史译丛》,第一辑,中华书局1981年版,第273～274页。

⑨ 《清政府镇压太平天国档案史料》,第3册,第243～244页。

⑩ 《清政府镇压太平天国档案史料》,第8册,第189～190页。

第十环节：天官正丞相、春官正丞相。石达开升封为王后，干部管理的职责后来就交给秦日纲。随着对敌斗争的深入和发展，洪秀全等人又感觉到加强内部管理的重要性，因为堡垒往往最容易从内部被攻破。此时的内部管理已不能只限于干部管理了，对普通会众的管理更显重要。普通会众应遵行什么样的行动规则，会员之间应遵行什么样的制度和礼仪来维持稳定的秩序，是对敌斗争发展的新需要。因此，洪秀全等人再行调整，将天官丞相、地官丞相改设为天官丞相、春官丞相。天官丞相负责管理干部，春官丞相负责管理普通会众。而且，为了迎接即将到来的大规模起义，洪秀全等人觉得有必要扩大丞相官职的设置，拟设六官丞相 12 人，而首先设置的是天官正丞相和春官正丞相，李滨在《中兴别记》卷一中载“受伪职最早者”中只有秦日纲与胡以晃两人为丞相①，这是为了满足当时的迫切需要。在永安期间被授予丞相官职的有天官正丞相秦日纲和春官正丞相胡以晃，这实际上是一种确认。秦日纲之所以被封为天官正丞相②，除了前述的原因外，还因为他在金田起义后日益受到领导集团的重视而地位突出，天兄几次下凡令其和南王一起执行公务。胡以晃之任春官正丞相，是由于他在金田起义前夕变卖田产支援上帝会，又设法解救洪秀全、冯云山有功。从丞相的演变来看，那种认为六官丞相完全没有实任事务似乎于此很难解释。

在这里，笔者拟回答两个问题。一是太平天国早期先封四王后加封石达开翼王的问题，二是同为翼公的秦日纲和石达开，为什么石达开得以升封翼王？

先封四王的问题，似乎是个伪命题，因为人们熟知的永安封五王诏，从根本上排除了这个问题产生的可能性。现知的天王封五王诏录自太平天国壬子二年原刻本《天命诏旨书》。我们不能排除太平天国编纂该书时，对其早期的历史有可能做了一些人为的安排和重建，因此，天王封五王诏的时间有可能是被提前的。如果不是这样的话，那么，太平天国早期历史中的一些现象就无法得到合理的解释。另一种历史的可能性是存在的，即：洪秀全等人最初在议封王爵时可能只有东西南北四王，后来由于石达开的出色表现，才又议加翼王，永安封五王诏，只是对这样一种结果的确认。这样的历史可能性，除了前述的张汝南的记载、《太平天国起义记》和《中国叛乱史》外，还有

---

① 《太平天国资料汇编》，第 2 册上，第 12 页。

② 咸丰二年十月二十三日，罗绕典在《奏报长沙解围各路沿途截杀情形折》中称，在十月十八日的长沙解围战中，清军“夺获伪总制罗、伪丞相秦、伪正将军李大黄旗各一杆”（中国第一历史档案馆编：《清政府镇压太平天国档案史料》，第 4 册，社会科学文献出版社 1992 年版，第 51 页。以下简称《清政府镇压太平天国档案史料》，第 4 册）。说明秦日纲确是受封较早的丞相。

不少的史料能够予以说明。

海虞学钓翁《粤氛纪事诗》亦载："逆首洪秀全，广东花县人，自称太平王。厥党杨秀清、萧朝贵乃伊姊妹夫，为左右军师，称东王、西王，冯云山、韦正、刘得中称南、北、中王。"① 李滨《中兴别记》载："初，洪逆一人先蓄鬈发，至是则皆不薙鬓，故人谓之长毛，又以贼众裹首红巾，曰红头。洪逆自立为太平王，以杨秀清为东王，冯云山为南王，萧朝贵为西王，韦昌辉为北王。洪逆陷永安，遂僭称天王，建伪国号曰太平天国。贼之伪制度，如爵职、及冠、旗帜等，妄托古制，袭取稗官，沿名踵诞，复时有改革。"② 这里就讲了最初的封王没有翼王。但在随后介绍的"受伪职最早者"中又并列了东西南北翼五王③。这里的记载可能受到《李秀成自述》的影响。从李滨的潜意识来看，似乎也是先封四王，后封翼王。从总体上看，李滨《中兴别记》对太平天国官制的记载没有时间概念，往往将前后期的官制混淆在一起，但这里对最初官制的记载则有可能是真实的。据清军抓获的太平军探子李进富的供词称，道光三十年八月，他在"朋（鹏）隘听从杨姓纠邀，前往拜会，头子当天用水一盆，拜毕，将水挠（浇）心胸膛，蓄长头发。……大头子系冯云山，二头系洪秀全，三头杨秀清，四头萧朝溃（贵，）五头子韦正，六头子胡以洸（晃），俱着黄衣，每人妻妾三十六口"④。这里的排名虽然有些奇怪，但没有石达开，也颇能说明问题。黄非瀣于咸丰二年六月被清军俘获时供称："那贼人有七个大王，是太平王、东王、西王、南王、北王、天王、地王。小的投在西王罗亚旺旗内，……"⑤ 当时没有翼王名号，亦说明了同样的问题。

据太平天国的自身文献《天情道理书》载："昌辉、翼王亦是富厚之家，后因认实天父天兄，不惜家产，恭膺帝命，同扶真主，或位居后护，或职掌左军，剿灭妖氛，肃清海宇。"⑥ 韦昌辉在起义之初，声名显赫，他的名字常出现在清政府征剿大吏的奏报中，他甚至被清政府征剿大吏误认为太平王。如果石达开与韦昌辉同为"富厚之家"的话，其影响亦当很大。但令人遗憾的是，翼王石达开的名字在清政府征剿大吏的奏报中出现的时间很晚。

清廷征剿大吏提供的有关太平天国领导人信息的最早报告是咸丰元年三

① 《太平天国史料丛编简辑》，第6册，第377页。
② 《太平天国资料汇编》，第2册上，第10页。
③ 《太平天国资料汇编》，第2册上，第2页。
④ 《太平天国》续编，第3册，第271～272页。
⑤ 《太平天国》续编，第3册，第275页。
⑥ 《太平天国》，第1册，第371～372页。

月二十三日的《周天爵奏请赏张钊六品顶戴并陈剿捕宜用坐战之法折》，该折称："臣观现在贼情形势，惟韦正、洪泉、冯云山、杨秀清、胡一洸、曾三秀头目数十人，而洪泉、冯云山为之最。洪泉，西洋人传天竺教者，其战始则寂寂，忽而少出，既而多出，又继而大至，每一败而两胜，盖用孙膑三驷之法。洪非其姓，乃排辈也。冯云山颇识文义，用夷法以古兵法参之。"① 所以，在四月初十日的《寄谕李星沅等毋使东乡被困之股突围并悬赏购获首要韦正等》中，咸丰帝亦称："贼首韦正、洪泉、冯云山、杨秀清、胡一洸、曾三秀等，既访得确实，知其习教伎俩，即当设法悬赏购线，使贼党自猜，攻剿更易得手。"② 在六月初七日的《赛尚阿奏报到粤日期及筹剿情形折》后《附两广各股首领数目及剿捕情况清单》的第一条就是："会匪韦正、胡以洸、冯云山、洪泉、赖世举等，啸聚桂平之金田，平南之鹏化、花洲等处。"③ 由于韦正和胡以晃的影响较大，他们两人的祖坟最早被清政府地方官吏挖掘④。据丁守存《从军日记》六月载：当时在桂林，"初六日，饬书吏写折，并增改折稿。刻赏格：有能擒毙贼首洪秀全，冯云山、杨秀清、萧朝贵、韦正、胡以洸者，给五、六品翎顶，赏银二万两至八千两有差。"⑤ 这说明在赛尚阿拟悬赏的太平军首领名单中也没有石达开。不仅如此，赛尚阿此后给清廷的奏报中多次提到太平军的首领名单，也都没有石达开的名字。

永安封五王诏的内容似乎没有被清方侦知，太平军攻克永安后，赛尚阿给清廷的奏报中依然没有出现石达开的名字，这是值得令人深思的。九月初八日，赛尚阿奏报探闻永安会首大概情形说："大股会匪自窜入永安之后，各路侦探间谍时常购募。惟该逆防范甚密，诡谲异常，多有被其戕害者。即探来之信，亦不甚划一。有谓伪太平王系胡以洸，一万岁洪秀全，九千岁冯云山，八千岁罗亚旺，七千岁范连得，六千岁韦正，伪左辅正军师杨秀清，伪右弼又正军师萧朝贵者。其伪号称为正天命天国，又称天觉。又有谓太平王仍系韦正者。冯云山穿道士衣，称伪军师，胡以洸又名胡二妹，均三十余岁。其各处探谍均未见过洪秀全之面。闻洪秀全终日卧藏，不肯见人，诡称天父天兄，造七字不通之句，称为天兄下凡所作，以惑其党。"⑥ 九月二十三日，

---

① 中国第一历史档案馆编：《清政府镇压太平天国档案史料》，第 1 册，社会科学文献出版社 1992 年版，第 329 页（以下简称《清政府镇压太平天国档案史料》，第 1 册）。

② 《清政府镇压太平天国档案史料》，第 1 册，第 395 页。

③ 中国第一历史档案馆编：《清政府镇压太平天国档案史料》，第 2 册，社会科学文献出版社 1992 年版，第 67 页（以下简称《清政府镇压太平天国档案史料》，第 2 册）。

④ 《清政府镇压太平天国档案史料》，第 2 册，第 17 页。

⑤ 《太平天国史料丛编简辑》，第 2 册，第 280 页。

⑥ 《清政府镇压太平天国档案史料》，第 2 册，第 378 页。

赛尚阿等奏复遵查广西未有李丹朱九涛等人并报洪秀全等及剿办东西两省各股情形，奏称："惟金田逆匪自称太平天国，确有历次所获犯供及伪示、伪印可凭。其匪首确系称太平王，惟其伪太平王究系韦正，抑系洪秀全，供词往往不一。臣等各处密发侦探，适有报称匪洪秀全以下八人，称二哥至九哥。其大哥即贼所妄称为上帝，又曰天父者。又有称洪秀全、冯云山二人，由广东九头山贼匪差来，其大哥即九头山贼首李荣华者。查阅程矞采奏折，内称李丹又名云怀，人呼为丹先生。是李丹者本非其名，荣华、云怀，声本相近，或系楚粤口音，辗转传伪。至称为太平王，多有指为洪秀全者。缘此会匪本由洪秀全、冯云山煽惑，韦正倾家起衅，始推韦正为首，后仍推洪秀全为首。而洪秀全又一姓朱，则向有此说。乃其诡托前朝后裔，洪字即系洪武字样，以为煽惑之由。因系众口传闻之词，未经入奏。况此等凶邪名姓，本无一定，洪秀全又曰姓朱，但未闻有朱九涛之名。"① 同一天，赛尚阿又奏报进攻永安连获胜仗并烧毁水窦敌巢说："现复探得各逆首，胡以洸住水窦营，韦正住西街，冯云山、杨秀清住莫家村，洪秀全、萧朝贵住城内。虽往来踪迹无定，总不出此数处。"② 可见，此时的翼王确实还没有进入清朝官方的视线。

由此不难使人怀疑永安封五王诏的真实性，如果永安时石达开已升封翼王，为什么还有张汝南的那则记载，为什么清廷征剿大吏一直只知四王，而没有翼王呢？直到咸丰二年五月初四日，赛尚阿在奏报于全州击毙萧朝贵敌复窜道州一路现督诸军追剿情形时，依然十分清楚地说："讯据犯供，十九日对仗时，贼伪四王楚秀清、萧潮溃、冯云山、韦正俱出督战，被官兵击毙数百名，内伪西王被炮子打伤甚重，登时毙命，伪南王亦被炮子打入肚腹，炮子未经取出。"③

清廷征剿大吏的奏报中提到石达开最早是在咸丰二年十月，此时太平军已进入湖南了。二十三日，罗绕典等奏报追剿敌众并探敌往宁乡逃去，他们奏称：在湖南宁乡白箬铺的战斗中，清军"杀一千余人，生擒二百余，伪翼王亦经歼毙"④。这里提到"翼王"，但并未说清翼王为谁。因此，咸丰帝一面发布上谕嘉奖罗绕典等人，一面又发布上谕询问徐广缙"歼毙之伪翼王系何姓名"⑤。二十六日，徐广缙奏报敌由西路窜逸官兵截击获胜并派兵赶紧追剿，又声称：在长沙牛头山地方的战斗中，"有坐轿贼目被兵勇长矛戳毙，割

---

① 《清政府镇压太平天国档案史料》，第2册，第408页。
② 《清政府镇压太平天国档案史料》，第2册，第422页。
③ 《清政府镇压太平天国档案史料》，第3册，第273页。
④ 《清政府镇压太平天国档案史料》，第3册，第52、84页。
⑤ 《清政府镇压太平天国档案史料》，第4册，第71～72页。

取首级，认明实系伪翼王石大（达）剀（开）”[1]。这样，翼王石达开才开始出现在清廷征剿大吏的奏报中。时人的记载中出现翼王石达开的名字，较清廷征剿大吏的奏报要早一些。佚名著《粤匪犯湖南纪略》为即时记载，记壬子二年四月太平军由广西攻湖南道州起至克岳州止。他的记载则称：“逆首洪秀全，广东人，己卯生，行坐绿呢轿，所居妇女围之，自号太平天德王。其下王：伪东王杨秀清、伪西王萧朝贵、伪南王冯云山、伪北王韦政、伪翼王石达开。伪西王城外接仗为我炮所伤，的系身死。现将杨秀清最狡狯。洪秀一颇知文墨，所造天条书以敬天为第一义。”[2] 可以断定的是，从咸丰三年起，翼王石达开的声名已渐在社会上流播。赵烈文《落花春雨巢日记》载，咸丰三年二月，“十一日丙戌，晴。见抄录贼渠姓名太平王洪秀泉，广东花县人，东平王杨秀清，西平王萧朝贵，南平王冯云山，北平王韦正，翼王石达开”[3]。

翼王的名字之所以较晚出现在清廷征剿大吏的奏报中，应当是因为他的社会影响还不够大。但在太平天国内部，似乎石达开的地位从一开始就比较高，据太平天国的自身文献《天命诏旨书》载，咸丰元年七月二十六日（太平天国辛开元年七月十九日）时在茶地的《行营铺排诏》就已明确当时的石达开已任左军主将[4]。这是为什么呢？周振钧的《洪杨纪事》则载：“（道光）三十年九月，洪秀泉（广东花县人，须染红，寓广西卖药草）与戚杨秀清（教蒙童）、罗大刚（积匪）、萧朝贵（极骁勇）、韦正（广西富户，武举）、冯云山（花县人，韦正家西席）啸集亡命战贼三千，起于浔州府（守为顾元凯）桂平县（令为王烈）大黄江（巡检王基）金田墟金蟠村。”[5] 这里虽然没有道出直接的原因，但我们从此可以悟出这样的原因，即：石达开最初没有直接参与金田起义的谋划，他早期的活动是在贵县龙山山区。所以，洪秀全等人最初议封四王是可能的。直至咸丰三年三月十六日（1853 年 4 月 23 日），《北华捷报》报道还说：“据说‘天德’已死，主帅转由太平王担任，他是‘天德’的亲戚，将成为‘后明’的第二个皇帝。我们曾报道过，太平王由其他四个王——诸侯或指挥官——辅政，分别称为北王、东王、南王、西王。”[6] 咸丰四年初，法国贾西义号访问了南京，访问结束后，回到上海徐家汇后的葛必达神父给郎怀仁神父寄去了长篇的报道，其中说：“在洪秀全号称天王之后，作为头等大臣的五个人也像往常那样，随即获得了王的称号。内

① 《清政府镇压太平天国档案史料》，第 4 册，第 55 页。
② 《太平天国史料丛编简辑》，第 1 册，第 67 页。
③ 《太平天国史料丛编简辑》，第 3 册，第 29 页。
④ 《太平天国》，第 1 册，第 64 页。又参见《太平天国文书汇编》，第 32 页。
⑤ 《太平天国史料丛编简辑》，第 2 册，第 11 页。
⑥ 《太平天国》续编，第 9 册，第 46 页。

有一人据说纯粹是荣誉称号，其他人则在王号前各加上指南针上四个基本方位中的一种，以示区别。”① 在葛必达看来，石达开的称号有些特别。

如果是先封四王，那么，为什么又会再加封石达开为翼王呢？“翼”乃“羽翼”之意，永安封五王诏也是希望石达开“羽翼天朝”。既然如此，一般须有“两翼”才能起到这种作用。太平天国早期是有“两翼”的，这就是“左翼公”和“右翼公”。当时不少在社会上流传的、前文已有征引的各种太平军首领名单就说明了这一点。

那么，石达开何以升封翼王呢？江左明心道人的《发逆初纪》认为“石达开以倾财故伪为翼王”②。谢介鹤《金陵癸甲纪事略》也说：石达开“家稍裕。天贼等欲为乱，苦无资，闻翼贼富，与南贼密访之。妖言达开为天贼第七子，当为王，伪号左军主将，伪称翼王五千岁，翼贼遂信而惑焉，愿以家资从事，……”③ 佚名《金陵纪事》亦说：“石大凯（达开）本富户，或谓为北方人，助银而后为伪翼王。”④ 据恩师钟文典实地调查研究，得出的令人信服的结论是，石达开出身于富裕农民的家庭⑤。石达开并不像韦昌辉那样“富厚”，关于这个问题梅竹公亦已有翔实的研究⑥。他的家庭经济状况能否支撑起洪秀全等人最初活动的经费需要，确实是个问题，因此说石达开以助银而得以封王似乎是不能成立的。苏双碧认为，石达开“被封为翼王，是他在革命的准备阶段和起义初期，为太平天国革命立下的卓著功勋所赢得的。至于‘献金’，这是每个参加起义的会众所必须尽的义务，即把自己的财产变卖充作起义经费。当然，石达开因‘家富’，献金的数目自然比普通农民多些，但这同他被封为翼王并没有直接关系”。在苏双碧看来，石达开在起义准备阶段和初期所作的贡献在于，他加入上帝会后到处“树旗招人马”，金田团营时率领一支三千多人的汉、壮队伍，一路冲破地主武装团练的封锁和阻拦，由贵县来到金田⑦。梅竹公也说：“（石达开）入会两年后，他才参加领导核心；

① 《太平天国》续编，第9册，第110页。

② 《太平天国》，第4册，第453页。

③ 《太平天国》，第4册，第669~670页。

④ 《太平天国》续编，第5册，第73页。

⑤ 钟文典：《太平天国人物》，广西人民出版社1984年版，第230~231页。

⑥ 梅竹公：《翼王的身世及赴义动机》，《太平天国史学术讨论会论文选集》，第2册，中华书局1981年版，第648~653页；梅竹公：《翼王身世续考》，《太平天国学刊》，第2辑，中华书局1985年版，第162~168页。

⑦ 苏双碧：《太平天国人物论集》，福建人民出版社1984年版，第139~140页。

再经过出生入死，立了许多战功，才受封为翼王。”①

恩师钟文典认为：石达开与上帝会接触，时间应在道光二十五年（1845）秋后，道光二十七年秋前，直接“诱其入夥”者是冯云山。16岁的石达开成为上帝会的一方首领，显示了他非凡的组织才干和崇高的群众威望。道光三十年五月，上帝会号令团营，石达开亲临受命，然后赶回家乡，传令集众，顷刻间闻讯而来者男女千余人。后在白沙圩扩充至四千余人，他率众奔赴金田。在金田团营期间，他“专门负责练兵马”，“还兼管理财政”。咸丰元年二月，他在武宣东乡受封左军主将。五月，石达开和冯云山在象州中平独鳌山一战表现突出。在此后的起义进军中，石达开协助前军主将萧朝贵担任前锋，攻坚破敌，扫清道路。茶地移营，大旺分军，进军大黎，攻占永安诸役，节节胜利，屡建奇功。因此，洪秀全在永安封王建政时，石达开才得以由左军主将晋封翼王。而他在永安期间亦真正起到了“羽翼天朝”的重大作用②。恩师王庆成则认为：石达开自小四处闯荡江湖，在地方上渐渐成了崭露头角的人物，引起了洪秀全的注意。道光二十七年以后，洪秀全和冯云山亲自去石达开的家乡那帮村密访，以上帝会的教义和革命大义说动他，他接受了他们的启发，加入了上帝会，并把全部家产捐献出来。从道光二十七年到道光三十年夏洪秀全发布起义动员令以前，石达开大部分时间都在贵县北部山区——龙山山区，秘密进行紧张的起义准备工作。在这过程中，他和萧朝贵联系较多，常常秘密商量大事。道光三十年夏秋以后，石达开亲自动员贵县的会员去金田参加“团营”，沿途召集了不少群众入伍。到金田以后，他就参加了起义的领导核心，担负起操练人马的责任，还兼管财政。金田起义的当天，石达开被封为左军主将。咸丰元年五月，在象州梁山村之战中，石达开表现不凡。七月十九日，洪秀全命萧朝贵和石达开为“开通前路”的先锋，向永安进发。太平军攻克永安后，石达开以左军主将封翼王。他设法动员龙山矿工前来参军，为永安突围增加了新的力量③。应该说，两位恩师对石达开早期历史的研究表明，石达开在太平天国的开国史上发挥的重要作用已使他崭露头角，不同于一般人。据韩山文《太平天国起义记》，洪秀全于道光二十七年第二次到达广西，了解到经过冯云山的宣传，紫荆山区的上帝会教徒已有许多人，并说：“紫荆山拜上帝之教徒未久即有逾二千之多，其数且日增。

① 中华书局近代史编辑室编：《太平天国史学术讨论会论文选集》，第2册，中华书局1981年版，第652页。

② 钟文典：《太平天国人物》，广西人民出版社1984年版，第234~236页。

③ 王庆成：《石达开》，生活·读书·新知三联书店1978年版，第4~19页。

其中有卢某（Loo-Shing-sze）、卢六（Loo-Liuh）、曾亚顺、石达开、杨秀清、萧朝贵等。”①

除了以上的事功之外，石达开的个性特点和人文禀赋也是他在早期跃升的重要因素。左宗棠对石达开的评价值得重视，他认为：“石达开本金田剧贼”，“石逆故桀悍而能用谋”，“贼中惟石逆最悍且多诈”，“贼目杨秀清等自相屠戮，现存者唯石逆狡悍著闻，素得群贼之心。其才智出诸贼之上，而观其所为，颇以结人心、求人才为急，不甚傅会邪教俚说，则贼之宗主，面我之所畏忌也。”② 半窝居士《粤寇起事记实》说：“石达开犷悍多谋，以锻铁为业，家小康，子弟皆从洪逆为师。”③ 张晓秋《粤匪纪略》则载石达开“稍识字，性□平，贼多服之”④。前述《贼头目姓名籍贯单》还提到石达开“粗通文墨，贼中伪示伪檄皆出其手”，而《天德皇帝朱明武太平王洪秀全等名单》则说石达开“能知阴阳星相，托水雷震”。我们可以认为，上述史料中所一再提到的石达开的人文禀赋是秦日纲所不具备的。能文能武的石达开自比只善武艺的秦日纲更具竞争力，因此，同是翼公的秦日纲终因石达开升封王爵而不再能够保留自己的公爵。

第十一环节：六官丞相12人。杜文澜《平定粤寇纪略》卷一载：太平天国在永安期间，“贼党黄玉崑、秦日纲、林凤祥、罗大纲、罗亚旺、范连德、胡以晃等悉署丞相、军师各伪职”⑤。这种记载虽不完全正确，但也反映了永安建制期间已设诸多丞相的基本史实。在定都天京以前，丞相官职的授予是相当少的，在从永安到天京的一路战斗中，仅于咸丰二年（太平天国壬子二年）十二月因攻陷武昌林凤祥升任天官副丞相，李开芳升任地官正丞相⑥。定都天京后，被授予丞相职官的人就比较多了，咸丰三年（太平天国癸好三年）二月至六月主要任命的是六官正、副丞相8人。这年二月，因攻克南京论功

---

① 《太平天国》，第6册，第857页。

② 《左宗棠全集》，第10册，岳麓书社1996年版，第138、151、160、166、241页。

③ 《太平天国》续编，第4册，第2页。

④ 《太平天国》续编，第4册，第48页。

⑤ 《太平天国资料汇编》，第1册，第6页。

⑥ 《太平天国》，第3册，第52～53页。林凤祥任天官副丞相职还可参见讷尔经额于咸丰三年七月的《奏报怀庆续获胜仗情形折》，该折称：“其伪天官副丞相林凤祥亦手执令旗，勒马督阵。”（《清政府镇压太平天国档案史料》，第8册，第611页）。

行赏，陈承瑢升地官副丞相[①]，吉文元升春官副丞相[②]，黄玉崑升夏官正丞相[③]。五月，升职丞相的人较多，赖汉英在西征前夕升夏官副丞相，随后率军西征。他从天京出发进取江西，一路进军顺利，五月二十日，进抵南昌，沿途受到人民群众的欢迎[④]。朱锡琨与黄益芸则因六合之战分别升任秋官正丞相与秋官副丞相。据《贼情汇纂》载："（癸丑）四月杨贼令锡琨与黄益芸带六军贼北犯，并接应林凤祥等。五月初旬行抵六合，为官兵诱至小河歼毙。逃贼回城直诉，而杨贼讳言其死，杀逃贼以灭口，仍以功奏洪贼，升秋官正丞相。"黄益芸于咸丰三年（癸丑年）"四月升殿右十六指挥，与朱锡琨带六军贼众北犯，接应林凤祥等，至六合小河，为官兵所毙。逃贼回报，杨贼讳败为胜，杀逃贼以灭口，仍奏洪贼升为秋官副丞相"[⑤]。《贼情汇纂》亦载许宗扬"曾攻打六合县，为官兵所败"[⑥]。虽然许宗扬参加六合之战失败，但仍可

① 《太平天国》，第3册，第51页。《贼情汇纂》载陈承瑢"癸丑二月（由殿右二检点）升地官副丞相"。

② 《太平天国》，第3册，第53页。《贼情汇纂》载吉文元说："癸丑二月贼众下窜犯江宁，升殿右指挥。初十日江宁城陷，文元率众先登，二十三日加封春官副丞相，统率群丑犯六合及沿江一带。"

③ 咸丰三年三月初二日（1853年4月9日），上海各英国商行经理和代表在英国驻沪领事馆举行大会，分析太平军的动向。有人说："新近此间所接到的'奉行天命主将罗'和'办理军务夏官正丞相黄'的告示，如属可信，正是表明叛军首领如何对待外国人的政策或情绪的首次迹象。"（《太平天国》续编，第10册，第16页）由此可以推断，黄玉崑升任丞相当也在二月。但《贼情汇纂》载："癸丑二月至江宁，杨秀清等欲大肆屠戮，玉崑极言不可，即矫伪诰谕张贴安民。五月升夏官正丞相。"（《太平天国》，第3册，第51～52页）从这里的叙事语境来看，黄玉崑于二月升任丞相较顺，"五月"似为衍文。姑存此说，留以待考。

④ 《太平天国》，第3册，第71～72页。从张德坚《贼情汇纂》介绍赖汉英的语境来看，赖汉英之升夏官副丞相即在癸丑五月。王可升《戎幄麈谭》载：咸丰三年，"五月初五日，行过九江。时洪逆已陷金陵，伪豫王胡以晃再陷安庆，伪丞相赖汉英、石贞祥犯九江、入鄱阳湖。"（《太平天国》续编，第4册，第328页）赖汉英有可能像谢介鹤《金陵癸甲纪事略》所介绍的曾相风那样于西征前升职丞相。谢介鹤对曾（夏?）相凤的介绍是："伪冬官又副丞相，广西人，金陵破，为伪指挥，加秋官丞相，与赖汉英同窜江西。官兵防守，城不得破，东贼削其职。甲寅春，东贼闻湖南贼又为官兵所败，乃授伪冬官又副丞相，使往接应。嗣使燕贼往安徽，又调回使尾燕贼后。"（《太平天国》，第4册，第674页）对赖汉英的介绍是："赖汉英，伪东殿尚书，广西人，原籍江西，前伪夏官副丞相。东贼使窜江西，因省城未破，东贼疑之，遂削伪职，今复为伪尚书。"（《太平天国》，第4册，第676页）此时被革之职当为夏官副丞相。十月至十一月间因三汊河大捷解扬州之围而官复原职，故在十一月底与法国公使布尔布隆交涉时的官职即为夏官副丞相。

⑤ 《太平天国》，第3册，第54页。

⑥ 《太平天国》，第3册，第62页。

能像朱锡琨与黄益芸一样于咸丰三年（癸丑年）五月升冬官副丞相[①]。因镇

① 《贼情汇纂》载许宗扬于咸丰四年（甲寅年）四月升冬官又副丞相，不确。罗尔纲《太平天国史》第3册第1896页据胜保于咸丰四年四月十一日折认定张德坚载许宗扬任冬官又副丞相为误，谓胜保曾亲见东王给发的诰谕。李滨《中兴别记》卷十一载咸丰四年春正月，夏官正丞相黄生才、夏官又正丞相曾立昌、夏官副丞相陈仕保、冬官副丞相许宗扬等率军北援林凤祥等，虽然黄生才之职为沿袭《黄生才供》之误，但李滨记载许宗扬的官职为冬官副丞相（参见《太平天国资料汇编》，第2册上，第192页），为确。如此看来，许宗扬升职冬官副丞相当有可能不在癸丑四月。那在何时呢？作为早期的正、副丞相基本在癸丑上半年任职。在北伐途中的六合之战，虽然太平军失败，但朱锡琨、黄益芸、林绍璋（升封恩赏丞相）均升职，唯不见参加此次战役的许宗扬升职。朱锡琨、黄益芸升职丞相及林绍璋被封恩赏丞相均在癸丑五月。那么，许宗扬升职丞相当在此时。据张守常考，在太平天国组织北伐援军的癸丑十二月，许宗扬与曾立昌、陈仕保等人就已经是丞相了，因此，许宗扬绝不会迟至如《贼情汇纂》所载甲寅四月时才升职丞相。咸丰四年三月十五日张亮基在《奏报督兵进攻临清东门外续获胜仗片》中称："再，正缮折间（指三月十四日），臣又亲督各勇出队，直攻东门外杨家桥一带贼穴。该逆先犹坚匿。约有一进，忽见贼从南北两路突出，其众约有万余，抄裹我后。我军出队不足二千，四面皆贼，甚为担险，遂分军五队迎敌。即时击退。该逆旋退旋扑，如是数次。其后队亦愈聚愈多，我军人人奋勇，先以枪炮，继以刀矛。勇目李朝俊手刃穿黄缎马褂贼目一名，即将大旗夺获，系伪冬官副丞相许姓。勇目马进科手刃穿红衣贼目一名，即将大旗夺获，系伪检点郭姓。"（中国第一历史档案馆编：《清政府镇压太平天国档案史料》，第13册，社会科学文献出版社1994年出版，第259页，以下简称《清政府镇压太平天国档案史料》，第13册。又参见第299页、第367～369页。第299页表明当时的朝廷已怀疑张亮基夸饰战功，着胜保等人调查。第368页即为胜保等人的调查汇报。在第368～369页，胜保说："其初九日、十四日两次进攻，俱经获胜，俱有斩获，每次杀贼一二百名及百余名不等。但始虽获胜，继皆为贼压下，练勇亦有伤亡。该勇等即有伤亡，即有奋勇打仗之人。所夺器械、旗帜，亦有发营抵用交库收存者。"这里并未说清楚所言"冬官副丞相"旗帜是否为真的问题。）这里所言"冬官副丞相许姓"，即指许宗扬。

如许宗扬是冬官副丞相，那万象汾就不可能如《贼情汇纂》及张晓秋《粤匪纪略》所载是冬官副丞相，而只能是如《金陵癸甲纪事略》所载的冬官又副丞相了。《贼情汇纂》载："万象汾，伪检点。曾犯江西，升冬官副丞相，回江宁。又犯三汊河，降总制。"此处所载与史实有出入。按赖汉英与万象汾有相同的经历，也曾"犯江西"，并参加了三汊河之战。赖汉英既因进军江西而升职，又因进攻南昌不下而革职，其后又因三汊河之战而复职，已如前考。因此，万象汾不大可能单纯地因"犯江西"而升职，有可能也曾因攻南昌不下而被革职或降职。三汊河之战在前期太平天国军事史上占有重要地位，很多人升职封爵加勋均以参加此次战役的情况为根据。因此，万象汾也有可能因参加此次战役而受赏，升职丞相，而不大可能被降职。

前文注释中提到谢介鹤《金陵癸甲纪事略》所载的曾（夏?）相风（见《太平天国》，第4册，第674页）与张德坚《贼情汇纂》所载万象汾的情况极为相似，应为同一人。两处记载互相补充解决了一些问题。谢介鹤载万象汾在"犯江西前"为指挥，因此，他因进军江西而升职检点是很有可能的，张德坚载其为检点当指此时。谢介鹤载南昌"城不得破，东贼削其职"，此时所削之职当为检点。但谢介鹤未载万象汾参加三汊河之战，而载其在派往湖南之前于甲寅春授冬官又副丞相，此处所载当有误。万象汾因功升职的可能性较大，当在癸丑十一月参加三汊河之战之时或之后由检点升职冬官又副丞相。如此，万象汾就与赖汉英因有相同的战事经历而受到相同的待遇。

守镇江有功，六月，罗大纲由殿左五检点升任冬官正丞相[①]。这样，连同咸丰元年（辛亥年）与咸丰二年（壬子年）任命的4人，共有六官丞相12人。张晓秋《粤匪纪略》之《逆匪陷江宁时十二僭丞相》[②] 所录丞相12人与前述12人同。惟误记李开芳为天官副丞相、林凤祥为地官正丞相，并袭《贼情汇纂》之误载万象汾为冬官副丞相。尽管张晓秋认为太平天国在攻陷南京的时候已有了12丞相的设置是错误的，但他的记载也说明了六官正、副丞相12人较六官又正、又副丞相12人的设置要早，这反映了太平天国很可能原只有设六官丞相12人的打算。涤浮道人《金陵杂记》载："自各伪王侯以下，则有伪六官丞相，初系正付（副）各一，近又添称又正又付，计有二十四伪丞相矣。"[③]《石镇吉自述》在追忆太平天国初封丞相时所记六官丞相正职任职者

---

① 《太平天国》，第3册，第61页。罗大纲之任冬官正丞相职可由太平天国自身文献咸丰四年十月《燕王秦日纲复翼王石达开军情禀报》（见《太平天国文书汇编》，第228页）、咸丰四年九月《冬官正丞相罗大纲复国宗石凤魁请发粮草红粉事照会》（见同前书第243～244页）得到印证。惟禀报避秦日纲名讳，罗大纲作罗大刚。《太平天国》第4册第625～626页亦载咸丰四年（甲寅年）三月时在镇江罗大纲任此职（涤浮道人《金陵杂记》）。当然，罗大纲升任冬官正丞相当在这些时间之前。咸丰三年十二月二十二日，琦善在《奏陈仪征江岸安静现在督攻瓜洲移营进剿等情折》中称，在十二月十七日截击从金陵观音门驶至江北焚掠的太平军的战斗中，"披甲委笔帖式永祥追毙红衣贼一名，夺获鸟枪一杆、大黄旗四杆，上有伪冬官正丞相褚守田、伪职木一将军汤木、四总制黄金正、金伍庚、三监军李等字样。"（中国第一历史档案馆编：《清政府镇压太平天国档案史料》，第11册，社会科学文献出版社1994年版，第650页。以下简称《清政府镇压太平天国档案史料》，第11册）从这则史料来看，罗大纲究于何时升职丞相就值得考虑了。咸丰三年十月初九日，怡良等人在《奏报上海骤难克复实由夷人阻挠及盘获英夷商船片》中称："又据吴健彰禀称，盘获宁波钓船一只，内有夷人三名，洋剑一把，洋枪六十杆，洋刀四十把，洋硝一包，火药一罐，并在夷人身上搜出夷书一封，上有真命太平天国等字样。当即拆阅，查系英吉利奸商嘞呐吐致镇江逆酋罗大纲一封，又附带上海逆首刘丽川逆书一件，讯据船户王阿莫等供称，系夷人雇装兵器至镇江卖给贼匪者，在后尚有一船装载洋枪一百四十杆、洋刀六十把及洋硝火药等物，已闻拿逃窜。等语。"该折片后的附件一《英商嘞呐吐致罗大纲信函》的信面书"真天命太平天国殿左五检点罗大人玉展"。但此信的一开始即说："具禀人嘞呐吐系英吉利国人氏，素在上海贸易。于前三月间同本国火轮船抵至天京，及见众兄弟面谈，俱是情投契合，遂握手言欢，乃有彼此相知之意。"（《清政府镇压太平天国档案史料》，第10册，第458、459～460页）也就是说，信面所书罗大纲的官职当是嘞呐吐在天京时他所知道的官职，信中说"于前三月间同本国火轮船抵至天京"，当指咸丰三年三月十五日至二十八日文翰乘神使号兵舰访问天京。因此，咸丰三年三月时罗大纲仍为殿左五检点之职。他于六月因镇守镇江有功而升丞相是可能的。如果褚守田于咸丰三年十二月时以冬官正丞相的官职而战死，那么，其授职时间当在咸丰三年上半年，早期正、副12名六官丞相的授职时间多在这个时间。而能这个时间升职六官正、副丞相当是在太平天国早期相当有影响的人物，但是，关于褚守田其人，除了琦善的奏报外，没有更多的史籍记载，这说明他的影响是有限的，其升职冬官正丞相的可能性是较小的。一种较大的可能性是琦善的误记，褚守田或有可能是冬官又正丞相，一字之漏的可能性是存在的。

② 《太平天国》续编，第4册，第59页。

③ 《太平天国》，第4册，第612页。

全错[①]，但他只记起六官丞相正职官的任职情况，也从一个侧面反映了太平天国最初先设正、副丞相的基本史实。盛巽昌在介绍曾锦发时指出，据“《贼情汇纂》作‘春官又正丞相’。他是在授此职后不久即战死的。因为六官丞相中的‘又正’和天官、地官、春官的‘又副’三丞相，均殁于 1853 年 11 月（咸丰三年十月）。故易扑朔迷离也。”[②] 如果了解到太平天国先设正、副丞相这一基本史实，当不致有“故易扑朔迷离”的感叹。事实上，即使是夏官、秋官与冬官的又副丞相也未见在癸丑年上半年的授职记载。李开芳供词亦称：“到南京时，只封伪丞相六人。天官正丞相秦日章，副丞相林凤祥，地官正丞相李开芳，副的陈盛容，春官正丞相胡以洸，副的吉文光，其余未有。”[③] 邹身城亦认为：“考早期的丞相，系正职先任命，副职后任命。”[④]

这里需要指出的是，姚宪之于咸丰五年写成的《粤匪南北滋扰纪略》记太平天国北伐援军中有夏官正丞相黄生才其人，且系主帅，在观城县孔家集被清方俘获。后来如《盾鼻随闻录》、《粤氛纪事》、《山东军兴纪略》等书，都沿袭此说。李滨《中兴别记》亦袭此说[⑤]。《黄生才供词》也自称是夏官正丞相。郭廷以《太平天国史事日志》亦将夏官正丞相黄生才列入书后附录《六官丞相》表[⑥]。罗尔纲与张守常都对此进行过严密而充分的考证，认为黄生才既不是北伐援军主帅，也不是夏官正丞相。特别是张守常对黄生才是否为夏官正丞相的问题考证尤力[⑦]。

太平天国前期在一定程度上重视妇女的政治地位，设有女官。在女官系统中，亦有女丞相和女恩赏丞相。咸丰元年（太平天国辛开元年）的《太平礼制》规定：“女丞相、女检点、女指挥、女将军皆称为贞人，妇人以贞节为贵者也。”由此看来，太平天国自始就有女丞相的设置，但在永安期间，未见有女丞相的授职记载。张德坚《贼情汇纂》载：“粤西妇女赤足蓬首，壮健如男子，贼每使助阵，并可负荷军装。嗣至金陵，皆授伪职与伪朝官等，有军师、丞相以下各名目统辖，续裹妇女为之服役。”[⑧] 据其《伪女官表》，女丞

① 《太平天国学刊》编委会编：《太平天国学刊》，第五辑，中华书局 1987 年版，第 231 页。

② 盛巽昌：《太平天国职官志》，广西人民出版社 1999 年版，第 341 页。该页第二个注②，实为注③。

③ 邢凤麟、邹身城：《天国史事释论》，学林出版社 1984 年版，第 269 页。

④ 邢凤麟、邹身城：《天国史事释论》，学林出版社 1984 年版，第 269 页。

⑤ 《太平天国资料汇编》，第 2 册上，第 192 页。

⑥ 参见郭廷以撰《太平天国史事日志》附录第 43 页。

⑦ 张守常：《太平军北伐丛稿》，齐鲁书社 1999 年版，第 309 ~ 343 页。

⑧ 《太平天国》，第 3 册，第 292 页。

相自天官正丞相至冬官副丞相共 12 人[①]。“六官正副丞相各二人。”[②]《金陵杂记》载：“去冬洪逆住处失火，烧去楼房数间，传闻旋经贼令木匠将房架造成送入，贼妇即在内盖成房屋。其中妇女约有千百，如女伪丞相以至女牌刀手，……”[③] 并说洪秀全后宫“其次则有女伪丞相三十余人”，还有女恩赏丞相等[④]。胡以晃“其妻为女伪丞相，在东贼伪府，故东贼使守庐州”[⑤]。女恩赏丞相较多，其被封理由与男子需立有战功有所不同。据载：“女官亦有恩赏各职，如夫为检点，被官兵所歼，其妻女亦封为检点伪职，间有封为恩赏丞相者，且多少艾。……计自甲寅七月所封恩赏女丞相三百余人，检点五百人，指挥数十人，封将军者数人而已，非尽从其功之大小也。”[⑥] 东王府里也设有女丞相，胡九妹就曾任东殿女丞相[⑦]。咸丰四年二月初四日（太平天国甲寅四年正月二十七日），天父下凡时即有“女师杨长妹及女丞相、女承宣等官，即环跪榻前”，齐声奏请天父发圣旨。天父又诏女师、女丞相命承宣速催侯相、诸正职官听旨。一更时又复下凡召女师、女丞相，要求她们禀奏东王转奏天王删改四书十三经[⑧]。又据咸丰三年（太平天国癸好三年）新镌《天父下凡诏书》（第二部）载：“天父又诏女丞相杨水娇、胡九妹曰：……”[⑨] 这些来自太平天国自身文献的记载证明了女丞相并非为虚。

二、六官丞相 24 人的补齐与调整

1. 又正、又副六官丞相的任命

又正、又副六官丞相的任命相当于前期六官丞相制度形成的第十二个环节。咸丰三年（癸丑年）上半年所任丞相 12 人基本上都参加了北伐（黄益芸实已在北伐中牺牲[⑩]）与西征，这年九月，天官正丞相秦日纲、地官正丞相李开芳、天官副丞相林凤祥、春官副丞相吉文元、秋官正丞相朱锡琨、秋官副

---

① 《太平天国》，第 3 册，第 94 页。

② 《太平天国》，第 3 册，第 110 页。

③ 《太平天国》，第 4 册，第 627 页。

④ 《太平天国》，第 4 册，第 630 页。

⑤ 《太平天国》，第 4 册，第 671 页。

⑥ 《太平天国》，第 3 册，第 110 页。

⑦ 罗尔纲：《太平天国史》，第 4 册，第 2233 页。

⑧ 王庆成编注：《天父天兄圣旨》，辽宁人民出版社 1986 年版，第 101 ~ 103 页。

⑨ 太平天国历史博物馆编：《太平天国印书》，下册，江苏人民出版社 1979 年版，第 471 页。

⑩ 郭廷以《太平天国史事日志》上册据《黄生才供》仍叙黄益芸于咸丰三年（癸丑年）五月以后事，误。

丞相黄益芸等均升封为侯[①]。

太平天国即于当月授予陈承瑢天官正丞相，陈承瑢所遗地官副丞相之空缺由黄再兴于咸丰三年（癸丑年）十月补任[②]。这些人在北伐、西征战场上尚未回朝，朝中政务需有人理，因此，咸丰三年（癸丑年）十月至十一月，太平天国又任命了六官又正、又副丞相 12 人。

咸丰三年（癸丑年）十月，曾水源由东殿左丞相升任天官又正丞相，卢贤拔由东殿簿书升为秋官又正丞相[③]，刘承芳因随翼王石达开赴安徽省安民有功由翼殿丞相升任地官又副丞相，蒙得恩因咸丰三年（癸丑年）八月为东王生日选妃有功而由殿左七检点升任春官又正丞相[④]，与陈承瑢、蒙得恩等同居于清江宁盐巡道署的陈宗扬由东殿承宣升任冬官又正丞相[⑤]，曾锦发升春官又

① 简又文《太平天国典制通考》上册第 65 页、郭廷以《太平天国史事日志》上册第 240 页均认为太平军为北伐而升封李开芳和林凤祥为侯，郭廷以甚至以为这些人在升封为侯后仍任丞相，称定胡侯地官正丞相李开芳、靖胡侯天官副丞相林凤祥。不确。可参见罗尔纲《太平天国史》第 1 册第 205 页的考证。

② 黄再兴之任地官副丞相职可由太平天国自身文献《北王韦昌辉命国宗石凤魁等统兵分巡湖北各郡县诫谕》、《佐天侯陈承瑢给黄再兴招集工匠建造宫殿札谕》（这两件文书见《太平天国文书汇编》，第 176 ~ 177 页）、《殿右叁拾检点陈玉成上燕王秦日纲报告军情禀申》、《燕王秦日纲上东王杨秀清报告武昌失守情况禀奏》（这两件文书见《太平天国文书汇编》，第 221 ~ 223 页）得到印证。

③ 卢贤拔之任秋官又正丞相职可由太平天国之自身文献《天父下凡诏书二》得到印证（参见《太平天国》，第 1 册，第 42 页），太平天国癸好三年十一月二十二日时已任此职。

④ 此据张德坚《贼情汇纂》卷三所载。李滨《中兴别记》卷二十九载，咸丰六年九月洪秀全杀北王韦昌辉后"以伪春官正丞相蒙得恩为正掌率"（《太平天国资料汇编》，第 2 册上，第 475 页）。蒙得恩是否存在着从春官又正丞相到春官正丞相的升职过程呢？可待进一步分析。

⑤ 陈宗扬究于何时升职冬官又正丞相，未见史料有明确记载。按陈宗扬于甲寅正月因犯夫妻同宿罪被处死时已为冬官又正丞相（《天父天兄圣旨》，第 103 ~ 104 页）。陈宗扬升职应在甲寅正月前。考虑到到南京后他与陈承瑢、蒙得恩等人同处一署（参见《太平天国》，第 4 册，第 630 页），陈承瑢最先升职，且九月份只有他一人升职的记载，估计陈宗扬此时不会升职。但陈承瑢权倾一时，有可能在他的帮助下，他与蒙得恩同时升职。《金陵杂记》载陈宗扬为秋官丞相（参见《太平天国》，第 4 册，第 630 页），不确，兹从《贼情汇纂》之说。前文推测褚守田可能任冬官又正丞相，那么，另一种可能性是，此时升职冬官又正丞相的是褚守田，十二月，他战死后，陈宗扬接任。

副丞相后不久即在三汊河之战中牺牲，林绍璋由恩赏丞相继任此职[①]。

咸丰三年（癸丑年）十一月，曾钊扬由东殿右丞相（时已加封恩赏丞相）升天官又副丞相[②]，罗苾芬由北殿丞相升地官又正丞相[③]，万象汾如前所考亦于此时升冬官又副丞相，曾立昌因参加三汊河之战升夏官又正丞相[④]，陈

① 关于曾锦发，涤浮道人《金陵杂记》作永锦发。《贼情汇纂》载："伪春官又正丞相。癸丑十月攻打扬州三汊河，为官兵所歼。"罗尔纲认为涤浮道人曾在天京亲见曾锦发住处，曾锦发所任官职应依涤浮道人所记为春官又副丞相（《太平天国》，第4册，第630页），兹从罗说。曾锦发任此职不会早于癸丑十月，他有可能在癸丑十月升此职后不久即在当月牺牲，因此，他任此职的时间不到一个月。《贼情汇纂》又载林绍璋于十月被授予此职，当为曾锦发同月牺牲后的补缺。林绍璋确曾任此职，《粤匪起手根由》载，咸丰四年"韦国中、石国中代兵打田家镇，官兵失守汉口、汉阳，于冬葛分维子今、石凤祥扎住。杨秀清又差春官丞相林寿章（当指林绍璋）到湖北叫将湖北韦长辉（当指韦昌辉）兵分一半与林寿章，代打岳州、长德，已打破，复领兵打香塘、长沙。"（见金毓黻、田余庆等编《太平天国史料》，第460～461页）此处虽未言其任春官又副丞相，但记其任春官丞相，说明《贼情汇纂》与《金陵杂记》所载并不为虚。郭廷以《太平天国史事日志》上册第298页于咸丰四年一月十五日始称林绍璋为春官又副丞相。杜文澜《平定粤寇纪略》卷三载林绍璋参加田家镇之役，记其官职为秋官丞相："罗泽南、李续宾等奋勇冲突，斩伪秋官丞相林绍璋于马下，歼贼极多。"（《太平天国资料汇编》，第1册，第46页）这种说法当本于曾国藩的奏折。咸丰四年十月初七日曾国藩等人在《奏报攻破半壁山水陆连获大胜折》中称：十月初一日的半壁山之战中，"伪秋官丞相林绍璋被湘勇追至舟边，杀于马下，贼惧我军飞渡，自将浮桥拆断，生擒四十余名，据供除林绍璋外，又有伪将军陈姓、伪指挥彭姓及伪官数十名，均已就戮。"（《清政府镇压太平天国档案史料》，第16册，第36页。林绍璋被击毙事又见于咸丰四年十月十六日《谕内阁著曾国藩等督军迅克蕲州顺流东下扫除浔皖》，见同书第83页）杜文澜在《平定粤寇纪略》的附记一中又称："林绍璋，从首贼破岳州，伪封监军，春官又副丞相。"又与前面的记载不同，但我们从中可以看到林绍璋继任春官又副丞相的历史可能性。

② 曾钊扬之任天官又副丞相职可由太平天国之自身文献《天父下凡诏书二》得到印证（参见《太平天国》，第1册，第42页），太平天国癸好三年十一月二十二日时已任此职。

③ 罗苾芬与刘承芳所任丞相职务皆可由太平天国自身的文献（太平天国甲寅四年四月二十四日地官又正丞相罗、地官又副丞相刘札谕美国海军司令布嘉南）得到印证。该札谕见王庆成《太平天国的文献和历史》第358～360页。张晓秋《粤匪纪略》载："罗苾芬：官伪地官又正丞相，广西人。素以枪替为生，现办贼文案。"（《太平天国》续编，第4册，第49页）。

④ 参见罗尔纲《太平天国史》，第3册，第1892页。杜文澜《平定粤寇纪略》卷二载，曾立昌在北伐军出发时与林凤祥等人同为丞相，并一起攻下镇江、扬州（《太平天国资料汇编》，第1册，第15页），但后来的记载又说"林凤祥等留伪指挥曾立昌踞守扬城"（同前书第17页），说明当时曾立昌又不是丞相。至卷三载咸丰四年四月事时则称："前踞扬州之伪丞相曾立昌并悍酋许宗扬，均策马渡河溺毙，伪副丞相陈世保先于冠县烧死，全股贼党悉数殄除，无漏网者，东境以清。"（同前书第33页）杜文澜在《平定粤寇纪略》的附记一中更明确地说："曾立昌踞扬州时，为伪殿左正指挥，独掌军事。后北窜，伪封丞相，为官兵驱溺曹县黄河中。"（同前书第305页）胡恩燮《患难一家言》亦载：咸丰三年"四月，扬州贼留其党曾立昌等守城，自括金帛入金陵，旋率所部犯皖北"（《太平天国史料丛编简辑》，第2册，第340页）。

仕保因撤围扬州组成北伐援军有功任夏官又副丞相①，钟廷元亦因相同的战功

① 张德坚的成书于咸丰五年（乙卯年）七月的《贼情汇纂》对赖汉英的称呼为“伪功勋前夏官副丞相赖汉英”，这里的“前”字值得注意，这说明张德坚已经了解当时住在天京明瓦廊前户部郎中梅曾亮宅的赖汉英已经不是夏官副丞相了，但不知道赖汉英当时究竟是何官职。《贼情汇纂》载癸丑“九月杨贼调汉英回江宁，斥其无用，革职删书”。《贼情汇纂》对赖汉英史事的记载也就到癸丑九月为止，说明张德坚对癸丑九月以后赖汉英的情况不甚了解。谢介鹤《金陵癸甲纪事略》载赖汉英为“伪东殿尚书，广西人，原籍江西，前为伪夏官副丞相。东贼使窜江西，因省城未破，东贼疑之，遂削伪职，今复为伪尚书。”（《太平天国》，第4册，第676页）说明赖汉英在被削职之后曾任东殿尚书。这解决了《贼情汇纂》未载的问题。但赖汉英不是被削职后即任东殿尚书，咸丰三年十一月在与法使交涉时他为夏官副丞相，说明他又复职了。但因何功复职呢？《金陵杂记》载其咸丰三年十一月曾参加三汊河之战（参见《太平天国》，第4册，第631页）。这个记载解决了赖汉英复职的原因问题。这说明赖汉英之任东殿尚书当在咸丰三年十一月复职之后。陈仕保之任夏官副丞相系据咸丰四年四月十一日之胜保的《奏报剿办救援北犯大股获胜情形折》，而胜保曾掳获东王诰谕，其奏折所述太平天国组织北伐援军事均据该诰谕。胜保在折中称：“讯据贼供，伪夏官又正丞相曾立玱、夏官副丞相陈世保、冬官副丞相许宗扬三人，以陈世保最为强悍，逆众素所畏服，已于本月初二日在冠县迤北孝头谷地方被官兵焚毁村庄，歼毙在内，并毙其伪指挥陆姓、蓝姓二人；其伪丞相曾立玱、许宗扬二名，本日乘众逃窜，被官兵追击无路，带伤拥入河中，登时人马随浪淹毙，其余广西老贼，俱已尽数歼毙淹没，并列一名漏网。等语。与官兵所见情形相符合。”（《清政府镇压太平天国档案史料》，第13册，第602页）三天之后，咸丰帝于四月十四日嘉奖胜保，在《谕内阁临清股众被歼著加恩赏难胜保太子少保衔并优奖德勒克色楞》中称，在四月初九日的丰县之战中，“所有伪丞相曾立玱、许宗扬，均已淹毙。并据生贼供称，伪副丞相陈世保已在冠县孝头谷地方，被官兵焚毁村庄歼毙在内，并毙其伪指挥陆姓、蓝姓。”（《清政府镇压太平天国档案史料》，第14册，第18页）由此看来，陈仕保之任夏官副丞相是较为确凿的事。据张守常考，太平天国在咸丰三年十二月组织北伐援军时，陈仕保已是丞相了（参见张守常《太平军北伐丛稿》，齐鲁书社1999年版，第313～320页）。这说明陈仕保任夏官副丞相也只能在癸丑十一月，也就是说，虽然东王因其参加三汊河之战而复其职，但仍对赖汉英不放心，所以赖汉英在咸丰三年十一月办理完对法使的交涉后，即被调为东殿尚书，但何时调职并不清楚，不能肯定即于咸丰三年十一月当月调职。所以陈仕保不大可能袭其职，而此时任命的大多是又正、又副丞相，因此，陈仕保极可能于此时升任夏官又副丞相。郭廷以《太平天国史事日志》上册，第283页称曾立昌、陈仕保仍分别为检点、指挥，至第297页，于咸丰四年一月初七日始称陈仕保为夏官副（又副）丞相，这说明郭廷以亦以为他们升职丞相在咸丰三年十一月。郭廷以的记载则表明了陈仕保为夏官又副丞相的可能性。

而升秋官又副丞相[①]。

这样，在咸丰三年（癸丑年）六官丞相正、又正、副、又副24人基本上设置齐备[②]。据左宗棠于同治四年十二月二十九日（1866年2月14日）《奏陈鞫讯处斩伪总统胡永祥情由片》称："鞫讯（胡永祥）供称，年三十三岁，安徽东流人，咸丰三年九月在安庆被伪丞相赖裕新掳至庐州，……"[③] 咸丰三年九月时的赖裕新当为恩赏丞相或后文所说的不编号的殿前丞相。从六官丞相的实际设置过程来看，一般是先任命正职、副职，然后再任命又正、又副职；先任命天官、地官、春官丞相，后任命夏官、秋官、冬官丞相。这说明了六官丞相内部的尊卑之分不仅体现在正、又正、副、又副之别上，而且体现在天、地、春、夏、秋、冬之异上。从后文可知，曾水源曾从天官又正丞相升天官正丞相，李秀成曾从地官副丞相升为地官正丞相。咸丰三年五月十四日（太平天国癸好三年五月十六日）的《林凤祥李开芳吉文元朱锡琨回复北伐战况上北王韦昌辉禀报》的列名顺序充分地反映了不同六官之间的等级差异。苏双碧在分析究竟谁为北伐军统帅时曾指出"太平天国官制，丞相分六等，即天、地、春、夏、秋、冬。天官丞相位置高于地官丞相，更高于春、

---

① 罗尔纲《太平天国史》，第1册，第222页据《贼情汇纂》卷二认为钟廷元在太平天国癸好三年间死于扬州。但查《贼情汇纂》卷二仅载钟廷元为秋官又副丞相，"曾踞扬州府，后为官兵所歼"，并未言明其死的时间。《求阙斋弟子记》卷十《贼酋名号谱》亦载其为秋官又副丞相，并称："咸丰四年死于扬州。"按太平军在攻克南京后，为拱卫南京又于咸丰三年二月二十二日（1853年3月31日）占领镇江，二十三日（4月1日）占领扬州，钟廷元极有可能牺牲于扬州攻城战中。负责攻打扬州的统帅是林凤祥与李开芳。他们于三月上旬离开扬州回天京准备北伐，而留曾立昌、陈仕保踞守扬州，钟廷元若未牺牲即可能与他们一起踞守扬州。咸丰三年九月，北伐军已到达天津以南的静海县和独流镇，十月，天京当局本应按计划抽调兵力北上增援。由于各地战场均较紧张，太平天国决定弃守扬州，以腾出兵力组成援军北上增援。但此时扬州被江北大营围困，守军难以撤出。因此，天京当局于是派出赖汉英带兵前往扬州外围接应。赖汉英率部于十一月初二日出发，于二十四日击败扬州外围清军。二十六日，曾立昌等弃守扬州，合赖汉英部南走瓜洲，留兵一部踞守，遂率主力前往安庆，会合其他部队共得15军约7500人，组成北伐援军（参见张一文《太平天国军事史》，广西人民出版社1994年版，第19~20页、第24页、第30页）。曾立昌、陈仕保均因弃守扬州有功而于癸好三年十一月升职丞相。钟廷元升职秋官又副丞相当也在此时，而他之死也有可能在弃守扬州之时。一种可能性是：在他升职丞相之后即在弃守战中牺牲。似以张德坚所载为确。

② 盛巽昌《太平天国职官志》第330页认为"至1854年5月（咸丰四年四月）才底定六官丞相正、又正、副、又副的二十四员"，误。

③ 中国第一历史档案馆编：《清政府镇压太平天国档案史料》，第26册，社会科学文献出版社2001年版，第628页（以下简称《清政府镇压太平天国档案史料》，第26册）。

夏、秋、冬各位丞相”①。六官丞相也设有自己的协理②。佚名《金陵纪事》载：“天官以下六官，官皆有协理，皆稍知文理识字者。”③ 有关丞相协理任职者的史料不多。咸丰四年闰七月十二日《向荣奏报师船续获胜仗并陆路布置防剿情形折》中称：在闰七月初四日的南京江面的战斗中，“续据江浦县禀报，所有逃逸北岸之贼，经该处勇练截杀多人，生捡伪恩丞相东殿六尚书张体福及伪天官丞相协理林治青等五十余名”④。

需要特别说明和辨别的是有关咸丰三年上半年春官丞相的记载。咸丰三年六月十八日《陆应谷奏报遂平县令刘鸿勋等堵剿获胜情形片》称，经过六月初十日的战斗，原据遂平县城的太平军退据城东张塘地方。“十二日，张塘之贼望南奔逃，该县即会营分头追剿。适汝宁府委员前南召县知县赵瞻赶至，随同杀毙头扎黄巾手执伪令逆匪，查验胸前补服，系春官正丞相五字”。最后又强调说：“该县失守城池，罪有应得，惟既经带兵抵御，又复获匪多名并伪正丞相一名，尚属奋勉，容臣定案时再行分别请旨办理。”⑤ 这里的春官正丞相指谁呢？按当时的春官正丞相当为胡以晃，但胡以晃没有参加北伐。这个问题引起咸丰皇帝的怀疑，咸丰三年六月二十二日，他寄谕陆应谷，要求督饬柏山追袭河南之股并查奏吉文元是否歼毙，指出：“遂平县知县刘鸿勋，因贼匪直扑县城，迎头堵截获胜，该匪退至张塘，该县复会营追剿，并与汝宁委员一同杀贼，获有腰牌、号挂、黄补、邪经等件，又生擒匪犯多名，功过尚足相抵。著该抚存记，俟军务告竣，再行请旨。惟该员所杀头扎黄巾手执伪令逆匪，查验补服，有春官正丞相字样。前据讷尔经额奏，托明阿于怀庆歼毙伪丞相吉文元一犯⑥，与向荣所递逆书内春官正丞相吉文元名姓相符。是该逆吉文元已在河北伏诛，何以遂平地方又有该逆号衣？仍著该抚查明，一并复奏。”⑦ 吉文元的官职为春官副丞相，已有《林凤祥李开芳吉文元朱锡琨回复北代战况上北王韦昌辉禀报》上盖的长方朱印为证⑧。以上的史料记载均

---

① 北京太平天国史研究会编：《太平天国学刊》，第二辑，中华书局1985年版，第64页。

② 向荣在咸丰四年闰七月十二日的《三山营下游红单拖会各船两次获胜折》中称：“续据江浦县禀报：所有逃逸北岸之贼，经该处勇练截杀多人，生擒伪恩丞相东殿六尚书张体福、及伪天官丞相协理林治青等五十余名，并弃械投诚王恩福等一百余名，夺获器械多件。”（《太平天国》，第7册，第324页。又见于中国第一历史档案馆编：《清政府镇压太平天国档案史料》，第15册，社会科学文献出版社1994年版，第224页）。

③ 《太平天国史料丛编简辑》，第2册，第49页。

④ 《清政府镇压太平天国档案史料》，第15册，第224页。

⑤ 《清政府镇压太平天国档案史料》，第8册，第77页。

⑥ 《清政府镇压太平天国档案史料》，第8册，第73、108、109、119页。

⑦ 《清政府镇压太平天国档案史料》，第8册，第137~138页。

⑧ 《太平天国文书汇编》，第218页。

误。咸丰三年七月初九日，张亮基等在奏报兵勇水陆追剿黄安等处叠获大胜折中称，六月三十日，湖北麻城县宋埠镇清军进攻太平军，“三十日卯刻，我兵分两路从街口进攻，杀贼二百余名，内长发贼五十余名；生捡贼匪十余名，内长发贼目三名，讯皆广西、湖南人，即于军前正法。夺获伪太平天国春官正丞相大黄旗一面，铜炮一尊，长矛、鸟枪十数件，黄红头巾、号衣数十件”①。这里的春官正丞相当指胡以晃。咸丰三年七月十三日，陆应谷在奏报已将入楚折回零股截剿殆尽折中称：七月初二日亦在宋埠地方发生战斗，“正在移会湖北截剿，随准前任湖北布政使唐树义来函：窜出贼匪业经该省兵勇截击，歼毙长发贼一百余名，短发者无数。夺获伪丞相胡大黄旗一杆，马匹、器械甚多，可殄灭净绝”②。这就基本证实了春官正丞相乃胡以晃。因此，在这里必须指出的是，在《太平天国文书汇编》第174～176页收录的同是咸丰三年四月二十一日（太平天国癸好三年四月二十三日）的两封东王诰谕中关于吉文元官职的歧异应以“春官副丞相”为准。该书称这两封诰谕均“据故宫博物院藏原抄件著录”。既为抄件，难免不会抄错。向荣在咸丰三年四月曾俘获这两份诰谕，但他在给清政府缮录的诰谕中，其中一份吉文元的官衔是这样缮录的：“春官正（副）丞相”③，这大概是向荣对咸丰皇帝的一个交差吧，同时也是为陆应谷推脱。

2. 六官丞相的补缺和调整

咸丰四年（甲寅年）二月至四月，六官丞相进行了较大幅度的调整，约有10位丞相重新任命。丞相有可能是升官后即补其缺，由他人继其职，所谓的侯相不大可能是既为侯又为相的人，不仅丞相如此，即使一些爵号也可另封，如顶天侯和卫天侯，顶天侯一开始是秦日纲，后来就有顶天侯张显其人④，卫天侯一开始是黄玉崑，后来即封曾锦谦为卫天侯。

咸丰四年（甲寅年）二月，太平天国封天官正丞相陈承瑢为兴国侯，夏官正丞相黄玉崑为卫国侯，秋官又正丞相卢贤拔为镇国侯。这年春，春官正丞相胡以晃升封护国侯，后改护天侯。因此，在咸丰四年（甲寅年）二月至

① 《清政府镇压太平天国档案史料》，第8册，第421页。

② 《清政府镇压太平天国档案史料》，第8册，第492页。

③ 中国第一历史档案馆编：《清政府镇压太平天国档案史料》，第6册，社会科学文献出版社1992年版，第588～590页（以下简称《清政府镇压太平天国档案史料》，第6册）。

④ 《清政府镇压太平天国档案史料》，第15册，第221、224页。

四月间，太平天国又命曾水源为天官正丞相，何震川为夏官正丞相①，曾天养为秋官又正丞相②，黄启芳为春官正丞相③。殿左五检点吴汝孝补曾水源所遗天官又正丞相之缺④。黄益芸于咸丰三年（癸丑年）五月升任秋官副丞相时已在六合之败中牺牲，咸丰三年（癸丑年）九月又追封他为灭胡侯。秋官副丞相作为实职不宜久虚，咸丰四年（甲寅年）三月白晖怀由殿右八检点升秋官副丞相；夏官又副丞相陈仕保于咸丰四年（甲寅年）四月初战死于安徽凤

① 何震川之任夏官正丞相可由太平天国的自身文献即太平天国甲寅四年十月《东王杨秀清奏请处决吸鸦片烟犯周亚九等本章》得到印证。但是，袁甲三在咸丰四年十二月初二日的《奏报攻剿桐城先胜后挫及退驻六安折》中称，同年十一月十四日在潜山境的小河口及铁家山之战中，清军“共歼贼五百余人，内有伪丞相黄玉崑、伪检点何元源及伪司马李姓等五人”（《清政府镇压太平天国档案史料》，第16册，第457页）。黄玉崑曾为夏官正丞相，此时，黄玉崑已经升封侯爵，夏官正丞相为何震川，这里的记载有误。

② 曾天养之任秋官又正丞相职可由太平天国自身文献翼王石达开对曾天养的训谕（《太平天国》，第3册，第196页）得到印证。从该训谕的内容来看，太平天国甲寅四年六月二十四日时已任此职。罗尔纲《太平天国史》第1册第220页指出：曾天养于太平天国甲寅四年任秋官又正丞相系“据太平天国四年石达开复秋官又正丞相曾添养岳州战守事宜训谕。《贼情汇纂》卷二《伪秋官又正丞相曾添养传》记曾添养任秋官又正丞相为癸好三年十月，同书记卢贤拔任秋官又正丞相亦为癸好三年十月，案同一职不应同时授予两人，该书卢贤拔封侯系甲寅年二月事，则曾添养任此职应在甲寅四年二月。”此说甚是，按咸丰三年（癸丑年）秋天，太平军在湖北田家镇大破清兵，冬克安徽庐州，曾天养都立有战功。咸丰四年（甲寅年）正月，曾天养自湖北黄州绕道出堵清军大营后，纵火焚攻，人民群起助战，包围清营，大败清兵，清朝湖广总督吴文镕自杀而死。曾天养乘胜向武昌、大冶、咸宁、嘉鱼、蒲圻、通城一带进军，钟人杰天地会余众纷纷加入军中。因此，论功行赏，在卢贤拔被封侯时，咸丰四年（甲寅年）二月，曾天养升为秋官又正丞相是极可能的。惜罗尔纲《太平天国史》第3册第1917页仍持《贼情汇纂》之说，似宜改正，以便前后一致。另：郭廷以《太平天国史事日志》上册第282页于咸丰三年十月二十九日尚称曾天养为检点，但到第295页于咸丰三年十二月十六日时则称他为秋官又正丞相，表明郭廷以认为曾天养之升职丞相在十月二十九日至十二月十六日，前述咸丰三年（癸丑年）十月至十一月，正是太平天国任命又副、又正丞相时期，曾天养之升丞相职当在此时。郭廷以之意似从《贼情汇纂》，误。

③ 《太平天国》，第3册，第58～59页。杜文澜《平定粤寇纪略》附记一未载其任此职，仅言其任恩赏丞相：“黄启芳貌美丽自喜，初为韦昌辉教读，诸贼皆嬖焉，封伪恩赏丞相，掌封伪官职颁执照。”（《太平天国资料汇编》，第1册，第309页）。

④ 此时若补此缺，殿左五检点吴汝孝当有资格，恰逢其时罗大纲从镇江回天京，镇江、瓜州等处水陆军务遂由吴汝孝全面负责。太平天国于此时命他为天官又正丞相是有可能的。有资料载，他曾任过天官丞相。据《余生纪略》载，咸丰六年五月“十三日，余军门（指余万清）出仗，贼率万人往拒。是日闻伪天官丞相吴汝孝为我军所获，西洋人出死力夺之归，复手刃我军数人，贼论功封西洋人侯爵。予闻汝孝三日不刑人则意不快，盖天性残忍人也。擒而就逸，惜哉！”（北京太平天国历史研究会编：《太平天国学刊》，第一辑，中华书局1983年版，第492页）若咸丰四年（甲寅年）二月至四月间，吴汝孝所任丞相只能是天官又正丞相，此时天官副丞相为林凤祥、天官又副丞相为曾钊扬。

台县展沟集，曾锦谦以攻陷庐州功由殿左九检点升夏官又副丞相①；曾立昌于咸丰四年（甲寅年）四月初战死于江苏丰县②，时以攻三汉河救援扬州有功的周胜坤继其职③；前任冬官又正丞相的陈宗扬于咸丰四年（甲寅年）正月因犯夫妻同宿罪在天京被斩首示众，宾福寿于咸丰四年（甲寅年）四月补其缺④；原任秋官又副丞相的钟廷元在咸丰三年（癸丑年）年底在扬州战死，

① 曾锦谦为广西博白人（一作广西浔州人），曾参加金田起义。咸丰三年四月，授水官正将军，守瓜州。咸丰四年四月，升夏官又副丞相，守庐州。咸丰六年六月，随石达开援武昌，时已封卫天侯。天京事变起，又随石达开回天京，谋止乱（参见罗尔纲《太平天国史》，第1册，第209～210页）。咸丰五年四月二十一日，胡林翼在《陈奏水陆二军连旬进剿情形疏》中称，在三月三十日汉阳鹦鹉洲之战中，“我军奋力掩杀，斩级三百十余颗，生擒伪师帅罗登才，并长发老贼三十四人，立时正法。其余凫水淹毙之贼又二百余人，夺获伪夏官右副丞相曾逆大黄旗一面，并枪炮刀矛号衣二百余件”。咸丰五年六月初五日，西凌阿在《奏阿楚北军情并请敕湖广总督赶紧督兵会剿折》后附的五月二十二日《附录武汉坐探詹起伦等禀文》中亦称：“又汉阳城内外约计贼匪不过五六千人，镇守汉阳贼头伪衔下官太副丞相曾，系广西人，翼贵丈元勋加二等黄，亦广西人。”（中国第一历史档案馆编：《清政府镇压太平天国档案史料》，第17册，社会科学文献出版社1995年版，第389页。以下简称《清政府镇压太平天国档案史料》，第17册）这里的“下官太副丞相”当是“夏官又副丞相”之误。据上海博物馆藏太平天国丙辰六年二月湖北广济县监军宋徽祥发给徽州行商汪志南一行五人的路票，曾锦谦确任夏官又副丞相，曾锦谦封侯当在咸丰六年二月至六月间。《求阙斋弟子记》载，咸丰六年二月，“查金陵逆匪由湖北通城入江西者以伪翼王石达开为首，伪检点赖裕新攻陷瑞州，伪翼贵丈夏姓、伪豫王胡以晃攻陷袁州，伪春官丞相张遂谋、夏官副丞相曾姓先攻临江，后攻吉安。”（《太平天国资料汇编》，第2册上，第409页）此处当指曾锦谦，言其为夏官副丞相，误。王庆成《太平天国的文献和历史——海外新文献刊布和文献史事研究》第364～365页收录了一则咸丰七年四月十六日（1857年5月9日）香港《中国陆上之友》登载的太平天国夏官副丞相曾大人于丙辰六年的告示。此则告示从英文转译，如是曾锦谦，当为夏官又副丞相。

② 《粤匪起手根由》还记载，咸丰四年在李开芳与林凤祥被擒后，“圣大人于八九月代兵将二次扫北。贼兵在临州打散，贼连夜逃过黄河，丞相贼曾已死黄河，且不表。”（见金毓黻、田余庆《太平天国史料》，第460页）。

③ 《贼情汇纂》载周胜坤说：“甲寅四月升夏官又正丞相，带贼众上犯皖庐，屡与我兵抗，现踞守庐州。”但周胜坤任丞相职当在太平天国甲寅四年四月二十日以后，因为这天他以殿左九检点的身份致札美国水师提督布嘉南（参见《太平天国文书汇编》，第296～297页）。又据《东王杨秀清奏请派夏官又正丞相周胜坤出师庐州诛妖本章》（见同前书第168页），周胜坤至迟于太平天国甲寅四年八月十四日时已为丞相，因此，周胜坤之任夏官又正丞相在太平天国甲寅四年四月二十日至八月十四日之间，即在咸丰四年四月三十日至闰七月二十七日之间。如果《贼情汇纂》所载属实的话，那极可能就是在四月三十日这天被升为丞相职的。

④ 宾福寿之任冬官又正丞相职可由太平天国自身文献佐天侯对地官副丞相黄再兴的札谕（《太平天国》，第3册，第197页）得到印证。佚名《金陵纪事》称：“想伊欲补冬官制，木匠居然做大人。”（《太平天国史料丛编简辑》，第2册，第53页）宾福寿，在李滨《中兴别记》卷十一中记为恩赏丞相尹弗寿（《太平天国资料汇编》，第2册上，第190页）。

陈宗胜当于咸丰四年（甲寅年）四月继任秋官又副丞相[①]；作为北伐军统帅之一的春官副丞相吉文元于咸丰四年（甲寅年）二月在直隶阜城牺牲，黄超芳约在此时任春官副丞相[②]。曾天养于咸丰四年（甲寅年）七月在城陵矶之

① 陈宗胜于咸丰三年（癸丑年）三月升殿右二检点，“踞守朝阳门即大东门”，应属可能升任丞相的高官。他于咸丰三年五月被封恩赏丞相，“八月带贼众，犯高淳东坝败回。甲寅四月，杨贼令往庐州援胡以晃等，遂踞庐州府，屡与官兵抗拒。”（《太平天国》，第3册，第61页）所以陈宗胜于此时升任秋官又副丞相是有可能性的，因为周胜坤于此时升任夏官又正丞相而带兵“上犯皖庐”（《太平天国》，第3册，第60页）。咸丰五年二月十一日，和春等人在《奏报移营堵扼要隘连破城外敌营亟图克复庐州折》中称：“讯据生擒贼匪供称庐城向系伪丞相曾锦谦管事，因屡打败仗，上年十二月经伪东王杨秀青调回南京，现系伪秋官副丞相陈宗胜为主帅，伪指挥黄元来、伪将军郑进扬、何金川、伪正侍卫李金成、伪检点陈仕荣及黄姓并伪师帅、旅帅、司马、卒长共数十名。因官兵在得胜门外添筑营盘，阻住出路，陈宗胜情急，带同黄元来等出城驻守，以防官兵攻击。不料即日攻破，黄衣执双刀者即系伪副丞相陈宗胜，已被官兵砍死，枭取首级。其伪指挥黄元来、伪将军郑进扬、何金川、伪侍卫李金成暨伪师帅、旅帅、司马、卒长被杀者，共三十余人。当将砍获首级令其一一辨认，均称实有陈宗胜等首级在内。”（《清政府镇压太平天国档案史料》，第17册，第13页）《剿平粤匪方略》卷一二一收录此折，唯时间记作咸丰五年二月十六日。此时秋官副丞相为陈仕荣，陈宗胜当为秋官又副丞相。

② 《太平天国》，第4册，第673页。咸丰四年三月十三日，骆秉章在《奏报剿办由陆路南犯之敌获胜并添调兵勇追剿折》中称，胡林翼的部队在三月初六日的上塔市（湖北通城与湖南平江交界）之战中，“通计夺获伪太平天国钦差大臣功勋春官又副丞相加二等林协理熊大黄旗一杆、伪太平天国殿前丞相左一检点将使陈两司马黄旗一杆、伪太平天国右九军监军右营司马李黄旗一杆、伪太平天国土十二军总制司马廖黄旗一杆、黄风帽二件，红巾黄巾二百余件、大抬枪十杆、二百斤大炮二尊，刀矛器械百九十余件。通计杀贼六百零三级，并伪副丞相一名、伪司马检点三名。”（《清政府镇压太平天国档案史料》，第13册，第241页）咸丰四年三月二十二日，曾国藩在《奏报崇通剿敌续获胜仗折》中亦称：“旋据胡林翼禀称，十二日派黔勇二百人，塔齐布派楚勇五十人放哨。行至石水湾地方，距通城三十里，有贼二千余人，先匿该处民房，踪迹亦甚秘。忽于我后路过之后，突起接仗，截住街口，层层围逼，断我兵归路。黔勇奋力冲杀，毙贼匪五十余名，抢出街口。贼匪大聚，黔勇整队上山，施放枪炮，打毙贼匪二百余人，刀矛并举，又毙百余人，又割尺余长发首级三十六颗、一二寸长发首级四十二颗，夺获伪春官副丞相熊、伪司马李大黄旗旗杆及风帽、红巾、刀矛等件。”（《清政府镇压太平天国档案史料》，第13册，第386页）由此看来，关于每次战役的信息误传是很平常的，骆秉章的奏报所提的林姓春官又副丞相的熊姓协理，到了曾国藩的奏报中则成了熊姓春官副丞相。应该说，骆秉章所提较详细，是正确的，所谓的林姓春官又副丞相当指林绍璋。

战中牺牲后，约在咸丰四年（甲寅年）九月，钟廷生任秋官又正丞相[①]。

秋官正丞相朱锡琨于咸丰四年（甲寅年）二月的阜城之战后一直未有其闻，罗尔纲认为他牺牲于咸丰四年（甲寅年）二月阜城之战至咸丰五年正月连镇覆灭这一段时间内[②]，其丞相之职一直未有人任。罗琼树可能继其任。咸丰四年（甲寅年）七月，冬官副丞相许宗扬在北伐途中未渡黄河即折回庐州，

① 罗尔纲《太平天国史》第1册第221页认为，钟廷生为秋官副丞相系“据胡林翼清咸丰六年十一月二十九日《水陆追剿克复武昌县黄州府城池即乘胜东下疏》，见《胡文忠公遗集》卷十三（见《胡林翼集》，第1册，岳麓书社1999年版，第189页，又见于中国第一历史档案馆编：《清政府镇压太平天国档案史料》，第19册，社会科学文献出版社1995年版，第107页。以下简称《清政府镇压太平天国档案史料》，第19册——笔者注）。”并指出：“案钟廷生官职，涤浮道人《金陵杂记》作秋官又正丞相，此处据胡林翼奏报。”似误。实涤浮道人所载为正确。据上海博物馆藏太平天国丙辰六年二月湖北广济县监军宋徵祥发给徽州行商汪志南一行五人的路票称：“前奉秋官又正丞相钟大人、现奉夏官又副丞相曾大人各恩谕，凡属公正之人准给路票水陆通商……”（见郭存孝《太平天国博物志》，第432页），钟廷生的官职当为秋官又正丞相。前有卢贤拔、曾天养两人任秋官又正丞相，曾天养于咸丰四年二月升此职，于七月在城陵矶之战中牺牲（参见李滨《中兴别记》卷十五）。咸丰四年九月十三日（太平天国甲寅四年九月二十九日），燕王秦日纲在《上东王杨秀清报告武昌失守情况禀奏》中称：“又汉阳城内系三十九指挥古隆贤同秋官又正丞相之弟曾水保带领兵士镇守。”（《太平天国文书汇编》，第222页）说明此时的秋官又正丞相职并未授予他人，因此，钟廷生升任此职当在咸丰四年九月至咸丰六年二月间。杜文澜《平定粤寇纪略》卷五载，咸丰六年十一月清军攻陷汉阳时，“守城贼首伪丞相钟姓、伪指挥刘满乘马下河，被炮轰毙。”（《太平天国资料汇编》，第1册，第81页）此处系指钟廷生。李滨《中兴别记》卷三十载，咸丰六年十一月，“己卯（二十五日），杨载福、李续宾水陆军会克黄州，江夏团练耆民张国煜、刘昌祺等要歼溃贼，禽伪二十检点章成金，伪秋官丞相钟廷生、伪指挥李积芳等，均伏诛。”（《太平天国资料汇编》，第2册上，第494页）郭廷以《太平天国史事日志》上册第385页、第386页、第390页、第394页、第401、第414页认为在湖北通城、江西义宁一带作战是的秋官副丞相钟廷生，均误，应作秋官又正丞相钟廷生。

② 罗尔纲：《太平天国史》，第3册，第1885页。

其回到天京，被革职并关入东牢[①]，林启容继任冬官副丞相[②]。同月，秋官副丞相白晖怀在岳州城陵矶之战中牺牲[③]。十月，地官副丞相黄再兴被东王杨秀清从湖北战场调回天京，“以不能守武汉，奏而杀之”[④]，长期在豫王胡以晃领导下工作和作战的李秀成袭其职，任地官副丞相。十一月，春官又副丞相余福胜牺牲，初在西王萧朝贵部下后长期在东王部下并任东殿左七承宣的涂镇兴继任其职。

这其中有几个问题是需要说明的：

一是曾水源、杨在潮任天官正丞相的问题。第二章的考证认为，杨在潮是在曾水源被革职和复职期间的天官正丞相的任职者，兹不赘述。

二是又副丞相余福胜的问题。咸丰四年十一月，杨霈在《克复英山县城南北两军会同进攻九江湖口情形折》中称，在十一月十一日至十二日的小池口附近的孔垄市之战中，“生擒长发八十余名，中有又副丞相余福胜、总制、师帅、旅帅等十余名，皆骈斩”[⑤]。咸丰四年十一月二十一日，曾国藩等在

---

① 《贼情汇纂》载许宗扬于咸丰四年“七月败回江宁，收入东牢”，并未言其被革职。考东王杨秀清在咸丰四年九月命燕王秦日纲镇守田家镇并攻取汉阳等处诰谕中有“殿前丞相何潮元”之称，而在提到许宗扬时直呼其名，未在其姓名前标明官衔（参见《太平天国文书汇编》，第178～179页），说明此时的许宗扬已不任丞相职了。涤浮道人《金陵续记》载天京事变说：“北贼随目有伪北殿右二十承宣许宗扬者，即许十八，带刀缘楼柱而上，东贼见逼急，遂跳而下，潜匿厕坑间。”（《太平天国》，第4册，第640页）这又说明了许宗扬被革丞相职后曾任北殿右二十承宣。郭廷以《太平天国史事日志》据《黄生才供》称许宗扬、黄益芸等曾参加围攻临清州，误。李滨《中兴别记》卷十三亦沿袭《黄生才供》之说，认为许宗扬随曾立昌等北伐，并于咸丰四年三月一起战死于丰县。亦误。

② 咸丰四年十一月二十一日，曾国藩在《奏报攻剿瀣港孔垅驿获胜及水师进扼湖口折》中说：“连日据生擒之贼与投诚之贼供称：伪燕王秦日纲自黄梅大败，窜往舒城，伪丞相罗大纲自孔垅大败，即日窜至小池口，率其互党千余渡江，连夜奔至湖口。伪丞相林姓现踞九江，与湖口相犄角，将为死守抗拒之计。”（《清政府镇压太平天国档案史料》，第16册，第357页）当时的林启容是否为六官丞相尚不得而知。咸丰四年十二月初三日，曾国藩在《奏报水师攻剿湖口陆师图逼九江获胜折》中又称：“窃陆军在瀣港、孔龚连捷，遂破小池口贼营，水师肃清浔江，进扼湖口，业经驰奏在案。逆党被剿后，伪丞相罗大纲奔踞湖口，与现踞九江之伪丞相林凤祥、伪检点林启容遥相犄角，牵制我军。”（《清政府镇压太平天国档案史料》，第16册，第473页）原来，曾国藩以为林丞相是指林凤祥，不对，此时的林凤祥参与北伐，其言此时的林启容为检点亦可能有误。

③ 《金陵癸甲纪事略》载，白晖怀于“甲寅闰七月，在金陵城外，为官兵所杀”（《太平天国》，第4册，第673页）。

④ 《太平天国》，第3册，第58页。李滨《中兴别记》卷十六载黄再兴被斩事云：“湖北自去年（指咸丰三年）田家镇失守后，兴国、大冶贼已踞为老巢，上达崇阳，下达九江，贼势张甚。迨武汉既克，兴国、大冶之巢俱覆，贼石凤魁、黄再兴等悉窜并北岸广济田家镇。初，贼杨秀清遣秦日纲巡上游，抵九江，闻石、黄两酋败信，急驰往，止其固守田家镇待援。而杨秀清愤两酋失事，逮还江宁，诛之，以日纲守田家镇，佐以涂镇兴、侯裕宽，复遣韦俊、石镇仑、张子明等助之。”（《太平天国资料汇编》，第2册上，第278页）按李滨记此事在咸丰四年九月下，因此，黄再兴被斩当在九月。

⑤ 北京太平天国研究会编：《太平天国学刊》，第一辑，中华书局1983年版，第479页。又见于《清政府镇压太平天国档案史料》，第16册，第412页。

《奏报攻剿瀼港孔垅驿获胜及水师进扼湖口折》中亦称，“生擒长发七十九名，内有又副丞相余福胜一名，总制陈姓、雷姓二名，师帅、军帅十余名，立予正法”[①]。这里既称“又副丞相”，就排除了余福胜为恩赏丞相的可能性，郭廷以《太平天国史事日志》将其排在冬官又副丞相，并未加以说明。按太平天国此时的天官又副丞相为曾钊扬、地官又副丞相为刘承芳、夏官又副丞相为曾锦谦、秋官又副丞相为陈宗胜、冬官又副丞相为万象汾，惟春官又副丞相林绍璋[②]被革职于咸丰四年（甲寅年）二月，余福胜有可能任此职，其任职时间约为九个月左右。

三是卓姓春官正丞相的问题。这里又须说明的是，近代史研究所编《太平天国文献史料集》收录英国学者柯文南从英国档案馆中发现并提供的太平天国新文献，其中有所谓《太平天国春官正丞相卓、权理大埔坪军民郡正副师帅黄、刘移复佛岭市统兵大元帅李、甘》，所署时间为“太平天国甲寅年又七月廿日”。恩师王庆成认为：“此实为广东天地会起义军文书，但署太平天国官号、年号。”[③] 事实上，太平天国此时的春官正丞相为黄启芳，他于咸丰四年（甲寅年）四月升此职后至此时既未战死亦未被革，咸丰四年十月初十日，托明阿等人在《奏报水师围攻段要口北固镇江等处获胜折》中说：“据供护簰来贼四百余名，内有伪春官正丞相黄起芳、伪东殿参护朱国亭、伪监军廖姓暨管炮贼目三十名，均被枪炮歼毙，追杀投江，并无漏网。”[④] 这说明黄启芳在咸丰四年十月初五日由南京护送木簰到镇江，初六日至仪征县李家口时被清军歼毙。因此，太平天国不可能同时有两位春官正丞相，卓姓春官正丞相当为广东天地会起义军职官，这说明太平天国的六官丞相制有一定的影响。当然，太平天国丞相官制对其他农民起义的影响并不止此一例，一直到后期这种影响仍然是存在的。咸丰九年十二月十一日，袁甲三在奏报进攻临淮南岸连毁敌营情形时也说：“据柳伟禀称，所毙各匪均系凤定等处分来长发

---

① 《清政府镇压太平天国档案史料》，第16册，第356页。

② 杜文澜《平定粤寇纪略》之附记亦载林为春官又副丞相（《太平天国资料汇编》，第1册，第306页）。咸丰四年十月初七日，曾国藩在《奏报攻破半壁山水陆连获大胜折》中称：“伪秋官丞相林绍璋被湘勇追至舟边，杀于马下，贼惧我军飞渡，自将浮桥拆断，生擒四十余名，据供除林绍璋外，又有伪将军陈姓、伪指挥彭姓及伪官数十名，均已就戮。”（《清政府镇压太平天国档案史料》，第16册，第36页）此处曾国藩说林绍璋已死为误，他称林绍璋为秋官丞相，似指在被革春官又副丞相后复任此职。太平天国戊午八年，他又升任地官又副丞相。

③ 王庆成：《太平天国的文献和历史——海外新文献刊布和文献史事研究》，社会科学文献出版社1993年版，第53页。

④ 《清政府镇压太平天国档案史料》，第16册，第57页。黄启芳被歼毙事又见于咸丰四年十月十六日《谕内阁著托明阿等督催水陆兵勇攻毁瓜洲浦口》（见同书第86页）。

悍贼，内有贼首六十余人，其最著名者花旗主王麻孜、黄旗主孙兆礼、八卦旗主张和红，月队旗主吴大嘴、何得豫，大队旗主陈添书、何小保，分队旗主陈万果，内有已经粤逆封为助天侯及右军丞相各伪职，豺狼枭獍同付一炬。”①

四是副丞相林大旺、杨幗安问题。咸丰四年，向荣在给清政府的奏报中提到的丞相，除前已提及的杨正潮及已明确为恩赏丞相的张体福外，还有赖四秀和温阿丙二人②。另据《金陵癸甲纪事略》，东国大宗兄杨元清、东国三宗兄杨永清、东国七宗兄杨德清、北国宗兄韦俊、翼国宗兄石祥祯都曾任丞相职③。咸丰三年（癸丑年）丞相任职情况已基本如上考，因此，这5人如任丞相当在咸丰四年（甲寅年）。再据郭廷以《太平天国史事日志》载，在咸丰四年任丞相的还有汪得胜、林大旺、万溃英、杨幗安、杨记善、魏超成、刘姓、胡姓、陆光祖、罗琼树、余福胜、曾姓等12人④。据笔者掌握的这几种资料，除前已陈明咸丰四年（甲寅年）任何官丞相外，共有丞相任职者19人。这19人中，余福胜前已说明任春官又副丞相，曾姓丞相有可能为曾锦谦。胡姓丞相不是胡以晃，他于咸丰四年（甲寅年）二月已升侯爵，郭廷以载胡姓丞相史事为咸丰四年（甲寅年）八月，且胡姓丞相于八月十三日在湖北咸宁牺牲，而胡以晃于丙辰六年病死于江西临江府，因此，郭氏所谓胡姓

---

① 《清政府镇压太平天国档案史料》，第21册，第738页。

② 关于赖四秀（郭廷以《太平天国史事日志》上册第838页作赖士秀），向荣在咸丰四年闰七月二十一日《克复太平府城并金陵镇江攻剿情形折》之《堵剿上方桥获胜片》中称：“统计斩溺贼匪不下四千人，讯之生擒贼匪，内有伪丞相赖四秀、伪国宗提督石详真及伪官贼多人，皆系发长尺余。”（《太平天国》，第7册，第335页，又见于《清政府镇压太平天国档案史料》，第15册，第277页）关于温阿丙，向荣在咸丰四年八月十一日《攻剿上方桥营获胜地并将水陆接济断绝折》中称：“提讯生擒各贼，内有老长发二名，一系伪将军王武，广西永安州人；一系伪丞相温阿丙，广西武宣县东乡人，供认金田入伙起事不讳，其余黄衣贼目邹启新等十八名，亦俱供认伪检点侍卫总制军帅各伪官，均系广西湖南之人，当经一并凌迟枭示。”（《太平天国》，第7册，第349页；又见于《清政府镇压太平天国档案史料》，第15册，第408页）。

③ 《太平天国》，第4册，第672页。

④ 参见《太平天国史事日志》上册，第299页、第309页、第322页、第333页、第342页、第345页、第352页、第363页。关于陆光祖，据塔齐布在咸丰四年八月三十日《奏报踞守武岳首领姓名及曾天养被击毙片》中称：“据守汉阳之贼，有伪丞相陆光祖，不知已就戮否。”（《清政府镇压太平天国档案史料》，第15册，第516页）关于汪得胜和曾姓丞相，汪得胜于咸丰四年七月在岳州城陵矶被塔齐布水师击毙（见于杨奕青、唐增烈、向德育等编：《湖南地方志中的太平天国史料》，岳麓书社1983年版，第469页），曾姓丞相亦于咸丰四年七月被杨载福击毙于岳州道林矶，事见于李滨《中兴别记》卷十五（《太平天国资料汇编》，第2册上，第249页）和湖南《巴陵县志》卷之二十一政典九武备下兵事下（《湖南地方志中的太平天国史料》，第470页）。林大旺亦见于李滨《中兴别记》卷十三（《太平天国资料汇编》，第2册上，第217页）。

丞相当另有其人，有可能为殿右二检点胡海隆。除余福胜和曾锦谦外，还有15人[①]。其中，被清军擒斩5人，这5人中有所谓副丞相林大旺、杨帼安、万溃英者，林大旺于咸丰四年三月上旬被胡林翼斩杀于湖北通城上塔市。咸丰四年二月十九日，革职留任山东巡抚张亮基奏报，在阜城截获“自道光二十二年与逆首洪秀全杨秀清等首先结会，起义谋逆。凡贼攻掠地方拒敌官兵，皆……为之谋画，已受副丞相伪职”的杨帼安等13人[②]。

咸丰四年三月时，天官副丞相由于林凤祥已升侯爵，可能空缺。地官副丞相仍为黄再兴（其十月被斩），春官副丞相为黄超芳，夏官副丞相为赖汉英，秋官副丞相为白晖怀，冬官副丞相为万象汾。惟夏官副丞相赖汉英在咸丰三年（癸丑年）十一月办完对法使交涉后被调为东殿尚书，此职可能空缺。因此，杨帼安和林大旺可能任天官副丞相和夏官副丞相职。但他们的任期都不长，至咸丰四年二三月即牺牲，其所任职仍为遗缺。这样，万溃英可能任天官副丞相或夏官副丞相。咸丰四年九月十六日，陈启迈在《奏报义武兵勇攻剿屡获全胜折》中说，据俘虏供：“其大头目系伪丞相魏姓，所带贼众，连黄州、汉口、江南新来者，共有万余。”又称清军已革守备吴锡光“手刃伪副丞相万溃英，又执旗贼目二名”，在武宁之战中俘获的战利品中有“伪丞相余、伪副丞相万、伪监军谢等大小旗帜九十九面”[③]。

五是曾天养问题。咸丰四年七月十一日，骆秉章等在《奏报水师克复岳州南省已无敌船折》中多次提到丞相，在岳州城陵矶之战中，右营战士“歼毙伪丞相一名”，“事后查得黄袍之匪为汪得胜，伪官丞相者也”，在彭玉麟呈缴的战利品中又有“伪丞相大龙虎旗六面”，而杨载福呈缴的战利品中也有“伪秋官又丞相坐船一只”[④]。在这份奏折中，至少提到3名丞相。这里提到的“伪秋官又丞相”当为秋官又正丞相曾天养，其余的丞相则有可能是恩赏丞相。咸丰四年七月十六日，骆秉章等人在《奏报水师获胜将数犯岳州之敌全歼折》中又奏称，在七月初六日的战斗中，清军“轰毙伪丞相曾姓，夺获伪印一颗”，在汇报缴获的战利品中有“殿前正丞相龙帽一顶”、“丞相龙印一颗，印匣均用黄龙绣袱，裹以银叶”[⑤]。咸丰四年七月二十一日，骆秉章等人在《奏报水师失利及陆营获胜情形折》中还说：在七月十八日的城陵矶陆战

① 胡姓丞相当另有其人，春官正丞相胡以晃于甲寅年二月升侯，而郭廷以载胡姓丞相事是在咸丰四年八月。

② 中国第一历史档案馆编：《清政府镇压太平天国档案史料》，第12册，社会科学文献出版社1994年版，第557~558页（以下简称《清政府镇压太平天国档案史料》，第12册）。

③ 《清政府镇压太平天国档案史料》，第15册，第617~618页。

④ 《清政府镇压太平天国档案史料》，第15册，第21~22页。

⑤ 《清政府镇压太平天国档案史料》，第15册，第59页。

中，“众兵一拥而前，登时斫毙”所谓的“身穿青绉短衫”的“满发长髯大贼目”，“当夺大黄旗一杆，上书伪秋官又正丞相字样”①。咸丰四年八月三十日，塔齐布等人在《奏报踞守武岳首领姓名及曾天养被击毙片》中则明确地指出：“臣等前奏言，七月初六日，水师哨官罗管全杀毙伪丞相曾姓，系据褚汝航来禀所云，其实初六日仅夺获曾天养座舡及龙冠黄袍等件，十八日黄明魁始殪其人也。”② 由此看来，所谓的“伪丞相曾姓”即指曾天养。因此，得出咸丰四年（甲寅年）七月秋官又正丞相曾天养在岳州城陵矶之战中牺牲③的结论，应该是没有问题的。

咸丰五年（乙卯年，太平天国乙荣五年），六官丞相又面临着新一轮的调整。这年二月，天官副丞相林凤祥在北京英勇就义，秋官又副丞相陈宗胜在庐州战死④。殿左七检点陈仕荣⑤于这个月守安徽庐州。《金陵续记》之《逆贼分窜各处股匪名目》在“安徽”下记其为秋官副丞相。陈仕荣可能于此时升任此职⑥。五月，地官又副丞相刘承芳死于芜湖之战，地官正丞相李开芳等7人亦在北京被清政府用寸斫酷刑处死。六月，冬官正丞相罗大纲在西征战场战死⑦，莫某某升任此职（参见后文考辨），而天官正丞相曾水源因未向东王

① 《清政府镇压太平天国档案史料》，第15册，第81页。

② 《清政府镇压太平天国档案史料》，第15册，第516页。

③ 参见王定安《求阙斋弟子记》（文海本）第328～329页，及杜文澜《曾爵相平粤逆节略》载咸丰四年七月事（《太平天国史料丛编简辑》，第1册，第340～341页）。曾天养虽于咸丰四年七月战死，但至九月其秋官又正丞相职仍未授人（参见《太平天国文书汇编》，第222页，该处所提秋官又正丞相之弟曾添浩，据《太平天国》，第3册，第69页即指曾天养之弟曾添浩）。

④ 《金陵癸甲纪事略》载陈宗胜“为秋官又副丞相，宗扬弟，自扬州回，东贼使窜河北，为官兵所败。又使窜湖南，又败，剃发逃至岳州，东贼使何辛金取回杀之”。何辛金，《贼情汇纂》作何新金，为翼殿左一承宣，“性情叵测。颇为杨贼信任”。《金陵癸甲纪事略》载其为“伪北殿承宣，广西人，二十余岁，最亡命。随北伪至六合、江西窥我水营，为官兵所虏杀”。（《太平天国》，第4册，第677页）陈宗胜之死因有两说，兹列于此，以备考。

⑤ 咸丰八年二月二十五日，胡林翼在《奏陈皖匪上犯官军扫平贼垒并收复英山县城疏》中称：“讯据生擒之贼供称，伪倚天侯陈士荣并伪将军、伪指挥等多名俱被杀。此（二月）十四日南阳河大获胜仗情形也。”（见《胡林翼集》，第1册，岳麓书社1999年版，第432页）据谢兰生《军兴本末纪略》卷二，陈仕荣于同治元年四月随陈玉成被苗沛霖诱获（《江浙豫皖太平天国史料选编》，第42页）。

⑥ 据潜山储枝芙蓉塘《皖樵纪实》载，陈仕荣在咸丰八年六月至八月在安徽潜城一带时为倚天燕（《太平天国史料丛编简辑》，第2册，第98～99页）。

⑦ 涤浮道人《金陵续记》载：“我军艇船于咸丰五年五月在芜湖军威甚振，开炮先击去伪地官又副丞相刘承芳肾囊毙命。旋开大炮，轰折伪冬官正丞相罗大纲右腿，遁回金陵，负痛难忍，吞金自毙。”（《太平天国》，第4册，第641页）。

报告女官议政而被斩首示众[①]。这年，冬官又副丞相万象汾在湖北黄冈投诚[②]，刘官芳可能升任此职[③]，夏官副丞相赖汉英大概因东王欲杀之而投河自尽[④]，陈仕章任其职[⑤]。应该说，至咸丰五年六月止遗缺的丞相职务共6个。除前已考明者外，郭廷以《太平天国史事日志》载咸丰五年时已任六官丞相者还有冬官丞相刘官芳、冬官丞相陈玉成、地官丞相李秀成、春官丞相涂镇兴、夏官副丞相陈仕章等。

《粤匪起手根由》载："咸丰五年，贼是乙卯。各王在九江将曾大人战船烧坏。各王又到湖北。杨秀清传令，吊罗大纲、李秀成打芦州府，石大开在湖北，分兵湖北守住。陈玉成东官丞相自湖北分兵到德安、安东、随州、招

① 王庆成编注：《天父天兄圣旨》，辽宁人民出版社1986年版，第114～116页。

② 《贼情汇纂》卷二载冬官副丞相万象汾说："五年，在黄冈县投诚。钦差官文赏给花翎四品顶戴，带千人，屡次打仗甚为出力。"万象汾为何投诚呢？张晓秋《粤匪纪略》稿本中《逆匪陷江宁时十二僭丞相》下指出："杨逆欲杀之，赴安庆逃走。"东王杨秀清为什么要杀他呢？谢介鹤《金陵癸甲纪事略》载曾相风即万象汾说："甲寅春，东贼闻湖南贼又为官兵所败，乃授伪冬官又副丞相，使往接应，嗣使燕贼往安庆。又调回，使尾燕贼后。"燕王于甲寅四年八月奉命去湖北一带，稽查河道，密拿奸宄。其后即指挥田家镇、半壁山之战。至十月底田家镇、半壁山失守。后论失守半壁山、田家镇之罪恶，秦日纲被革去王爵，改为顶天燕。因此，作为一直随燕王左右的曾相风也有可能被追究责任，故张晓秋《粤匪纪略》载"杨逆欲杀之"当指追究田家镇之失守罪。因此，他试图逃跑并在黄冈投诚。由此看来，这几种记载并不矛盾。他去安庆跟随燕王，嗣因燕王失守田家镇，他受牵连而被追究，因而逃跑并在黄冈投诚。只是这几种史料仅载其中的一个细节使人不能明了前后的经过而已。

③ 郭廷以《太平天国史事日志》上册第405页载其为冬官又（正?）丞相，说明郭氏不能肯定刘官芳为冬官又正丞相，其根据当为胡林翼的一份奏折。咸丰五年八月初三日《胡林翼奏报水陆进攻汉阳获胜并请将水师员弁奖励折》称在七月二十七日太平军进攻汉阳清军时"有骑黑马贼伪冬官右丞相刘姓者冲锋前来，悍贼踵至"。"计自十二日至二十七日，（清军）共戳毙伪国宗、丞相、指挥、检点、木一将军、炎九将军等数十名"（《清政府镇压太平天国档案史料》，第17册，第496页）。但此时冬官又正丞相为宾福寿，万象汾投诚后，其可能为冬官又副丞相。

④ 据张晓秋《粤匪纪略》之《逆匪陷江宁时十二僭丞相》载赖汉英："杨逆以其有异心，欲杀之，赴安庆，乘间投江死。"杨秀清为什么怀疑其有异心呢？据《金陵杂记》载："此贼亦系真广西教匪，洪杨本极重用，后因其自告奋勇，率众分窜江西，在彼戕杀自己羽党太重，皆有不服之心；后又复由江右败回，故令住司署衙内，并未修饰。"（见《太平天国》，第4册，第631册）估计他与万象汾一起赴安庆随燕王秦日纲作战，后因田家镇之战败，东王追究，万象汾投诚，而其作为洪秀全的妻舅则逃跑自尽。另据郭廷以《太平天国史事日志》上册第485页载1856年9月2日史事说："天京内讧，北王韦正（昌辉），及夏官副丞相赖汉英、秋官正丞相罗树琼以计刺杀东王杨秀清。"此处所言，当本于王文濡撰《太平天国野史》赖汉英、罗大纲传（王文濡：《太平天国野史》，江苏广陵古籍刻印社1993年版，第387～389页）及进步书局编译所编辑的《太平天国轶闻》，似不可信。

⑤ 罗尔纲：《太平天国史》，第1册，第219页。陈仕章于咸丰四年任殿左二十九指挥，守安徽巢县。咸丰七年正月中旬领军救安徽桐城，封迓天侯。陈仕章何时任夏官副丞相，杜文澜《平定粤寇纪略》附记一提供了很好的信息："陈仕章以援镇江、袭汤头河官营力，伪授夏官副丞相。"（《太平天国资料汇编》，第1册，第，310页）援此可知陈仕章的任职时间。

阳等处攻打，韦国忠、洪国忠征守湖北一带地方……”[①]“杨秀清又吊江西石大开兵救镇江，江南一带分兵守江西，黄义祥征守临江原州府。李八籁检点随州府征（守)，富检点征守吉安府，九江府林庆荣丞相征守，石大开抽兵一半回江南解围。”[②] 这表明陈玉成与林启容于咸丰五年（太平天国乙荣五年）已任丞相职了。他们究任何种六官丞相呢？涤浮道人的《金陵杂记》完成于咸丰六年仲夏，所载太平天国史事多为咸丰六年之前的，而其《金陵续记》则主要记载咸丰五年至六年天京事变前后史事。《金陵续记》中的《逆贼分窜各处股匪名目》载林启容为冬官副丞相，陈玉成为冬官又正丞相。应该说，林启容任冬官副丞相没有问题，此职自许宗扬后一直为缺。宾福寿早在咸丰四年（甲寅年）就已任冬官又正丞相[③]，直到庚申十年十二月被授工部正冬官[④]，其间并无史料载其被革职。前述刘官芳任此职，他一直战斗到后期，为后期重要的将领。《金陵续记》也载陈玉成任此职，这样，冬官又正丞相出现了同时一职数任的情况，这是不符合历史事实的。冬官丞相此时空缺的是冬官正丞相和冬官又副丞相，因此刘官芳有可能任又副丞相。冬官正丞相是否就是陈玉成呢？罗尔纲《太平天国史》第3册第1997页认为陈玉成于咸丰五年七月补罗大纲职任冬官正丞相，而第1册第223页又据《金陵杂记》认为是莫某某袭罗大纲冬官正丞相职，这就出现了矛盾。《金陵续记》中《逆贼分窜各处股匪名目》在“安徽”下列有莫某某，并附说明：“伪冬官正丞相，抵罗大纲伪职，不知此贼之名。前踞东坝。其余伪丞相检点指挥尚有数名，不知姓名。”又说：“东坝莫贼所带股匪系去年在江西临江府所收广东匪徒约数万人，分窜东坝左近一带。”按太平军于咸丰五年十一月十一日占领临江。莫某某从临江据东坝（太平天国定都天京后，清军在东坝屯兵，扼交通要冲)

---

① 金毓黻、田余庆主编：《太平天国史料》，开明书店1950年版，第461页。

② 金毓黻、田余庆主编：《太平天国史料》，开明书店1950年版，第462页。

③ 宾福寿之任冬官又正丞相职可由太平天国的自身文献《佐天侯陈承瑢给黄再兴招集工匠建造宫殿札谕》（《太平天国文书汇编》，第177页）得到印证。宾福寿于咸丰四年四月升冬官又正丞相，而黄再兴于咸丰四年五月被任命为湖北省佐将，七月到达武昌，十月因田家镇之败被召回天京斩首，因此，这份佐天侯的札谕当在咸丰四年七月至十月间。从札谕的内容来看，内有“兹据冬官又正丞相宾福寿禀称，湖北汉阳地方，木工广有”之语，并不能据此断定当时的宾福寿是否身在湖北。如果宾福寿身在湖北，那么，陈承瑢就没有必要再派他的协理石映发和柳启传去湖北黄再兴处了，只要黄再兴配合宾福寿的工作即可。按宾福寿在参加太平天国起义前乃为广西乡村木匠，其见识当不一定知此，从这个角度看，宾福寿有可能与黄再兴一起去湖北了。但太平天国有关于“壬子二年十二月至湖北所掳木工，尽交宾福寿统带，升职将军”（《太平天国》，第3册，第61页）的记载，有此经历当有此知，不一定要亲到湖北。且宾福寿升职丞相，专理木营事，负责天京的土木建筑，他不大可能离开天京。也就不会因黄再兴而受牵连被革职。

④ 《太平天国文书汇编》，第78页。

当在稍后些时候，于咸丰六年五月攻破江南大营后克复东坝，咸丰六年八月二十日东坝被清军攻陷，后莫某某又退至安徽。此则在天京事变之后。而在“现窜江省下游句溧金阳等处贼目”下列有秦日纲、陈玉成、陈仕章、余正兴（当为涂镇兴）、周胜坤、李寿成（指李秀成）等人，由此可知，《金陵续记》所载内容的截止时间当在天京事变前后。《李秀成自述》所述他与陈玉成合解桐城之围的前后史事在咸丰六年天京事变后至咸丰七年，叙完这段史事后，李秀成补充交代说：“斯时成天豫是冬官丞相，封我是地官丞相，封为合天侯矣。恐前后参差，故而明载，一览可知。”[①] 罗尔纲言陈玉成于咸丰五年七月补罗大纲缺并无根据，一种可能是冬官正丞相莫某某于东坝失守后被革职，其冬官正丞相职由陈玉成补缺[②]。

咸丰五年，向荣的奏报和清政府的上谕中提到的丞相有两位陈姓丞相、

① 《太平天国文书汇编》，第490页。

② 咸丰六年三月初十日，托明阿在《奏报连日分路截剿及进攻扬城获胜情形折》中称，三月“初八日寅刻，奴才新督各队分投攻截（扬州），行至吴家庄地方，见有铺门洞开灯火荧荧，当令兵丁入视，则长发贼十名酣睡其中，全数擒获，讯供系奉涂姓丞相派来守卡。”在随后的焦家庙、秦家桥之战中，清军“夺获骡马四十三匹，刀矛器械五百余件，大旗三十余面，有书夏官正丞相陈者，查系陈士章，有书冬官正丞相陈者，查系陈玉成，又有伪丞相涂姓，即此次金陵派援瓜镇之贼首，其余指挥、检点、将军字样不等”（中国第一历史档案馆编：《清政府镇压太平天国档案史料》，第18册，社会科学文献出版社1995年版，第227、228页（以下简称《清政府镇压太平天国档案史料》，第18册），陈玉成任冬官正丞相事，可参见华国梁、周志初、吴善中《陈玉成官爵考》（《罗尔纲与太平天国史》，第511页）。

张潦、周少魁、徐云高等5人①。郭廷以《太平天国史事日志》载还有咸丰五年八月在汉阳牺牲的刘姓丞相。因此，至咸丰五年不知何官丞相者共有18人，而所遗六官丞相职只有6个。这里有几个问题值得考虑：一是，这些人是否为六官丞相还不能完全肯定，因为恩赏丞相也称丞相，其中有一些人可能为恩赏丞相和殿前丞相。如罗琼树和魏超成据《贼情汇纂》即为殿前丞相②，前述5位国宗也可能是殿前丞相。二是，这18人在被清政府征剿大吏提到时大多是已经牺牲的（刘官芳、涂镇兴、曾锦谦除外），这些人之任丞相职可能不会影响太平天国六官丞相遗缺数，至咸丰五年，太平天国六官丞相的遗缺数基本不变。三是，即使这些人都是六官丞相，18人也不可能一一对应地任前述所遗6个职务，这其中肯定还存在着18人中几人接任一职的问题。因此，如按年份排列，太平天国的六官丞相年表到咸丰四年（甲寅年）下半年就很难完整地续排下去，咸丰五年以后就不可考了。

考虑到丞相多从检点升职而来，以下一些人是有可能在咸丰五年前任丞相的：

（1）林锡保继曾天养后于咸丰四年二月任殿左一检点，于咸丰七年二月战死。

---

① 关于两位陈姓丞相，一指向荣在咸丰五年正月初十日《金陵穴城攻剿并黄池续获胜仗折》中提到的陈姓丞相："金陵窜去多贼，系伪北贼韦正带往，因初三日黄池一仗，其伪国宗刘姓、伪检点孙姓、伪丞相陈姓及伪将军侍卫指挥等官多被诛戮，该逆欲图报复，有初四日再来内犯之说。"（《太平天国》，第8册，第423页）另一位指向荣在咸丰五年十一月初五日《筹堵金陵窜贼获胜并芜湖断贼接济情形折》中提到的陈姓丞相："并据邓绍良呈称：外贼叠受惩挫，内围益严，自用炮轰打以来，贼甚畏惧，逃出多人，并有曾受伪职者，亦来投诚，佥供大炮毙贼极多，其贼首伪丞相陈姓、伪检点曾姓均已轰死，惟有一赖姓头目，以芜湖为南北咽喉，率同楚粤老贼，拼死抗守。"（《太平天国》，第8册，第526～527页）这两位丞相当指两人。关于张潦，向荣在咸丰五年九月《剿除芜湖外援贼垒获胜折》中称："统计生擒贼匪二十四名，杀毙伪丞相张潦、伪尚书李长松（青?）、伪总制张廷桂，割缴首级耳辫三百七十五件，夺获枪炮旗械不计其数。"（《太平天国》，第8册，第499页）周少魁和徐云高则见于咸丰五年十二月初六日的内阁上谕：十一月十七日，"张国梁由东阳追杀前来，该逆败走石埠桥江边，我军沿江追截俘斩不计其数，余俱扑溺大江，无一得脱者，计歼毙伪丞相周少魁等四十余名"。"二十日齐至观音门，张国梁由东路杀入，四面围裹，把总朱永才手劈伪丞相徐云高一名，我军乘胜痛剿，毙贼三四名"（《太平天国》，第8册，第537页）。关于周少魁，又见于杜文澜《平定粤寇纪略》卷四的记载（《太平天国资料汇编》，第1册，第65页）。还有一则史料值得注意：向荣在咸丰五年十一月二十九日《奏报全歼金陵窜出大股并攻剿观音门获胜折》中称，在十一月十七日的金陵栖霞街一带的作战中，清军"徐日光夺获伪丞相大旗一杆"。总计在十一月十五日至十八日歼击金陵窜出太平军的作战中，清军生擒了不少太平军官兵，"讯问生捡贼供，逆首伪夏官丞相周少魁、伪冬官副丞相赖姓、伪将军杨亚生，伪检点曾姓、苏姓，伪总制罗姓及伪承宣、侍卫、军帅、师帅各贼目四十余名，均被我军先后击杀"。在十九日攻剿观音门的战斗中，清军"尽先把总朱永才力劈伪丞相徐云高一名"，"捷勇黄居清、覃有旺各夺获伪将军、丞相大黄旗、黄帽等件"（《清政府镇压太平天国档案史料》，第18册，第26～27页）。

② 《太平天国》，第3册，第63、65页。

（2）胡海隆继陈宗胜之后于咸丰三年十二月任殿右二检点。

（3）张潮爵于咸丰四年四月任殿右四检点，而清降兵刘远达于咸丰六年任殿右四检点，这说明当时的张潮爵已升职。

（4）李寿辉曾任东殿簿书，职同检点，咸丰三年十一月任殿右六检点，是有可能升职丞相的。因为在咸丰七年十一月在镇江作战的汪体元已任殿右六检点，说明李寿辉已升职。

（5）咸丰五年驻守安徽芜湖的殿右十检点俞忠扶。

（6）殿左十三检点林某于咸丰三年曾与秦日纲、蒙得恩同住天京天官正丞相府，有可能是较早升任丞相官职的人，因为后来的黎振辉在咸丰四年七月初六日在湖南岳州战死时已是殿左十三检点，说明林某已升职。其后李来胜又继任殿左十三检点，李来胜在咸丰六年前也有可能升职丞相，因为咸丰六年七月周得贤在江苏丹阳战死时也是殿左十三检点，说明李来胜已不任此职了。

（7）魏超成于咸丰四年十月升任殿右十四检点，也算是较早的检点了。

（8）蓝成春于咸丰四年升殿左十五检点，当是在殿左十五检点蒋茂广于咸丰四年四月初六日在山东汶上田甫集牺牲后。

（9）殿左十九检点黄超凤在咸丰五年守安徽庐州时任此职，说明他升任此职当在此前。

（10）殿右二十检点陈元旺于咸丰四年守安徽西梁山时已任此职，但辛成金咸丰六年十月在湖北江夏被俘杀时亦任此职，说明陈元旺已升职。

（11）覃炳贤于咸丰三年八月升殿左二十一检点，咸丰六年秋守安庆，一度出征庐州、和州、建德、东流、宿松和太湖等地。但张某在咸丰六年在安徽桐城战死时为殿左二十一检点，说明覃炳贤在咸丰六年已升职。

（12）殿右二十二检点李秀成于咸丰六年已升地官副丞相，以上各检点在此之前当有可能升丞相。

（13）咸丰三年八月梁立泰即已升殿左二十三检点，有可能任丞相。

（14）殿左二十五检点罗某于咸丰四年四月与殿右二检点胡海隆在天京处理政务，当有可能升任丞相。

（15）殿右二十六检点范汝杰在咸丰五年五月时任此职，也有可能在咸丰六年升任丞相。

（16）殿左二十七检点赖文鸿在咸丰六年仍任此职，当未升职。

（17）殿左二十九检点张遂谋升任丞相，其职已由傅忠信袭，咸丰六年守江西吉安时可能已任殿左二十九检点。

（18）殿右三十检点陈玉成于咸丰四年九月升任此职，咸丰六年时已任丞相。因此，于咸丰四年二月升殿左三十一检点的曾凤传也是有可能升丞相的。

(19) 殿左三十五检点林成文在咸丰六年守安徽桐城时仍任此职，当未升丞相。以上是原定36名检点中有可能升任丞相而未见史料记载已升任丞相的检点。当然，检点不一定就意味着升任丞相，他们能否升任还要看他们的战绩及其政治关系。

咸丰六年（丙辰年），六官丞相的任职情况，较为复杂，我们已无法复原其完整的排序。现仅就史料所及，探讨部分六官丞相的任职情况。周胜富为周胜坤之兄，曾与胡以晃、曾锦谦等一起进攻庐州。咸丰六年三月，周胜坤守镇江汤头营寨战死，周胜富袭弟职，任夏官又正丞相，镇守江苏句容①。咸丰六年春，春官又副丞相涂镇兴救援镇江，约在四五月间在镇江下蜀镇战死②。参加过金田起义、于咸丰五年镇守安徽合肥县派河驿一带的殿左十五检点蓝成春升春官又副丞相。《金陵续记》载其“前踞三河，后逃回安庆”③。太平军于咸丰五年十月初一日撤出庐州后，退守三河镇，深沟高垒，与舒城、庐江互为犄角。咸丰六年正月十四日，清提督秦定三陷舒城，进围三河镇，蓝成春统领4000余人，凭垒据守，抗击敌军。八月十七日，提督和春督军进扑，蓝成春待援不至，乃撤出三河镇④。蓝成春可能因此被革职。“初为杨贼统下健儿”、后任东王参护负责保卫杨秀清、咸丰四年四月升殿右四检点、再后一直在安徽专管民政的天王表弟张潮爵任春官又副丞相⑤。

张遂谋于咸丰五年升殿左二十九检点，守安徽舒城。罗尔纲《太平天国史》第3册第1837页据李续宾《上曾涤生侍郎书》（见《李忠武公书牍》卷上）认为，咸丰六年六月张遂谋随石达开到武昌时已升任春官正丞相。按春

---

① 罗尔纲：《太平天国史》，第1册，第217～218页。李秀成在自述中说：“那句容县天朝守将是袭职夏官丞相周胜富守把。（句容守将周胜富是周胜坤之胞兄。周胜坤在汤头被张国梁攻破营寨身死后，周胜富兄袭职，委镇句容，是此来由也）”（《太平天国文书汇编》，第491～492页）。

② 郭毅生、史式主编：《太平天国大辞典》，中国社会科学出版社1995年版，第509页。另据《清政府镇压太平天国档案史料》第19册第454～457页载，和春于咸丰七年六月克复江宁县湖墅、龙都的奏折记涂镇兴是在此次战役中牺牲的，且当时其官职为将帅，已不是丞相。在这份奏折中，和春仅记副掌率钟芳礼和将帅涂镇兴之名，其余战死的仅记丞相、检点、将军等官名。

③ 蓝成春任春官又副丞相可据《金陵杂记》（《太平天国》，第4册，第643页）。

④ 张一文：《太平天国军事史》，广西人民出版社1994年版，第83页。

⑤ 至咸丰六年上半年，属于北殿人物的春官正丞相黄启芳与春官副丞相黄超芳仍任原职，而春官又正丞相一直由蒙得恩任，惟春官又副丞相林绍璋曾于甲寅四年三月在湘潭全军覆没，被革职，直至同年八月才被起用为金官正将军，春官又副丞相由余福胜任，但他很快牺牲，此后其职一直遗缺，涂镇兴不可能任其他春官丞相，当任此职。罗尔纲《太平天国史》第1册第214～215页虽将涂镇兴列为春官正丞相（《太平天国大辞典》第509页盛巽昌写的“涂镇兴”条据此），但罗尔纲在表的“备考”中指出：“案《李秀成自述》原稿记涂镇兴官职作‘春官丞相’，没有正、副等字，故系于此。”因此，涂镇兴任春官又副丞相的可能性是很大的。

官正丞相黄超芳在天京事变前未见其被革职或升侯的记载，因此，张遂谋任春官正丞相似不可能。而春官又正丞相蒙得恩于咸丰四年（甲寅年）二月升赞天侯，身为殿左二十九检点的张遂谋于咸丰五年升任此职当有可能。因此，其所任春官丞相当为春官又正丞相。王定安《求阙斋弟子记》卷五载咸丰五年十一月“十一日伪丞相张遂谋陷临江府，袁、吉二郡被围，南昌戒严。”① 这里的丞相有可能指恩赏丞相，因此不能据此断定张遂谋于咸丰五年已为春官丞相。郭廷以《太平天国史事日志》上册第410页于咸丰五年九月初旬称张遂谋为春官丞相，而第418页于咸丰五年九月二十三日称其为冬官丞相，第422页于咸丰五年十月十五日复称其为春官丞相，至第468页于咸丰六年五月十八日、第474页于咸丰六年六月十三日时则称其为春官正丞相。第418页所记似为笔误，在短短的时间内，张遂谋不可能从春官丞相变为冬官丞相，而在不到一个月的时间内又变为春官丞相。所有这些对张遂谋任职的记载，郭氏当有所据。咸丰六年二月二十一日，曾国藩在《奏复江省各路进剿情形并请饬粤省拨兵防守赣州折》中称：“查各路探报并搜获贼中文书据称，金陵逆匪由湖北通城入江境者，以伪翼王石达开为首，伪检点赖裕新攻陷瑞州，伪翼贵丈夏姓、伪豫王胡以晃攻陷袁州，伪春官丞相张遂谋、夏官副丞相曾姓先攻临江后攻吉安。”② 由此看来，咸丰六年二月时张为春官丞相。咸丰五年至六年间，任春官又副丞相的人很多，由涂镇兴而蓝成春而张潮爵，衔接得较紧，张遂谋任春官又副丞相的可能性不大。

咸丰六年胡林翼奏报中提到陈姓丞相1名③，向荣奏报中提到丞相4人④，

---

① 王定安：《求阙斋弟子记》，第1册，台湾文海出版有限公司版，第397页。

② 《清政府镇压太平天国档案史料》，第18册，第156页。

③ 咸丰六年三月初一日，胡林翼在《陈奏水陆官军连日获胜疏》中称，在汉阳鹦鹉洲一带水战中，“讯据，贼目伪丞相陈姓已为我军所歼。该逆等新从九江、安庆带船上援，不料一战遂败。此水路迭获胜仗之实在情形也”（《胡林翼集》，第1册，岳麓书社1999年版，第100页）。

④ 向荣所提丞相4人，一是咸丰六年正月初九日《金陵逆匪纠合上游各路党羽外窜剿截获胜折》所指丞相。该折称：咸丰六年正月初二日，“我军取路进攻，未能得手。初三日三月刻，探有贼匪数千，由龙潭山后下窜，秦如虎率同游击杨瑞乾等，带领兵勇，驰往东路兜剿，见逆众尚河窜走，我兵呐喊追拦，将枪连环轰击。一面督令后队兵勇渡河冲杀，将贼股悉力截回。夺获伪丞相大旗及贼目大小黄旗二十余杆，歼斩贼匪百余名，该逆退奔，复追扑淹无数，因该处沟港分歧，未便深入，只得收队回营”（《太平天国》，第8册，第567~568页），二是三月初三日《更换张国梁为统兵大员连克顾家坝一带贼垒卡折》所提丞相，该折称：“讯供杀毙贼首伪丞相、尚书、将军、指挥、检点及贼目数十余名，录供均即正法。”（见同前书第8册，第591页）三是三月初四日《肃清高资至仓头等地折》所提涂姓曾姓丞相2人：“讯据生擒贼匪供称：内有伪丞相涂姓曾姓二名，伪尚书周姓等三名、伪指挥陈姓等三名、伪检点温姓等四名，割取首级耳记累如山积，……”（见同前书第8册，第600页）

秦定三与福济提到丞相约4人①。直到咸丰六年上半年止，六官丞相的设置仍应是齐全的，据《余生纪略》载：咸丰六年五月二十一日，“至丹阳，在南门驻营。是时伪翼王、佐天侯、顶天侯、天官又副丞相、秋官正丞相、冬官又正丞相及尚书、检点、指挥、将军、总制、监军、军帅、师帅、旅帅、百长、司马皆与役焉。”六月十七日（时在镇江），“午后又接伪东王羽檄，云如丹阳不下，则将二十四丞相正法，丹阳既下，即长驱苏、杭，分兵攻扬州，以联络声势。”② 但此时24位丞相究竟是哪些人已不可考了。

从前期六官丞相的任职者来源看，绝大部分是从检点升职而来，还一部分是从诸王府的簿书、六部尚书和丞相升职而来。从六官丞相的任职者去向看，癸好三年上半年以前升职六官丞相的大多升封侯爵。天官正丞相地位最高，升封侯爵后即为遗缺，即缺即补。其他的六官丞相在升封侯爵后也多不再担任原职。在同职官系统中没有职同丞相，张汝南《金陵省难纪略》载：“……其各典官皆加职同字，自职同监军至检点止，无职同丞相者。”③ 最高的同职官职为职同检点，这说明了：若单纯从职官序列来考虑，在前期丞相确是最高一级的职官。

三、前期六官丞相的地位、功能和作用

1. 前期六官丞相的地位

在永安封王建政期间，丞相的地位如何呢？军师在永安期间被封为王，但在一开始，还是强调军师的职官，而没有强化王的爵位，诸王特别是东王

① 秦定三所提丞相约2名，一是在咸丰六年十月十六日《奏报堵剿桐城获胜并请接济米粮子药折》中所提的丞相：“（十月）十一昼夜，统计生擒三十八名，讯明均即正法，毙贼一千余名。讯据生擒贼供称，内有伪丞相、伪指挥、伪总制等，夺获旗帜、枪炮、军械三百五十八件。”（《清政府镇压太平天国档案史料》，第19册，第22页）二是在十月十八日《奏报攻剿桐城获胜情形折》中所提丞相：“（十月十六、十七）两日统计毙贼二千余名，生擒二十六名，内有伪丞相李姓、伪将军尹姓、伪指挥方姓、伪总制殷姓等，查验发均四五尺长，的系广西悍贼，讯明立即正法，……”（见同前书，第27页）。福济所提丞相也约为2名，一是在十一月初二日《奏报官兵击退安庆赴援桐城之股获胜情形折》中所提丞相：“（十月）二十四日，探闻翼贼石达开因桐城伪丞相告急，自安庆发众数千，由练潭前来。”（见同前书，第51页）二是在十二月十三日《奏报克复潜山县城请保奏出力人员折》中所提丞相：“……共计毙贼二千二百余名，斩首二百九十余级，生擒一百零三名，并生擒伪丞相、伪将军、伪监军黄逆等多名……此十二月初三日申刻克复潜山县城之实在情形也。”（见同前书，第133页）。

② 《太平天国》续编，第4册，第379、380页。

③ 《太平天国》，第4册，第709页。

动辄以“本军师”自称。从下面几则史料中确可看出丞相是仅次于军师的高级职官。太平天国功劳簿的上达程序就可说明这一点，“辛开九月二十五日（咸丰元年九月初五日），时在永安。天王诏令：……今诏令各军，每场杀妖后，各两司马立即记录自己管下兵某名，头顶遵令向前，则画圆圈，以记其功。某名头顶逆令退缩，则画交叉，以记其罪。中等者免记录。记录册成，两司马执册达卒长，卒长达旅帅，旅帅达师帅，师帅达军帅，军帅达监军，监军达总制，总制次递丞相，丞相达军师，军师转奏，俟到小天堂，以定官职高低，小功有小赏，大功有大封，各宜努力自爱”[①]。咸丰元年（太平天国辛开元年）的《太平礼制》在规定各级职官各方面的礼制时，是按照职官从小到大的顺序，从天王开始，接着便是诸王，诸王后面就是丞相、检点等职官。天王是“国家元首”，诸王（翼王除外）被封为军师，是最高一级职官，翼王未授军师职，一段时间内以主将衔行文。丞相紧接诸王其后，则意味着丞相是仅次于军师、主将的高级职官。太平天国对各级职官妻子称呼的排序是：“军师妻呼称王娘，丞相妻呼称贵嫔，检点妻呼称贵姒……”对各级职官子、女称呼的排序则是：天王、东王、西王、南王、北王、翼王、丞相及其以下诸职官。咸丰元年（太平天国辛开元年）的《太平军目》在规定各级职官旗帜规格时，对丞相以上的职官介绍说：“丞相旗长阔俱七尺五寸。丞相以下皆三角旗。翼王旗长阔俱八尺，内写‘太平左军主将翼王石’。副军师二，旗长阔俱八尺五。正军师二，旗长阔俱九尺。军师以下皆四方旗。”[②] 东王、西王为正军师，南王、北王为副军师，翼王仍以主将称，因此，在初期，将爵、职放在一起排序当为：（正、副）军师、主将（翼王）、丞相。也就是说，丞相为第三级。或将正、副军师分列两级，则丞相为第四级。盛巽昌将丞相列在三等四级是有道理的[③]。佚名《金陵纪事》称：“六贼称王概御銮，姓秦丞相首天官。巡查检点分为治，总制春人各自安。”[④]

由于军师或王爵都是领导核心成员，升封军师或王爵就意味着进入领导

---

① 《太平天国文书汇编》，第34页。

② 太平天国历史博物馆编：《太平天国印书》，上册，江苏人民出版社1979年版，第71页。由旗帜规格也可看出，后来的丞相地位在下降，据杜文澜《平定粤寇纪略·附记三》载：“贼中旗帜亦有差等，伪东王黄旗绿缘，方一丈，伪西王黄旗白缘，方九尺五寸，伪南王黄旗紫缘，方九尺，伪北王黄旗黑缘，方八尺五寸，伪翼王黄旗蓝缘，方八尺。诸伪王所领牌刀手，衣色及缘均如旗制。伪侯、伪丞相以下，俱用三尖黄旗，缘以红。牌刀手俱黄衣红缘。伪将军以下俱三尖黄旗，牌刀手俱红衣黄缘。伪监军以下亦三尖黄旗，牌刀手俱红衣绿缘。旗制亦别以广狭，次一级者狭五寸。”（《太平天国资料汇编》，第1册，第319~320页）。

③ 盛巽昌：《太平天国职官志》，广西人民出版社1999年版，第14~15页。

④ 《太平天国史料丛编简辑》，第2册，第53页。

核心阶层，伴随着领导核心阶层增加新成员而来的必然是权力资源的再分配[①]，因此，军师作为官职是不能轻易授予的。丞相的地位虽然仅次于军师、翼王，但是，他不属于领导核心阶层，是可以授予他人的。在一般的朝内官中，丞相是最高一级的官职，因此，以之授人具有相当大的诱惑力。太平天国常常以丞相官职作为最高的奖赏，这种做法在永安封王建政期间就已采用了。如“辛开十月十二日（咸丰元年九月二十三日），时在永安。天王诏曰：……既封及者一体，未封及者一样，上到小天堂，凡一概同打江山功勋等臣，大则封丞相、检点、指挥、将军、侍卫，至小亦军帅职，累代世袭，龙袍角带在天朝，……”[②] 这里的天王诏实际上是将丞相作为官职看待的，很多论者以丞相为官阶是不妥的。

丞相虽然是一般的朝内官中最高一级的，但不属于领导核心成员，只有军师或王爵才能进入领导核心，因此，从丞相到军师就是一个巨大的台阶，《太平礼制》规定的丞相礼制就可以鲜明地反映这一点。而在是否能过家庭生活的问题上就更能体现这一点，《金陵杂记》说：“贼曾有伪令：洪杨韦石并秦日纲五贼，皆有妇女在馆同居，其余虽至伪丞相亦系独处，即母子亦不准在馆，犯有收藏妇女并来去者即杀，谓之犯天条。”[③] 又说：“除此五逆以外，余贼虽伪官至丞相名目，不许有妇女同处，即母子亦必别居，违者即犯天条，贼法当斩。”[④] 时已任丞相的陈宗扬即因此而被杀。后来解除婚禁后，杜文澜的《平定粤寇纪略》载：“伪丞相许配女十人，伪国宗配女八人，他伪职以次递减速，无职者亦配民女一人，为伪媒官掣签指婚。”[⑤] 李滨的《中兴别记》卷十八则记载说：“伪丞相得配十二女，伪国宗八女，余以次递减速，无伪职者，人配一女。”[⑥] 在配妻的问题上，丞相高于其下各级职官，但是，在其他礼制方面，丞相往往是和其下的各级职官联系在一起来考虑的，在永安封王建政期间，其礼制下联的官职一直到军帅，也就是说，从军帅到丞相是一个职官台阶。在称呼上，《太平礼制》规定：丞相至军帅皆称大人，如丞相则称丞相大人，检点则称检点大人，以下类推。丞相子至军帅子皆称公子，但同

---

① 《金陵杂记》载：“金陵城中自首逆各伪王以下，闻贼又伪封两逆王，一系秦日纲，初为顶天侯，后贼伪封燕王，现窜句容。一系胡以晃，伪封春官丞相，窜六安州后，贼又伪封护天豫王，病毙江西临江府城。嗣因东贼不准别贼亦列伪王，又将秦胡两逆王字除去，故有顶天燕、护天豫伪名也。”（《太平天国》，第4册，第645页）反映的就是这个意思。

② 《太平天国》，第3册，第255页。

③ 《太平天国》，第4册，第624页。

④ 《太平天国》，第4册，第630页。

⑤ 《太平天国资料汇编》，第1册，第324页。

⑥ 《太平天国资料汇编》，第2册上，第310页。

称公子亦有些区别，如丞相子称丞公子，检点子称检公子，……丞相女至军帅女皆称玉，但同称玉者亦有些区别，如丞相女称丞玉，检点女称检玉，以下类推。……丞相至军帅皆是公义之人，故均称其子曰公子，又皆是虔洁之人，故均称其女曰玉。玉，洁也，色润而可宝者也①。

定都天京初期，从职官序列上看，丞相也是仅次于军师的二级职官。这从咸丰三年（太平天国癸好三年）颁布的《天朝田亩制度》规定的一些议事程序中可以得到鲜明反映。关于军法处治（军中生死黜陟）、民间争讼、保举官吏等三方面都是从基层两司马层层上达，最后到达中层决策层即将军、侍卫、指挥、检点、丞相，然后由丞相禀军师，再由军师奏天王。太平天国定都天京不久，英国公使文翰访问天京，他在给克拉兰登伯爵的一封信中也说："在此元首之下为上言之五王、正副丞相及一班所谓的官吏，其中多为广东人。"② 这里虽未言军师，而言五王，但也基本反映了丞相的等级序列。贾西义号舰司令卜拉于咸丰三年十一月二十七日给他母亲的信中说："天王之下有五位大人物，和首相一样，也称王。其中一位，王号只是一种荣衔，其余四王冠以四方的名称。我们所会见的丞相只是二等人物。"③

军师为太平天国的国务首脑，可不列入职官序列，因此，若单纯从职官序列来看，则丞相"官居极品"。《贼情汇纂》载："其为俸名为分肉，惟伪王给俸至丰，自丞相以下，以五斤递减。"④ 张汝南《金陵省难纪略》在介绍太平天国的官制时说："……又上为检点，又上为丞相，官至丞相止。再上则侯王矣。"⑤ 这在太平天国文献中亦有明文。咸丰三年四月二十二日（太平天国癸好三年四月二十三日），正军师杨秀清诰谕北伐主将天官副丞相林凤祥、地官正丞相李开芳、春官正丞相吉文元速急统兵前进时说："本军师为此特行诰谕，尔等奉命出师，官居极品，统握兵权，务宜身先士卒，格外放胆灵变，赶紧行事，共享太平。"⑥ 杨秀清说丞相林凤祥、李开芳、吉文元三人"官居极品"，就是说他们做到了最高一等的官职。咸丰三年十二月十八日，王茂荫在《奏请特降旨准令胁从投出严禁官军杀戮折》中称："又闻贼中官级大者为丞相，次则检点。"⑦ 在定都天京后，太平天国仍把丞相作为立功人员的最高

① 《太平天国》，第 3 册，第 181 页。
② 《太平天国》，第 6 册，第 896 页。
③ 《江浙豫皖太平天国史料选编》，第 502 页。
④ 《太平天国》，第 3 册，第 105 ~ 106 页。
⑤ 《太平天国》，第 4 册，第 708 页。
⑥ 《太平天国文书汇编》，第 175 页。
⑦ 《清政府镇压太平天国档案史料》，第 11 册，第 595 页。

奖赏，咸丰四年四月十八日（太平天国甲寅四年四月初七日），北王韦昌辉的《招延良医诚谕》声称："不惜重赏"，"凡有精通医理能治各项病者，即宜应命前来。""果能医治见效，即赏给丞相，如不愿为官，即赏银一万两……"①同年五月的《东王杨秀清通令朝内军中人等禁酒诰谕》说："自谕之后，仍还有私自饮酒者，许该统下国使、将使、听使人等拿解归案，奏封丞相。"② 因此，一些六官丞相也以"官居极品"而自鸣，一位天官丞相的联句称"天上星辰能救世，官中丞相最称尊"，另一位地官丞相的联句则说："地载万物以无私备位于师保疑丞独隆骏业，官冠百僚而共济治功在裁成辅相特著鸿猷。"③此处所言"官中丞相最称尊"为实情，而讲丞相"官冠百僚"则为僭言，因为在太平天国增设侯爵后，只有侯爵才能处于这个位置。咸丰四年二月初五日（太平天国甲寅四年正月二十七日），天父下凡时对身为侯爵的黄玉崑、陈承瑢、蒙得恩三人说："……但尔天父既授灵魂，使尔爵居诸王之下，位列群僚之首，便当一条草对天，……"④ 也就是说，侯爵的地位在爵职序列中是在"诸王之下，位列群僚之首"，这是太平天国自身将爵、职放在一起考虑的一个看法。"群僚之首"的概念应该大于"官居极品"，因此，如将爵、职放在一起考虑，丞相的地位似当次于侯。

考察丞相的地位不能不联系太平天国前期权力运作的实际。定都天京初期，太平天国的最高军政决策权仍然掌握在最初形成的领导核心层手中，南王冯云山、西王萧朝贵去世后，领导核心层只剩下天王、东王、北王与翼王了。所以，《贼情汇纂》说"贼巢百务亦皆杨韦石三逆议奏施行"⑤。在这种体制下，六官丞相仍然不能参与最高的军政决策，《贼情汇纂》说："贼政令皆归东王，次则伪北王、翼王与议，六官丞相仅有其名，承意旨具文书而已。惟奉伪命出任兵事，权亦次于伪王耳。"⑥ 又说："其军旅各务皆杨韦石三逆密计妥协"⑦，"一切军务皆由杨逆主裁，仅东殿尚书侯谦芳、李寿春等一二人与之计议。"⑧ 应该说，张德坚对太平天国定都天京初期的政制把握还是比

---

① 《太平天国文书汇编》，第114页。

② 《太平天国文书汇编》，第89页。

③ 《太平天国》，第3册，第245页。

④ 王庆成编注：《天父天兄圣旨》，辽宁人民出版社1986年版，第105页。

⑤ 《太平天国》，第3册，第202页。

⑥ 《太平天国》，第3册，第104页。

⑦ 《太平天国》，第3册，第192页。

⑧ 《太平天国》，第3册，第172页。《贼情汇纂》载李寿春说："在杨贼头门接发伪文书。杨贼有机密事，皆与寿春及侯谦芳秘计。"（第67页）载侯谦芳则云："杨贼信任之，同恶相济，凡有机密事，皆引谦芳及李寿春计议，权势在韦、石二逆之上，伪侯相为之侧目。"（第68页）

较准确的，虽然咸丰三年（太平天国癸好三年）新镌《天父下凡诏书》（第二部）记载说："十一月二十日是礼拜之辰，北王与顶天侯及丞相等官到东府请安，并议国政事务。"① 但是，这里在请安时的随"议"只是议论、讨论，并不是最后的决策。当然，进入天京初期，丞相还可以面见东王禀事，据张汝南《金陵省难纪略》载："伪丞相入（东王府），三跪呼然后起白事。丞相皆广西人，不识字，必携书手入读奏章。"②

六官丞相不与政事的情况到咸丰四年（甲寅年）有了变化，《贼情汇纂》记载："逮甲寅年踞江宁日久，为声色所迷，思无为而治，所有政事悉由伪侯相商议停妥，具禀于石逆，不行则寝其说，行即代杨逆写成伪诰谕，差伪翼殿参护送杨逆头门，交值日伪尚书挂号讫，击鼓传进，俄顷盖印发出，即由伪东参护送韦逆伪府登簿，再送至石逆处汇齐，由佐天侯发交疏附官分递各处。"③ 这则史料反映了当时的决策程序：侯相商议——翼王决策（形成文件）——东王盖印——北王登记——翼王汇齐文件——佐天侯发交疏附官分递。由这个程序可以看出，侯相的地位确实重要。对这则史料，郦纯分析认为："这个记载当有不完全正确之处：第一，侯、丞相都各有专职，各理一事，并无集合议事的记载可考。第二，……翼王在北王面前尚且不敢多讲话，北王在东王面前也一样，何以翼王却可以决定政令，代东王草就诰谕，送东王处盖印便发。"④ 对第一点，郦纯当时未能看到《天父天兄圣旨》中关于王、侯、丞相集合东王府议事的记载，自不必再容辩驳。对第二点，应该说，在东王掌握最后决策权的情况下，具体决策由翼王负责当是可能的。关于"侯相"，笔者有专文考察，认为所谓"侯相"，在前期是指侯、丞相的合称，而不是那种既为侯又为丞相的人的专指。到咸丰四年（甲寅年）领导核心层中东王、北王在决策时隐退了，但他们并没有退出领导核心层。所谓侯相在领导核心层的决策中多了初议权，翼王石达开成为领导核心层决策的主角。这样的变化，可以说是丞相地位的一次飞跃。丞相的所谓议事权，甚至得到东王杨秀清的重视，这种情况从天京事变亦可窥见一斑。李滨《中兴别记》卷二十八载："杨逆视洪逆为赘疣者久矣。自江南大营陷，向荣卒，杨逆益矜伐，颇欲除之，自正伪位。然虑群贼不服，先集伪丞相、伪尚书等，诡言昨夜天父下降，谓我功大，当称万岁。佥曰，不可，有天王在。杨逆怒，杀

① 太平天国历史博物馆编：《太平天国印书》，下册，江苏人民出版社 1979 年版，第 471 页。

② 《太平天国》，第 4 册，第 705 页。

③ 《太平天国》，第 3 册，第 192 页。

④ 郦纯：《太平天国官制军制探略》，上海人民出版社 1958 年版，第 11 页。

班首。”①

考察丞相的地位也不能不联系太平天国前期的礼制实际。从太平天国礼制的实际来看，侯爵与丞相往往是放在一个级别层次上来考虑的，这个级别层次有时是侯与丞相，有时是侯、相、检、指。因此，太平天国虽然在丞相之上增设了侯爵，但这个侯爵与丞相的地位是基本相当的，论者多以丞相“官居极品”而认为其是第六级官阶或最高官阶，至少是片面的。下面我们看一看定都天京后太平天国的礼制实际就可明晰这一点。

关于政治待遇方面的礼制，可从以下几点来看：

（1）属官配置。据《贼情汇纂》的《伪同职官分表》载，侯相检指的属官如六部掌书、历、传、尉、伺、各典官的同职官品都是一样的，只是传、尉、伺的人数有所不同，惟侯大旗手的同职官品较相检指的高一级。但《贼情汇纂》又载：“正职丞相所属掌书、历、传、尉、伺、各典官人数及所同何职均与伪侯同，惟大旗手一人职同监军，与之少别。”② 这说明张德坚已经意识到丞相与侯的差异不是很大。侯相检指的牌刀手都为将使。“各伪丞相以至伪指挥伪统下，均有舆厨彩乐等馆”③。从张德坚的介绍来看，侯相检指的属官职同官品均相同。

（2）旗帜规格。侯相检指的旗帜均为水红边的红字黄绸旗，惟尺寸规格有所不同，指挥以下的则为无边黄旗④。“东贼出门旗帜无数。北贼黑镶边蜈蚣旗八。翼贼绿镶蜈蚣旗八。伪丞相伪检点伪国宗俱银红镶蜈蚣旗四”⑤。佚名《粤逆纪略》载：“伪旗帜衙，掌为贼制旗帜。凡各伪王皆方，自伪丞相以下皆尖，亦有尺寸之度。”⑥

（3）衙门规制。各级职官府衙门上所画动物像侯与丞相是有分别的，国伯、国宗与侯画龙虎，丞相画象⑦，而检指将总画鹿。

（4）印制与公文名称。侯与天官正丞相的官印皆为银印、银匣、银钥匙，

---

① 《太平天国资料汇编》，第2册，第459页。

② 《太平天国》，第3册，第104页。

③ 《太平天国》，第4册，第621页。

④ 《太平天国》，第3册，第145页。另据《金陵省难纪略》载：“东贼出门旗帜无数。北贼黑镶边蜈蚣旗八。翼贼绿镶蜈蚣旗八。伪丞相伪检点伪国宗俱银红镶蜈蚣旗四。”（《太平天国》，第4册，第715页）周邦福《蒙难述钞》即载时为丞相的胡以晃在克复庐州后入城时所执职衔旗“系杏黄绸蜈蚣”（《太平天国》，第5册，第67页）。

⑤ 《太平天国》，第4册，第715页。

⑥ 《太平天国史料丛编简辑》，第2册，第33页。

⑦ 《金陵杂记》记秦日纲说：“该贼本系伪天官丞相，大门先绘双象，近日不知改否？”（《太平天国》，第4册，第629页）。

以下皆木印，侯印为象纽，丞相印为麟纽[①]。国宗有时是与侯并列的，但国宗提督军务印寸分如丞相。各级职官所出告示，侯相检指称晓谕。

关于生活待遇方面的礼制，则可参看以下几点：

（1）鸣钲声数。各级职官在府衙内“凡礼拜及朝夕上食”皆可鸣钲，其制为“杨韦石”六十四声，侯相四十八声，检指三十六声。

（2）生活用品定制。“洪杨等逆净桶夜壶俱以金造，其伪丞相等碗箸亦用金打”[②]，“侯丞相检点指挥皆红缎轿，绣彩龙云凤，以龙凤之多寡分尊卑”[③]。《金陵杂记》对此亦载：“各伪侯皆系红舆绣龙，八人抬，绘龙黄伞旗帜八面，大锣一对，绘龙轿。除伪天官正丞相用绣龙红舆外，余皆绿舆，亦系八人抬，旗帜八面，大锣一对，绘龙黄伞一把。”[④]

（3）服饰规制。号衣“伪侯至伪指挥统下，亦黄背心水红边”[⑤]，“伪丞相以至伪指挥，皆准着黄袍黄马褂，伪丞相并可穿红缎靴，闻近来伪指挥亦准穿黄袍也。又自伪丞相以至各指挥衙听使等人，均穿黄背心红边，中印该伪衙听使字样。如各伪丞相等暨伪指挥诸贼骑马时，前后密挂小铃，以壮观瞻，余贼不准妄用”[⑥]。“伪侯伪丞相朝帽如无翅正方纱帽式，亦系纸骨贴金，上缀双龙单凤，龙头向下，亦衔贯珠黄绥二卦，帽额绣百蝶穿云，中列伪衔（金字）。……帽上龙又以节数分等差：伪王九节，侯相七节，检点指挥将军五节，总制监军军帅三节，此伪官朝帽之制也”。侯相检指秋冬所戴风帽的黄边皆由黄绒绣成。后来有了变化，“闻近日贼改用堆绢起花之帽，如毗卢帽式，顶上用堆绢飞禽起飞兽，以分伪职之大小。闻伪侯相用凤凰，检点指挥用麒麟……”[⑦] 杜文澜载：“其风帽亦用红色，缘以黄，以缘之广狭为别。伪侯之帽，缘用三寸二分，伪丞相之帽缘用三寸，以差等减之，次一级狭二分。”[⑧] 咸丰四年正月初八日，胜保在《奏报生擒黄衣头目依秀得已解巡防处讯供片》中称：“查屡获生贼及奸细，佥供贼营伪官之大小视其风帽黄边之阔

① 李嘉端在咸丰三年五月初十日《奏报蒙城失守安庆被扰及筹办防剿情形折》中称，太平军一支于四月二十六日自临淮至怀远之新河北地方，又于二十七日自新河北“窜往蒙城，该县督勇尾追，杀死长发贼数十人，生擒十余人，并获伪丞相铜印一颗”（中国第一历史档案馆编：《清政府镇压太平天国档案史料》，第7册，社会科学文献出版社1993年版，第93～94页。以下简称《清政府镇压太平天国档案史料》，第7册）。同是丞相，印有银、铜、木三种，可能是由于不同类型的丞相所致。

② 《太平天国》，第4册，第615页。

③ 《太平天国》，第3册，第179页。

④ 《太平天国》，第4册，第638页。

⑤ 《太平天国》，第3册，第149页。

⑥ 《太平天国》，第4册，第638～639页。

⑦ 《太平天国》，第4册，第639页。

⑧ 《太平天国资料汇编》，第1册，第319页。

狭，伪丞相黄边四寸，点检三寸二分。”[①] 侯、丞相皆著黄缎袍，上绣龙四条，但侯相检指绣两团龙。侯相检指穿方头素红鞋[②]。

从太平礼制的实际来看，侯相检指在某些方面的差异是很少的，特别是侯相之间的差异又要少一些。因此，丞相应当是侯相检指或侯相这一个职官层级中的组成部分。吴雁南曾从服饰、职位、属官与仪礼等方面进行分析，认为侯、丞相、检点、指挥、侍卫同属于太平天国统治集团的第二等级[③]。从官阶来说，侯、相应当同属于一个官阶。在增设侯爵后，丞相的品级次序当不会改变。

因此，综合太平天国自身对丞相地位的认识、丞相在权力运作过程中的变化和有关丞相的礼制实际，考虑到太平天国的职官系统爵、职不分的特点，我们对丞相的地位至少可以得出以下基本看法：定都天京初期丞相在职官系统中的排序为，处于领导核心层顶端的东王为第一级，领导核心层中的北王、翼王为第二级，侯相为第三级。在顶天侯、护天侯加封燕、豫二王爵之后，侯、相的排序应该往后了。第一级为东王，第二级为北王、翼王，第三级为燕王、豫王，第四级即为侯、相。当然，后来燕王、豫王被降为顶天燕与护天豫之后，第三级似宜为燕、豫、侯、相，但顶天燕与护天豫的地位要高一些。盛巽昌认为侯、燕、豫三爵在王爵之下，丞相之上[④]。但从官等来看，侯、相、检、指当属同一等，盛巽昌将侯、相、检、指单独列为等、级是不妥的[⑤]。虽然咸丰四年丞相在最高军政决策中的地位提高了，但决策的最后决断权不掌握在他们手里，而且，从礼制实际来看，他们的礼制规格也不能超过诸王。这样的排序仍然是合适的。我们从《太平刑律》有关各级爵职出行礼制的法律规定也可看出这种排序的正确性：“凡东王、北王、翼王及各王驾出，侯、丞相轿出，凡朝内军中大小官员兵士如不回避，冒冲仪仗者，斩首不留。”“凡东王驾出，如各官兵士回避不及，当跪于道旁，如敢对面行走者斩首不留。”“凡检点、指挥各官轿出，卑小之官兵士，亦照路遇列王规矩，如不回避或不跪道旁者斩首不留。”[⑥] 东王地位最高，故有专条规定；北王、翼王处于领导核心层，故得与东王一起列衔；不处于领导核心层的王爵，只能称“各王”。以上都属王爵，故都称“驾出”。侯与丞相并列称“轿出”。丞相之下的检点、指挥地位亦不低，在有关礼制方面常“侯相检指”并称，

---

① 《清政府镇压太平天国档案史料》，第12册，第222页。
② 《太平天国》，第3册，第175页。
③ 北京太平天国历史研究会编：《太平天国学刊》，第二辑，中华书局1985年版，第82~84页。
④ 盛巽昌：《太平天国职官志》，广西人民出版社1999年版，第16页。
⑤ 盛巽昌：《太平天国职官志》，广西人民出版社1999年版，第15页。
⑥ 《太平天国》，第3册，第230页。

故而对他们的“轿出”亦有专条规定。这种通过法律确定的各级职官地位应当是有权威的。

侯与丞相的地位基本相当还可通过国宗的地位来体现。《贼情汇纂》载：韦俊“癸丑二月至江宁，始封国宗，职与伪丞相同。”石镇仑“癸丑二月始封国宗，尊与伪丞相埒”[①]。也许正是如此，《金陵癸甲纪事略》才将5位国宗记作“伪丞相职”。事实上，丞相与国宗之间的文书往来是用平行文书的，如咸丰四年（甲寅年）九月十日《冬官正丞相罗大纲复国宗石凤魁请发粮草红粉事照会》。《贼情汇纂》又载：“（国宗）有才者则加提督军务衔，出据要地，分扰郡县，抗拒官军，任事不亚伪侯。”[②] 这就说明国宗的地位可以说相当于丞相，也可以说相当于侯。究其原因，在于丞相与侯实同一级官阶。但《贼情汇纂》又在《伪官等差总表》中又将国宗列与燕、豫二王同等，郦纯通过分析表明这是错误的。张德坚认为：（伪官）“其品级次序则伪王最尊，次伪侯，次伪丞相，次伪检点、次伪指挥、次伪将军。此朝内官品级之大略也。”[③] 这是一种线性直观思维的产物，他没有综合考察太平天国的礼制实际和权力运作实际并进行深入的分析，是不可取的。

2. 六官丞相制度配置权力资源的功能

盛巽昌指出：“前期侯仅次于王爵，凡授侯者须具有多项硬件：(1) 广西人；(2) 参与平隘山首义者；(3) 与首义诸王属同一亲缘或乡缘圈。六官丞相，为军师、主将（此两者专为诸王所兼，再不授予他人）下最高官职，所谓‘官居极品’，由是所授者，也须是两广老兄弟兼有战功者，正职官左右三十六检点、左右七十二指挥，大多数也是两广人，此处讲资历、讲功劳，缺少这几点是很难超擢的。”[④] 六官丞相作为一种权力资源，其任命不只是关乎个人的升迁和命运，也往往影响着各种政治力量的消长，反映了权力资源配置的基本格局，所谓的“亲缘或乡缘圈”正是调整政治力量消长的依据。

咸丰三年（癸丑年）下半年任命的又正、又副丞相作为朝中政务的实际处理者，大多是各殿簿书、丞相等原在各王府工作的官员，在一定程度上反映了前期权力资源分配的格局。从这些丞相的政治背景看，杨秀清的势力得到初步膨胀，属于他势力的丞相就有6人。杨秀清甚为“倚任”的陈承瑢可视为他的势力，但后来东王未善待陈，使陈对他的专横表示内心不满，便在

① 《太平天国》，第3册，第55~56页。
② 《太平天国》，第3册，第103页。
③ 《太平天国》，第3册，第100页。
④ 盛巽昌：《太平天国职官志》，广西人民出版社1999年版，第60页。

天京事变中向天王告密。恩师钟文典教授认为，蒙得恩是个老于世故，善于逢迎的人。到南京后，即官至春官正丞相（应为春官又正丞相），主要不是由于战功，而是"随侍"洪秀全获得宠爱而来的[①]。蒙得恩为奸佞小人，在东王集权的过程中依附于东王是极可能的，特别是他与东王甚为"倚任"的陈承瑢同处一署，相为结纳，是以为东王选妃尤为出力，《贼情汇纂》载："（癸丑）八月十七日乃杨贼生日，得恩逐户采选，不分良贱，势迫刑驱，号哭之声，呼天抢地。十月升春官又正丞相，……"[②] 陈宗扬"常为东贼伪承宣，轮班东贼伪府，居头门偏屋，其妻为东贼女伪承宣，传事出，遂入头门屋，得私焉"[③]。虽然林绍璋的背景不甚清晰，但他与朱锡琨、黄益芸等参加六合之战失败后，"独其以军还"，由杨秀清奏封恩赏丞相，以后期干王对林品性的评价来看[④]，林因此而依附于东王当也有可能。"涂（镇兴）侯（裕宽）两贼乃杨贼心腹"[⑤]，初为东王杨秀清统下壮士、因镇守九江有功的林启容任冬官副丞相。林启容可说是杨秀清提拔起来的重要官员，这一点连曾国藩都知道[⑥]。曾水源虽然初与洪秀全等人的关系比较密切，但自攻克武昌以后，就逐渐成为东王的专职文书人员。《贼情汇纂》载："庚戌年冯云山在胡以晃村内，传天帝教，写字无人，邀水源入伙。及洪逆倡乱时，封为御林侍卫，拟撰伪书，批答伪本章，与洪杨二贼，不离跬步。壬子九月，贼在长沙时升伸后副侍卫，仍掌一切文案。十一月在岳州，升土官正将军，始与军事，首陷岳州。十二月武昌陷，杨贼奏请改补伪东殿簿书。癸丑三月在江宁升职检点。四月升东殿左丞相。十月改为天官又正丞相。"[⑦] 因此，曾水源无疑也属于东王的政治势力。曾钊扬系"水源之侄"，虽然后来"副水源理东贼事，并修伪诏书"[⑧]，但他也经历了一个与曾水源同样的转变过程，"庚戌年冯云山等传天帝教惑众，钊扬走从之，得司笔札，为糊口计。及洪贼等倡乱，其一切伪文檄，皆钊扬与之合计。壬子十月，贼势大张，设官分职，授与右史，

① 钟文典：《太平天国人物》，广西人民出版社1984年版，第320页。

② 《太平天国》，第3册，第59页。

③ 《太平天国》，第4册，第673页。其事还可参见第639页。

④ 如洪仁玕说："壬戌春，因章王奸猾把持内外，凡事瞒上自专，致外省郡县粮饷少人，天王贬章王出苏、浙催粮援京，罢其掌朝政之权，仍复予军师之职，总掌朝政。惟章王前以柔猾和众，及至此时，众不以伊为重，闭城不纳，粒饷不得。"（王庆成编著：《稀见清世史料并考释》，武汉出版社1998年版，第472~473页）。

⑤ 《太平天国》，第3册，第50页。

⑥ 罗尔纲：《太平天国史》，第3册，第2101页。

⑦ 《太平天国》，第3册，第56~57页。

⑧ 《太平天国》，第4册，第672页。

职同将军，掌记伪王之言动，而不与军事。十二月升右掌朝仪，职同指挥，编纂伪仪制。癸丑四月杨贼伪府理文案乏人，升伪东殿右丞相，职同检点。五月封恩赏丞相。十一月改为天官又副丞相，仍理东殿事”[①]。从曾水源、曾钊扬工作经历的转变也不难看出太平天国前期领导集团内部政治斗争的微妙情节。

属于北王势力的丞相主要是黄启芳、罗苾芬。罗苾芬在任地官又正丞相后，“仍理伪北殿事，凡韦逆行事，苾芬能以意会，故信任之”。杜文澜载：“罗苾芬者，亦从乱渠恶也，伪封地官又正丞相，为韦昌辉司会计。昌辉行事，能以意会，常留江宁城。昌辉死，苾芬坐同党被诛。”[②] 王定安《求阙斋弟子记》卷十《贼酋名号谱》称，罗苾芬“坐韦昌辉党，为洪逆所诛”[③]。李滨《中兴别记》亦载：“昌辉原名正，桂平金田村人，家饶田产，纳粟为国学生。……父元玠、兄宾、弟俊、塾师黄启芳、管帐罗苾芬、其邻曾锦谦皆入教党。洪逆属（嘱）启芳、苾芬司笔札。启芳，郁林博白人，体硕性暴。苾芬，嘉应人，私贩鸦片于浔、梧间，事觉，亡命桂平，韦逆纳之。”[④]

属于翼王势力的主要是刘承芳，他“初在贼中不甚著名，自至江宁，始封伪翼殿簿书，职同总制。癸丑八月随石达开赴安徽省安民，升翼殿丞相，职同指挥。十月升地官又副丞相，仍理翼殿事。甲寅八月又随石达开赴安徽。十二月随至湖口县。凡石贼所在之处，皆与承芳俱”[⑤]。黄再兴的情况比较特殊，他曾在诏书衙任诏书，每月编纂诏书一册进呈天王，但在升地官副丞相后，“命理北殿事，甲寅四年二月，又改理翼殿事”。这种变化乃作为一种力量的调配。当然，许宗扬跟随翼王征战安徽各地，因此而升丞相，也算作翼王的势力。

由上我们不难看出，东王的势力在最初的又正、又副丞相 12 人中占了绝对的优势。笔者曾通过研究太平天国两个重要的文书机构——诏命衙和诏书衙——得出一个看法，即：定都天京实际上是一次权力资源的再分配，这次权力再分配的过程大约到咸丰四年（甲寅年）上半年才完成。这从对这些人的政治背景的初步分析可以看出这一点：天王与北王的势力在六官丞相中得到增强。天王背景的有三人：何震川为长期在天王身边工作的文书官员，曾任副典诏命、殿前右史、恩赏丞相、殿前右正史、左正史等职；曾天养在早

① 《太平天国》，第 3 册，第 57 页。

② 《太平天国资料汇编》，第 1 册，第 305 页。

③ 王定安：《求阙斋弟子记》，第 2 册，台湾文海出版有限公司版，第 840 页。

④ 《太平天国资料汇编》，第 2 册上，第 2 页。

⑤ 《太平天国》，第 3 册，第 58 页。

期上帝会的活动中是一个“能知劝人敬天”的组织者，是天王洪秀全的坚定支持者，曾任御林侍卫；蓝成春的政治背景亦为天王，他是广西人，曾参加金田起义，咸丰五年间，授左十五检点，守安徽合肥县派河驿一带，咸丰六年，升春官又副丞相，镇守合肥三河要塞，后隶英王陈玉成部下。同治三年（1864，太平天国甲子十四年）被捕时，他还慷慨激昂地表白对天王的忠心①。

北王背景的有四人：黄启芳与北王韦昌辉有不同寻常的关系，在金田起义前就在韦昌辉家教读，后又在北王府从事文书工作。黄启芳“先在韦贼家教读。庚戌年，洪贼倡乱，韦贼挟以入伙，凡一切文案，皆启芳与罗苾芬掌之，颇见信任。壬子八月在长沙初封伪北殿簿书，后改为右二簿书。癸丑十月升伪北殿吏部尚书，常封伪官，颁发执照。甲寅四月升春官正丞相，仍理北殿事”②。而《金陵癸甲纪事略》载黄超芳云：“初为北贼伪尚书，见人不知所措，但问旁人曰：彼何人也已。”③“家本富有，素业质库”的周胜坤应与北王有较多的共同利益。曾锦谦则“与昌辉比邻而居”，且“与韦贼同时入伙”，咸丰三年“十二月官兵收复扬州，锦谦败回江宁，杨贼欲杀之，韦昌辉救免，令与胡以晃上犯庐和一带”④。

张遂谋的政治背景为翼王。他是广西平南人，咸丰五年任殿左二十九检点，守安徽舒城县。咸丰六年六月，随石达开于武昌，时已升任春官正丞相。天京事变起，随石达开回京。在事变期间，都在石达开左右，深得其信任，后封先天燕⑤。张潮爵的政治背景为天王或翼王。他也是广西人，天王表弟，称国亲。他在广西参加起义时初做东王杨秀清参护，担任保卫杨秀清的工作。咸丰二年八月封中一军帅，始出带领军队。咸丰三年二月，攻克南京，升中三巡查。三月，升土四总制，管带中一军。四月，升金官副将军。八月，升殿右十指挥，命随石达开赴安庆安民。十一月，调石达开回京，以秦日纲代镇安庆，任命张潮爵为副。咸丰四年二月，封恩赏丞相。四月，升殿右四检点。此后一直镇守安庆，专管安徽省民政⑥。李秀成在前期曾随春官正丞相胡以晃、翼王石达开理事，特别是在随石达开赴安庆一带安民过程中，不能不受他们的影响。李秀成一再推崇石达开，在太平天国首义诸王中“独服石王”⑦。

---

① 罗尔纲：《太平天国史》，第4册，第2178页。
② 《太平天国》，第3册，第58～59页。
③ 《太平天国》，第4册，第673页。
④ 《太平天国》，第3册，第60页。
⑤ 罗尔纲：《太平天国史》，第3册，第1837页。
⑥ 罗尔纲：《太平天国史》，第4册，第2275～2276页。
⑦ 钟文典：《太平天国人物》，广西人民出版社1984年版，第395页。

咸丰四年（甲寅年）二月至四月的六官丞相调整应该是最后完成这次权力再分配的重要内容，这次调整与六官丞相作用的变化是相适应的，这一次调整可以看成是又一次权力资源再分配的前奏。权力资源的多次反复分配是内部权力斗争激烈的充分反映，这预示着一场不可避免的血光之灾即将来临。

3. 前期六官丞相的作用

定都天京初期六官丞相在朝内虽不与政，但其作用亦不可小视，陈承瑢在定都天京后地位很高，"杨韦诸贼倚任之，所谓伪朝内官也。贼中往来一应文书，皆承瑢收发"①。陈承瑢任地官副丞相时就承担此项重任，来自太平天国自身的文献就证明了此处张德坚所言不虚。向荣曾在咸丰三年四月截获太平军送信人彭福兴携带的东王杨秀清两件诰谕，两件诰谕合成一函，"外用黄绫（包）装，书上写'奉地官副丞相令，众兄弟不得阻拦'字样"②。两件诰谕的时间为太平天国癸好三年四月二十三日，此时任地官副丞相者为陈承瑢。其余部分六官丞相"承意旨具文书"，也已经有相当的权力了，因为准确掌握领导核心层的军政决策是他们的重要职责，并由他们形成书面的文件。由各王府簿书、丞相升为六官丞相的，仍在各王府工作，如由东殿簿书升为秋官又正丞相的卢贤拔、由东殿左丞相升天官又正丞相再升为天官正丞相的曾水源、由东殿右丞相升为天官又副丞相的曾钊扬仍在东王府理事③。由北殿簿书升北殿丞相再升地官又正丞相的罗苾芬、由北殿簿书升北殿吏部一尚书（掌封伪官，颁发伪执照）再升春官正丞相的黄启芳仍在北殿理事。而翼殿簿书升翼殿丞相再升地官又副丞相的刘承芳也是在翼殿理事。地官副丞相黄再兴先在北殿理事，继则于甲寅二月改理翼殿事④。应该说，"承意旨具文书"的是指这些丞相，而非指所有的丞相。这些人原在诸王府就从事文书工作，升任丞相后，由他们缮具文书也是正常的。"拟批"就是"承意旨具文书"中的一项重要工作。《贼情汇纂》载："凡禀事由伪丞相拟批送进，准行发出交伪尚书录批粘于首逆头门。""凡其下具禀奏杨逆阅后发出，交伪丞相拟批，伪尚书誊批，伪侯以次则由六部书、六部掌书拟批、誊批，……既誊之后，则张贴伪署门首，间有用封筒递回者。"⑤ 在各王府的情况分别是：天官正丞

① 《太平天国》，第3册，第51页。
② 《清政府镇压太平天国档案史料》，第6册，第588～590页。
③ 《太平天国》，第3册，第54、57页。
④ 《太平天国》，第3册，第58、59页。
⑤ 《太平天国》，第3册，第200页。

相曾水源是“凡东贼事代批代行，每晨见东贼议事者”①，地官副丞相黄再兴是“凡翼贼事代批代行、每日见翼贼议事者”②，而地官又正丞相罗苾芬则是“凡北贼事代批代行、每晨见北贼议事者”③。这些情况似与咸丰四年丞相开始与政的变化是相适应的。应该说，批复文书的权力是非同小可的。

除了文书工作之外，六官丞相在太平天国的文化建设方面亦有相当的作用，夏官正丞相何震川“与（天官又副丞相）曾钊扬等删改六经，兼办军务”④。“甲寅二月洪逆下诏，删改六经，以钊扬总其成”⑤。“（甲寅）五月杨贼令（卢贤拔）在删书衙删改六经。”⑥ 张汝南《金陵省难纪略》中称：“又添删书衙，使春官丞相卢贤拔主其事，择能文书手佐之。”⑦“（癸丑）九月杨贼调（赖）汉英回江宁，斥其无用，革职删书。”⑧ 太平天国木土工程建设的大权也掌握在六官丞相手中，冬官又正丞相宾福寿则“专理木营事”⑨。

六官丞相在官吏的铨选和考核方面发挥一定的作用。按中国古代历朝的惯制，官吏铨选应由吏部负责，对应到太平天国的六官丞相，即应由天官丞相特别是天官正丞相负责，但由于六官丞相不直接参与领导核心层的军政决策，因此《贼情汇纂》说：“伪官铨选，不由吏部，所谓天官丞相，仅有其名而已。”但并不是说，六官丞相与官吏铨选毫无关系。《贼情汇纂》还说：“丞相、检点、指挥皆各举其属，列名具禀，呈于伪北王、翼王，转申于伪东王，伪东王可其议，始会名同奏于洪逆，以取伪旨，榜示于伪朝堂，俾使周知，乃颁给印凭，而授职焉。”⑩ 六官丞相对其所属是有保举权的。北王府原掌封赏职官、颁发官照的吏部一尚书黄启芳在升任春官正丞相后仍在北王府理事，很可能继续原来的执掌，这也是不同一般的权力。在官吏考核方面，太平天国规定官吏考核程序是从基层上达到将军、侍卫、指挥、检点及丞相，然后由“丞相禀军师，军师将各钦命总制及各监军及各军帅以下官所保升奏贬各姓名直启天王主断”⑪。太平天国还规定“天朝内丞相、检点、指挥、将

① 《太平天国》，第4册，第672页。
② 《太平天国》，第4册，第673页。
③ 《太平天国》，第4册，第673页。
④ 《太平天国》，第3册，第60页。
⑤ 《太平天国》，第3册，第57页。
⑥ 《太平天国》，第3册，第54页。
⑦ 《太平天国》，第4册，第719页。
⑧ 《太平天国》，第3册，第72页。
⑨ 《太平天国》，第3册，第62页。
⑩ 《太平天国》，第3册，第100页。
⑪ 《太平天国》，第1册，第324、326页。

军、侍卫诸官，天王亦准其上下互相保升奏贬”[①]。因此，丞相对朝内中层官员有一定的考核权。

六官丞相更重要的作用是体现在他们奉命“出任兵事”上，这时他们的权力很大，仅次于诸王，《贼情汇纂》说：“凡贼之攻城掠地，侵扰州县，尝以伪国宗、伪丞相领军。而操练士卒，条分队伍，屯营结垒，接阵进师，皆责成于军帅，由监军、总制上达于领兵之贼以取决”[②]。在前期，重要的军事行动，多由六官丞相任统率。北伐军的统率是任六官丞相较早的天官副丞相林凤祥、地官正丞相李开芳和春官副丞相吉文元。在北伐中，朱锡琨和黄益芸分别由检点和指挥升为六官丞相。咸丰三年十一月，为了组织北伐援军，天京当局又派出夏官副丞相赖汉英前往扬州，帮助撤调扬州守军。咸丰四年的北伐援军统率也是六官丞相：夏官又正丞相曾立昌、冬官副丞相许宗扬、夏官副丞相陈仕保。而西征军主将为夏官副丞相赖汉英和国宗石凤魁。在西征过程中，咸丰三年十月进军皖北的大军主将也是六官丞相：春官正丞相胡以晃、秋官又正丞相曾天养。在进攻庐州城的过程中，天京当局曾命夏官又正丞相周胜坤出师庐州一带援助。咸丰三年底取得湖北堵城大捷之后，西征军分成由国宗韦俊、国宗石祥贞与春官又副丞相林绍璋、秋官又正丞相曾天养统率的三路军。冬官正丞相罗大纲亦于咸丰四年驰赴西征战场，被命往建德诛灭残妖，他又从建德等地进入江西，攻克饶州。这一年当太平军再克武昌时，地官副丞相黄再兴被任为湖北省佐将，命前往安民造册，他在武昌保卫战中发挥了重要作用[③]。李滨《中兴别记》卷二十四载，咸丰五年十二月十二日，“向荣、福兴遣张国樑、秦如虎御江宁遣援镇江贼伪地官副丞相李秀成等于石埠桥，余万清自镇江移军句容、龙潭，虎嵩林赴高资督防。寻贼由江洲下窜，万清会如虎迎击下蜀街，却之，万清筑垒下蜀、如虎屯龙潭、嵩林自高资移营会堵。先是，贼杨秀清调上游芜湖、江北和州、含山及庐州、三河贼，陆续分股还江宁，统以李秀成及伪丞相陈玉成、伪春官丞相涂镇兴、伪夏官丞相陈仕章、伪夏官又正丞相周胜坤，取道栖霞石埠，而豫遣城贼四出絓我军。向荣大营存兵不敷分布，檄芜湖邓绍良分军为国梁、如虎援应，令吴全美分师船攻大胜关，以分贼势，明安泰严堵秣陵关，咨怡良、吉尔杭阿增兵守丹阳，以固苏常要隘”[④]。咸丰六年解镇江之围的也是六官丞相，据

① 太平天国历史博物馆编：《太平天国印书》，上册，江苏人民出版社1979年版，第409～413页。

② 《太平天国》，第3册，第108页。

③ 罗尔纲：《太平天国史》，第3册，第1956～1957页。

④ 《太平天国资料汇编》，第2册上，第394～395页。

《李秀成自述》说："那时我上（尚）是地官副丞相，会同冬官丞相陈玉成、春官丞（相）涂镇兴、夏官副丞相陈仕章（后为迓天侯即陈仕章也）、夏（官）又正丞相周胜坤等下救镇江。"① 当时参加镇江之战的就有地官丞相、天官丞相与秋官丞相②。在进攻丹阳时，据《余生纪略》载，咸丰六年五月"二十一日，至丹阳，在南门驻营。是时伪翼王、佐天侯、顶天侯、天官又副丞相、秋官正丞相、冬官又正丞相及尚书、检点、指挥、将军、总制、监军、军帅、师帅、旅帅、百长、司马皆与役焉"③。嗣后攻破江南孝陵卫清军大营与丹阳县城皆由丞相主之④。

在前期，丞相在军中有着相当的威信，这种威信首先来源于威严，《贼情汇纂》又说："平时辖军，军帅独任，至出师，乃以监军统之，其丞相、检点、指挥以伪命出，总制以下，皆听约束，行文系衔，则僭署钦差大臣。"⑤冬官正丞相罗大纲在攻克镇江城后不入，即在城内外遍贴告示，所出告示则衔署钦差大臣⑥。这种威信还源于他们一马当先的威猛之气。《张维城口述》称："听说贼中丞相三人，姓李、姓林、姓吉。丞相出来骑马，有串铃一挂，打龙凤黄旗，有三四百人手持杆子、春秋刀，拥护到怀庆城外。"又称："贼中最大者丞相、次将军、指挥，次千军（监军），次军师（帅），次师帅，次旅帅，次百长，次司马。……每逢打仗，俱是丞相当先。"⑦ "每逢打仗时，总是丞相领头，丞相进，则全进，丞相退，则全退，总看着他的旗子走"⑧。反映北伐军情况的《虏在目中》载："贼营出阵，皆以大率小，如：伪丞相当头；次伪检点，左、右伪指挥；……伪总制，进则视伪指挥之旗，退则视伪丞相之旗。""贼临阵遇官兵时，伪丞相之旗居中，分开门户，滚牌手数十面，

---

①《太平天国文书汇编》，第492页。

② 北京太平天国历史研究会编：《太平天国学刊》，第一辑，中华书局1983年版，第490～493页。据《余生纪略》载，咸丰六年四月二十日，时在镇江，"贼迫予南门外刈草，令每日六十斤，如数刈归。贼传令赴下树衙，伪总制马缺鸾铃，迫予往伪先锋处去取，途遇开士舅氏，询其在何处，伊云：'在伪地官丞相衙内司笔墨，我早晚到汝处相会。'予遂归。"（同前书，第490页）又载同年五月"十三日，余军门（指余万清）出仗，贼率万人往拒。是日闻伪天官丞相吴汝孝为我军所获，西洋人出死力夺之归，复手刃我军数人，贼论功封西洋人侯爵"。"十六日，入城，午后至伪地官丞相衙内寻见开士舅氏，其地甚清洁，案例笔墨，服役有二短童，同处者七八人，皆扬州新胁者"（同前书，第492页）。"十九日，二更，伪秋官丞相传令攻丹阳，予偕伪将军至伪检点署听令，三更饭皆动身。贼另派兵守虎头山"（同前书，第492～493页）。

③ 北京太平天国历史研究会编：《太平天国学刊》，第一辑，中华书局1983年版，第493页。

④《太平天国文书汇编》，第494～495页。

⑤《太平天国》，第3册，第106页。

⑥《太平天国史料丛编简辑》，第5册，第74页。

⑦《清政府镇压太平天国档案史料》，第9册，第272页。

⑧《清政府镇压太平天国档案史料》，第9册，第273页。

隐住大炮。”① 而且，丞相的妻子也发挥了积极作用。咸丰三年九月十七日《胜保奏报十七日作战等情并严催绵洵等进兵片》称太平军于九月十七日在深州作战，生擒数名太平军官兵。“讯供据称，逆贼于九月初间，遣伪丞相之妇陈氏、张氏，俱广西人，假扮男装，进京探信，至十四日已回”②。

这种威信在太平军的军旅生活中有具体的体现，《张维城口述》即称：“现在丞相三人俱在怀庆东关民房居住，各将军间一日一往见。每日鸣锣为号，传丞相有令，九军将军去，其余各贼官俱各赴各将军衙门听令。”③《虏在目中》记载说：“贼营每日晚间，九军伪总制，悉听令于伪丞相处；众贼目，亦听令于各军伪总制处。”④《贼情汇纂》也有记载说：“若仓卒行军，则不传百姓，专指名传某几军。贼众必大呼曰：各带衣装刀械于何处听讲（道理）。俟齐集时，贼目先敷衍邪教套话一番，然后大言曰：今已有密令交某丞相某国宗往何处打江山，尔等立刻随行，不准归馆。数军之众，各随伪帅起程，毋敢回顾，且不知何往。此行军捷速，藉讲道理以谕众也。”⑤ 又有载：“或呼‘国宗大人有令，丞相大人有令，大小官员各衙兄弟齐集某处听讲道理’之类。他如挑濠筑墙，一切杂役，皆以喊令传人，俟齐集而后分遣之。”⑥ 真州（即今仪征）刘贵曾口述、刘寿曾编录《余生纪略》中也反映了类似的情况：咸丰六年三月十八日，“贼忽传伪令云：大众赴十三门外听丞相讲道。赴彼者皆扬州新胁，虽三岁儿亦往，约五百余人。予亦往，众皆跪听，所言悖谬无理，不足述也”⑦。

不仅如此，作为统兵大员的丞相还得以掌握地方经济方面的决策。春官正丞相胡以晃在咸丰三年十二月攻克庐州后，即着人手持令箭，鸣锣传示说：“合肥兄弟们听着！士农工商，各执其业，愿拜降就拜降，不愿拜降就叫本馆大人放回，倘不放就到丞相衙门去告。”⑧ 胡恩燮《患难一家言》有载：“余自铁作坊归，经余宅，见门前粘伪地官丞相之封，比邻亦书‘右一军在此，请老兄弟勿扰’云，知皆为贼据也。”并说：“本宅伪地官丞相之封，粘后三日，无贼过问。乃与母兄商，家有粟两仓，足以给，将正宅之门闭塞，启旁

---

① 中国科学院历史研究所第三所、近代史资料编辑组编辑：近代史资料增刊《太平天国资料》，科学出版社1959年版，第22～23页（以下简称近代史资料增刊《太平天国资料》）。

② 《清政府镇压太平天国档案史料》，第10册，第188页。

③ 《清政府镇压太平天国档案史料》，第9册，第274页。

④ 近代史资料增刊《太平天国资料》，第29页。

⑤ 《太平天国》，第3册，第267页。

⑥ 《太平天国》，第3册，第153页。

⑦ 北京太平天国历史研究会编：《太平天国学刊》，第一辑，中华书局1983年版，第488页。

⑧ 《太平天国》，第5册，第70页。

门入居内眷，设水龙局于旁宅，余兄与中表周某守之。”① 咸丰六年三月“二十七日，晚传伪令赴仪征，由伪丞相衙发给面饼，每军八百石，每人分给二十枚，名曰饭包”。“二十九日，二更至仪征南门外。城内颇设守御，伪丞相传令，云仪征急切难下，可取火药三百六十石，至都天庙备用”。“三十日，传伪令以三百人手持农器，依城要掘地道，以火药实之。伪丞相亲持八尺火绳药燃，地陷，城遂崩”②。

六官丞相也掌握一定的军事调遣权，春官又正丞相蒙得恩“总理女营事务，其各营女官及女巡查等，日三至而听令焉”③。《贼情汇纂》载夏官正丞相黄玉崑“办理军务，颇合杨贼心计，遂重任之，令伪官自检点以下俱至伊处听令”④。对此，《金陵杂记》亦有记载，但稍有不同：“伪夏官丞相黄玉崑先居四条巷，后移居淮清河东首察院，头二门大堂暖阁彩绘陈设亦如陈承瑢处。该伪衙同住之贼亦多，有伪检点指挥侍卫等名目，共五六人，此处群贼又称为检点衙。门外空屋摆列桌椅台凳并悬挂纸灯数对，上有官厅二字。每晚通城各伪官贼目，皆须来此听贼伪令，均在该处起坐听候伪检点衙中传呼方入。定更时皆到，二更后无事各散，逐日如是，即遇风雨亦来，贼谓该处为首逆等理事之所也。”⑤

在特殊的战争年代，丞相还承担着天京城市安全的责任。“城中被掳男女，无时不思逃窜，特是贼于城门稽查甚严，非有贼之伪凭不能出入，其在城外者，尚可设法奔窜，若在城内者，必须借重贼凭。其凭系伪夏官丞相所发，按数月间忽然更换，上盖伪戳，难于假造，各伪职馆中皆有此凭以便出入”⑥。咸丰三年十一月二十七日，贾西义号舰司令的卜拉在给他母亲的信中说：“全体居民以万人为一组，女人和男人一样分组。女人用女人管，不过万人组的组长是男的，和丞相联系。”⑦ 据胡恩燮《患难一家言》载亦有丞相参加叛乱：“蔚堂书五上，炳垣书七上，时贼中愿响应者，奚止数万人，如水西门城外城上之贼营，水关之贼营，伪东王之牌刀手，太平门之守营及守城贼，南门外之贼营，城内如机匠营、土营，以及伪丞相、检点、将军等，皆奉约候期接应，事卒不成。”⑧ 应该说，在当时六官丞相参与这类活动是不可能的，

---

① 《太平天国史料丛编简辑》，第 2 册，第 334 页。

② 北京太平天国历史研究会编：《太平天国学刊》，第一辑，中华书局 1983 年版，第 489 页。

③ 《太平天国》，第 3 册，第 59 页。

④ 《太平天国》，第 3 册，第 52 页。

⑤ 《太平天国》，第 4 册，第 630 页。

⑥ 《太平天国》，第 4 册，第 624 页。

⑦ 《江浙豫皖太平天国史料选编》，第 502 页。

⑧ 《太平天国史料丛编简辑》，第 2 册，第 354 页。

这里的丞相可能是指恩赏丞相。如果这其中有六官丞相，那也从反面说明了他们在天京城防中的作用。

六官丞相在太平天国的司法方面也发挥了重要作用。咸丰三年三月初二日，吴蔚堂策动叛乱活动，胡恩燮《患难一家言》载："是役也，凡遇害者一百余人，贼既不得主名，仍传令各馆领伪翼王凭帖，如无凭帖，送伪刑院严讯。蔚堂先领数百纸交诸同志，复保伪刑院数千人以出。"[①] 太平天国设立有所谓的"刑院"，在这里负责工作的当是几位丞相。关于卢贤拔案件，据《天父圣旨》载："前时我天父下凡指出卢贤拔夫妻不守天诫一案，我东王当即遵奉天父圣旨，命众官严拟以最重之罪，以昭炯戒。嗣据兴国侯暨众丞相等具有禀奏前来，禀奏东王，据称卢贤拔前有微功，较与王丈杨英奇不守天诫之案有间，自应分别办理，将卢贤拔革职，戴罪立功，免其枷号游营。当经东王恩准所请，奏请天王，又蒙天王旨准。"[②] 可见兴国侯陈承瑢及许多丞相的禀奏对从轻处理卢贤拔发挥了一定作用，当然起关键作用的因素不是兴国侯与众丞相的禀奏，而是卢贤拔与杨秀清有亲戚关系。咸丰四年（太平天国甲寅四年）新刻《天情道理书》载："李裕松谋叛奸徒，毫无忌惮，叛逆天父，罪恶贯盈，天命诛之。所以不容叛天逆天之徒逃漏法网，故令其自投入秋官又正丞相（曾天养）处，败露奸谋。当经秋官又正丞相研讯，发兵（从湖北）押解回京，业既奉天行法，将李裕松焚化成灰，以正叛天谋反之罪。"[③] 同年，周亚九等朋吹洋烟案由夏官正丞相何震川"承审确实，取有口供"，并禀报东王等。看来，何震川主审此案并非偶然。其前任黄玉崑对太平天国法制建设多有贡献，并因此而升任夏官正丞相[④]。虽然杨秀清令其于升职后仍掌别项事务，但是太平天国的刑部事务仍由其负责，直至其升封卫国侯、改封卫天侯以后一段时间。张继庚叛乱案件就是由时为夏官正丞相的黄玉崑负责审讯的。据胡恩燮《患难一家言》载，张继庚因图谋叛乱被太平天国逮捕，在被审讯的过程中，他企图进一步施展挑拨离间的诡计，使太平天国内部自相残杀。"一日，伪丞相黄以新（指黄玉崑——笔者注）加以酷刑，而炳垣卒无辞，贼遂檄前庐州守降贼之胡元炜来。炳垣长揖曰：'上元廪生张继庚谒见大公祖。'元炜赧然，已而再四研鞫。炳垣曰：'黄丞相半月来以刑求，某故无一言，幸蒙垂询，敢不具白，实告公，某非通军者，通官军者，某悉知之。'元炜问为谁，炳垣曰：'人甚众，顾一时不悉记忆，试取名册来，某为

① 《太平天国史料丛编简辑》，第2册，第353页。
② 王庆成编注：《天父天兄圣旨》，辽宁人民出版社1986年版，第109页。
③ 太平天国历史博物馆编：《太平天国印书》，下册，江苏人民出版社1979年版，第526页。
④ 罗尔纲：《太平天国史》，第3册，第1859页。

指之。’元炜问北贼，贼从之，而诏书衙靳不发”①。李滨《中兴别记》卷十二亦载：咸丰四年二月壬午，“是夜，江宁贼张沛泽执内应叶知发即张继庚于途，伪丞相黄以新鞫以酷刑，不得一言，白杨秀清，系伪天牢”。当时的张继庚在做完了周某的策反工作后，“归过英府大街，适张沛泽乘马自后来，举箠触其肩，呼曰，叶先生，近日神策门之事若何？继庚帮为不识，顾曰，汝何人？我姓张，不姓叶。沛泽曰，我不汝辨，但随我行。过伪浆人衙，下马取铁索环其项，搜身无物，乃牵去，冷语曰，汝非叶知发，当于黄丞相前自辨之”②。因此，作为黄玉崑的继任者，参与刑部事务是极为正常的。无论是夏官丞相，还是秋官丞相，与天朝刑法均有密切关系，所以《贼情汇纂》有记载说：“每杖辄一千数百，行杖者以杖击地，其人大呼天父天兄天王东王或丞相大人检点大人大开天恩，其实杖毕一无伤损。”③ 由于黄玉崑对法制的贡献，他在太平天国前期享有较高的威望和地位。据《金陵癸甲纪事略》载：“燕贼牧马某甲坐门前，见东贼同庚叔未起立。东贼叔怒，鞭某甲二百，送燕贼，未及问。又送付玉昆，意欲玉昆加杖。玉昆谓既鞭可勿杖，转相劝慰。东贼叔愈怒，推倒玉昆案，诉于东贼。东贼怒，使翼贼拘玉昆。玉昆闻而辞职。伪佐天侯陈承瑢、伪燕王秦日纲闻之，亦相率辞职。东贼大怒，锁发北贼杖日纲一百，杖承容二百，杖玉昆三百，某甲五马分尸。”④

在前期，六官丞相在对外事务中发挥着重要作用。咸丰三年三月，英国公使文翰访问天京虽由时任检点的赖汉英接待，但在赖有紧急公事时，亦有“一丞相及其下之四位官员”接见文翰等人⑤。十月底十一月初，法国公使布尔布隆访问天京就是由夏官正丞相黄玉崑和夏官副丞相赖汉英负责接待和交涉的。对此《金陵杂记》则载：“去岁冬初，夷人又两次入城，夷船一到，合城皆惊，入城后夷人与伪丞相等会晤，带有通事，先投一说单，……单内语句重复转折，的系夷人口气。……迨后夷人开船后，又闻杨逆传伪令唤集伪丞相等商议云……”⑥ 咸丰四年，美国公使麦莲访问天京，太平天国以地官又正丞相罗苾芬、地官又副丞相刘承芳的名义札谕美舰舰长布嘉南。

我们可以稍为详细地了解一下布尔布隆访问天京的情况，这有助于我们认识丞相在太平天国外交事务中的作用。他是从上海乘坐法国来华护侨舰——贾西义号而到天京的，该舰司令卜拉曾撰有《贾西义号中国海上长征

① 《太平天国史料丛编简辑》，第2册，第353～354页。

② 《太平天国资料汇编》，第2册上，第204～205页。

③ 《太平天国》，第3册，第264页。

④ 邢凤麟、邹身城：《天国史事释论》，学林出版社1984年版，第294页。

⑤ 《太平天国》，第6册，第904～906页。

⑥ 《太平天国》，第4册，第626、664页。

记》(Mercier. *Campagne du "Cassini" dans les mers de Chine 1851—1854*. Paris, 1889)。该书由卜拉的信函和日记组成。在咸丰三年十月三十日至十一月十八日（1853 年 11 月 30 日至 12 月 18 日）的日记中，他记载了布尔布隆访问天京的具体行程和活动："次晨（十一月初七日，12 月 7 日），快到六点钟，使馆秘书古尔西就离船赴诸丞相之约。"几天以后，太平天国的两位丞相接见了古尔西，"这时呈现于外国人眼前的光景使他们失惊。无数的火炬照耀着一个大厅堂，使人们看到两边中有一排辉煌伟丽的陪侍人员，两位丞相，举止庄重尊严，在大厅堂的深处，后面还有许多随从作背景。他们的蓝缎长袍，胸前绣得花团锦簇，头上箍着的赤金嵌花的圆冠等等，给予这景象一种伟大的性质，和来宾最初所受的待遇恰成相反的对照"。"古尔西一到，两位丞相站起来，由翻译员做介绍，然后分在两边椅子上坐下"。当时参与接见的克拉夫冷神父说明法国人不是以敌人资格而是以朋友资格来的，"两丞相之一就说：'既然你们也和我们信仰同一的上帝，则你们不仅是朋友，也是弟兄'。"这次接见谈妥了布尔布隆会见太平天国天官正丞相陈承瑢（卜拉的日记中称为"首相"）的问题。十一月初十日，布尔布隆依约入城会见太平天国"首相"，"原曾接见古尔西先生那两位黄（Houan）丞相与赖（Lai）丞相也要在引布尔布隆先生依约拜会陈（Tchen）丞相之前，以大礼接见布氏。因为他们没有准备得好，客人等人一小时之久，他们才穿好大礼服出现在正堂。拜见谈话的时间不长，因为布氏坚硬请速晤首相。因此又上路到首相府"。"差不多立刻，（首相府）堂后的门开了。一群首领和秘书很有秩序地走进来，随着就是黄、赖两丞相，但是没有穿大礼服；最后在一把华丽的伞下，陈丞相穿着和他崇高地位相当的华贵礼服走出来。一声信号，全场中国人员都拜倒，首相坐上交椅"。"因为陈丞相挽留布氏至少在那里住一夜，再谈谈宗教问题，布氏就利用这番盛意说明他还有两位天主教士同来，极愿关于宗教问题会谈一下，因此他要求就次日指定一个时间"。后商定当晚即会谈宗教问题，"这一点决定之后，布尔布隆就起身告辞。那几位丞相坐着不动，翻译官说明这种态度会使人感到不礼貌的，他们就立起了，把布氏一直送到大门口"。经过宗教会谈，"不久，我们就被唤到黄丞相面前去，他以严厉高亢的面孔接待着我们。他没有请我坐，我就在他旁边的一张椅子上坐下了。他就开始一字一字地数着他所认为法公使对不起广西人的地方，对不起他们所坚持的革命事业的地方"。"第二天早晨，黄丞相又找我们到他那里。我不知道为什么他又变了卦：他劈头就指责法国人行径中种种对广西人不敬和有侮辱的地方，说得那样咬牙切齿，那样愤怒，连他的随从人员都发抖"。"不久之后，我们就很高兴能够和陈丞相的秘书作一次切实而很有意义的谈话。他是他的上司派来

和我们谈宗教问题的”。十一月十三日“终于接到一封信，北王邀法使去看他”①。

从前所述，六官丞相在太平天国前期的政治、军事、法制、外交与文化建设等方面均发挥着重要的作用。在当时的战争环境下，六官丞相大多效命疆场，即使太平天国想要确立起以六官丞相为领导的六部制也是很难的。据推测为太平军人供词的《粤匪起手根由》记载太平天国攻克南京后的情况云：“现在天王得意封官，封罗大纲检点，封李开方地官丞相，林凤祥下官丞相，封陈春容左天侯，理朝中杂务，封胡月干春官丞相，管粮台，封秦月干天官丞相，管四路接应。余下封侍位、城先、检点、指灰、军将、军帅、司帅无数多极，大家齐谢天恩。”② 这则资料虽然记载的封官情况是错误的，但其中透露出太平天国有确立以六官丞相为领导的六部制的愿望。在战争的历史条件下，各种职官都可能奔赴战场，对一些职官的职能分工做一些调整也是应该的，如果仅因为丞相职能的变动而忽视当时的历史背景，就否认前期有建立以六官丞相为核心的六部的意愿，可能就是不尊重历史。在前期，其他的职官如诸殿六部尚书，甚至育才官都上了战场。在后期很有影响的李春发，在前期就是尚书职，但他也参与战事③。这种情况，在清政府中也是屡见不鲜的，为了赢得战争，有勇有谋者即赴战事是常见的，我们能因此而否认这些职官的正常职能吗？尽管如此，我们从前述六官丞相的一些职掌中仍然不难看出太平天国试图确立这种体制的努力。即使到后期真正建立起六部以后，六部也负有军事征剿的责任，咸丰十一年二月二十日（太平天国辛酉年二月二十一日），天王洪秀全的《永定印衔诏》即云：“掌率六部统众将，同听甥胞实力襄。天将居胞下官尚，协同掌部辅朝纲。随队事毕归原任，万权合一听东王。”④ 因此，前期在试图设立六部制的过程中这种情况当更为明显，以致隐去了六部丞相各自的实任职责而使人误以为六官丞相为非定职的一种官职。

① 《江浙豫皖太平天国史料选编》，第492、494、496～500页。

② 金毓黻、田余庆主编：《太平天国史料》，开明书店1950年版，第460页。

③ 《清政府镇压太平天国档案史料》，第16册，第11～12、29页。

④ 《太平天国》续编，第3册，第105页。

四、六官丞相制度在后期的演变

1. 天京事变后六官丞相存续问题

天京事变后的一段时间内，太平天国仍实行六官丞相制度。李秀成于咸丰七年（丁巳年）又因招张洛行有功升地官正丞相[①]。据杜文澜《平定粤寇纪略》卷六载，咸丰七年五月十四日，清军克复溧水城时，“歼戮六千余众，生擒三百名，兼毙其伪副丞相”[②]。咸丰七年五月二十六日，和春在《奏报水师围剿句容镇江等处敌营获胜情形片》中亦称：“又据吴全美、李德麟禀称，自桐城大军退守以后，拦江矶时有贼匪窥伺，二月二十日督同游击李起高等前往攻剿，午刻大小贼船一二百只分布迎抵，当挥令兵勇奋力轰击，立沉多只，余船枪炮甚密，我军冒烟直上，各船继进，逆众失措，弃船败走。我军乘胜奋力攻剿，毙贼多名，生擒逆匪一百余名，内伪春官副丞相刘盛先一名，伪将军、师帅五名，……”[③] 这说明原北殿人物春官副丞相黄超芳可能死于天京事变，而在事变后春官副丞相由刘盛先任职。

《粤匪起手根由》又载：“（咸丰）七年，贼匪是丁子。天王又云：现在朝中无人，封陈玉成前队将帅，封李秀成左队将帅，封李侍贤兵部下官丞相，封陈寿章右队将帅。现在各路大小头目皆封将帅，统归李侍贤办理朝中事务。”[④] 具有重要意义的是，咸丰七年五月，清朝探得天京城内著名人物19人：“伪天王洪秀全。伪翼王石达开，因与洪逆及洪仁发、洪仁达不睦，于五月十一日逃往江北。伪安王洪仁发，自上年腊月石逆杀韦逆后，洪逆疑惧，遂夺石逆之权归此贼。伪福王洪仁达，与洪仁发同为首逆洪秀全心腹，性极残酷，众贼皆怨之。伪文总衡正掌率赞天燕蒙得恩、伪副掌率顺天燕钟芳礼、伪真神殿大学士兼天官部事黄得用、伪地官丞相加侯爵陈潘武[⑤]、伪春官丞相加侯爵刘庆汉、伪夏官丞相蔡子贤、伪秋官丞相加侯爵莫士睽、伪冬官丞相

---

① 罗尔纲《太平天国史》第1册第213页《前期百官人物表》认为，李秀成于咸丰六年冬守桐城时任地官正丞相。而第3册第2024页经考证认为：李秀成于咸丰七年三月二十六日前，已经由地官副丞相升地官正丞相，进封合天侯了。

② 《太平天国资料汇编》，第1册，第92页。

③ 《清政府镇压太平天国档案史料》，第19册，第406～407页。

④ 金毓黻、田余庆主编：《太平天国史料》，开明书店1950年版，第462页。

⑤ 陈潘武据《金陵癸甲纪事略》载曾为总典买办，“其统下欲逃者，悉纵之，以他人补数。凡欲逃者，皆投统下，现加伪恩丞相”。所谓“伪恩丞相”，即为恩赏丞相（《太平天国》，第4册，第678页）。

加侯爵陈得风、伪天官副丞相正任京都江南省佐将李春发、伪京都巡讨将帅黄文安、伪右二检点胡海隆、管刑法伪六十三检点刘云汉、管刑法伪镇守仪凤佐将黄懿魁、伪水师炎壹指挥熊姓、伪水师金壹指挥陈姓，外有伪典爵禄、军机官及伪御史等同谋。”① 这里的问题是，咸丰七年，李侍贤和蔡子贤为何种夏官丞相呢?

何震川在咸丰四年（甲寅年）二月升任夏官正丞相后与曾钊扬等删改五经，兼办军务。但其后事迹不可考，一种可能性是死于天京事变，此职可能遗缺。据清政府征剿大吏奏报，钱某某于咸丰七年正月时已任夏官正丞相。“除陆路外，水路匪船在千余号、炮船二百余号，共八九万人，贼首系伪亚天侯陈逆、伪夏官正丞相钱逆、伪正将军蒋逆、副将军刘逆、伪侍卫贾逆、伪指挥陈逆盘踞各处分扑（无为）州城”②。这说明钱某某有可能在天京事变后即任夏官正丞相，因此，李侍贤不可能任夏官正丞相。夏官又副丞相曾锦谦在天京事变前即升封卫天侯，事变后可能仍任原丞相职③。夏官副丞相陈仕章于咸丰七年五月溧水解围战中被擒④，夏官又正丞相周胜富于丁巳年闰五月被擒⑤，因此，李侍贤和蔡子贤两人任夏官又正丞相和夏官副丞相，考虑到李侍贤朝中事务统归办理的特殊地位，其地位当高于蔡子贤，李侍贤任夏官又正丞相，蔡子贤任夏官副丞相。

曹大观《寇汀纪略》载，咸丰七年四月“初八日，有冬官副丞相陈享容，年二十四，承宣黄绣全，年四十余，率党三万余，由宁来汀。刘远达及诸魁往东校场迎入城，毁神像，烧书籍，抛弃各衙文卷粪秽中”⑥。这里的冬官副丞相陈享容，是石达开部属，据罗尔纲考证，应为陈亨容⑦。

---

① 《清政府镇压太平天国档案史料》，第19册，第429~430页。

② 《清政府镇压太平天国档案史料》，第19册，第143页。

③ 《求阙斋弟子记》载：咸丰七年九月，“（杨）载福既克彭泽，东下所过焚贼船无数，伪成天豫陈玉成自安庆遣伪丞相曾某率船数百乘风来来，泊马当峡、华阳镇一带。”此处“伪丞相曾某”可能系指曾锦谦。

④ 夏官副丞相陈仕章据罗尔纲《太平天国史》第1册第219页即于咸丰七年正月牺牲。但陈仕章是否于此时牺牲，实为可疑，因为在咸丰七年五月二十六日和春等《奏报官军堵剿溧水援敌获胜并克复县城折》称，逆天侯陈仕章于该年五月十七日被生擒（参见《清政府镇压太平天国档案史料》，第19册，第403页）。

⑤ 夏官又正丞相周胜富镇守江苏句容以后的情况也不明了。咸丰七年闰五月二十七日和春《奏报官军添营直逼句容连日攻剿立将县城克复折》称：五月二十三至二十五日，“共约杀贼六七千名，砍取首级二千三百余颗，生擒三百余名，内有伪丞相张姓、伪检点吴姓、指挥赵姓，师旅帅、司马、百长数十名，均即正法。”因此，此职遗缺找到一个可能的依据。这里的张姓丞相可能为音误，实为周姓丞相，即可能是指周胜富。

⑥ 《太平天国》，第6册，第811页。

⑦ 罗尔纲：《太平天国史》，第1册，第224页。

咸丰七年十二月二十日，骆秉章在《奏报官军援剿江西叠胜并击退石达开部情形折》中提到张姓春官又副丞相，他说：在十一月初五日江西峡江县一战中，“是役毙贼二千数百，溺毙者不知其数，生擒百余，夺贼马百数十匹，阵斩逆渠伪忠侦报国敦天燕张姓，伪春官又副丞相元勋张姓，伪冀殿右十承宣谭姓，伪指挥吴姓，伪承宣承尉李太有、杨雨万，伪将军罗再田，皆剥取绣龙袍、绣龙凤帽、马褂、伪印、执照等件呈验”[①]。此处所称随石达开作战的春官又副丞相张姓似另有其人，应不会指张遂谋，因为张遂谋于咸丰六年六月时已任春官又正丞相，不可能降为春官又副丞相。也不会指张潮爵，因为他从咸丰三年到咸丰十一年一直在安庆主持安徽省民政工作，未随石达开出走。据李滨《中兴别记》卷五十一载，翼部尚有所谓的丞相余城义[②]。在咸丰七、八年的清军奏报中提到许多所谓的副丞相、又副丞相当属六官丞相[③]，他们究属何官丞相已无法考辨了。

《粤匪起手根由》载：咸丰八年，“天王又封陈玉成前军主将，封李秀成后军主将，封莫德恩中军主将，封李世贤左军主将，封韦子敬右军主将。中军主将撑理朝务，帮办主将林寿章、李春发主将理朝务，三人共理南陵事务”[④]。这里的林寿章应指林绍璋，此时的林绍璋是以地官又副丞相的地位来办理朝政的。《李秀成自述》载林绍璋于咸丰八年（太平天国戊午八年）间被授予地官又副丞相的情况：“那时京城东北已困，独有南门，将已实困，那林绍璋革职调其回京，后保为地官又副丞相之职，调任京务。”[⑤] 在咸丰八年（太平天国戊午八年）新刻的《太平礼制》仍然有丞相的礼制规定。这时的丞相已在天王、东王、西王、王长兄、王次兄、南王、干王、翼王、英王、忠王、赞王、侍王、辅王、章王、掌率、义、安、福、燕、豫、侯之下了。

---

① 中国第一历史档案馆编：《清政府镇压太平天国档案史料》，第20册，社会科学文献出版社1995年版，第107～108页（以下简称《清政府镇压太平天国档案史料》，第20册）。

② 《太平天国资料汇编》，第2册下，第820页。

③ 在《清政府镇压太平天国档案史料》中提到的副丞相、又副丞相约有7名：他们是副丞相张文兴（第19册，第333页）、高姓副丞相（第19册，第404页）、在瓜州牺牲之副丞相（第19册，第496页）、张姓副丞相（第20册，第32页）、副丞相张有意（第20册，第52页）、在无为江面牺牲之副丞相（第20册，第403页）、在松阳或云和牺牲的副丞相（第20册，第458页）。

④ 金毓黻、田余庆主编：《太平天国史料》，开明书店1950年版，第463页。

⑤ 《太平天国文书汇编》，第498页。但据《李秀成自述之别录》之《庞际云手书李秀成答语》云：“林绍璋无大本领，只能吃苦，十年封章王。自湘潭败回，革职闲二年，旋授指挥，升检点，升春官又副丞相。六七年翼王出师，留京办事。”（《太平天国》，第2册，第842页）说法与《李秀成自述》不同。咸丰四年十月初六日《谕内阁著曾国藩等督军迅克蕲州顺流东下扫除浔皖》称，据曾国藩、塔齐布等人奏，林绍璋在湖北马岭坳被歼毙（参见《清政府镇压太平天国档案史料》，第16册，第83页）。不确。

因此，林绍璋要想继续以丞相的身份参与国政就比较困难了，他后来很快升封章王。从戊午八年的《太平礼制》来看，章王在中央领导内部也是最低的王，说明他刚从丞相升封王爵。咸丰八年九月十一日，官文等人在《奏报克复桐城情形并拟分兵防剿折》中还提到地官丞相："夺获骡马三百余匹，大炮百余尊，旗帜、军械、火药、铅弹等件无数。伪地官丞相、宗天燕、顺天燕及指挥、军帅、监军各伪印二十七颗。"①

咸丰八年以后，就不再有六官丞相的授职记载，但是，此后在清军的奏报中也还能见到六官丞相的记载，这可能是前面任职者的遗留。咸丰十年二月十八日，翁同书在《奏报六安官军进攻舒城剿击援敌获胜折》中说："是日（二月十一日）自辰至申，鏖战五时之久，杀毙贼匪无数，夺获贼马四匹、贼旗十余杆，旗上书写伪职怡天福等字样，又将伪秋官副丞相、伪土二十六副将军、伪正典罪囚木印三颗，并土二十六副将军鲁绍显伪照一纸，刀矛、枪械多件，一并呈验禀报前来。"② 此处的秋官副丞相究竟是谁也不可考了。林西藩《隐忧续记》在记述同治元年六七月间发生的事说："时李竹窗已升伪地官，仍在曹娥管理盐务，见予书大惊，急与詹甫廷定计，连夜驰赴戴王（黄呈忠）处，时伪天官丞相吴姓，乃李同乡素好，赂戴王近侍童子，窃取令箭一支，酬以番银四元。"③

应该指出的是，翼王石达开从天京出走后，其属官中一直有六官丞相的设置。咸丰七年十二月二十日，骆秉章在《奏报官军援剿江西叠胜并击退石达开部情形折》中称："（十月初六至初八日）阵斩伪丞相郑姓、伪指挥苏姓、邓姓，而夺其伪印。"④ 湖南省博物馆现存有翼殿宰制、钦差大臣冬官正丞相张遇恩于太平天国辛酉十一年（咸丰十一年，1861）颁发的贡照⑤，这说明在翼殿一直都有六官丞相的设置，此时的六官丞相似为荣衔，他还有实任的翼殿宰制的职务。按盛巽昌先生的观点，这个张遇恩当是在随翼王出走之前封得的冬官正丞相，由于是天王所封，故称钦差大臣。应该说，这种可能性还是存在的，在陈玉成升封侯爵和豫爵后，张遇恩继任此职。事实上，六官丞相中的蔡子贤和曾锦谦是随翼王出走的⑥。六官丞相到后期在翼殿的地

① 《清政府镇压太平天国档案史料》，第20册，第636页。

② 中国第一历史档案馆编：《清政府镇压太平天国档案史料》，第22册，社会科学文献出版社1996年版，第69页（以下简称《清政府镇压太平天国档案史料》，第22册）。

③ 《太平天国》续编，第4册，第429页。

④ 《清政府镇压太平天国档案史料》，第20册，第105页。

⑤ 郭存孝：《太平天国博物志》，广西人民出版社1997年版，第429页。

⑥ 盛巽昌：《太平天国职官志》，广西人民出版社1999年版，第538页。蔡子贤，亦作蔡次贤，亦可参见李滨《中兴别记》卷四十二（《太平天国资料汇编》，第2册下，第679页）。

位似乎也下降了。咸丰十年，脱离石达开远征队伍的吉庆元等67名将领向天王呈递本章，指出翼王“一返故乡，便有归林之说”，他们“观此光景，势处两难”，遂有扩天燕彭大顺等人“为之首倡”，对“其余翼殿侯、相、检点、指挥均照陛下制度给印，誓师出征，而统下各兵士欢欣鼓舞”[①]。在本章上列名的有侯爵以上67人，其侯爵以下不具名，只写“暨丞相、检点、指挥、将军众小臣等同跪奏”，丞相还够不上具名上奏的资格[②]。据牛剑秋《太平天国翼殿官属印模跋》，翼殿有“军功丞相吴图记”印模[③]。这说明在翼殿还有所谓“军功丞相”的设置，这是石达开率军远征后新设的酬功虚衔，略似前期的恩赏官职。

2. 由六官丞相制向六部制的过渡

从咸丰七年五月清朝探得的天京城内19个著名人物的官职来看，太平天国的政制正在发生很大的变化，这就是六官丞相制向六部制的过渡。19人中特别引人注目的是黄得用的官职，所谓“伪真神殿大学士兼天官部事”，说明当时已成立了天官部、地官部、春官部、夏官部、秋官部和冬官部，而且还有配合六部制的内阁大学士。六官丞相即分属相应的部，而且他们还可加封爵位，地位较前期要高一些。前期的丞相在加封侯爵后，一般不再担任丞相职，丞相职可另授他人。前期丞相各有自己的衙门，有史可考的丞相衙门是很多的[④]。而且前期丞相的具体实际职能仍在各王府从事文书等工作，此时的丞相不再分散在各王府，而是在相应的部中从事管理工作。成立六部制的原因是：天京事变后，东王府与北王府的六部尚书均不复存在，原由东王府六部尚书处理的大多数朝中政务顿时无人处理，几处于瘫痪状态，迫切需要成立相应的政务机构，在六官丞相制度的基础上，建六部体制，成为一种必然的选择[⑤]。从天京内讧至咸丰七年十一月天王主政时封侯爵的，据盛巽昌的不完全估计，约有23人，此时的六官丞相大都升为侯爵。盛巽昌指出：“天王为成立名副其实的中央政府，自理军国大事，必须开设处理日常政务的六部，因而给六部主管和相衡的官员分封高于丞相级的天侯爵，自亦符合其权力集

---

① 《太平天国文书汇编》，第172页。

② 罗尔纲：《太平天国史》，第2册，第1045～1046页。

③ 史式：《太平天国词语汇释》，四川人民出版社1984年版，第212页。

④ 郭存孝：《太平天国博物志》，广西人民出版社1997年版，第90～91页。

⑤ 梁义群《太平天国政权建设》第223页说：“‘天京事变’后洪秀全虽自任军师，亲临朝政，但一改前期天朝不设六部的情况。在1858年增设掌率（正副四员），协助天王管理庶政；同时又改六官丞相为六部官，太平天国中央始有六部之设。”但从黄得用的任职看，六部之设最晚似在咸丰七年（1857），而非咸丰八年，此待详考。

中所需要的。天朝六部只对天王负责，当然再也不会受翼王或他人支配。”①但盛先生又说：咸丰七年，石达开出走后，“天王自主理国政，此时六官丞相二十四员，似已嬗递为六官六员，分掌吏户礼兵刑工六部事宜，等同于天王府的六部，此处也无分正、又正、副、又副之别了”②。然后他列举了前述清朝于咸丰七年探得天京城内重要太平天国官员中的若干丞相作为例证。笔者以为这种看法值得商榷。这些名单中的六官丞相没有冠以正、又正、副、又副，不等于这些官员实际上没有冠以这些字样，这可能是清朝的情报人员没有探明而已，即使是在这份名单中也还是有冠以这些字样的六官丞相，如李春发的准确职爵衔为“伪天官副丞相正任京都江南省佐将李春发”，只是被盛先生忽略了。因此，可以说，此时的丞相有可能仍是24员，从李春发的职衔来看，至少也是12员。

从此时黄得用的职衔似可看出后来部官领袖制的端倪，因为黄得用以真神殿大学士的身份兼管天官部事就有点这个意味③。可以说，这是向新的六部制过渡的一种形式。这种形式最多持续到咸丰八年十一月。咸丰八年十一月二十二日（太平天国戊午八年十一月十七日），晋天燕朱雄邦照会英国全权特使额尔金，朱雄邦照会中的印文为“太平天国真忠报国晋天燕兼工部又正冬官事务朱雄邦”④。这就是说，至此时太平天国的六部制已经完全建立起来，不再称天官部、地官部、春官部、夏官部、秋官部、冬官部等，而称吏部、户部、礼部、兵部、刑部、工部等，但在官职设置上仍保留了原六官丞相制的影响，六部官员称部官，吏部官员称天官，户部官员称地官，礼部官员称春官，兵部官员称夏官，刑部官员称秋官，工部官员称冬官，每部设正、又正、副、又副4人。六部官员的称谓形式为：（殿前）某部+“正”或“又正”或“副”或“又副”+某官。有史可考的六部官员有：殿前户部正地官

① 盛巽昌：《太平天国职官志》，广西人民出版社1999年版，第284页。

② 盛巽昌：《太平天国职官志》，广西人民出版社1999年版，第331页。在第511页，盛先生又说：“内讧后，天王自主朝政，始在朝中设按吏、户、礼、兵、刑、工等六部定位的六员六官丞相，协同天王、翼王和掌率处理日常政务。”

③ 简又文：《太平天国典制通考》，上册，第98页。《太平天国革命图录》载有“忠伺神使尹贤瑞”印，其任“享殿天官领袖”，似系专司“讲道理”及管理拜天父上帝之宗教官也。既有领袖则其下自有多员，如“六十三神使陈锡福”（见金毓黻、田余庆主编《太平天国史料》，开明书店1950年版，第184页）。

④ 据《太平天国文书汇编》第307~308页，朱雄邦的官职为“晋天燕兼工部又正签官事务”，而据金毓黻、田余庆主编《太平天国史料》（开明书店1950年版）第138页为“工部又正冬官”。应为工部又正冬官，对此问题可参见王庆成《太平天国的文献和历史——海外新文献刊布和文献史事研究》，第265~266页。

相王陈潘武[①]，殿前吏部又正天官胡海隆，殿前吏部正天官朱兆英，殿前吏部又副天官张兆安，殿前礼部又正春官练顺森，殿前礼部又副春官秦日南，殿前工部正冬官宾福寿，殿前工部又正冬官秦日来[②]。同治二年（太平天国癸开十三年，1863）时李某以三十九天将而任户部又正地官[③]。前引《粤匪起手根由》中称咸丰七年天王封李侍贤为"兵部下官丞相"，并说"现在各路大小头目皆封将帅，统归李侍贤办理朝中事务"[④]，说明这种部制的过渡就发生在咸丰七八年间。咸丰八年较咸丰七年又有些微的变化。咸丰八年五月二十八日，英桂等人在《奏报进攻黄麻窜股获胜及光商肃清折》中称，五月十一日在商城县的丁家埠、洪家湾等处，"我兵枪炮齐施，轰毙黄衣贼首一名，伪检点黄映奎、伪指挥刘金发二名，共计毙匪三百余名，生擒伪副天官燕五柱等五名，夺获器械多件，余贼仍向东败窜"[⑤]。李滨《中兴别记》卷三十九则载，咸丰八年五月，"丙戌（十二日），邱联恩败贼于商城，斩伪副天官燕王牲等，贼遁六安；袁怀忠督勇遮击之，折走霍山，踞漫水河"[⑥]。这里的"五柱"可能与"王牲"是同一人。咸丰八年九月二十三日，胜保等人在《奏报督军进攻天长获胜并克复马家集折》中也称："伏查此股窜踞天长粤逆叠据生擒贼供，系伪秋官燕黄姓自南京渡江北来，受洪逆伪令纠合逆首陈玉成、李受成率领数万之众，潜图乘虚北犯，由天长蒋坝一路窜越而至清淮，其势甚张。"[⑦] 从这三则史料可知，对六部官员的称呼可以职爵连称，所谓的副天官燕、秋官燕就是明证，按此，朱邦雄似亦可称为"又正冬官燕"。相比较而言，此时的六部官员较咸丰七年（丁巳年）时地位要高一些，已可加封燕爵了，到后期甚至有人被封义爵了，《湖南历史文献资料》1958年第1期第86页有九门御林吏部正天官义赖××衔官照。

太平天国中央六部的地位也在不断地变化，从现在所能见到的后期天王

① 陈潘武任此职最起码到咸丰十一年，《近代史资料》总65号第2页载有由其参与署名签发的商凭。

② 《太平天国文书汇编》，第70、78～79、81页，参见简又文《太平天国典制通考》上册，第100页。

③ 罗尔纲：《太平天国史》，第2册，第1035页。忠诚三十九天将之任户部又正地官有两件物证，一是癸开十三年安徽六安铁炮铭记（参见《文物》，1958年5月），另一件是其发给洋人的路凭（参见《近代史资料》总65号，第3页）。

④ 金毓黻、田余庆主编：《太平天国史料》，开明书店1950年版，第462页。

⑤ 《清政府镇压太平天国档案史料》，第20册，第400页。《湖南历史资料》1958年第1期第87页载有"伪天官燕提掌军民加贰秩彭大顺衔官照四张"，第97页载有"九门御林真忠报国旷天豫彭大顺"官印颗。第97页还有所谓"世袭天官燕彭交得"的官印，曾国藩将其列为天燕印类。

⑥ 《太平天国资料汇编》，第2册下，第627页。

⑦ 《清政府镇压太平天国档案史料》，第21册，第8页。

诏旨和幼主诏旨来看，天王和幼主所列的诏令对象中最早提到六部的是在咸丰九年（太平天国己未九年）。当时诏令对象的顺序为：和甥、福甥、玕胞、达胞、玉胞、秀胞、恩胞、贤胞、辅胞、璋胞、天将、掌率、统管、尽管、神策朝将、护京国将、六部、主将、佐将等。至咸丰十年九月，这种顺序据幼主诏旨变为：和表、福表、玕叔、达叔、玉叔、秀叔、恩叔、贤叔、辅叔、璋叔、万弟、天将、掌率、统管、尽管、神策朝将、护京神将、六部、主将、佐将等。咸丰十一年的变化较多，二月时的顺序是：和甥、福甥、玕胞、达胞、玉胞、秀胞、恩胞、雍侄、贤胞、辅胞、璋胞、万侄、天将、掌率、统管、尽管、神策朝将、护京神将、六部、主将、佐将等。至咸丰十一年四月时有较大的变化，此时的顺序是：天佑子侄、和甥、福甥、和元侄、利元侄、科元侄、瑞元侄、锦元侄、栋梁婿、文胜婿、万兴亲、玕胞、葵元侄、达胞、玉胞、秀胞、雍侄、贤胞、辅胞、璋胞、万侄、天将、掌率、统管、尽管、神策朝将、护京神将、神使、六部、主将、佐将等。至咸丰十一年五月时再次发生变化，此时的顺序是：天佑子侄、和甥、福甥、和元侄、利元侄、科元侄、瑞元侄、现元侄、瑭元侄、锦元侄、钰元侄、鈝元侄、栋梁婿、文胜婿、万兴亲、玕胞、葵元侄、达胞、玉胞、秀胞、雍侄、贤胞、辅胞、璋胞、万侄、天将、掌率、统管、尽管、神策朝将、护京神将、神使、六部、主将、佐将等。这些变化表明，随着洪秀全逐渐迷恋于洪氏家天下的构建，六部在中央的地位在逐渐降低。太平天国中央建立六部制以后，诸王纷纷效仿，亦建各殿六部制。后期各王亦设立与前期诸王相同的六部，各部官员称某殿某部尚书，如咸丰十一年正月二十五日（太平天国辛酉十一年正月二十六日）的幼主诏旨还命盘永仁为西殿礼部一尚书。但是，也有一些王的六部官员称某部某官，如中央六部官所称的。

从咸丰十年十二月二十九日（太平天国庚申十年十二月二十九日）的幼主诏旨看，太平天国最起码从咸丰十年底起开始实行六部部官领袖制，幼主特诏封朱兆英为天朝九门御林殿前吏部正天官、部官领袖，职同副掌率，这说明当时的部官领袖的地位是很高的。可能由于部官领袖多由吏部正天官任，所以部官领袖又称天官领袖。部官领袖制不仅在中央六部实行，诸王的六部也实行这种部官领袖制。安徽省博物馆藏有“天父天兄天王太平天国殿前忠伺神使任享殿天官领袖尹贤瑞”的木印①，由此可知当时的享王刘裕鸠实行过

① 据郭若愚《太平天国革命文物图录》，第7~8页，又参见罗尔纲《太平天国史》，第2册，第1040页。据同治元年四月初四日曾国藩等的《奏报官军克复巢县含山和州并攻夺沿江各要隘折》，当时的尹贤瑞在和州，时为伺天安（《清政府镇压太平天国档案史料》，第24册，第254页）。

部官领袖制。同治二年（太平天国癸开十三年）护王陈坤书的一份《发物簿》说明十月初十日的发物根据时载："护王挥子，主将余洋粉七十斛。天官领袖挥子，忠抚朝将洋粉三十斛，在无锡发。"十一日发："天官领袖挥子，忠恼朝将洋粉壹桶贰拾伍斛。"① 这反映了在护王六部中是实行部官领袖制的。从这份《发物簿》及太平天国晚期的《记事簿》和《去文底簿》等可以看出，在后期的一些王府，如干王府中仍实行原来的六部尚书制。

六部官是有具体职掌的，咸丰九年（太平天国己未九年）的《资政新篇》中指出："恳自今而后，可断则断，不宜断者，付小弟、掌率、六部等，议定再献，不致自负其咎，皆所以重尊严之圣体也。"② 后期刊刻的《天朝田亩制度》也规定了保升奏贬官吏的程序是：从基层一直到总制，然后从总制到将帅、主将，再由将帅、主将达六部、掌率、军师，最后由军师启天王③。从咸丰十年（太平天国庚申十年）的一些幼主诏旨可鲜明地反映这一点：九月二十四（天历九月二十七日）的《升授陈志书职诏》即"命吏部颁发印凭，俾该员收执"，九月二十八（天历九月三十一日）的《建造正九重天廷并封李容发为忠二殿下诏》也要求"吏部官颁印"，十一月初九（天历十一月初十日）的《封李尚扬等职并准修造辅天府诏》中"令工部官遵造，鸠工一同建正九重天廷及辅天府也"，十一月十二日（天历十一月十三日）的《封杨庆善等爵诏》同意升封一些人为义爵，"令吏部排衔"④。同治元年（太平天国壬戌十二年，1862），吏部正天官、部官领袖朱兆英发给黄敬忠的康天豫官执照则说："兹将黄敬忠壹名由本部呈真圣主天王为开朝勋臣康天豫官，荷蒙圣恩旨准，为此颁发执照一纸。"⑤ 盛巽昌所言后期军中将领也颁发官凭当不确，其所列举赖冠英与金天义古隆贤当有可能在吏部任职⑥。《湖南历史资料》1958 年第 1 期第 86 页载有"伪九门御林吏部正天官义赖××衔官照四张"，第 88 页载有"伪殿前吏部正天官朱兆英衔官照九张"。所有这些说明了吏部在铨选和任命官吏方面的职责。咸丰十一年十一月十八日（太平天国辛酉十一年十一月初八日）颁发的金匮商户黄兴和的商凭上就有陈坤书、户部正地官陈潘武与总理苏福省民务刘肇钧的署衔，而同治二年（太平天国癸开

① 《太平天国文书汇编》，第 438 页。

② 金毓黻、田余庆主编：《太平天国史料》，开明书店 1950 年版，第 45 页。

③ 《太平天国》，第 1 册，第 324 页。

④ 《太平天国文书汇编》，第 67、70、72 页。

⑤ 郭存孝：《太平天国博物志》，广西人民出版社 1997 年版，第 302 ~ 303 页。

⑥ 盛巽昌：《太平天国职官志》，广西人民出版社 1999 年版，第 348 页。赖冠英任吏部官还有《湖南历史资料》1958 年第 1 期有资料提到"吏部正天官赖"可证。

十三年）的一份水陆路凭是由“开朝王宗殿前忠诚三十九天将任户部又正地官提理苏馥省军民事务李”[1] 颁发的，说明当时的户部是主管发放商凭和路凭的。礼部职掌礼仪，亦负责婚配事。苗沛霖被封奏王后，他曾对人说：“我主恩赐王娘数名”，“并礼部发来王娘。”[2] 刑部则职掌官员罪罚，咸丰十一年，陈玉成因耘天燕案直奏，触怒洪秀全，洪秀全则“复命敬王林大居、昆王秦日南恭捧圣诏三道、圣旗一道”来安庆革黜他的王爵。敬王林大居、昆王秦日南都是职掌刑部的主要官员。同治三年，天京围城战中，因李秀成妻舅通敌之故，莫仕睽就以“我为天王刑部”为由，要求李秀成调其妻舅宋永祺到场由他加以讯问。

在后期，太平天国为配合六部制的建设有可能成立了类似于内阁的机构，其最突出的表现就是有所谓真神殿大学士的出现。前述咸丰七年清朝探得的天京城内重要的太平天国官员 19 人中有所谓“伪真神殿大学士兼天官部事黄得用”其人和所谓的军机官[3]。咸丰八年，在天官部改为吏部后，黄得用又改任兼理吏部天官事务，所以这年（太平天国戊午八年）彭大顺的官照上有所谓“真神殿大学士兼理吏部天官事务黄”之称[4]，咸丰十年九月初十日（太平天国庚申十年九月十四日）幼主诏旨《升授李春发等职诏》中也提到封“黄期陞为天朝九门御林真神殿大学士、殿前左正使、相天义”[5]。由此看来，真神殿大学士是兼管六部工作的，相当于六部行政长官，部官领袖是直接受其领导的。部官领袖地位较高，前述朱兆英职同副掌率，而曾在吏部任职的

① 《太平天国》，第 2 册，第 874 页。

② 《太平天国文书汇编》，第 236、251 页。

③ 《清政府镇压太平天国档案史料》，第 19 册，第 429～430 页。陈庆甲《金陵纪事诗》称：“皇天门接圣天门，殿号真神体势尊。几幅舆图嵌四壁，鸣钟伐鼓闹黄昏。头门为皇天门，门内伪殿为真神殿，殿后为圣天门。四壁嵌砖镌地理图，旁列龙凤钟鼓。天日、荣光（皆伪殿名）结沟深，重门掩处昼沈沈，官家姊妹新颁宠，底识三千怨女心。自圣天门以内，人莫能到。执役悉用女官，有女丞相、女指挥等名目。”（《太平天国史料丛编简辑》，第 6 册，第 400 页）。

④ 盛巽昌：《太平天国职官志》，广西人民出版社 1999 年版，第 45 页。盛先生在此未言明这里的真神殿大学士究为何人，但在该书第 540 页再次提到这份官照时，即明指此时的真神殿大学士为黄期陞，误。当为黄得用，因为黄期陞是庚申十年九月十四日幼主诏旨才封其为真神殿大学士。黄期陞在太平天国曾任朝仪官（参见《天父下凡诏书二》，《太平天国》，第 1 册，第 42～43 页），到后期任大学士与其前期任职有一定的连续性。《湖南历史资料》，第 1 期第 85 页提到彭大顺，可结合彭大顺官执照的情况再作进一步分析。

⑤ 参见《太平天国文书汇编》，第 73 页，编者将其时间定为十一月十四日，误。从李春发的升职历程可知。据该诏旨，李春发从护京正主将升为京畿统管，而该书第 69 页有十一月初八日的幼主诏旨《封李春发为忠诚贰天将兼京畿统管诏》，很明显前诏的时间在后诏之前，当在十一月初八日之前。罗尔纲《太平天国史》第 2 册第 1062 页将前诏时间定在九月十四日。

赖冠英后升为地位较高的忠靖朝将[①]。早期曾在天官部即后来的吏部任职的李春发升职很快，由佐将而正主将而统管而天将，最后还升封顺王。大学士的地位则更高一些，曾任大学士的黄得用于太平天国辛酉十一年正月十六日被封为忠诚四天将，并任殿前赍奏官[②]。

到晚期，太平天国还实行六部部僚和部僚领袖制。在同治二年（太平天国癸开十三年）的一份《来文底簿》中收录一通给干王的"跪禀表"，从这通禀表可知当时洪仁玕的头衔是"殿前吏部正天僚部僚领袖开朝精忠军师御林兵马建天朝使兼御林苑壹天使兼又正总捐库征粮使顶天扶朝纲开朝王宗干王福千岁"[③]。而《钦定敬避字样》中干王的自称是"钦命文衡总裁殿前吏部正天僚领袖顶天扶朝纲干王洪"，因此，六部部僚制最起码行于《钦定敬避字样》刊刻之时。其封面仅署"天父天兄天王太平天国"，没有具体年份。洪秀全于咸丰十一年二月两次改国号，先改太平天国为上帝天国，再改为天父天兄天王太平天国。因此，有可能从咸丰十一年二月起太平天国开始实行六部部僚制了，盛巽昌认为至咸丰十一年底（1862 年初）六部僚排衔已经完毕[④]。《天朝爵职称谓》只提到六部僚 7 人，在特爵里仅列了吏部又正天僚翼王石达开、吏部又副天僚忠王李秀成、吏部副天僚英王陈玉成、户部又正地僚侍王李侍贤、户部副地僚辅王杨辅清，在列爵里列了礼部正春僚幼豫王胡万胜、礼部副春僚护王陈坤书。这说明当时六部僚排衔还没有结束。这里为什么没有干王和章王呢？可能是《天朝爵职称谓》刊刻于咸丰十一年（辛酉年）冬，因干王于安庆失守被革去王爵至同治元年（壬戌年）春恢复王爵期间。王定安的《求阙斋弟子记》记载了六部僚 24 人：

殿前吏部正天僚干王洪仁玕，殿前吏部又正天僚翼王石达开（遥加），殿前吏部副部（天）僚英王陈玉成，殿前吏部又副（天）部僚忠王李秀成。

殿前户部正地僚赞王蒙得恩，殿前户部又正地僚侍王李侍贤，殿前户部副地僚辅王杨辅清，殿前户部又副地僚章王林绍璋。

殿前礼部正春僚豫王胡以晃（幼豫王胡万胜袭爵），殿前礼部又正春僚顺王李春发，殿前礼部副春僚护王陈坤书（中加御林兵马提征），殿前礼部又副春僚顾王吴如孝（追加）。

殿前兵部正夏僚扶王陈得才，殿前兵部又正夏僚对王洪春元，殿前兵部

① 参见《太平天国文书汇编》，第 83 页，赖冠英曾任吏部官，可由太平天国庚申十年九月三十一日《建造正九重天廷并封李容发为忠二殿下诏》（第 66 ~ 67 页）可知。

② 《太平天国文书汇编》，第 82 页。

③ 《太平天国文书汇编》，第 446 页。

④ 盛巽昌：《太平天国职官志》，广西人民出版社 1999 年版，第 112 页。

副夏僚勤王林启容（追加），殿前兵部又副夏僚弼王黄得用。据赵雨村《被掳纪略》，苗沛霖在咸丰十一年曾任兵部正夏僚[①]。

殿前刑部正秋僚补王莫仕睽[②]，殿前刑部又正秋僚敬王林大居，殿前刑部副秋僚畏王秦日南，殿前刑部又副秋僚爱王黄崇发。

殿前工部正冬僚恤王洪仁政，殿前工部又正冬僚就王黄盛爵，殿前工部副冬僚报王秦日源，殿前工部又副冬僚顶王萧朝富。

简又文认为，部僚“地位大概等于天朝内之六部主官，但亦虚衔也。如忠王于十三年常统兵在外，仍称‘殿前吏部又副天僚’是”。在他看来，部僚是一种崇号[③]。杨义群认为所谓的六部官，或称“六部僚”，亦即“部僚领袖”、“部官领袖”[④]。从上面所介绍的情况来看，此说显然不能成立。冠以“领袖”二字的职衔太平天国是不多的，除部官领袖（天官领袖）、部僚领袖外，还有太平天国后期授予萧朝兴为“西殿属官领袖”[⑤]、授予接天义罗孝全的官职——通事官领袖，另有所谓的“凛王领袖”当为凛王属官领袖[⑥]。如果六部官就是六部僚，或部僚领袖、部官领袖的话，那么，朱兆英、干王就没有必要特别强调他们的部官领袖与部僚领袖身份。六部僚多由后期重要的王担任，与六部官不是一回事。笔者还以为，六部僚并不是一种完全的虚衔，六部僚也承担实际的责任，与六部官存在着一定的领导与被领导的关系。祁龙威的看法较为客观，他认为六部僚中，有的是追封，有的是挂名，有的是实职[⑦]。洪天贵福亲书自述说：“在南京时，保封王封官，均是王次兄勇王洪仁达、吏部天僚干王洪仁玕、吏部天官慰王朱兆英三人保封的。凡封王封官，总是他们议诏稿进，乃降诏封的。”[⑧] 其他六部可能也存在类似的情况。部僚

---

① 《太平天国》续编，第4册，第411页。

② 《李秀成自述》载，因李秀成妻舅宋永祺通敌事，时在忠王府议事的补王莫仕葵对李秀成说：“尔调宋永祺到场，我问来性，我为天王刑部，今有此事，尔即调尔妻舅宋永祺到场与我讯问，不然我亦要先行启奏，尔做忠王，恐有不便，等情。”（《太平天国文书汇编》，第537页）这说明当时的补王确实是刑部正秋僚。

③ 参见简又文《太平天国典制通考》上册，第58~60页。

④ 杨义群：《太平天国政权建设》，广西人民出版社1995年版，第224页。

⑤ 郭存孝：《太平天国博物志》，广西人民出版社1997年版，第446页。

⑥ 《清政府镇压太平天国档案史料》，第26册，第424页。据同治四年五月二十二日左宗棠等《奏官军收复诏安及截剿云霄漳浦逸敌获胜等情折》称，清军在福建平和地方击败太平军在云霄、漳浦败亡的部队，“黄少春所部哨官叶春岚擒伪天将陈有才、胡艾森、伪凛王领袖张生平，讯供守漳浦之伪凛王刘肇钧已被逼自戕，守云霄之伪列王朱义得亦经官军阵斩，惟伪祥王黄隆芸率悍党数百翻山而遁。”此处“凛王领袖”，当指凛王属官领袖。

⑦ 祁龙威：《释“部僚领袖”——读太平天国史札记》，《文史》，第十一辑，中华书局1981年版，第253页。

⑧ 王庆成编著：《稀见清世史料并考释》，武汉出版社1998年版，第519页。

领袖相当于所有六部僚之首，有点国务总理的味道。各部部僚类似于简又文的理解，为各部主官，为各部实际的政务首长，而各部官则为具体的办事者。六部僚不应被视为完全的虚衔，各六部官在办理具体部务时可能会向六部僚请示。李秀成等任六部僚，在当时的战争条件下，常年在外作战也是正常的，但这并不能排除他对吏部事务的领导权与发言权。部官领袖则有点类似于现代的机关工作委员会的首长，他是所有六部官的具体管理者。

五、丞相的虚实之分与后期丞相的地位

1. 虚衔丞相的问题

盛巽昌先生指出：太平天国的“丞相名目之多和杂”，“即使在前期被认为是‘政治清明’的时候，所授丞相，比及满朝，为亘古之罕有”[①]。在前期，除六官丞相外，还有所谓的平湖丞相和恩赏丞相。据张德坚《贼情汇纂》载：“外有平湖丞相，以扰三汉河功封，位次最卑，皆不给印。”[②] 史料中很少有平湖丞相任职者的记载，仅胡林翼于咸丰五年五月二十九日《官军大获胜仗折》中提及平胡丞相陈大为[③]，骆秉章咸丰四年九月《遵保收复崇通之出力员弁绅勇折》中提到的罗荣达[④]，官文等于咸丰四年闰七月二十五日《奏报剿除沔阳之沙湖股巢大获仗折》提到的李喜贵和鄢正彪[⑤]，官文于咸丰五年七月二十一日《奏报官军攻克汉口进围汉阳并搜捕各路窜敌获胜折》中提到的李河青[⑥]。

关于恩赏丞相，张德坚《贼情汇纂》在介绍平湖丞相之后指出：“又有恩赏丞相，乃伪官加衔，或一时任意而授，在外则称殿前丞相，并无属官，不得与六官丞相并。”[⑦] 应该说，张德坚的这个看法是错误的，恩赏丞相和殿前丞相不是一回事，而是两种类型的丞相。

恩赏丞相外出，不称殿前丞相，而称钦差大臣，对此，张德坚自己就说：“平时辖军，军帅独任，至出师，乃以监军统之，其丞相、检点、指挥以伪命

---

① 盛巽昌：《太平天国职官志》，广西人民出版社1999年版，第329页。

② 《太平天国》，第3册，第104页。

③ 《胡林翼集》，第1册，岳麓书社1999年版，第15页。李滨《中兴别记》卷二十一仅记陈大为为丞相（《太平天国资料汇编》，第2册，第344页）。

④ 《清政府镇压太平天国档案史料》，第16册，第195页。

⑤ 《清政府镇压太平天国档案史料》，第15册，第290页。

⑥ 《清政府镇压太平天国档案史料》，第17册，第459页。

⑦ 《太平天国》，第3册，第104页。

出，总制以下，皆听约束，行文系衔，则僭署钦差大臣。”① 这种说法比较准确，这里的所谓丞相，不仅指恩赏丞相，而且也指六官丞相。咸丰三年七月二十五日（太平天国癸好三年七月二十五日），曾天养就以“真天命太平天国钦差大臣恩赏丞相殿左一检点”的名义与殿左十一指挥沈、殿左十七指挥陈联名发布《以勤稼穑晓谕》②。咸丰四年三月十三日，骆秉章在《奏报剿办由陆路南犯之敌获胜并添调兵勇追剿折》中称，胡林翼的部队在三月初六日的上塔市（湖北通城与湖南平江交界）之战中，“通计夺获伪太平天国钦差大臣功勋春官又副丞相加二等林协理熊大黄旗一杆、伪太平天国殿前丞相左一检点将使陈两司马黄旗一杆、伪太平天国右九军监军右营司马李黄旗一杆、伪太平天国土十二军总制司马廖黄旗一杆、黄风帽二件，红巾黄巾二百余件、大抬枪十杆、二百斤大炮二尊，刀矛器械百九十余件。通计杀贼六百零三级，并伪副丞相一名、伪司马检点三名”③。前述湖南省博物馆现收藏有翼殿宰制、钦差大臣冬官正丞相张遇恩在咸丰十一年（太平天国辛酉十一年）颁发的一份贡照④。这些都说明了无论是恩赏丞相，还是六官丞相，外出皆可署“钦差大臣”的名号，而骆秉章的奏报还表明所谓的钦差大臣和殿前丞相是不同的。王定安《贼酋名号谱》中记载了四种丞相：六官丞相、丞相、殿前丞相和恩赏丞相。在王定安看来，殿前丞相和恩赏丞相就是两种不同类型的丞相。谢介鹤在其《金陵癸甲纪事略》所附的《粤逆名目略》中列举了他所知道的四位殿前丞相：钟芳礼、黄为正、侯闾伯、黄文安。同时，在其所列名目中又有恩赏丞相，如吴可亿、谭顺天、陈潘武、段可元、黄维纲、张朝文、秦日兰等⑤。在谢介鹤看来，殿前丞相与恩赏丞相也是两种类型的丞相。这与笔者的分析是一致的。如果一个人既是恩赏丞相，又是殿前丞相，那可称为“殿前恩赏丞相”，这有史料为证。曾国藩湘乡老家“富厚堂”所藏太平天国伪官执照与伪官印中，有保王童容海部属谈桂兴的“殿前恩丞相”执照、嗹天预魏家安部属吴顺兴的“恩丞相”执照，均无印。有意思的是，吴顺兴还是归阀天义马桂功统辖的土一百二十三戊官正后旂丞相（有印）。很明显，殿前恩丞相与单纯的恩丞相是有区别的。

关于恩赏丞相任职的记载较多，最早封赏恩赏丞相是在壬子二年，只有

① 《太平天国》，第3册，第106页。
② 《太平天国》续编，第3册，第7页。
③ 《清政府镇压太平天国档案史料》，第13册，第241页。
④ 郭存孝：《太平天国博物志》，广西人民出版社1997年版，第429页。
⑤ 《太平天国》，第4册，第674、678页。

吉志元1人[①]。后来封赏渐多，尤以癸好三年被封赏恩赏丞相的人最多。《贼情汇纂》又载："尝一日封赏丞相、检点至数百人，如妇妪操饼以饵群嬉之儿。"[②] 前文已有介绍，所封赏的女恩赏丞相也很多，"计自甲寅七月所封恩赏女丞相三百余人"[③]。恩赏丞相封赏的对象不受其正职官等级的限制，张汝南《金陵省难纪略》载："丞相检点有恩，名为酬功，虚衔实授，司马亦得以加恩丞相。"[④] 因此，恩赏丞相不像六官丞相那样有员额的限制，杜文澜《平定粤寇纪略·附记二》指出："其伪官无职有虚名者，尤不可枚举，约计伪丞相有正副、又正副、春夏秋冬、金木水火土合天地，名员数四十四，恩赏无额，升擢之渐耳。"[⑤] 该书附记一对恩赏丞相有一个分析值得注意，杜文澜说："伪侯相均造庐兴居，是又不仅以伪恩赏丞相著者。伪恩赏丞相亦间为冗职，候迁擢者暂领之，如记中徒书伪丞相者是，择其尤者录之。此外生擒、阵斩，伏显诛正纪中可稽者，约二百人。"[⑥] 也就是说，被封为恩赏丞相的人，其正职就有可能升迁。这就揭示了恩赏丞相这一虚衔丞相的类型特征。

恩赏丞相，不仅在前期存在，在后期也继续存在，而且还颁给官凭、职凭。同治元年十二月（太平天国壬戌十二年十二月）石达开发给杨福广的职凭声称："兹尔杨福广一名，合行封赏职衔，以示天恩主恩之厚，用昭德懋功懋之荣。爰给斯凭，以付收执。……右仰恩丞相杨福广官收执义字第三百七十七号。"[⑦] 石达开颁发的恩赏丞相职凭在清军奏报中也有反映，同治元年十月二十八日，潘铎等人在《奏报滇省堵剿擒斩首要现仍督饬严防折》中称，在十月十四日的云南平彝县之战中，清军"兵练枪械齐施，奋勇直前，阵斩伪恩丞相李同开暨长发老贼百余名，……并于李同开身上搜获首逆石达开所给伪恩丞相执照一张，……"[⑧] 这虽然是来自石达开颁发的职凭，但是翼殿后期官制受太平天国前期官制的影响较大，这种情况应是前期官制的一种延续。

在太平天国的虚衔丞相中，确实存在着所谓的"殿前丞相"，这种虚衔丞相有可能起源于早期虚衔的六官丞相。据《金陵癸甲纪事略》载，曾夏风曾任指挥加秋官丞相[⑨]，蔡定祥亦曾有任指挥加封秋官丞相的情况。据《盾鼻随

---

① 罗尔纲《太平天国史》第1册《恩赏丞相人物表》认为，吴如孝于咸丰二年七月和李寿辉于咸丰二年八月被封恩赏丞相，均误。

② 《太平天国》，第3册，第106页。

③ 《太平天国》，第3册，第110页。

④ 《太平天国》，第4册，第708页。

⑤ 《太平天国资料汇编》，第1册，第317页。

⑥ 《太平天国资料汇编》，第1册，第310页。

⑦ 《太平天国》，第2册，第871~872页。

⑧ 《清政府镇压太平天国档案史料》，第24册，第684页。

⑨ 《太平天国》，第4册，第674页。

闻录》载：咸丰二年，因道州巨绅何姓与道州州牧不和，“贡生何庆官更名何见机，私赴贼营，洪逆探知虚实，派伪指挥蔡定祥、伪总制黄懿奎、伪宗职杨庆宝带领五千人，于（六月）十九日二旬后兼程前进，何见机为向导，二十日辰刻径扑城下，从北门直入，登时失陷”①。“贼因蔡定祥到楚后首先立功，伪封秋官丞相，何绍基之幼女年甫及笄，已许闽中黄姓，蔡定祥强逼为妾，即住何宅，……”② 由此看来，太平天国在早期加封丞相虚衔时是带六官称号的，但考虑到与正规的六官丞相易混淆，故而后来封赏虚衔丞相即不带六官名号。如是正规的六官丞相，这里的两则史料就不会用“加”和“封”两字了，而应用“升”。由于六官丞相一开始具有朝内官的性质，且拟为天王服务，因此，六官丞相的虚衔遂改为殿前丞相。谢介鹤《金陵癸甲纪事略》载“伪殿前丞相四名”③，《盾鼻随闻录》卷五亦载“又有上殿丞相四名”④，这里所谓上殿丞相即指殿前丞相。

我们在研究中发现，殿前丞相存在着两种类型：一是不编号的殿前丞相，这才是真正的虚衔丞相，二是编号的丞相，这却是实职的丞相，与六官丞相相似。

我们先看不编号的殿前丞相。在太平天国的自身文献中就有这种不编号的殿前丞相，《东王杨秀清命燕王秦日纲镇守田家镇并攻取汉阳等处诰谕》称：“谕到，仰弟赶紧前往九江，统带殿前丞相何潮元及其统下之兵士及湖北同来一概兵士，并吉志元率其兵士，赶紧前往田家镇地方，……”⑤《天官正丞相曾水源为裘袍风琴事致副总典圣库谭顺添照会》对谭顺天的称呼是“殿前丞相天朝副总圣库功勋监试加三等谭兄”⑥。再如《殿左叁拾壹检点曾凤传致叁拾捌指挥彭照会》对彭的称呼是“殿前丞相右三十八指挥功勋加一等彭兄”，并提到“殿前丞相何兄”（即指何潮元）⑦。另外还有咸丰七年（太平天国丁巳七年）的天命佐将殿前丞相四十三检点黄起和咸丰九年（太平天国己未九年）的殿前丞相安化堂⑧。《太平天国革命文物图录》第61页收有太平天国己未九年四月的“殿前丞相掌理安省油盐事务元臣黄批”。

如果杨秀清的诰谕中为行文简洁而提到的殿前丞相不能体现其虚衔的话，

---

① 《太平天国》，第4册，第362页。
② 《太平天国》，第4册，第363页。
③ 《太平天国》，第4册，第657页。
④ 《太平天国》，第4册，第396页。
⑤ 《太平天国文书汇编》，第179页。
⑥ 《太平天国文书汇编》，第244页。
⑦ 《太平天国文书汇编》，第242～243页。
⑧ 《太平天国》，第2册，第888页。

那么，曾水源和曾凤传的照会就很清楚地表明了不编号的殿前丞相的虚衔性质，因为在虚衔之后仍有其实职，黄起和安化堂的官职也是如此。

对此问题还有更具说服力的史料，《水贰总制黄榜超为请发长隆红粉上右拾贰检点林敬禀》的抬头就很具代表性说明了不编号的殿前丞相与殿前检点的虚衔性质："殿前检点水贰总制功勋加一等小卑职黄榜超，敬禀殿前丞相右拾贰检点功勋加一等林大人案下"①。从这则史料看来，殿前检点属于虚衔，后附低于虚衔的总制实职，而殿前丞相也后附低于丞相的检点实职，因此，殿前丞相与殿前检点一样都属于虚衔，而且这种虚衔还自成一个系列，就像张德坚所指出的恩赏丞相属于一个恩赏虚衔的系列一样。

咸丰四年三月十一日，崇纶在《奏报汉阳之敌扑营均经官兵击退叠获胜仗折》中称，在三月初五日汉阳鹦鹉洲的战斗中，清军"生擒长发贼罗新胡"，并阵斩许多太平军官兵首级，因此，"当将各贼首级与之辨认。一系伪副丞相涂姓，乃贼中头目；一（系）伪检点；一（系）伪将使，余则为伪司马、牌刀手之类"。"查核所获黄旗，内有太平天国殿前丞相第一军及检点、指挥等字样"②。九月十六日，陈启迈在《奏报南康府营团练攻剿获胜片》中亦称，南康府营团练俘获太平军"刀矛、旗帜、号衣多件，内号衣一件，书有天朝殿前丞相雷明亮字样"③。十月二十八日，袁甲三则在《奏报进剿沿江获胜请饬师船上驶折》中介绍太平军说："其衣帽式样亦不同，内有红心黄风帽一顶，边绣龙凤，中绣功勋殿前丞相平胡加二等字样。"④ 咸丰五年四月十四日，陈启迈在《奏报敌窜广信旋经剿败克复并请议恤蔡中和等员折》中又称，在三月二十五至二十七日进攻广信郡城的战斗中，清军生擒了一批太平军官兵，"讯据生擒各匪供称，贼首系伪礼部尚书范姓、伪殿前丞相木九正将军李姓，范贼于二十六歼毙，李贼肋中枪伤，是以败溃"⑤。来自清方的史料也证实了不编号的殿前丞相的虚衔性质。

2. 实职的编号丞相

为了加深对不编号的殿前丞相虚衔性质的认识，我们还有必要再了解一下编号的殿前丞相，这两者有着实质性的区别，应该说，反映后期太平天国职官的史料文献中的"丞相"多指这种丞相。据杜文澜《平定粤寇纪略》卷

---

① 《太平天国文书汇编》，第 229 页。
② 《清政府镇压太平天国档案史料》，第 13 册，第 196 页。
③ 《清政府镇压太平天国档案史料》，第 15 册，第 620 页。
④ 《清政府镇压太平天国档案史料》，第 16 册，第 149 页。
⑤ 《清政府镇压太平天国档案史料》，第 17 册，第 292 页。

七载，咸丰八年二月清军在收复安徽英山县时，“守备梁洪胜生擒伪丞相韦朝纲”①。咸丰八年八月，踞江西吉安府城的为“伪先锋李雅凤”和“伪丞相翟明海”，“屡败后，互相疑忌，翟明海为李雅凤所毙”②。这年十一月，邓绍良在安徽芜湖一带“获其伪丞相承天侯首级，阵斩伪将军等各贼目”③。卷十载，咸丰十年十一月，又有太平天国丞相黄世瑚其人被清军杀毙④。这些史料中的丞相应为编号丞相，只是清军未探明他们的具体编号而已。

前文所述左丞相、右丞相，即是最早的编号殿前丞相，也是最早的实职丞相。左丞相、右丞相是殿前左丞相、殿前右丞相的简称，在有些文献中又简称为殿左丞相、殿右丞相。当然，有些文献中简称殿左丞相、殿右丞相或左丞相、右丞相，而不系具体的数字编号，也有可能是因为记录者不知具体的数字编号的缘故，而这些丞相有可能实际上正是带编号的殿前丞相。但是，《贼情汇纂》载曾添浩的官职为“伪殿前左丞相二十七指挥曾添浩”⑤，这似乎又表明这种殿前丞相又具有虚衔性质，如果从发展变化的角度来看，我们可以认为，这种处于从不编号向编号过渡的丞相其性质亦具有从虚衔向实职过渡的特点。

过渡之后，这种丞相就具有实职的性质了，因此，他们往往以此职在外带兵作战。咸丰四年闰七月初五日，向荣在《肃清东坝收复高淳折》中称：“是日（闰七月初一日）之仗，自卯至申，我兵勇无不以一当百，杀贼最多，三日之中，约计毙贼不下三千余人，割获首级五百七十六颗，发辫耳记二百零伍件，生擒三百五十六人，内有殿右伪丞相谭应桂，讯系湖南醴陵人，业已分别凌迟正法，夺获枪炮刀矛旗械不计其数。”⑥ 咸丰七年十一月二十七日，官文在《奏报楚师分剿江皖于湖口澎泽等处连获大胜折》中也说：“金陵城内出贼四万余，由太平府芜湖过江至安庆，逆目系伪一百零二检点周贼、伪右丞相唐贼等。”⑦ 咸丰八年正月十二日，胜保在《奏陈皖豫敌势猖獗及赴援固始获胜等情折》中则称，正月初八日在固始“臣胜保在后督队，察看该处地

---

① 《太平天国资料汇编》，第1册，第103页。

② 《太平天国资料汇编》，第1册，第115页。

③ 《太平天国资料汇编》，第1册，第123页。

④ 《太平天国资料汇编》，第1册，第167页。

⑤ 《太平天国》，第3册，第69页。

⑥ 《太平天国》，第7册，第317页。咸丰四年闰七月十三日《谕内阁东坝围剿获胜著向荣酌保尤为出力员弁并将阵亡之福赓请恤》中仅记“伪丞相谭应桂”（《清政府镇压太平天国档案史料》，第15册，第228页）。李滨《中兴别记》卷十五亦载谭应桂，惟仅记丞相（《太平天国资料汇编》，第2册上，第257页）。

⑦ 《清政府镇压太平天国档案史料》，第20册，第80~81页。盛巽昌《太平天国职官志》，第332页以为编号丞相以此为最早，其实不然，参见前文。

势难于施展，因令我兵佯败，将该逆引至平衍处所，即挥令马队从旁抄击，枪毙悍贼数百名，生擒长发老贼五名，夺获伪监天豫屠、籥天侯卜、殿前左丞相黄、天恩将军方、殿右指挥姜弃各项旗纛并枪炮、旗械二百余件”①。

当然，带有具体的数字编号的丞相较多地出现在后期。咸丰八年（太平天国戊午八年）有所谓“九门御林开朝勋臣左一丞相何士魁”②。前述后期的殿右丞相和殿左丞相没有具体的数字编号，那可能是由于清军没有探明。后期还出现了一些编号较大的殿前丞相，《太平天国文书汇编》收有咸丰七年十二月初三日（太平天国丁巳七年十二月初十日）的《鉴天豫涂（连炤）命殿前右陆拾贰丞相曾在本队宣讲道理照会》、咸丰八年十一月十六日（太平天国戊午八年十一月十二日）《殿前左贰拾叁丞相黄玉成礼单》和咸丰八年十一月二十一日（太平天国戊午八年十一月十七日）《殿前左贰拾叁丞相黄玉成致徐启》，表明至咸丰七年（太平天国丁巳七年）时就已有了殿前右六十二丞相的设置。

咸丰九年以后，编号殿前丞相的规模更大了。咸丰九年已有殿前右二百五十六丞相，这年九月十五日，翁同书在《奏报分路进攻霍山获胜并破毛坦厂敌垒折》中称，九月初五日清军进攻霍山毛坦厂太平军营垒时，“杀毙贼匪不计其数，生擒六十三名，搜获殿前右二百五十六丞相、炎八十五正将军、木七十二副将军、协天福左五宣传、怡天福正典薄书、前四十七军中营前旅帅等伪印六颗，贼旗二十七面，枪炮、马匹、器械无算。”③ 咸丰十年已见有殿右肆佰叁拾肆丞相樊玉田，至咸丰十一年又见有“殿右三百七十八丞相”颜有和与“殿右八百零八丞相”曾芸进④。沧浪钓徒《劫灰余录》甚至记载说：“自侯伪爵下有丞相、将军、检点、指挥、军政、监军等伪官名目，更次则典粮、典衣、典炮、典马等名，实则喽啰一类耳。至可笑者，有几千几百零几丞相之类。”⑤ 因此在有关太平天国后期的史料中出现大量的丞相也就不足为奇了。

之所以说编号的丞相具有实职的性质，是因为他们都以此职称呼，执有丞相官印，并掌管具体的事务。佚名著《平贼纪略》于咸丰十年闰三月下有“乡难”条载：“十七日，伪四百三十四丞相樊毛大（无锡人）遍贴安民伪示，设卡于北门外梵音阁，收土匪窃物之税。”⑥ 关于樊毛大，该书在同治五

① 《清政府镇压太平天国档案史料》，第20册，第149页。
② 盛巽昌：《太平天国职官志》，广西人民出版社1999年版，第332页。
③ 《清政府镇压太平天国档案史料》，第21册，574页。按：原文标点有误。
④ 盛巽昌：《太平天国职官志》，广西人民出版社1999年版，第348页。
⑤ 《太平天国史料丛编简辑》，第2册，第141页。
⑥ 《太平天国史料丛编简辑》，第1册，第263页。

年丙寅下有“贼目”条载：“樊玉田乳名毛大，无锡刘潭桥人，驾舟为业。咸丰三年，至镇江金山被掳。庚申春，随贼回家，以宦官自居，出示安民，设卡于北门外梵音阁，抽收土匪取物运乡之税。未几，为城贼设卡所撤，至家造船起屋，设肆刘潭桥，市面一兴。十一年夏，率众攻陷嘉定，升伪诚天福。”[①] 据同治二年（太平天国癸开十三年）护王陈坤书所部《开朝王宗理天义队内茀天安夰天福汪统下看馆名册》，茀天安汪队内有壹百拾伍癸官丞相黄典存，其主要职责就是“负责粮饷事”[②]。丞相负责钱粮之事的不止此一例。有资料载：“八年戊午二月廿二日，贼伪丞相应得鑫窜响肠，假招抚勒收钱粮。三月十八日，贼伪监军黄振钧、伪典圣粮马文起率贼百余窜天堂，勒索钱粮。”[③] 这些承担实际事务的丞相，也有自己的属官，据柯悟迟记咸丰十年十一月间常熟东乡事云：“有归家庄无恶不作积年土棍向充地方之王万，居然军帅。”“贼中避讳王字，故改为汪。出示：天朝九门御林丞相统下军帅汪。”[④] 这说明丞相仍有属官，这些丞相大多由诸王颁给印信。龚又村《自怡日记》载：咸丰十年十一月，“至望后，吴塔接待寺设卡，系伪丞相绍兴俞（能富）为政，江宁林（馥生）辅之”[⑤]。又载：咸丰十一年三月初十日，“伪丞相张设驿馆于吴塔，委邑人李住守，以便文报往来，各师帅每日又贴供应钱五百”[⑥]。还记载：五月“朔，有枪船过吴塔，鸣鼓试枪，硬要过栅，卡众抵御，有馆人未出，被卡主枪毙，又曾杀小仆一人，纵妾党到处诈财，俞丞相之获罪自此始”[⑦]。这年六月十二夕，“吴塔伪丞相俞（能富）缘控案夺职，调伪参军窦（长春）驻卡，驿馆为伪疏附步（瀛舟）主持，审案日有几起”[⑧]。至同治元年（1862 年）三月廿七日，“吴塔窦卡主卸任，新换参军常□□、杨□□二员，驿官步疏附（瀛洲）升丞相，城帅委员托名造战船封各家墓树，行赂于书伙者揭去封条，否则不能免”[⑨]。同治元年五月“廿六日，予往朱局，知伪巡察使鸢天福刘（翰飞）为总队主，自云本姓史，系孝谦。其下有泯天预唐、丞相张等十队主，每日局供米五石，菜钱四十千，十一馆伪官饭菜，局中另送，外加纸笔朱墨烟烛等件，修船制衣诸项以及程仪百余

① 《太平天国史料丛编简辑》，第 1 册，第 324 页。
② 《太平天国文书汇编》，第 399 页。
③ 《太平天国史料丛编简辑》，第 2 册，第 98 页。
④ 北京太平天国史研究会编：《太平天国学刊》，第二辑，中华书局 1985 年版，第 171 页。
⑤ 《太平天国史料丛编简辑》，第 4 册，第 380～381 页。
⑥ 《太平天国史料丛编简辑》，第 4 册，第 394 页。
⑦ 《太平天国史料丛编简辑》，第 4 册，第 399 页。
⑧ 《太平天国史料丛编简辑》，第 4 册，第 401 页。
⑨ 《太平天国史料丛编简辑》，第 4 册，第 401 页。

贯，所费不支”①。

下面我们来考察一下殿前丞相的演变趋向。

作为虚衔的不编号的殿前丞相，无论是属于何种势力的职官都有可能赏给，这不影响前期各王势力的消长。但是编号的殿前丞相关系到各王的官职设置规格，人员的任命往往关系到各王势力的消长。在前期，天王有编号的殿前丞相，各王亦有诸殿丞相的设置。天王有六官丞相的设置，各王遂有六部尚书的设立。前期设立了六官丞相后，编号的殿前丞相就很少了，甚至有可能废除了。而诸殿六部尚书设立后，诸殿丞相也就没有了。赵烈文《落花春雨巢日记》载：咸丰四年八月“初十日丙午，晴。许异甫言，贼凡一物一事，皆立一馆，而以‘典’字冠之。如掌金银器皿，则曰‘典金馆’之类。馆有一总制，僚属咸备。所辖繁剧，则置丞相、检点一人。伊在贼中所隶曰‘典天袍’，掌画天王袍。丞相名唐正才，湖南道州人，饶（应为骁）勇善大刀，现已升殿前丞相。别有典东、典北袍馆，分掌东、北二王袍。舆则有‘典天舆馆’，亦有丞相。前管小异云，典天舆八人，皆位丞相，盖误也。官制，王以下有侯，次六官正丞相，次丞相，次检点，次指挥，次总制，次监军，次军帅，次师帅，次旅帅，次百长，次两司马，次五（伍）长。女馆之中设官亦同，皆以湖广人妇女领之。各王府俱有典丞宣衙，亦置丞相，计所署丞相无虑数百人，检点位亚于丞相，而尊崇过之，每出皆以鼓吹导引。丞相惟刀矛各二为卫而已”②。赵烈文的这则记载反映了当时职官变动时的情况。这里提到了六官丞相、殿前丞相、诸殿丞相以及一般的“丞相”，这种一般的丞相极有可能即是指编号的丞相。

在前期，诸王府曾一度设有丞相职官，称为某殿丞相。《金陵杂记》载：“杨韦石等诸逆统下伪职名目，如伪东、北殿殿丞相（各一贼，皆广西人，为贼主办文案）。”③ 东王府设东殿左右丞相2人，其余诸王府设丞相1人。《金陵癸甲纪事略》载东王“每日早侍伪殿，伪相一人，伪尚书二人，伪承宣二人，伪指挥二人，以次侍见”。而北王“其统下伪相，伪承宣，伪尚书稍有权”。而“翼贼统下，新虏甚多，伪相伪承宣伪尚书伪参护伪典舆，约计二千人”④。揆诸现存文献，东殿丞相二人曾由曾水源与曾钊扬担任过，咸丰三年四月，曾水源又由检点升职东殿左丞相，曾钊扬也由右掌朝仪升职东殿右丞相，职同检点。北殿丞相一人曾由罗苾芬担任过，咸丰三年四月，他由北殿

① 《太平天国史料丛编简辑》，第4册，第447～448页。

② 《太平天国史料丛编简辑》，第3册，第42页。

③ 《太平天国》，第4册，第620页。

④ 《太平天国》，第4册，第668、669、670页。

簿书升北殿丞相，而翼殿丞相一人则曾由刘承芳担任过，咸丰三年八月，他由翼殿簿书升翼殿丞相，职同指挥。后天王设六官丞相，而东王只设左右丞相，东王为了显示自己日益提高的地位，又不甘心于这种状况，遂废丞相，而设尚书，因此，天王有六官丞相，而诸王有六部尚书。张德坚《贼情汇纂·卷三·昔有今废伪官名目》中就列有东殿丞相、西殿丞相、北殿丞相与翼殿丞相①，可见各殿丞相到后来是被撤销的。

东殿丞相究竟设置多少人，似乎有不同的说法。咸丰四年九月二十三日（太平天国甲寅四年十月初八日），燕王秦日纲《复东王杨秀清防守田家镇赶造木箄铁练禀奏》说："卑爵会同国宗兄石凤魁、地官副丞相黄再兴、殿下户部二尚书侯裕宽、左七丞相涂镇兴等相踏地利，加筑坚固，前已禀奏在殿。"②据此，罗尔纲认为，东殿确设有丞相，此处所说涂镇兴为东殿左七丞相，既有左七丞相，必有右八丞相，因此，东殿至少有八员丞相。这里值得注意的是，秦日纲将左七丞相涂镇兴叙在东殿户部二尚书侯裕宽之下，罗尔纲提出"难道东殿丞相职权低于东殿尚书吗?"的问题③。据《东王杨秀清命燕王秦日纲在田家镇安箄置炮诰谕》，杨秀清在咸丰四年九月十三日（太平天国甲寅四年九月二十九日）接到秦日纲的禀奏后，才给予回复，并命时为东殿丞相的涂镇兴押送一座木簰给秦日纲④。杨秀清回复秦日纲究在何时，因现见这份诰谕未署时间，不得而知。而据秦日纲的禀奏，至九月二十三日（天历十月初八日）时，涂镇兴已到秦日纲处，其官职变为东殿左七丞相⑤。这里面可能有误，在当时的情况下，涂镇兴不可能在10天内从原来的左七承宣升为已经废置的东殿左七丞相。按张德坚《贼情汇纂》，涂镇兴亦作涂振兴，他于咸丰三年七月调东殿左七承宣，职同检点，至咸丰三年十月封恩赏丞相。咸丰四年七月杨秀清令与侯裕宽等出巡安徽湖北一带。十月踞守田家镇，清军攻克田家镇后，他与秦日纲等奔赴九江湖口等处⑥。另据官文于咸丰五年八月初三日《奏报应城汉阳连获胜仗并请敕部速拨兵饷折》称："提讯捦来贼匪，内有伪将军赖亚远、伪总制王添顺、伪司马陈姓、东殿左染承宣涂姓、旅帅顾横等逆，俱即正法。"⑦ 这里的"东殿左染承宣涂姓"当为"东殿左柒承宣涂

① 《太平天国》，第3册，第98～99页。

② 《太平天国文书汇编》，第224页。该件又见于《清政府镇压太平天国档案史料》，第16册，第119页。

③ 罗尔纲：《太平天国史》，第2册，第1011页。

④ 《太平天国文书汇编》，第180页。

⑤ 《太平天国文书汇编》，第223～224页。

⑥ 《太平天国》，第3册，第68～69页。

⑦ 《清政府镇压太平天国档案史料》，第17册，第489页。

姓”，因此，涂镇兴的实任职务为左七承宣，而不是左七丞相。所谓左七丞相当为左七承宣之音误，从后文所引史料来看，左七承宣排在东殿尚书之后就没有问题。而且，前文的研究业已表明，东殿丞相撤销之后，才有东殿六部尚书的设置，因此，将所谓的东殿左七丞相并列排在东殿尚书之后，也是不符合史实的。

但是，到后期，六官丞相制度被六部制代替以后，又出现了编号的殿前丞相，与此相应，各王甚至各爵都出现了诸殿丞相、诸爵丞相。后期的殿前丞相、诸殿丞相、诸爵丞相人数很多，地位也较低，往往沦为各王下辖各统兵主率六爵的下属官。咸丰十一年被荐到英殿工部尚书馆内充掌书令自称“刀口余生”的文人看到馆内的一些文书，对太平天国的典章制度有一定了解，他在《被掳纪略》中记载说：“凡王位，皆有六部、九卿、同检、指挥、检点、丞相、圣粮，各典司。”① 侍王李侍贤劝浙江太平子民各知效顺谆谕称：“又据黄、太之民赴台纳款，故派玱天福率领一旅之师，镇抚黄岩，又派新授丞相邱善潮等率领义兵，收服太平，原期善加善抚。”② 《鉴天豫涂（连炤）命殿前右陆拾贰丞相曾在本队宣讲道理照会》说：“兄愚思军规不整，队伍紊乱，是因兄派分队伍：……籲天侯卜弟分为前队，羡天侯倪弟分为后队，但弟统带之官兵，分为右队，如兄与丞相蒙弟共为中队。”③ 从这里就可以看出，编号殿前丞相的地位似乎还比较高，鉴天豫与之行文用平行文书，但编号殿前丞相的地位也在下降，因为这份照会的标题中用“命”，又是不平等的。而鉴天豫统下的蒙姓丞相则是完全听命于他的。蒙姓丞相实际成为鉴天豫的属官。据《虎口日记》载，太平军于咸丰十一年攻克绍兴后，在绍兴城内有“忠殿王相步天燕队内丞相喻统下左壹经理刘衙”④，这位喻姓丞相则是步天燕的属官。同治二年（太平天国癸开十三年）耷天安部属官兵名册载，耷天安部共统官兵 170 名，就有 4 名丞相⑤。据《护殿理天义队内苐天安统下看馆名册》，苐天安统下有 3 名丞相⑥。据《护殿前壹队理天义右营詳天安属下年名册》，理天义右营詳天安队内有 2 名丞相，并各有其馆⑦。

后期不仅六爵属官中有丞相，一般军中官的属官中也有丞相。咸丰九年

---

① 近代史资料增刊《太平天国资料》，第 207 页。
② 《太平天国文书汇编》，第 138 页。
③ 《太平天国文书汇编》，第 181 页。
④ 郦纯：《太平天国官制军制探略》，上海人民出版社 1958 年版，第 119 ~ 120 页。
⑤ 《太平天国文书汇编》，第 366 ~ 369 页。
⑥ 《太平天国文书汇编》，第 374 ~ 381 页。
⑦ 《太平天国文书汇编》，第 386 ~ 387 页。

十二月十一日，袁甲三在《奏报进攻临淮南岸连毁敌营情形折》中汇报说："据柳伟（投诚遣归做内应之柳家圩练总）禀称，所毙各匪均系凤定等处分来长发悍贼，内有贼首六十余人，其最著名者花旗主王麻孜、黄旗主孙兆礼、八卦旗主张和红，月队旗主吴大嘴、何得豫，大队旗主陈添书、何小保，分队旗主陈万果，内有已经粤逆封为助天侯及右军丞相各伪职，豺狼枭獍同付一炬。"① 而且军中丞相还有系统的编号，如由辅王颁发官凭的"木三十五乙官副前旅丞相"张人实、"中旅左队队旗丞相"徐政才和由侍王颁发官凭的"土三十已官副前旅丞相"罗光隆②。据同治二年（太平天国癸开十三年）护王陈坤书所部《开朝王宗理天义队内苐天安忝天福汪统下看馆名册》，这种军中丞相的编号也是很大，苐天安汪队内有壹百拾伍癸官丞相黄典存，其主要职责就是"负责粮饷事"③。因此，史式认为（后期官制中）"自丞相、检点以至卒长、两司马等官名，仅在朝内官与御林军中保留"④ 的看法是值得商榷的。所谓"天朝九门御林"非实指天平天国有一支所谓的"御林军"，乃是一种"崇号"。《避难纪略》载："伪示上伪职自侯起俱有天朝九门御林字样。"⑤ 诸如此类的丞相实际就是这些六爵的属官，是前期诸殿丞相的变异。

表4-2　曾国藩湘乡老家"富厚堂"所藏太平天国伪官执照与伪官印清册中所提丞相表

（下表页码系指《湖南历史资料》1958年第1期）

颁发者	姓名	丞相名称	页码	备注
辅王杨辅清	张人实	木三十五乙官副前旂丞相	67	有印
	徐政才	辅殿中旂左队队旂丞相	67	无印
侍王李世贤	罗光隆	土三十己（原为巳）官副前旂丞相升侯	68	有印
忠王李秀成	柴万顺	殿前右二军前营左五丞相升翡天侯⑥	68	有印（2张）
	缪新泰	殿前右二军后营左三丞相升舫天侯⑦	68	有印（2张）
	吴合兴	殿前右二军后营右四丞相升燕⑧	69	有印

① 《清政府镇压太平天国档案史料》，第21册，第738页。

② 盛巽昌：《太平天国职官志》，广西人民出版社1999年版，第332页。

③ 《太平天国文书汇编》，第399页。

④ 史式：《太平天国词语汇释》，四川人民出版社1984年版，第193页。

⑤ 中华文史论丛增刊《太平天国史料专辑》，上海古籍出版社1979年版，第62页。

⑥ 据第72页，柴万顺又有由保王童容海颁发的三张官执照，由本第后队正典红粉升翡天预又升翡天福。

⑦ 据第70页，缪新泰又有由保王童容海颁发的三张官执照，由本第后队正典铁升舫天预又升舫天燕。

⑧ 据第72页，吴合兴又有由保王童容海颁发的三张官执照，由本第随征正典圣库、指挥升盖天燕任保殿右八承宣，又升左承宣。

（续表）

颁发者	姓名	丞相名称	页码	备注
	谭初伏	殿前右二军后营右二丞相升燕①	69	有印
	李鱼明	由理天豫副议政司升 殿前右二军前营左五丞相	69	无印（2张）
	杨文之	由理天预正议政司升殿前右二军后营右二丞相	69	无印（2张）
	沈有富	殿前中三军左营左一丞相②	69	无印
	汪得胜	殿前中三军左营左三丞相兼理洋炮③	69	无印
	黄金万	殿前中三军后营右四丞相	69	无印
	黄得祐	殿前右二军中营右二丞相	69	无印
保王童容海	孔启发	殿前后一军前营右八丞相	74	无印
	田登发	殿前后一军前营右二丞相	74	无印
	殷元富	殿前后军前营右八丞相	74	无印
	唐明发	由殿前后一军前营右六丞相升恒天燕副军政司	74	无印
	谈桂兴	殿前恩丞相	75	无印
	万金奎	殿前后军前营左五丞相	75	无印
	戴廷树	殿前后一军前营左三丞相	76	无印
	干仁得	由殿前中军前营左一丞相升仁天侯	76	无印（2张）
	胡得胜	由殿前中军后营左一丞相升资天侯	76	无印（2张）
	徐礼成	殿前后军前营右拾丞相	77	无印
	毕彩菁	殿前后军前营左三丞相	78	无印（2张）
	隆菁复	殿前后一军前营右十丞相	78	无印
	朱位南	殿前后一军前营左七丞相	79	无印
	何长春	殿前后一军前营左一丞相	80	无印
	何荃美	殿前中军前营右十丞相	80	无印
	何延寿	殿前后军前营右七丞相	80	无印

① 据第70页，谭初伏又有由保王童容海颁发的三张官执照，由本第后队正典旂升伏天预又升燕。

② 据第70页，沈有富有由保王童容海颁发的富天燕任保殿右二承宣的官执照。

③ 据第81页，汪得胜有由保王童容海颁发的由接天侯升接天预又升通天福正持大旗的官照。

（续表）

颁发者	姓名	丞相名称	页码	备注
	廖宏仁	殿前中军前营右八丞相	80	无印
	刘绣元	殿前中军后营左三丞相	80	无印
	刘高堂	由本第后队正典圣粮升殿前后军前营右四丞相又升侃天侯	81	无印（3张）
	杨大昌	由殿前右二丞相升斗天侯	81	无印（2张）
	汪林桐	由殿前后军前营左一丞相升住天侯	81	无印（2张）
	汪　财	由殿前后军前营左一丞相升香天预	81	无印（2张）
	汪士俊	殿前中军后营右四丞相	81	无印
	杨大荣	殿前中军后营左五丞相	82	无印
	汪长生	殿前中军后营右六丞相	82	无印
	陈冬喜	殿前中军右七丞相	82	无印
	陈永发	殿前中军前营右五丞相	82	无印
	吴得才	由殿前中军右二丞相升质天侯	83	无印
	李隆盛	殿前中军前营左三丞相	83	无印
	李绍福	殿前后一军后营左三丞相	84	无印
	李文胜	殿前后军前营右六丞相	84	无印
	李得才	殿前中军前营右丞相	84	无印
	黄禹书	殿前后一军后营右四丞相	84	无印
	黄昆财	殿前中军前营右六丞相	85	无印
通天义刘官芳	颜有和	殿前右三百七十八丞相	86	有印
金天义古隆贤	曾芸进	由殿左一千三十五检点升殿前右八百零八丞相①	86	有印
嗹天预魏家安	吴顺兴	恩丞相	88	无印
阀天义马桂功	杨定元	土三十己官副前旂丞相	89	有印
	邓求安	土二十一戊官副前旂丞相	89	有印
	徐美桂	土三十己官正前旂丞相		
	吴顺兴	土一百二十三戊官正后旂丞相	89	有印
		丞相印 11 颗	99	

① 据第88页，曾芸进由青天预谭体元颁发的由宇天侯左参尉升宁天预左总尹的两张官照。

盛巽昌认为，咸丰八年后，鉴于六爵的完善，丞相又改设为左右数字编号，且无定额，职同丞相的元戎也渐沦落为卑职[①]。这种看法有值得商榷的地方。因为后期丞相的编号不只是这种编号法，还存在着其他编号的丞相。从上表中可知，后期的编号丞相有四种类型：

一是殿前朝内丞相，虽然在名号上属朝内丞相，但在战争时期，亦下放到各王、爵的军中，其编号方式为：殿前+左或右+数字（左配奇数，右配偶数）+丞相。如保王童容海部属杨大昌由殿前右二丞相升斗天侯，通天义刘官芳有部属殿前右三百七十八丞相颜有和，而金天义古隆贤的部属曾芸进则由殿左一千三十五检点升殿前右八百零八丞相。《见闻录》载："其官，有殿前或某殿左几、右几、几十几之号，如承宣有英殿三十七承宣，丞相有殿前四十八丞相，将军有木一百一十一正将军，兹举其大概，余类此。"[②] 由此看来，像编号的检点为实职一样，编号的丞相亦为实职；像不编号的检点为虚衔一样，不编号的丞相亦为虚衔。这样丞相的种类多了一个，给太平天国的丞相制度研究带来了更多的困难。

二是殿前军中丞相，这相当于中央军内的丞相，而实际上亦归属各王、爵统辖，其编号方式为：殿前+某某军+某某营+左或右+数字（左配奇数，右配偶数）+丞相，如忠王李秀成部属殿前中三军左营左一丞相沈有富、保王童容海部属殿前后一军前营右二丞相田登发。

三是各殿军中丞相，其编号方式为：某殿+某某旂+某某队+队旂丞相，如辅殿中旂左队队旂丞相。这种丞相有时称为队内丞相，佚名《庚申避难日记》载：咸丰十一年二月"廿九，半晴、夜微雨。前做馆庙桥张指挥现回去，调换挺天燕队内丞相黄住庙桥，共有大小长毛二十人，甚属不妥，要各处日收供饮费钱加倍"[③]。

四是归各王、各爵统辖的统一编号的军中丞相，其编号方式为：五行（金木水火土）+数字+天干（甲乙丙丁戊己庚辛壬癸）+官+正或副+某某旂+丞相。如归辅王杨辅清统辖的木三十五乙官副前旂丞相张人实，归阏天义马桂功统辖的土一百二十三戊官正后旂丞相吴顺兴。咸丰十一年九月初八日《贾臻奏报官军克复舒城并请奖励出力文武员弁折》称，八月初七日清军克复舒城县城，"生擒贼目畈天燕孙士喜、伪殿左一千四百四十九指挥黄友和、伪指挥徐在林、伪典红粉魏有德、伪秋官三十一校尉张有才、伪水官副丞相朱

① 盛巽昌：《太平天国职官志》，广西人民出版社1999年版，第490页。

② 《太平天国史料丛编简辑》，第2册，第128页。

③ 《太平天国史料丛编简辑》，第4册，第497页。

得桂、伪指挥李益祥、伪松天福二十三提牌朱潮林、伪监军梁单田、伪军政司汤额楼、伪掌书李荣华、吴开芳、伪检点将军周复泰、周闻揆、郭福祥、、朱厚元、但世德等十七名，立即正法"①。

不难看出，这些编号丞相都是由前期编号丞相或诸殿丞相演变而来，只是这些丞相由于数量的增多而大量地出现于军中，咸丰十一年二月初八日《曾国藩奏报黄麦铺等处截剿获胜并再克建城折》称，在正月二十六日截剿黄麦铺进而攻克建德县城的战斗中，清军"生擒伪琳天福一名、伪鼎天侯一名、琳天侯一名、擎天裕将军各一名、检点三名、丞相二十二名、长发老贼三百余名"②。咸丰十一年五月初六日《官文等奏报楚军剿退安庆援股连获大胜折》称，在四月十五日的挂车河战役中，清军"共毙贼八千余名，生擒二百余名，内伪丞相五名，检点三名，将军一名，均经讯明分别斩释"③。同治元年十月二十二日《左宗棠奏报礼宾司军逼上梁山攻龙游汤溪分剿金华兰磎严州援敌获胜折》称，在九月二十四日的兰磎之战中，"计此次共毙贼千余名，内有伪侯十一名；生擒三十余名，内有伪丞相六名，夺伪印三十颗，伪官照七张，骡马五十余匹，旗帜、器械无算"④。从郭存孝搜集的有关后期官印失落的资料看，后期的所谓丞相确实为数不少。咸丰十年五月廿七日在江苏松江城外清军获太平天国王、侯、相等印4枚，同治元年正月廿日在浙江开化县马金街、霞山一带获丞相、检点百余名的官印90余枚，同治元年十月廿四日在浙江兰磎城边获侯11名、丞相6名等的官印30枚⑤。通过检索《清政府镇压太平天国档案史料》也可以知道，后期的丞相是相当多的⑥。咸丰十一年胡林翼《奏陈楚军剿退安庆援贼疏》称："杀毙黄衣骑马贼目十三名，马贼百

① 《清政府镇压太平天国档案史料》，第23册，第466页。

② 《清政府镇压太平天国档案史料》，第23册，第47页。

③ 《清政府镇压太平天国档案史料》，第23册，第228页。

④ 《清政府镇压太平天国档案史料》，第24册，第668页。

⑤ 郭存孝：《太平天国博物志》，广西人民出版社1997年版，第292~293页。

⑥ 在《清政府镇压太平天国档案史料》中发现的太平天国后期的丞相较多。咸丰九年至少5名：张连芳（第21册，第137页）、江浚明（第21册，第440页）、在秣陵关附近之陶吴镇牺牲的丞相（第21册，第657页）、刘远明与李咸宾（第21册，第735页）。咸丰十年至少11名丞相，他们分别是：杨国忠（第22册，第133页）、在安徽全椒被擒之丞相（第22册，第145页）、朱贵方（第22册，第255页）、在镇江桥头牺牲的丞相2名（第22册，第427页）、方得胜（第22册，第463页）、李天寿（第22册，第549页）、安徽寿州被擒斩之丞相（第22册，第600页）、张开和（第22册，第601页）、吴桂先（第22册，第641页，又见于杜文澜《平定粤寇纪略》卷十即《太平天国资料汇编》，第1册，第163页、李滨《中兴别记》卷五十即《太平天国资料汇编》，第2册下，第794页）、郑姓丞相（第22册，第693页、第749页）、宋桂玉（第22册，第727页）。另据《胡林翼集》，在咸丰十年的奏报中也提到丞相叶荣发（岳麓书社版第677页，又见于李滨《中兴别记》卷四十六即《太平天国资料汇编》，第2册下第731页）和张天福（岳麓书社版第690页）。

余名，共毙贼八千余名。生擒二百余名，内伪丞相五名，检点三名，将军一名，均经讯明，分别斩释。”① 因此，后期丞相不再像前期的诸殿丞相在各王府从事文书等工作。

3. 后期丞相的地位问题

到后期，丞相已是很小的官职了。曾含章《避难记略》记载太平军攻克常熟后情形说：“贼中伪职最小者曰指挥、曰检点、曰丞相，皆称小头主。稍大者曰侯、曰豫、曰燕、曰福、曰安、曰义，中皆有天字，上加一字以别之，若祥天福、慷天燕是也。义之上曰主将、曰天将，再上则称王矣。称王者甚多，而王之中亦有大小，如干王、英王、忠王其最大者，若慕王、听王、来王、禄王、襄王等皆其可指使者也。中等伪职有所谓监军及文军政司、武军政司者，其名目亦甚多。又有伪乡官者，皆胁从土人为之，索贡征粮者也，曰军帅、曰师帅、曰旅帅、曰两司马、曰卒长、曰伍长。”又载：“伪天王之伪印，大等于方斗，其中字句不能悉记，多不可解者，字皆楷书，洪武正体，无篆文。伪王及伪天将、主将以下至侯，式皆长方，大者长尺余，阔半尺。小者长尺许，阔三、四寸，边皆盘龙。自侯以下至检点、丞相、指挥及伪乡官，长约三寸余，阔二寸余，边亦盘龙。”②

后期丞相在官制中的级别，佚名《平贼纪略》附有《粤贼始末》载：“贼以广西人称开朝王宗，两湖人称开朝元勋，三江人称开朝勋臣。自伪王以下有天将、朝将、主将。又有伪爵六等：义、安、福、燕、豫、侯。又有九等品级：一掌率，二统官，三尚书，四令史，五仆射，六指挥，七丞相，八检点，九承宣。此外有文军政司、武军政司、文经政司、武经政司，以及旗牌等属，不能尽记。其伪（官）惟监军，军、师、旅三帅，司马、百长诸类，皆当境土著充之。”③ 李圭《金陵兵事汇略》卷三亦载后期爵官的情况：“伪王有六等”，“又有七等王，王字上加三点作‘𤣩’”，还有“伪勋爵六等”，接着才是所谓的“伪朝官文职九品”：“一、掌率，二统管，三尚书，四令史，五仆射，六丞相，七检点，八指挥，九承宣”。而武职亦有九品④。后期的丞相地位相当低，林大椿《粤寇纪事诗》有《创职名》一首，称：“伪官高下十三等，品多者尊众莫并。天将以下主将俦，次第义安福燕侯。就中一品最

① 《胡林翼集》，第1册，岳麓书社1999年版，第804～805页。

② 《太平天国》续编，第5册，第341、343页。

③ 《太平天国史料丛编简辑》，第1册，第327页。

④ 《太平天国》续编，第4册，第287页。

为下，丞相将军名可假。亦有总制与监军，职如守令阶级分。”①

在丞相之上增设了许多职官则是丞相地位大大降低的最直接原因。顾深《虎穴生还记》载：“侯之下为文武军政司，又其下为宣传，为丞相，为参军，最小为百长。”② 王彝寿《越难志》称：“伪主将陆顺德出示安民，令各献金银，名曰进贡。下令立乡官。……官之在城者曰朝官，……朝官以王为最尊，然亦有等差，一千岁至九千岁不等；次曰朝将，又次曰六爵……又次为丞相，将军。”③ 鲁督容《虎口日记》在介绍了丞相之上的一系列职官后也说：“余如丞相、将军等职最卑。”④ 蓼村遁客《虎窟纪略》载：“贼踞苏城，改苏州府为苏福省，设伪总制，余县皆设伪监军。贼设伪职，自天将、朝将、主张（将）以下，以义、安、福、燕、豫、侯为序，外此，又有左、右丞相，左、右同检，文经政、武经政，名目不一。”⑤ 胡长龄《俭德斋随笔》载：“大约贼之爵赏，以义、安、福、燕、豫为五等，如潘顺天之始为濁天豫，继为濁天福是也。其上于五等者为主将，又上则为朝将，为天将，天将而上则王矣。其次于五等者则为侯、为丞相、为检点、为指挥、为总制、为监军、为军帅、为师帅、为旅帅，又次则司马、百长矣，此皆谓之朝官。若属官则属于天王与天将者，有伪六部尚书，仍窃吏、户、礼、兵、刑、工名目。属于朝将、主将与义者，有文武经政司各一。属于安、福、燕、豫及侯者，有文武军政各一。其他名类甚多，虽久为贼掳者弗详也。”⑥ 后期丞相之上增设很多官职，而且，据赵雨村《被掳纪略》载，“凡王位皆有六部、九卿、同检、指挥、检点、丞相、圣粮，各典司。”⑦ 所以，到后期，任职丞相者之多已难于统计，“丞相等伪职”已“不足以饵人”了⑧。当时太平天国中的人发出感叹：“丞相、检点、指挥、将军、监军、军帅、师帅、旅帅、百长、司马等官，虽古有之，今何太卑也。”⑨

后期丞相地位的卑微还反映在职同丞相的出现。前期丞相是不能职同的，也就是说没有职同丞相的同职官⑩，但后期，这种情况改变了。当然，后期最

---

① 《太平天国史料丛编简辑》，第6册，第447页。

② 郦纯：《太平天国官制军制探略》上海人民出版社1958年版，第122页。

③ 《太平天国》续编，第5册，第143页。

④ 史式：《太平天国词语汇释》，四川人民出版社1984年版，第217页。

⑤ 中华文史论丛增刊《太平天国史料专辑》，上海古籍出版社1979年版，第26页。

⑥ 《太平天国》，第6册，第760页。

⑦ 《太平天国》续编，第4册，第408页。

⑧ 《太平天国》，第5册，第320页。

⑨ 太平天国历史博物馆编：《太平天国印书》，下册，江苏人民出版社1979年版，第764页。

⑩ 简又文《太平天国典制通考》上册第76页认为，太平天国在前期存在着“职同丞相”。不知何据。

高的职同官就不是职同检点了，而是职同南王，掌率和六爵等都可以职同。因此，职同丞相的出现也是必然的。余一鳌《见闻录》：“王、义、安、福、燕、豫（义至豫为五等爵也）。有承宣职同豫，其次为侯，其次为经政司，其次为军政司（有文武，其事繁重，文职较大）。有护军，职同军政司，其次为丞相。有参军稽勋，职同丞相，其次为指挥。有检点、宣传、奉宣，职同指挥，其次为将军（有正副）。有提牌总制，职同将军。以下无印：曰经历，曰通传，曰协理，曰百长，曰卒长、司马。”① 最能说明后期存在职同丞相官职的是以下资料：咸丰七年十一月二十五日，德兴阿等人在《奏报于金陵城外生擒首要赖元益已审讯正法折》中称，十一月十七日在攻克燕子矶太平军营垒过程中，观音门水师尽先游击“彭常宣乘势督令兵勇奋力齐登，先将吹角贼首生擒，其余俱被我军逼杀坠崖落涧而死，我军仅受伤二名，旋即收队回船。在该逆身上搜获木印一颗，上刻伪太平天国殿左一后队十赤忠勇敢冲锋元帅字样，又伪赤忠勇敢冲锋元帅职同丞相官执照一纸。讯据该逆首供称，年三十二岁，系广西人，名赖元益，现为伪元帅兼丞相之职，与伪照俱符。并获逃出被胁难民均称，此贼系最凶悍之逆首，现奉洪逆伪令，率党数百人，俱分路改装易服，暗藏兵器，欲望仍往石埠桥举事图功。又据该逆首赖元益供称，系洪逆妻舅，于道光三十年在广西入伙，为伪侍卫亲军。由广西湖广省至江南水陆，共见仗二百余次，破城池无数，记忆不清，破南京、镇江等处，俱系该逆为首冲锋，叠次加封，升正指挥、将军等职；又为首破九华山大营，加封检点之职。又上年夏间曾剃发改装，带领贼党攻破溧水县，加封丞相。今年七月又加封为殿左一后队中赤忠勇敢冲锋元帅，兼丞相之职。所有城内一切事宜，除洪逆、黄逆外，即系该逆主事。其冲锋打仗，则俱听该逆指挥”②。从赖元益的供称来看，他先取得丞相的虚衔，后取得职同丞相的官职。虽然供称说是“兼丞相之职”，但其官执照则明言是职同丞相，自应以官执照为准。这是关于职同丞相的最早史料。此后，还有一些关于职同丞相的史料。咸丰八年正月，德兴阿在《奏报攻剿江浦获胜及分派水师屯泊上游折》中又称：“在于石碛桥附近地方诱擒金陵大贼目黄锦春一名，供系广西全州人，现为伪右军元戎，职同伪丞相，派令把守金陵南门。”③ 咸丰八年五月二十五日，骆秉章在《奏报援赣官兵克复崇仁乐安宜黄南丰四县并抚建两府折》中说：三月底四月初，“是役往返百余里，将南丰以北建昌以南贼巢十余

① 《太平天国史料丛编简辑》，第 2 册，第 125 页。

② 《清政府镇压太平天国档案史料》，第 20 册，第 76 页。

③ 盛巽昌：《太平天国职官志》，广西人民出版社 1999 年版，第 489 页。

处一律扫除，斩贼两千有余，烧毙溺毙约三千余，散者数千计。阵斩伪殿左三前队雄猛元戎职同丞相廖雄高，伪殿右三百一十二指挥廖亚清等十余名，而获其印照，生擒贼目，……”① 两则史料表明，所谓的元戎官职其职同官品即为丞相。

六、太平天国的“侯相”考

在张德坚《贼情汇纂》中，经常出现将“侯”、“相”连在一起而成“侯相”的情况。这种情况尤以下两例最为突出：

“逮甲寅年踞江宁日久，为声色所迷，思无为而治，所有政事悉由伪侯相商议停妥，具禀于石逆，不行则寝其说，行即代杨逆写成伪诰谕，差伪翼殿参护送杨逆头门，交值日伪尚书挂号讫，击鼓传进，俄顷盖印发出，即由伪东参护送韦逆伪府登簿，再送至石逆处汇齐，由佐天侯发交疏附官分递各处。”②

“伪殿前丞相东殿吏部二尚书侯谦芳：谦芳广西老贼，年约三十，身材中人，面白五官平正，髭髯稀疏，人颇文秀，癸丑二月封伪天朝总宣诏书，职同指挥。七月封恩赏丞相。甲寅三月调为东殿吏部二尚书，杨贼信任之，同恶相济，凡有机密事，皆引谦芳及李寿春计议，权势在韦石二贼之上，伪侯相为之侧目。”③

这两处的“侯相”既不是人名，也不是太平天国的某种爵号或职官名称。在太平天国的爵职系统中没有“侯相”，只有与“侯相”比较接近的前后相邻的“侯”爵与“丞相”官职。从前后语境看，似乎是某类人物的单指，其与北王韦昌辉、翼王石达开有密切的联系，在定都天京初期的权力系统中有重要地位。这里的“侯相”似乎还不能和《贼情汇纂》中其他的连称如“侯相检指”、“侯相检指将”等一样去理解。所谓的“侯相检指”很明显地分别指侯、丞相、检点和指挥。张德坚也有用“侯相”明显地分别指“侯”与“丞相”的时候（可参见后文叙述太平天国礼制时所引相关史料），当然，他有时并不用“侯相”来统称侯与丞相，而是分别指称侯和丞相，记作“伪侯”、“伪丞相”。如《贼情汇纂》载：“其伪侯、丞相以下分据文武衙署并缙绅富室房屋殆尽，无不大张旗鼓，粘贴伪衔，互相夸胜。”④ （还可参见后文

① 《清政府镇压太平天国档案史料》，第20册，第388页。
② 《太平天国》，第3册，第192页。
③ 《太平天国》，第3册，第68页。
④ 《太平天国》，第3册，第165页。

所引相关史料）

“侯相”一词的词素有“侯”与“相”。“侯”指侯爵似无疑义，“相”是否就是“丞相”的简称呢？从前引资料来看似乎如此，但并不尽然，需要考释，才能更为明朗。

一是无论张德坚本人还是太平天国自身并不全用“相”简称“丞相”，有时也用“丞”简称“丞相”。张德坚在分析太平军人数时说：“其实伪王、侯、丞、检、指挥多有歼毙，仍列伪衔伪名而不除，亦不补人，……”又说：“伪王、侯、丞、检等所属各典官每馆听使百人，统计正副典官五千八百五十八人，共听使五十八万五千八百人。”① 从《太平礼制》规定的相关称呼中似乎可以看出太平天国自身并不简称丞相为“相”，如癸好三年和戊午八年的《太平礼制》均规定对丞相子、女的称呼为丞公子、丞玉，而不是相公子、相玉。虽然太平天国官方规定丞相的简称为丞，但在习惯性称呼中还是有简称丞相为相的情况。如丞相所属历传尉伺及各典官等的称呼，从《贼情汇纂》的记载来看可称为“相历”、“相传”、“相尉”与“相伺”等。曹大观《寇汀纪略》亦称：“其官衔丞相一品，其属有相历、相传、相尉。”② 这些称呼亦可在太平天国的自身文献中得到印证。天官正丞相曾水源致副总典圣库谭顺添照会称：“如有次等裘袍，不拘裘面，照发数件，交相尉带回为要。”③ 可见将“丞相”简称为“丞”、“相”皆有之。因此，也并非只有“相”指“丞相”。

二是从太平天国文献中出现的与“侯相”构词法相似的“国相”、“王相”等词看，所谓的“相”似另有其义。在太平天国的称谓系统中有所谓“国相”，《贼情汇纂》载：“东王以下亲属前辈为国伯，同辈为国宗，后辈为国相，在外亦称国宗。有才者则加提督军务衔，出据要地，分扰郡县，抗拒官军，任事不亚伪侯。”④ 其实，东王以下诸王亲属后辈在外就称“国相”，如甲寅四年十月二十日《燕王秦日纲上东王杨秀清报告半壁山败退情况及殿左肆拾柒指挥黄凤岐等牺牲禀奏》称：“至国宗兄韦俊、石镇仑，国相韦以德（韦昌辉侄）弟等已于十月十八日酉刻船抵田家镇，卑爵即会同酌议，合力诛灭妖魔，伏乞我东王宽心安福。”⑤ 甲寅四年九月东王曾诰谕韦俊、石凤魁、石佐邦等人备礼祝贺王四殿下满月，其诰谕对石佐邦的称呼就是“国相”，起

① 《太平天国》，第3册，第286~287页。

② 《太平天国》，第6册，第808页。

③ 《太平天国文书汇编》，第244页。

④ 《太平天国》，第3册，第103页。

⑤ 《太平天国文书汇编》，第225页。

始云“诰谕国宗韦俊、石凤魁、国相石佐邦暨各佐将等知悉”①。到后期，还有所谓的“王相”，如天父天兄天王太平天国辛酉十一年十二月十五日《吉庆元、黄祥券上忠王李秀成禀报》称：“至于王相官兵屯住周浦，抒天福汪有为屯住川沙邑。”② 忠王李秀成给侄容椿子容发谆谕的封套背面对容椿的称呼即为王相，其云：“自杭郡凤山门外发，内乙件，太平天国辛酉十一年十月初三日封，递至绍兴郡交与王相容椿侄、二殿下容发男等开拆。”③ 由此看来，太平天国之“相”是对王爵侄辈的尊称，这与一直留传在民间的“相公”称谓有些不同。所以，“侯相”之“相”不一定指“丞相”。

从太平天国存在“国相”、“王相”这种称呼来看，我们也似乎可以由这种构词法及其表义推断“侯相”就是对“侯”爵亲属后辈的称呼。《东王杨秀清通令朝内军中人等禁酒诰谕》称：“此再四诰谕朝内、军中、国宗、国亲、侯相、大小各官员、兄弟、姊妹等知悉，自谕之后，仍还有私自饮酒者，许该统下国使、将使、听使人等拿解送案，奏封丞相。”④ 如把“侯相”与“国宗、国亲”前联，作为一个意群，可作如是解；如把“侯相”与“大小各官员”后联，作为一个意群，则“侯相”为“大小各官员”之最了，故特别强调之。类似容易产生歧义现象的“侯相”在张德坚《贼情汇纂》中也有反映：“除剿杀逃亡外，现存老贼不计妇孺，尚不及万人，其间知兵能事亦仅千数百人，余皆随众奔走，恩赏虚衔，或典厨，或典舆，服役趋跄，以及各伪王侯相宗族戚畹衣桁饭囊，徒具其数，不能与我战，亦不为贼所任，一朝势败，惟知跪而授首，此皆不足介意者也。”⑤

三是“相”作为避讳用字在太平天国还有一层含义。太平天国贬称前代和外邦的一统天下的帝、王、公为“侯”，而贬称前代带有诸侯性质的王侯、主君、国君为“相”，太平天国《武略》亦改称“诸侯”为“诸相”，如改梁惠王为“梁惠相”，改魏文侯为“魏文相”，改魏武侯为魏武相。李圭《金陵兵事汇略》：“又称历代帝王均为相。有所谓改定四书曰：孟子见梁惠相，相曰：‘叟，不远千里而来，亦将有以利吾郭乎？’诸如此类，不胜枚举。”⑥《武略·吴子全书》卷首：“吴起儒服，以兵机见魏文相，文相曰：寡人不好

① 《太平天国》，第3册，第193页。
② 《太平天国文书汇编》，第234页。
③ 《太平天国文书汇编》，第194页。
④ 《太平天国文书汇编》，第89页。
⑤ 《太平天国》，第3册，第292页。
⑥ 郭毅生、史式主编：《太平天国大辞典》，中国社会科学出版社1995年版，第264页。

军旅之事。"[①] 《武略·励士第六》："武相召吴起而谓之曰：子前日之教行矣。"[②]

四是在晚清封建统治阶级的官场上，所谓的"相"是指获得内阁大学士职衔的人。据《清朝续文献通考》载："大学士始于唐，非宰相也。宰相称大学士，实始于明弘治时。"[③] 如李鸿章称曾国藩为曾相[④]，称左宗棠为左相[⑤]，称恩承为恩相[⑥]，称荣禄为荣相[⑦]，称王文韶为王相[⑧]。在封建统治阶级的官场上还存在着"侯相"、"节相"、"伯相"和"傅相"等称谓，如庞际云称曾国藩为侯相，他在跋李秀成自述别录时云："同治甲子六月，湘乡伯克复金陵，生擒忠酋李秀成。湘乡侯相自安庆移节东下，李廉访（鸿裔）与际云实从，奉委会鞫。其忠酋手供一册，已进呈御览。其时对簿复有数纸，亦可备考。第一纸乃湘乡侯相手书，其中小注则际云随讯随录。"[⑨] 薛福成等人多称曾国藩为侯相，侯相之谓即指曾国藩既为侯又为相，是一种完全的单指性称谓。曾国藩于"同治三年六月在两江总督任内以剿平粤匪功封一等毅勇侯，世袭罔替"[⑩]。在近代配称侯相的还有左宗棠，他于"同治五年在闽浙总督任内以平粤匪功封一等恪靖伯"，又于"光绪四年以回疆悉定功晋二等侯"[⑪]。左宗棠曾称曾国藩为节相，称官文为伯相[⑫]，从同治九年起称李鸿章为伯相[⑬]，从光绪七年起称李鸿章为傅相。节相之谓即指刚任协办大学士的曾国藩又任钦差大臣，节制苏、皖、赣、浙四省军务；而伯相之谓是对既为伯又为

① 吴良祚：《太平天国避讳研究》，广西人民出版社1993年版，第500页。

② 吴良祚：《太平天国避讳研究》，广西人民出版社1993年版，第441页。

③ （清）刘锦藻撰：《清朝续文献通考》卷一百十六，职官二内阁。第2册，浙江古籍出版社2000年版，考8754（以下不注出版社及出版时间）。

④ 曾国藩1862～1867年任协办大学士，1867～1868年任体仁阁大学士，1868～1872任武英殿大学士。

⑤ 左宗棠1873～1874年任协办大学士，1874～1885年任东阁大学士。

⑥ 恩承1884～1885年任协办大学士，1885～1889年任体仁阁大学士，1889～1892任东阁大学士。

⑦ 荣禄1896～1898年任协办大学士，1898～1901年任文渊阁大学士，1901～1903年任文华殿大学士。

⑧ 王文韶1899～1900年任协办大学士，1900～1901年任体仁阁大学士，1901～1903年任文渊阁大学士，1903～1907年任武英殿大学士。

⑨ 《太平天国》，第2册，第845页。

⑩ （清）刘锦藻撰：《清朝续文献通考》卷二百九十一，封建五。第3册，考10368。

⑪ （清）刘锦藻撰：《清朝续文献通考》卷二百九十一，封建五。第3册，考10368。

⑫ 官文1859～1860年任协办大学士，1861～1862年任文渊阁大学士，1863～1871任文华殿大学士。

⑬ 李鸿章1868～1872年任协办大学士，1872～1874年任武英殿大学士，1874～1901年任文华殿大学士。

大学士的人的称谓，如前述之官文与李鸿章。官文于“同治三年七月以克复江宁功封一等果威伯”[①]，而李鸿章于“同治三年七月在江苏巡抚任内以剿平粤匪功封一等肃毅伯”[②]，他生前不配称“侯相”，其一等肃毅侯是他死后追封的。傅相之谓即指身为大学士的李鸿章曾于光绪五年因“命题穆宗毅皇帝、孝哲毅皇后神主，赏加太子太傅衔”[③]。赵尔巽指出：“国家旧制，相权在枢府。鸿章与国藩为相，皆总督兼官，非真相。”[④] 但不管如何，在晚清官场上以“相”称大学士则是一普遍的现象。太平天国的“侯相”称谓会不会受此影响而等同于封建统治阶级官场上的“侯相”称谓呢？太平天国的侯爵出现得较早，癸丑三年下半年即已封赏一批侯爵。但太平天国有没有大学士呢？丁巳七年五月，清朝探得天京城内著名人物19人，其中有所谓“伪真神殿大学士兼天官部事黄得用”[⑤] 其人。关于真神殿大学士，在庚申十年九月十四日的幼主诏旨中也提到[⑥]。由此看来，太平天国虽有大学士，但只是到后期为建立六部制才设置了大学士，前期未见有史料记载。因此，太平天国所谓的“侯相”之“相”不可能指大学士。

由此看来，太平天国的“侯相”之“相”并不一定指“丞相”，“侯相”也不一定是复指，它存在着单指的可能性。一种单指的含义即类似于太平天国自身的“国相”、“王相”，意指对侯爵侄辈的称谓；另一种单指即类似于封建统治阶级官场上的“侯相”，虽然太平天国初期不存在大学士，但存在着“丞相”官职，“相”有时用来简称“丞相”，因此，这种单指意义可能意指既为侯又为丞相的一类人。在太平天国前期这类人是可能存在的，如林凤祥、李开芳、胡以晃、吉文元、朱锡琨、蒙得恩等人升侯后，其原任丞相职在一段时间内似未有人任。但未见有史料明确地称这些人为侯相，所谓侯相是否就是指这类人还是一个问题。当然到后期既为侯爵又为丞相的人肯定是存在的，前述丁巳七年五月清朝探得的天京城内著名人物19人中这类人就有不少，他们是：伪地官丞相加侯爵陈潘武、伪春官丞相加侯爵刘庆汉、伪秋官丞相加侯爵莫士睽、伪冬官丞相加侯爵陈得风[⑦]。陈玉成、李秀成也曾有类似的情形。《李秀成自述》在叙述其招抚张乐行前后史事后说：“斯时成天豫是

---

① （清）刘锦藻撰：《清朝续文献通考》卷二百九十一，封建五。第3册，考10366。

② （清）刘锦藻撰：《清朝续文献通考》卷二百九十一，封建五。第3册，考10368。

③ 赵尔巽撰：《清史稿》卷四百十一，列传一百九十八。中华书局1998年版，第12018页。

④ 赵尔巽撰：《清史稿》卷四百十一，列传一百九十八。中华书局1998年版，第12017页。

⑤《清政府镇压太平天国档案史料》，第19册，第429～430页。

⑥ 罗尔纲：《太平天国史》，第2册，第1062页。

⑦《清政府镇压太平天国档案史料》，第19册，第429～430页。

冬官丞相，封我是地官丞相，封为合天侯矣。”[①] 按此说来，太平天国不但有“侯相”，还有“豫相”。

“侯相”究竟是单指，还是复指，离不开对太平天国自身文献使用该词的语境分析。

太平天国自身的《天情道理书》和《天父圣旨》是使用“侯相”最多的两份重要文献。《天情道理书》载：“无如世人被鬼迷蒙，陷溺已深，沉沦已久，恐仍有信道不真，向道不笃者，东王以是轸恤情殷，救援念切。故本侯相奉命晓谕我们一班兄弟姊妹，务须去邪从正，返朴还淳，修炼成人，同归真道。是以本侯相略将天父天兄大权能、大凭据、大恩德及天王、东王暨列王教导之恩一一宣明，使人人各知感戴，咸思奋勉；将将自金田起义以来其显明易见之事，聊举大略以为鉴戒，详明辨论，汇辑成书。”[②] 该书动辄以“本侯相”的口吻叙事，自称“本侯相”共12次。按太平天国官员对下自称多以自己所居官职而称，从目前所能看到的前期太平天国文书来看，东王、北王自称“本军师”，翼王自称“本主将”，燕王秦日纲自称“本燕王”，其为顶天侯时则自称“本侯”[③]，国宗自称“本国宗”，殿右八指挥于癸好三年自称“本指挥”，乙荣五年以后，一些太平天国官员多以“本大臣”自称，如：殿右陆拾肆指挥和前玖圣粮刘于乙荣五年、土拾伍副将军黄和殿左贰拾柒检点赖裕新于丙辰六年均以“本大臣”自称。后期诸王以“本藩”自称，六爵则以“本爵”或“本大臣”自称。因此，《天情道理书》中多次出现的“本侯相”，应视为身为“侯相”的人的自称。如作者是多人，“侯相”即为复指，身为侯和身为丞相的几个人一起自称“本侯相”似乎也说得通。王庆成先生就是这样看的。他在《太平天国的文献和历史》书中介绍英国图书馆东方部藏《行军总要》时，认为其原刻本序文中留有三个字的空格是铲板以后留下的空白，并指出：“这三个字可能是‘弟昌辉’，也可能是‘本侯相’。如属后一种情况，则序文末‘谨序’二字之后的半页空白可能还署有侯、相的人名，这些人在事变后遭谴责，需要删去他们名字，连同序文中的‘本侯相’字样也一并被删。”[④] 因此，在庆成师看来，所谓的“侯相”即是“侯”与“相”的统称。如作者是一人，所谓的“侯相”即为单指。这种单指的一种可能性即是指既为侯又为丞相的人，另一种可能性即是指侯相为一种官职。

---

① 《太平天国文书汇编》，第490页。

② 《太平天国文书汇编》，第328页。《天情道理书》原文见于《太平天国印书》下册，第515～544页；又见于《太平天国》，第1册，第353～406页。

③ 郭存孝：《太平天国博物志》，广西人民出版社1997年版，第316～317页。

④ 王庆成：《太平天国的文献和历史——海外新文献刊布和文献史事研究》，社会科学文献出版社1993年版，第75页。

也有少量的史料将侯相作为官职来记载的。曹大观的《寇汀纪略》记丁巳七年翼王所部情况时云："其旗帜各款，贼第内护将五百名，蓝旗红边，宽大六尺。护旗五队，每队五百名，前队红旗蓝边，后队乌旗红边，中队黄旗红边，左队绿旗红边，右队白旗红边，宽大五尺五寸。侯相带护旗六百名，并带差尉，总共千二百名，护旗四方，红心白边，宽大六尺，队旗宽大一丈。承宣带护旗六百名，并带差尉，总共一千名，护旗四方，红旗。检点带护旗五百名，并带差尉，总共八百名，护旗四方，乌旗白边（亦有白旗乌边中画红月者），连边五尺五寸，队旗宽大一丈。指挥带护旗二百名，并带差尉，总共六百名，护旗尖角，前红旗，后乌旗，中黄旗，左绿旗，右白旗，队旗一条，宽大八尺，护旗宽大六尺，不镶边。将军、总制每带差尉二百名，队旗一条，宽大一丈。监军、军帅每带差尉百三十名。典官、师帅、旅帅每带差尉五十名。外典官司圣粮、红粉、铅码、铳炮诸职，每带差尉百名。卒长带协理一名，书手一名，听使一名。"①

从前后的语境来看，侯相是承宣、检点以上的官职。而曹大观在稍前介绍翼王所部官制时，先介绍了所谓的大国宗、小国宗和护天豫，然后说："其官衔丞相一品，……承宣二品，检点三品，指挥四品，将军五品，皆有正副，分殿左右。总制六品，监军七品，军帅八品。以下师帅、旅帅、卒长、两司马、伍长递降而杀。"② 因此，"侯相"当与丞相有关，或就是"丞相"的代称。如侯相是丞相的别称，那么，这种情况在前期是否如此呢？这仍是一个问题。我们并不能由此确定《天情道理书》中的"本侯相"究为何义。

再来看看《天父圣旨》使用"侯相"的语境吧！请看下面所引介的《天父圣旨》中提到"侯相"的语境情况。

例一，咸丰四年二月初四日（太平天国甲寅四年正月二十七日），"天父又诏女师、女丞相曰：'尔可命女承宣官再速催侯相、诸正职官，早早齐集也。'诏毕，天父回天。一更时，天父复又劳心下凡"，主要是交待删改古书妖书之事，"天父诏毕转天。少刻，天父又劳心下凡"，"天父复询陈宗扬尚未曾到否？女官奏曰：'诸官皆集，惟有陈丞相远在下关，刻尚未至。求天父宽心赦罪。天父圣旨复谕各朝官，毋须伺候，皆令其回衙，各理天事，惟留韦正、达开、侯相及三府各官，静候圣旨"。"其时已至三更，陈宗扬始到东府。天父又劳心下凡"，这次下凡责罚了黄玉崑、陈承瑢、蒙得恩、卢贤拔、陈宗

① 《太平天国》，第6册，第808页。
② 《太平天国》，第6册，第808页。

扬、谢满妹、胡九妹等人，陈宗扬因夫妻私合并“心想勾合别个姐妹”被斩首[①]。

从语境来看，此例中的“陈丞相”既可与第一处“侯相”发生联系，说明“侯相”即包括丞相，也可与“诸正职官”发生联系，因为六官丞相也属于正职官的范围。如果从这个语境还不能确定“侯相”含义的话，那么，第二处“侯相”的语境当有助于理解其含义。第二处“侯相”在“韦正、达开”之后，而在“三府各官”之前，有职官的语义，如果将“侯相”作侯爵后辈称谓解，则此处不当列“侯相”，而当列“国宗”、“国相”，因为“国宗”、“国相”的地位当高于作为侯爵后辈的“侯相”。如果“国宗”、“国相”不当干预政事的话，那么，作为侯爵后辈的“侯相”更不当干预政事。因此，第二处“侯相”很明显地带有职官含义的味道。因此，此例表明，侯相作为某种职官的地位在“诸正职官”和“三府各官”之上，而在“韦正、达开”之下，应该说在甲寅年正月，处于这个地位的似乎只有侯与丞相。那些有可能是既为侯又为相的人此时正在北伐战场，因此，“侯相”应该是“侯”与“丞相”的复指。甲寅四年《东王杨秀清奏请明定朝帽制度本章》称：“弟（指杨秀清）等大胆僭议：二兄（指洪秀全）朝帽用双龙双凤，帽额上绣一统山河，下绣满天星斗。弟（指杨秀清）朝帽用双龙单凤，帽额绣单凤企云中。止（正）弟（指韦昌辉）朝帽亦用双龙单凤，（帽额绣单凤）企山岗。达（帽额绣单凤）弟（指石达开）朝帽亦用双龙单凤，帽额一边加绣一蝶，内绣单凤企牡丹，帽额皆如一把扇式。侯相以下朝帽，俟弟等议定再奏。”[②] 从杨秀清的本章来看，当时的爵职顺序是：天王、东王、北王、翼王、侯相。此处的“侯相”语境与例一中的“侯相”语境相同，可理解为侯与丞相。

例二，咸丰四年六月十三日（太平天国甲寅四年六月初一日），天父下凡要求不刊印旧遗诏书和新遗诏书，“傅学贤奏曰：‘遵天父圣旨。但小子肚肠嫩，不识写字。今各侯相衙皆附近，求天父开恩，畀小子令人禀传他赴前恭听天父教导，并禀报韦正、翼王到来，同听天父圣旨。’天父曰：‘可。’傅学贤即令人飞禀侯相，又禀报韦正、翼王。顷刻，天官正丞相曾水源即到府前，府首趋进，跪问曰：‘天父劳心下凡？’天父曰：‘是也。’”[③]

此例表明，“侯相”处于“韦正、翼王”之下，“禀传”或“禀”与“禀报”明确了他们的地位之尊卑。“侯相”并非一人，所谓“各侯相”当指

① 王庆成编注：《天父天兄圣旨》，辽宁人民出版社 1986 年版，第 103～104 页。

② 《太平天国文书汇编》，第 166～167 页。

③ 王庆成编注：《天父天兄圣旨》，辽宁人民出版社 1986 年版，第 111 页。

多人，当时的“他”是为复数。“侯相”必定与“丞相”有关系，如无关系，当时通知“侯相”、北王、翼王去听天父圣旨，“天官正丞相曾水源”来干什么呢？因此，“侯相”是“侯”与“丞相”的复指是有可能的。

例三，咸丰五年六月二十二日（太平天国乙荣五年六月二十八日），天父下凡审黄仕珍、曾水源案。“天父即命押仆射黄仕珍出府前，斩首示众。命锁李寿春、曾水源，命侯相押解东牢收禁。侯相跪奏曰：‘遵天父圣旨。’”①

此例似乎表明“侯相”系专门负责司法事务的人。从太平天国的本身文献来看，六官丞相在太平天国的司法方面发挥着重要作用。咸丰四年（太平天国甲寅四年）新刻《天情道理书》载：“李裕松谋叛奸徒，毫无忌惮，叛逆天父，罪恶贯盈，天命诛之。所以不容叛天逆天之徒逃漏法网，故令其自投入秋官又正丞相（曾天养）处，败露奸谋。当经秋官又正丞相研讯，发兵（从湖北）押解回京，业既奉天行法，将李裕松焚化成灰，以正叛天谋反之罪。”② 甲寅四年十月，周亚九等朋吹洋烟案由夏官正丞相何震川“承审确实，取有口供”，并禀报东王等。何震川主审此案并非偶然，其前任黄玉崑对太平天国法制建设多有贡献，并因此而升任夏官正丞相③。虽然杨秀清命其于升职后仍掌别项事务，但是太平天国的刑法事务仍由其负责，直至其升封卫国侯、改封卫天侯以后一段时间。张继庚叛乱案件就是由时为夏官正丞相的黄玉崑负责审讯的。据胡恩燮《患难一家言》载，张继庚因图谋叛乱被太平天国逮捕，在被审讯的过程中，他企图进一步施展挑拨离间的诡计，使太平天国内部自相残杀。“一日，伪丞相黄以新（指黄玉崑——笔者注）加以酷刑，而炳垣卒无辞，贼遂檄前庐州守降贼之胡元炜来。炳垣长揖曰：‘上元廪生张继庚谒见大公祖。’元炜赧然，已而再四研鞫。炳垣曰：‘黄丞相半月来以刑求，某故无一言，幸蒙垂询，敢不具白，实告公，某非通军者，通官军者，某悉知之。’元炜问为谁，炳垣曰：‘人甚众，顾一时不悉记忆，试取名册来，某为指之。’元炜问北贼，贼从之，而诏书衔靳不发。”④ 无论是夏官丞相，还是秋官丞相，与天朝刑法均有密切关系，所以《贼情汇纂》有记载说：“每杖辄一千数百，行杖者以杖击地，其人大呼天父天兄天王东王或丞相大人检点大人大开天恩，其实杖毕一无伤损。”⑤ 从这些史实来看，此例中的“侯相”应当与丞相有关系或包括丞相。

---

① 王庆成编注：《天父天兄圣旨》，辽宁人民出版社 1986 年版，第 115 页。

② 太平天国历史博物馆编：《太平天国印书》，下册，江苏人民出版社 1979 年版，第 526 页。

③ 罗尔纲：《太平天国史》，第 3 册，第 1859 页。

④ 《太平天国史料丛编简辑》，第 2 册，第 353 ~ 354 页。

⑤ 《太平天国》，第 3 册，第 264 页。

例四，咸丰五年八月二十三日（太平天国乙荣五年八月二十七日），“东王醒时，即命女官传男承宣官、传韦正及顶天燕暨侯相等到府，敬将天父圣旨录出。……录毕，东王即命韦正及顶天燕暨侯相等细心详解”①。

此例表明：到乙荣五年八月时，燕王已被降为顶天燕。尽管如此，其地位仍高于侯爵与丞相职。此例中不似前述各例将“侯相”排在北王与翼王之后，而排在顶天燕之后。当时翼王、胡以晃（时已降为护天豫）均在安徽战场②，不在天京，那么，此时的爵职排序当为：韦正、顶天燕、侯、丞相了。“侯相”地位的变化与“侯”和“丞相”地位的变化如此一致，表明了所谓的“侯相”即是侯爵与丞相的统称或复指。

既然“侯相”是“侯”与“丞相”的复指，那么，为强调“侯相”中的某一位侯而无意指其他侯的时候，就会出现下面“兴国侯暨众丞相”的说法。

例五，关于卢贤拔案件，天父专门为此下凡责罚东王，众女官奏言：“前时我天父下凡指出卢贤拔夫妻不守天诫一案，我东王当即遵奉天父圣旨，命众官严拟以最重之罪，以昭炯戒。嗣据兴国侯暨众丞相等具有禀奏前来，禀奏东王，据称卢贤拔前有微功，较与王丈杨英奇不守天诫之案有间，自应分别办理，将卢贤拔革职，戴罪立功，免其枷号游营。当经东王恩准所请，奏请天王，又蒙天王旨准。”③

例三与此例均为太平天国处理案件的记载，由此可知，例三的“侯相”与本例的“兴国侯暨众丞相”有一定的对应关系，说明例三的分析在此又添注脚。与此例“兴国侯暨众丞相”相似的还有咸丰三年（太平天国癸好三年）新镌《天父下凡诏书》（第二部）记载说：“十一月二十日（此处为天历日，阴历十一月二十五日）是礼拜之辰，北王与顶天侯及丞相等官到东府请安，并议国政事务。”④

此例之所以不说“兴国侯暨众侯相”，是因为众侯相包括兴国侯，且从爵职等级来看，兴国侯并不一定高于“侯相”中的其他侯，但兴国侯必定高于“众丞相”，因此，此例中的这种表述在某种程度上也旁证了“侯相”是“侯”与“丞相”的复指，从而就排除了“侯相”单指的可能性。前述前期有可能为所谓单指“侯相”的人大多在外作战，并不能理朝中政务，他们不可能在天父下凡时每次都在场。唯一符合这些条件的，大概只有蒙得恩 1 人。但因有所谓“各侯相”之说，“侯相”就不可能专指蒙得恩，也未见有史料

① 王庆成编注：《天父天兄圣旨》，辽宁人民出版社 1986 年版，第 123 页。

② 参见郭廷以《太平天国史事日志》上册，第 405 页、第 410 页。

③ 王庆成编注：《天父天兄圣旨》，辽宁人民出版社 1986 年版，第 109 页。

④ 太平天国历史博物馆编：《太平天国印书》，下册，江苏人民出版社 1979 年版，第 471 页。

如此称呼他的。如果仅指他一人，在太平天国的史料中侯相就不可能出现那么高的使用频率。

但是，顶天侯秦日纲并非是一般的侯，他在太平天国前期的地位非同小可，也可以说，他的地位高于一般的侯，特别是当顶天侯领衔时，为强调他的特殊地位，在前期是可以说“顶天侯暨侯相等官”的。因此，咸丰三年（太平天国癸好三年）的《顶天侯秦日纲等颂赞》就有这样的说法：“真忠报国顶天侯秦及侯相等官恭颂天父、天兄亲命我主降凡救世暨东王、列王辅佐朝纲。”①

综上所考，所谓“侯相”就是“侯”与“丞相”的复指或统称，“侯相”之“相”即为“丞相”，而这种丞相一般指太平天国的六官丞相。

太平天国之所以将“侯”与“丞相”连称“侯相”，作为一个比较普遍的称谓术语，是因为在太平天国的礼制中侯与丞相的差别较小，对此前文已有探讨，兹不赘述。从太平礼制的实际来看，侯相检指在某些方面的差异是很少的，特别是侯相之间的差异又要少一些。因此，丞相应当是侯相检指或侯相这一个职官层级中的组成部分。吴雁南也曾从服饰、职位、属官与仪礼等方面进行分析，认为侯、丞相、检点、指挥、侍卫同属于太平天国统治集团的第二等级②。从官阶来说，侯、相应当同属于一个官阶，官阶内部的微小等级也是前后相邻，因此，“侯”与“相”连而成“侯相”也就顺乎自然，顺理成章了。

若单纯从职官序列来看，则丞相“官居极品”。张汝南《金陵省难纪略》在介绍太平天国的官制时说：“……又上为检点，又上为丞相，官至丞相止。再上则侯王矣。”③ 这在太平天国文献中亦有明文。咸丰三年四月二十二日（太平天国癸好三年四月二十三日），正军师杨秀清诰谕北伐大将天官副丞相林凤祥、地官正丞相李开芳、春官正丞相吉文元速急统兵前进时说：“本军师为此特行诰谕，尔等奉命出师，官居极品，统握兵权，务宜身先士卒，格外放胆灵变，赶紧行事，共享太平。”④ 杨秀清说丞相林凤祥、李开芳、吉文元三人“官居极品”，就是说他们做到了最高一等的官。在定都天京后，太平天国仍把丞相作为立功人员的最高奖赏，咸丰四年四月十八日（太平天国甲寅四年四月初七日）的《北王韦昌辉招延良医诫谕》声称“不惜重赏”，“凡有精通医理能治各项病者，即宜应命前来”，“果能医治见效，即赏给丞相，如

① 《太平天国文书汇编》，第460页。

② 北京太平天国历史研究会编：《太平天国学刊》，第二辑，中华书局1985年版，第82～84页。

③ 《太平天国》，第4册，第708页。

④ 《太平天国文书汇编》，第175页。

不愿为官，即赏银一万两”[①]。同年五月的《东王杨秀清通令朝内军中人等禁酒诰谕》说：“自谕之后，仍还有私自饮酒者，许该统下国使、将使、听使人等拿解归案，奏封丞相。”[②] 因此，一些六官丞相也以此自鸣，一位天官丞相的联句称“天上星辰能救世，官中丞相最称尊”，另一位地官丞相的联句则说：“地载万物以无私备位于师保疑丞独隆骏业，官冠百僚而共济治功在裁成辅相特著鸿猷。”[③] 此处所言“官中丞相最称尊”为实情，而讲丞相“官冠百僚”则为僭言，因为在太平天国增设侯爵后，只有侯爵才能处于这个位置。天父于咸丰四年二月初五日（太平天国甲寅四年正月二十七日）下凡时对身为侯爵的黄玉崑、陈承瑢、蒙得恩三人说：“……但尔天父既授灵魂，使尔爵居诸王之下，位列群僚之首，便当一条草对天，……”[④] 也就是说，侯爵的地位在爵职序列中是在“诸王之下，位列群僚之首”，这是太平天国自身将爵、职放在一起考虑的一个看法。“群僚之首”的概念应该大于“官居极品”，但正因为丞相与侯的差异较小，所以一些丞相才敢大胆地说自己“官冠百僚”。所谓的“官冠百僚”与“位列群僚之首”是同义的说法。

侯与丞相的地位基本相当还可通过国宗的地位来体现。《贼情汇纂》载：韦俊“癸丑二月至江宁，始封国宗，职与伪丞相同”。石镇仑“癸丑二月始封国宗，尊与伪丞相埒”[⑤]。也许正是如此，《金陵癸甲纪事略》才将5位国宗记作“伪丞相职”。事实上，丞相与国宗之间的文书往来是用平行文书的，如甲寅四年九月十日《冬官正丞相罗大纲复国宗石凤魁请发粮草红粉事照会》。《贼情汇纂》又载：“（国宗）有才者则加提督军务衔，出据要地，分扰郡县，抗拒官军，任事不亚伪侯。”[⑥] 这就说明国宗的地位可以说相当于丞相，也可以说相当于侯。究其原因，在于丞相与侯实同一级官阶。但《贼情汇纂》又在《伪官等差总表》中将国宗列与燕、豫二王同等，郦纯通过分析表明这是错误的。张德坚认为（伪官）“其品级次序则伪王最尊，次伪侯，次伪丞相，次伪检点、次伪指挥、次伪将军。此朝内官品级之大略也”[⑦]。这是一种线性直观思维的产物，他没有综合考察太平天国的礼制实际和权力运作实际并进行深入的分析，是不可取的。

所以，太平天国将“侯”与“丞相”统称为“侯相”是有其权力基础与

① 《太平天国文书汇编》，第114页。
② 《太平天国文书汇编》，第89页。
③ 《太平天国》，第3册，第245页。
④ 王庆成编注：《天父天兄圣旨》，辽宁人民出版社1986年版，第105页。
⑤ 《太平天国》，第3册，第55～56页。
⑥ 《太平天国》，第3册，第103页。
⑦ 《太平天国》，第3册，第100页。

礼制基础的。太平天国的“侯相”与封建统治阶级官场上的“侯相”是完全不同的，初习太平天国史者当引以注意。

七、核心的边缘——天官正丞相秦日纲的人生轨迹

秦日纲，广西桂平县白沙镇祝多塘人①，原名秦日昌，后避北王韦昌辉名而改此名。至其生年，张德坚《贼情汇纂》载其“年约三十余”，《金陵癸甲纪事略》载其“约三十余岁”，张晓秋《粤匪纪略》亦载其为顶天燕时“年三十余”，由这些记载推算，约在道光四五年间（1824～1825）。而咸丰三年（1853）法国巴黎出版的、由加勒利和伊凡合著的《中国叛乱史》则说“丞相秦日纲现年37岁”，据此推算似又应在嘉庆二十三年（1818）。至于他的形象，《金陵癸甲纪事略》载其“面中凹，黄须，身中”。《贼情汇纂》记载说：“身材中人，面长有髭，攒眉巨口，识字无多，人甚憨猛。”《中国叛乱史》据西方人的眼光则记其“身材瘦小”。至其文化水平，汪士铎《乙丙日记》却记其“不识字”。虽然如此，《中国叛乱史》却认为他“十分精明，极富智慧”。这与“憨猛”似不合。至其“憨猛”，《贼情汇纂》还记其“略习刀矛技艺”，半窝居士《粤寇起事记实》记其“力举百钧”，而李秀成也认为他“并无是乜才情，忠勇信义可有”。杜文澜《平定粤寇纪略》附记一载秦日纲：“入上帝会，与萧朝贵均为洪秀全骁将。朝贵死，日纲独当一面，楚以北尤著骁憨焉。”但《武昌纪事》的作者在对秦日纲之“猛”评价似不太高，作者对太平天国的领导成员评价时说：“贼首僭称伪号者七人，其最著者伪西王萧朝贵，负胆力，凶悍异常，尝单骑片时杀百数十人如行所无事，寇长沙，被我兵于南门城楼发巨炮击死，尸埋老龙潭，经南抚张公亮基起获验明枭剉，兹乃其遗孽，甫数岁耳。又伪翼王石达开、伪丞相曾天养、伪元帅罗大纲（即罗亚旺）亦颇骁果能战。其余伪北王韦昌辉、伪燕王秦日纲，等而下之，皆猥鄙无能之辈，不足数也。”②

他在加入上帝会之前的身份，有几种说法，但比较多的说法是“乡勇（壮勇）说”，张德坚《贼情汇纂》、半窝居士《粤寇起事记实》都持此说，而杜文澜《平定粤寇纪略》、李圭《金陵兵事汇略》则进一步认为他是“已革壮勇”。其他的说法是“帮工者”（《忠王李秀成自述》持此说）、“业豆腐

① 黄培棋：《关于陈承瑢、秦日纲籍贯的新资料》，《广西师范大学学报》1991年第1期，第19页。

② 《太平天国》，第4册，第601页。

者”（《金陵癸甲纪事略》持此说[①]）和“御车者”（汪士铎《乙丙日记》持此说）。笔者以为，这些说法不一定是矛盾的，这些事，秦日纲有可能都做过：他在充乡勇前，曾经“业豆腐”，经营不好，然后又去“帮工”。帮工不久，即充乡勇。充乡勇时可能做过“御车”的工作。乡勇被革后，即投奔上帝会。

秦日纲为什么要投奔上帝会？半窝居士《粤寇起事记实》记载，当时贵县土民与客民争占田产，聚众互斗，而县令得贿之后庇护土民，将客民责逐，客民穷无所归，其中“悍黠者”遂倡议投奔上帝会，这样，秦日纲等人就随众前往金田。这只是一个大的背景，至于秦日纲，还有个人的原因，这就是他充当乡勇时曾“窃饷银而逸”。正是因为他“窃饷银”而被革，逃逸后又无所倚恃，随众投奔上帝会即是他的最好选择。

秦日纲何时投奔上帝会？据《天兄圣旨》载，道光三十年（庚戌年）六月二十日下午，幼主同君王母、王次兄洪仁达、王次嫂萧二妹、正宫赖正后、长天金、次天金、次王洪天养、王舅赖桂芳及秦日纲、陈承瑢、黄七妹到旧合。天兄即下凡谕王次兄、赖王舅、君王母、萧二妹、正宫、长天金和黄七妹等人，是晚，天兄超升陈廷扬、李周信、洪仁达、秦日纲等各家灵魂上天堂。超毕，天兄谕天王、南王，然后谕秦日纲曰：“日纲，尔识得这处人，看光景如何，总要灵变，一心扶尔哥子，救紧他也。”日纲奏曰：“遵天兄命。”[②] 这是《天兄圣旨》中关于秦日纲的最早记载。罗尔纲认为，此次超升灵魂是秦日纲加入上帝会的开始。笔者认为，此说似不成立，因为超升灵魂不只是这一次。事实上，秦日纲加入上帝会，应在此次超升灵魂之前，秦日纲能和许多洪秀全的家人一起到旧合，接受天兄的教诲和超升灵魂，意味着秦日纲在上帝会中已有一段时日。至于何时入会，具体时间似不可考。超升灵魂并不是入会仪式，咸丰元年三月初一日（太平天国辛开元年二月二十八日），在武宣三里，秦日纲又接受天兄超升灵魂一次。当时的情况是这样的：天兄降临嘱咐南王暨天官正丞相（秦日纲）教导“众小宽草放草”，回天后又下凡谕曰：“先将灯烧照西王面，化西王心。次将灯烧照南王、日纲、玉书同众小面，化南王、日纲、玉书、众小心。”要他们“各各宽草放草，心草理天事，不可顶颈”。对他们教导一番之后即回天。随后复又下凡，谕将南王暨秦日纲、陈玉书等23人的灵魂超升天堂，超毕，吩咐“各小放草”后就回天了[③]。由此看来，超升灵魂是上帝会中对重要成员的一种教育活动。从这次超

① 《太平天国》续编，第4册，第241页。

② 王庆成编注：《天兄天父圣旨》，辽宁人民出版社1986年版，第48～52页。

③ 王庆成编注：《天兄天父圣旨》，辽宁人民出版社1986年版，第79～81页。

升灵魂的活动来看，秦日纲在上帝会中受到重视，天兄将教导“众小宽草放草”的大权托付给他和南王冯云山。

为什么秦日纲会受到天兄的重视？这可能与此前发生的一件事有关。道光三十年（庚戌年）八月十三日，时在平山，天兄闻白沙林凤祥家被“妖”扰害，爰降临，了解事件的来龙去脉，知道在白沙已有上帝会众180多人，天兄遂问汇报的罗能安：“谁人章程吊马？”罗奏曰：“是秦日纲章程。”① 可见，秦日纲在这次事件上起了很大的指挥、协调作用，体现了他的组织领导能力。当然，他得到重视，可能还有其他的原因。据张晓秋《粤匪纪略》载，“洪逆倡教之始，官差缉拿，洪常匿其家，故独得宠任”。

秦日纲加入上帝会后，即在上帝会中享有崇高的地位，是上帝会领导集团的重要成员。这在相关的史料中有多种说法，所谓的“四十兄弟”、“知名者十一人”、“前八位”、“前六位”等说法中，都有秦日纲的名字。半窝居士《粤寇起事记实》载：“金田倡乱之初，同谋四十人，号为四十弟兄，誓同生死，知名者惟洪秀全、杨秀清、冯云山、萧朝贵、石达开、韦昌辉、林凤祥、罗大刚、秦日纲、黄玉崑、胡以洸十一人。”② 李滨《中兴别记》卷一指出，“受伪职最早者，于东、西、南、北、翼五伪王及伪天官丞相秦日昌外”，还有所谓的“四十兄弟”③。卷十五又载，“道光时，洪逆传教粤西，起叛金田，号称四十兄弟，杨、冯、萧、韦、石五酋外，秦为最著”④。佚名著《金陵纪事》载：“六贼称王概御銮，姓秦丞相首天官。”⑤ 忠王李秀成说秦日纲得到洪秀全的“重信”。干王洪仁玕对秦日纲已没有什么印象，但从他的自述中，仍可看到秦日纲在早期的重要地位。他在讲金田起义时说道：“天王劳心，即将博白、贵县、象州、金田、花州各来扶主等队，俱立首领，编以军帅、师帅、旅帅以下等爵，男女有别，虽夫妇不许相见，故所至无不胜捷。且有东西南北翼五王为之谋猷，有李开芳、李开明、林凤祥、罗大纲、陈承瑢、秦日光等为统兵之将，一时风云会合，非人力所能为也。”⑥ 这里的秦日光当指秦日纲，从他提到的早期人名来看，恰为“知名者十一人”之说。

最能体现秦日纲重要地位的是来自太平天国自身的材料。据《天兄圣旨》载，咸丰元年三月二十一日（太平天国辛开元年三月十八日），时在武宣三

① 王庆成编注：《天兄天父圣旨》，辽宁人民出版社1986年版，第71~72页。
② 《太平天国史料丛编简辑》，第1册，第7页。
③ 《太平天国资料汇编》，第2册上，第12页。
④ 《太平天国资料汇编》，第2册上，第259~260页。
⑤ 《太平天国史料丛编简辑》，第2册，第53页。
⑥ 《太平天国》续编，第2册，第409页。

里，天兄经多次下凡审讯陈来，他才招认在罗大纲妻升天时私自捡起她金戒指一只、银牙签一副，自知有罪。天兄大怒，责问他是否把天父、天兄降托秀清、朝贵看做是假的，陈来奏曰："不是假也。"接着天兄责骂陈来的一席话表明了当时太平天国领导集团内部的排序，天兄骂曰："既然不假，何以秀清、朝贵、云山、韦正、达开、日纲并玉书一概都搬出小营，担谷挑水，待陈来搬行李入来理事，自己顶起江山。若不顶得起，尔莫怪朕诛灭尔也。"[1]从这里的排序来看，秦日纲确实已进入上帝会领导集团的核心层。他的这种地位，一直到进入天京之后不久也没有多大的变化。据《天父下凡诏书二》记载，咸丰三年十一月二十五日（太平天国癸好年十一月二十日）是礼拜之辰，北王与顶天侯及丞相等官到东府请安，并议国政事务。后来天父下凡要北王等到东府听令，北王和顶天侯等人又赶到东府，原来是天父下凡要东王和北王、朝官们一起登朝由东王传达对天王的圣旨，天父要求天王"用性要宽，气要悠扬，又要教导幼主，并恩免天朝四女师理事"。随后，他们即登朝，天父下凡怒责天王，并欲责杖天王四十。天父回天后，北王及众官卫扶天王回殿，顶天侯则负东王登殿[2]。二十二日，东王以为天父二十日下凡教导天王即是教导天下万国臣民，需要他们几个"为弟者"登朝请安，劝慰天王宽心安福，因此，东王即令承宣飞马禀报北王及顶天侯要去登朝。天王登金殿时，东王、北王及顶天侯登殿山呼万岁。天王与东王对答极为欣慰，遂降诏旨，命设御宴，恩赐东王、北王及顶天侯同沐天父鸿恩。天王诏曰："顶天侯，尔今日得在金龙殿内坐宴，是天父大开天恩与尔者也。朕同胞等皆是亲承帝命下凡，顶天父、天兄纲常者。以理而论，惟朕及胞等始可在此金龙殿设宴。若至幼主以后，皆不准人臣在金龙殿食宴。设若臣有功者欲赐宴以奖其功，只准赐宴于朝厅，断不准在金龙殿内君臣同宴，以肃体统也。此一事极为关系，当记诏以垂永远也。"顶天侯即跪谢天恩，敬聆御旨[3]。

加入上帝会以后，直至进入南京前，秦日纲除了以上所提教导"众小"、化解白沙事件、保护洪秀全外发挥了哪些重要作用呢？张德坚《贼情汇纂》记其"初为洪秀全手下健儿"，"自粤西到江宁，屡与官兵接仗"。杜文澜《平定粤寇纪略》卷一载："又贵县已革壮勇秦日纲，亦入其教，六人（指冯云山、杨秀清、韦昌辉、石达开、萧朝贵和秦日纲）分布各邑，展转诱聚，入会者渐众。"[4]又载：咸丰二年在永安，"二月十七日四鼓，贼扑寿春营，

① 王庆成编注：《天兄天父圣旨》，辽宁人民出版社 1986 年版，第 83 ~ 85 页。

② 《太平天国》，第 1 册，第 23 ~ 32 页。

③ 《太平天国》，第 1 册，第 40 ~ 55 页。

④ 《太平天国资料汇编》，第 1 册，第 2 页。

我兵骤退。贼于古東冲小路出关，伪丞相秦日纲先屯水窦，移屯先回岭。十八日，乌都统驰登山冈夹击，杀贼二千余人，生擒洪大全”①。而《金陵癸甲纪事略》则提供了新的说法：“首从东贼倡乱，自金田至武昌，先行贴伪示者。”李秀成则说：“起事教人拜上帝者，皆是六人劝化。”这六人中也包括了秦日纲。

到南京后秦日纲住在何处？亦有不同的说法。据张德坚说，“住前任湖北宜昌府程家督宅”。而据涤浮道人《金陵杂记》载，“伪顶天侯秦日纲住上元县署东中正街胡宅，房屋本极体面，该贼又将迎街墙拆卸，另造高大门楼一号，涂以红色，类似衙署大门”。《金陵癸甲纪事略》则又载，秦日纲“初为天官正丞相，金陵城破，入居中正街董宅”。笔者以为，这些不同的记载也不矛盾，有可能是其住所随着其职官的变化而变化。到南京以后，秦日纲才得以婚配，谢介鹤《金陵癸甲纪事略》介绍说：“癸丑七月，东贼令取所虏安庆民女，伪号贞人。”至咸丰四年，“其伪贞人，至是改号为妃，子一，四月生”②。涤浮道人《金陵杂记》则详细地记载说：“秦逆入城后，本无家室，去秋洪杨等逆忽为秦逆取妇，在女馆中选得一安庆大脚女儿，约年十六七岁，又广令女馆大脚妇女，是日为贼妇抬轿执旗，诸贼婆并女军师女卒长者又相率送亲，秦贼娶一妇，各女馆大脚妇女又遭一难矣。随后又选服侍妇女多人，类皆广西大脚者多。秦逆在贼营中本极辛苦，初好私饮，自娶妇后，又颇贪女色，逐日安居内室，甚至有一日大兵于朝阳门攻城甚急，群贼在内惊惶欲窜，而秦逆尚高卧未起，酒色迷人，亦能移贼性情也。”③ 但夏燮《粤氛纪事》的记载说明，秦日纲在进入南京以后还是颇思进取的，也是有思想的，夏燮指出：“粤逆方延喘白门，朝不保暮，而枭视狼顾，辄思长驱豫晋，睥睨神京，其亦不自量矣。然当日伪封之七逆，萧、韦皆乳臭儿，石大开、秦日纲方思分踞江鄂，而洪杨两逆以草窃刑余之人，一旦入其所谓小天堂者，不但珠玉绮罗，充牣山积，即搜其橐藏，发其窖镪，亦以数百万计。方且拥秦淮妓女，置酒高会，日有富贵故乡之想。”④

至此，我们不得不关注秦日纲的官职演变情况。其任天官正丞相以前的官职演变可参看前文有关六官丞相制度形成的内容。《天兄圣旨》中早有天官正丞相秦日纲的说法，但是，进入南京以后刻印出版时对早期天父、天兄下凡记录有所修改，因此，《天兄圣旨》中较早出现的对秦日纲官职的记载不能

① 《太平天国资料汇编》，第1册，第8页。
② 《太平天国》，第4册，第670~671页。
③ 《太平天国》，第4册，第629页。
④ 《太平天国》续编，第4册，第152页。

作为其任职时间的依据。张德坚《贼情汇纂》对秦日纲的任职记载较简，只是说："初封天官正丞相，嗣封顶天侯。癸丑十一月代石达开守安庆。甲寅四月调回江宁，封燕王。"涤浮道人《金陵杂记》记载虽也较简，但有新的信息，其载云："秦日纲初为伪天官丞相，嗣又加伪顶天报国定胡侯，旋改伪真忠报国顶天侯"①。《金陵癸甲纪事略》所载则较有时间感："初为伪天官正丞相"，咸丰三年十二月，"因翼贼得皖人心，加日纲伪号真忠报国顶天侯，使往代翼贼守安庆"，咸丰四年五月，"东贼闻湖南及黄河贼为官兵破灭，欲使北贼前往，又恐北贼去而不返，乃以日纲为伪燕王，伪称千岁，天贼又加其伪号为霜师，使代北贼上游之行"②。张晓秋《粤匪纪略》载："秦日纲，僭封真忠报国顶天燕，初僭封燕王，今改。……咸丰四年冬，领贼众犯田家镇、黄梅县等处，数为我兵剿败。杨逆锁回欲杀之，嗣贬为奴，犹得与闻贼务。"③

从以上的记载来看，秦日纲从天官正丞相到定胡侯、顶天侯、燕王，最后到顶天燕的任职历程是基本清晰的，关键是这些官职的起始任职时间并不清楚，现就史料所及做初步的考证。

杜文澜《平定粤寇纪略》卷一载，咸丰元年闰八月，"贼由大黄墟分水陆两路历大黎向永安州，闰八月初一日陷之，遂僭伪号为太平天国，洪秀全为天王，杨秀清为东王，萧朝贵为西王，冯云山为南王，韦昌辉为北王，石达开为翼王，洪大全为天德王。贼党黄玉崑、秦日纲、林凤祥、罗大纲、罗亚旺、范连德、胡以晃等悉署丞相、军师各伪职"④。这就是说，秦日纲在永安建制时就任丞相了。但是否为天官正丞相呢？张汝南《金陵省难纪略》记载说："贼在修仁、荔浦时，止天贼及东西南北四贼旗号而已。翼贼伪天官正丞相，秦日纲伪天官副丞相。及围桂林，天贼下诏封翼贼为伪左军主将翼王，羽翼天朝，日纲始转正。"⑤ 这实际上是将秦日纲任天官正丞相的时间推到太平军进攻桂林时。张汝南的记载是否可靠呢？按一般的史实，洪秀全在永安时即封五王了，这里讲到桂林时才诏封石达开为翼王，秦日纲得以升任天官正丞相，这是否与一般的史实矛盾呢？有趣的是，加勒利和伊凡的《中国叛乱史》也提到石达开任丞相的事，只是将秦日纲和石达开的丞相正副位置搞反了，认为秦日纲是丞相，而石达开是副丞相⑥。这就意味着张汝南的记载有

① 《太平天国》，第4册，第611页。
② 《太平天国》，第4册，第670～671页。
③ 《太平天国》，第4册，第49页。
④ 《太平天国资料汇编》，第1册，第6页。
⑤ 《太平天国》，第4册，第707页
⑥ 《太平天国》续编，第9册，第122～123页。

一定的真实性。无论如何，在进入南京前，秦日纲已任天官正丞相则是确凿无疑的。

秦日纲何时升顶天侯呢？现存秦日纲的门牌是在太平天国癸好三年六月颁发的，这时他的官职仍为天官正丞相①。咸丰三年十一月初七日至十四日（1853 年 12 月 7 ~ 14 日）法舰贾西义号访问天京时，秦日纲还是天官丞相，但是，不久，他即升封顶天侯。据《天父下凡诏书二》所载，咸丰三年十一月二十五日（太平天国癸好三年十一月二十日，1853 年 12 月 25 日），他已是顶天侯。咸丰四年二月初四日（太平天国甲寅四年正月二十六日，1854 年 3 月 2 日），秦日纲发布告示，自称“真天命太平天国真忠报国顶天侯加一等世袭秦”②。可以断定的是，咸丰四年二月初四日前，他还是顶天侯。赵烈文《落花春雨巢日记》载咸丰四年三月初五日见闻时说：“天王称万岁，东王以下以次递减。新又有一人伪封太平天国顶天侯称四千岁，位俱在丞相之上。”③佚名《粤逆纪略》则载，“贼制：洪逆称万岁，杨逆称九千岁，韦逆称六千岁，石逆称五千岁”④。由此看来，加封秦日纲四千岁，则又是在升封顶天侯之后。

这里有一个问题是，秦日纲是由定胡侯改封顶天侯的，他何时升封定胡侯？而且李开芳曾被封为定胡侯，这又是怎么回事？罗尔纲先生通过考证认为，秦日纲升封顶天侯是在咸丰三年（癸丑年）九月，理由是：在咸丰三年（癸丑年）九月，陈承瑢升天官正丞相，而朱锡琨和黄益芸被追封为剿胡侯和灭胡侯。陈承瑢升天官正丞相，说明秦日纲已升封顶天侯，故有此缺。朱锡琨和黄益芸被追封，则当时高于他们地位的林凤祥、李开芳和吉文元等三人也应同时被升封为侯，而秦日纲以地位之高升封顶天侯也不会晚于他们。罗先生的推论很有道理，但李开芳如果于咸丰三年（癸丑年）九月被封定胡侯，则说明秦日纲已放弃这一爵号，其定胡侯当在咸丰三年（癸丑年）九月之前被封，咸丰三年（癸丑年）六月时秦日纲门牌上的官职仍是天官正丞相，他升封侯爵当在六月以后。也就是说，他升封定胡侯是在咸丰三年（癸丑年）六月至九月间，极有可能即在咸丰三年（癸丑年）六月之后不久，北伐开始之后，东王杨秀清愈益感到北伐目的在于“定胡”，意义重大，故有此封。至于出现某天侯的爵号，秦日纲也是最先使用，应该是升封李开芳的时候，他就改封了顶天侯。当然也不排除另一种可能性，即在咸丰三年

① 《太平天国》，第 3 册，第 238 页。

② 《太平天国》续编，第 3 册，第 12 页。

③ 《太平天国史料丛编简辑》，第 3 册，第 40 页。

④ 《太平天国史料丛编简辑》，第 2 册，第 39 页。

（癸丑年）九月之前，他就改封顶天侯，故其原定胡侯爵号可封给李开芳。这就可以断定，咸丰三年（癸丑年）九月时，他已改封顶天侯。史料中未见他此时被处分的记载，那么，他的侯爵应是连续的，因此，放弃一个爵号必定另封给一个爵号。这就是说，不仅秦日纲封侯最早，而且使用某胡侯、某天侯的爵号都是最早的。其他官员早期升封侯爵似也有一个从某胡侯或某国侯改封某天侯的过程。陈承瑢于咸丰四年（甲寅年）五月由兴国侯改佐天侯，黄玉崑于咸丰四年（甲寅年）八月在复职后改封卫天侯，李俊良于咸丰四年（甲寅年）四月即被封补天侯，卢贤拔于咸丰四年（甲寅年）二月升封镇国侯后未见改封爵号的记载，那是后来他出了事，不可能再改封了。前期出现的其他侯爵，据罗尔纲先生的《前期王侯表》，都是某天侯的爵号。如果笔者的判断正确的话，早期官员升封侯爵都有这样的过程，那么，涤浮道人关于秦日纲曾升封定胡侯的记载则是真实的。如果前述的推论是正确的话，那又如何看待有关贾西义号访问天京时的一些记载呢？这些记载为外文资料，有些译者将“Tchen”误译为“秦”，实际上应译为“陈”，因为贾西义号访问天京时天官正丞相为陈承瑢而非秦日纲①。

此后，其官职变迁似无异议，其升封燕王是在咸丰四年（甲寅年）四五月，同时天王加封他为霜师。其被降为顶天燕当是在田家镇之战后。

下面我们再看看进入南京以后秦日纲的主要活动。

（一）秦日纲三次入皖

秦日纲不是一介武夫，表现在他试图处理好与天王和诸王的关系，他一开始与天王、东王的关系不错，为顶天侯时曾撰赞美章句颂赞天王、东王、列王，指出：“兹奉我主特降诏旨，前上高天之时，亲承帝命，荷蒙天父明示我主天王及我列王皆系天父派定，上应天象。凡属万国人民，均宜赞颂，以报天恩，不禁豁然醒悟。故特遵旨敬撰赞美章句，镌刻颁行，俾天下万国臣

① 前文在分析六官丞相的作用时介绍了法国公使布尔布隆乘护侨舰贾西义号访问天京的情况，所引用的史料是该舰司令卜拉撰《贾西义号中国海上长征记》的范希衡节译本（收录在《江浙豫皖太平天国史料选编》中），范译本将“Tchen”丞相译为“陈丞相”。而《太平天国史译丛》第二辑收录的《法使布尔布隆访问天京记事》即为《贾西义号中国海上长征记》的第十二章“南京之行”，译者为章克生和顾竹君，他们则将“Tchen”丞相译成了“秦大臣”，他们的译文提到了当时布尔布隆想见天官正丞相（范译本则译为“首相”），这就意味着他们以为当时的天官正丞相为秦日纲。《太平天国》续编第9册收录的《法国耶稣会传教士葛必达神父的一封信》也记载了贾西义号访问天京的情形，译者为范德一等人，他们的译文中提到黄、赖、秦三丞相，其中与布尔布隆相见的是秦丞相，由此看来，他们也认为当时的天官正丞相是秦日纲。根据笔者对秦日纲官职演变的分析，贾西义号访问天京时天官正丞相为陈承瑢，秦日纲已升封为侯，因此，以范译为正确。

民同声颂赞，以垂诸不朽云耳。”[1] 正因为如此，天王才会赐宴于金龙殿，东王才有让他前往安庆代替石达开的安排。

张德坚《贼情汇纂》在介绍石达开时说：“癸丑八月奉伪令赴安庆一带安民，十一月回江宁，以伪燕王秦日纲代之。”[2] 在介绍秦日纲时也说：“癸丑十一月代石达开守安庆。甲寅四月调回江宁，封燕王。”[3] 在介绍石祥祯时又说：“癸丑五月赖汉英等率群丑犯江西，为官兵所败请援，杨贼始令祥祯与韦俊等往救，因陷九江湖口等处。十一月回江宁，复令与秦日纲前赴安庆，在庐和池州一带收贡掳粮。甲寅二月，又令与韦俊等犯湘潭，败窜常德。”[4]

也就是说，张德坚在《贼情汇纂》中几处提到秦日纲往安庆的时间都是一致的，即在咸丰三年（癸丑年）十一月，在安庆约半年的时间，至咸丰四年（甲寅年）四月调回天京。

谢介鹤《金陵癸甲纪事略》在介绍石达开时说：“癸丑五月，安庆再陷，秋东贼命翼贼往守，翼贼稍易东贼苛制，皖民少受害，东贼闻惧其得皖人心，（急）趣之归，调燕贼秦日纲往替。诡言北贼劳心甚，使翼贼代北贼事，藉分北贼权，使翼贼亦不得专制于皖。时翼贼统下，新虏甚多，伪相伪承宣伪尚书伪参护伪典舆，约计二千人。”[5] 谢介鹤在介绍秦日纲时则有稍详的记载：“癸丑七月，东贼令取所虏安庆民女，伪号贞人。十二月，因翼贼得皖人心，加日纲伪号真忠报国顶天侯，使往代翼贼守安庆，少变翼贼所行。然新虏亦二千余人，东贼以此忌之，乃调罗大纲往替。日纲归，东贼分取其统下伪将使等为伪东殿参护、伪东典舆，以少其众。甲寅五月，东贼闻湖南及黄河贼为官兵破灭，欲使北贼前往，又恐北贼去而不返，乃以日纲为伪燕王，伪称千岁，天贼又加其伪号为霜师，使代北贼上游之行，去后，因［我］红单艇船在三山营上下冲击截杀，乃率众贼急返金陵。扬帆直下，至乌江为红单艇船击沉无算，获其伪印及帽［有燕王字样］，意其死矣。嗣［大营拿获老长毛讯］知燕贼落水，［间道］逃往和县，其伪贞人，至是改号为妃，子一，四月生。”[6] 在介绍罗大纲亦说：“自附东贼，屡为贼先锋，尚不过于虏掠，所至易破，至金陵后，东贼使陷镇江，即留守，嗣调守安庆等处。”[7]

秦日纲赴安庆的时间，谢介鹤认为是咸丰三年（癸丑年）十二月，回来

① 《太平天国》续编，第3册，第10页。
② 《太平天国》，第3册，第48页。
③ 《太平天国》，第3册，第50页。
④ 《太平天国》，第3册，第55页。
⑤ 《太平天国》，第4册，第670页。
⑥ 《太平天国》，第4册，第670～671页。
⑦ 《太平天国》，第4册，第674页。

的时间未作说明，只是说明在咸丰四年（甲寅年）五月东王令其代北王有上游之行，这与张德坚载其于咸丰四年（甲寅年）四月回江宁是不矛盾的。而谢介鹤另有牧马人案的记载，也表明咸丰四年（甲寅年）四月时，秦日纲已在天京。谢介鹤的《金陵癸甲纪事略》载："自金田倡乱，贼之伪制伪令，半由玉崑定。初为伪左一检点，后授伪侯，凡贼讼事，俱经判断。甲寅四月，燕贼牧马某甲坐门前见东贼同庚叔未起，东贼叔怒，鞭某甲二百，送燕贼，未及问，又送付玉崑，意欲玉崑加杖。玉崑谓既鞭可勿杖，转相劝慰，东贼叔愈怒，推倒玉崑案，诉于东贼，东贼怒，使翼贼拘玉崑，玉崑闻而辞职。伪兴国侯陈承瑢、伪燕王秦日纲，闻之亦相率辞职，东贼大怒，锁发北贼杖日纲一百，承镕二百，玉崑三百，某甲五马分尸。"①

总体说来，谢介鹤的记载较张德坚更为详细，他说明了几个问题：第一是东王派秦日纲代替石达开的原因，第二是东王以何理由说服石达开接受新的安排，第三，东王对秦日纲仍然有所限制。这三点实际上反映了同一个问题，即东王对各王及部属权势的制衡，让翼王回天京是限制北王的势力，让秦日纲赴安庆是限制翼王的势力，而让罗大纲代秦日纲，则又是为了限制秦日纲的势力，最后让秦日纲代北王而赴上游，又是顾虑北王出而不归。谢介鹤载罗大纲代替秦日纲事，在《贼情汇纂》中亦有所反映，张德坚介绍罗大纲说："甲寅二月调回江宁，令与胡以晃等上犯和庐，三月踞守安庆省，遂扰建德东流等处。"并指出："罗大纲慓悍机警，贼中号为能者，然因非粤西老贼，功在秦日纲上而不封侯王，心甚怏怏。"②

杜文澜《平定粤寇纪略》卷二载，咸丰三年十月，"贼陷安徽桐城、舒城，犯庐州。初，伪翼王石达开在安庆，分兵四掠，择本地助虐者为乡官，授以伪职，令按亩收银粮，诡托安民，实资科敛。及是贼党秦日纲代之。达开尚外假宽和，日纲则惟事凶狡，遂于十月十四日乘雨直扑集贤关，进攻桐城。文生张勋求援于前按察使张熙宇，答以未接警信，旋自退守大关，致张勋各勇腹背受敌，同时溃散，桐城失守。二十九日复陷舒城。总兵恒兴退回庐州，在籍督办团练吕侍郎贤基与随营委员通判徐启山，均在舒城行馆殉节，奏带司官刑部主事朱麟祺接仗阵亡。抚臣先后查报，奉旨张熙宇、恒兴正法，吕侍郎等分别赐恤。后张熙宇畏罪自尽。自舒城失后，贼氛径指庐州。庐州者，安徽文武大吏所侨寓以为省治也"③。

---

① 《太平天国》，第4册，第671页。

② 《太平天国》，第3册，第61页。

③ 《太平天国资料汇编》，第1册，第26~27页。

谢介鹤只是讲石达开在安庆更易“东贼”苛制，但是具体如何做法未作交待，杜文澜的记载对此有所说明，李滨《中兴别记》卷九对此也有记载，指出：“是月（指咸丰三年八月），贼石达开既踞安庆，张伪榜，假仁义要结民心，收罗无赖充伪乡官，征租赋，立榷关于大星桥各属，支河曲港，遍设伪卡，苛敛杂税。”① 而且，杜文澜的记载使人对秦日纲赴安庆的时间和他在安庆的军事行动有更为准确的了解。但是，这里的时间又与张德坚和谢介鹤的不同，将时间定在癸丑十月。关于秦日纲进攻桐城之事，李滨的《中兴别记》卷十则记载说：咸丰三年十月戊寅（初七日，11 月 7 日），“贼杨秀清调安庆石达开来江宁，使秦日纲往代，伪右四军帅李秀成从。贼自安庆分股犯桐城，恒兴率兵遁舒城，团绅孝廉方正马三俊属（嘱）附生张勋赴练塘求援，张熙宇不应，退避大关。壬午（十一日），城陷，吕贤基愤疏劾之，上怒，令斩张熙宇，革汉中镇总兵恒兴职，熙宇畏罪自尽”。当时有人分析说：“今贼据安庆，此其意必在庐州。”② 李滨又载：“庚子，贼陷舒城，在籍团练刑部侍郎吕贤基、刑部主事朱麒祺、东河通判徐启山等死之。已革陕西汉中镇总兵恒兴遁庐州，刘裕珍疾置入告，上命斩恒兴以肃军令。”③

东王让秦日纲赴安庆的目的，就是恢复东王的政策，限制翼王在安徽的势力，尽可能减少翼王在安徽的影响。那么，秦日纲在安庆期间，究竟实行什么样的政策呢？这可通过他在此期间发布的一则告示来了解。咸丰四年二月初四日（太平天国甲寅四年正月二十六日），秦日纲发布告示。告示内容如下：“真天命太平天国真忠报国顶天侯加一等世袭秦为札谕普天下乡民严拿逆徒，乱行肆扰事：照得天父天兄大开天恩，差我真主下凡，复差功（劝）慰（慰）师圣神风我（禾）乃师赎病主左辅正军师东王辅左（佐）我主天王，建都天京，安良除暴，普救世人。本侯恭奉天命出师安良，凡官民兵士人等，莫不教导，俾得个个修好练正，化醒心肠。但新投军人兵士甚众，稂（良）莠不齐，难保无不法之徒，乱行滋扰，诚非上帝救世之心，我主爱民之道。前翼王颁行训谕，严禁逆徒肆扰在案，至今未见尔等良民举公秉正擒拿前来送案，是本侯诚恐尔等乡民未能周知，为此特行札谕，仰军民人等知悉。自谕之后，倘有圣营兵士人等，胆敢不遵天命，妄到乡村骚扰者，不能（论）欺勒吾民与不欺勒吾民，准尔等放胆扭拿送案，本侯定将该犯讯明，按天法究治，以儆凶顽，而安良善。”④ 从这则告示来看，秦日纲似乎是继承了翼王

① 《太平天国资料汇编》，第 2 册上，第 145 页。
② 《太平天国资料汇编》，第 2 册上，第 162 ~ 163 页。
③ 《太平天国资料汇编》，第 2 册上，第 168 页。
④ 《太平天国》续编，第 3 册，第 12 页。

石达开的政策，这也许是东王杨秀清又派罗大纲代替他的原因吧。但说秦日纲执行杨秀清的苛制，似也有史料为证。《贼情汇纂》记载说：“贼中所刻伪天条书、伪营规，皆粤西旧例，贼目残忍，专事威劫，所增禁令日繁。俘获伪奏章稿内有增议太平刑律多条，又伪燕王秦日纲所出告示，亦载应斩罪多款，谓之律则。群贼遵奉，又统谓之天令，夫令所以驭军，律所以制民而兼制军者也。”①

秦日纲一回到天京，就遇着几件不开心的事，一是其众被东王侵夺，二是因牧马人案受到杖罚，三是代北王的上游之行又遭失败，唯一能令他开心的事就是喜得一子。

如果秦日纲第一次入皖与安庆易制有关的话，那么，他第二次入皖，则与增援北伐军有关。张德坚《贼情汇纂》载：“甲寅四月调回江宁，封燕王。杨贼再令北犯，日纲往扰凤阳、庐州一带，不愿北行。禀奏杨贼云：‘北路官军甚多，兵单难往。’”也就是说，张德坚以为，秦日纲是因为增援北伐而再入安徽，时间在甲寅四月以后。谢介鹤《金陵癸甲纪事略》所载秦日纲于甲寅五月事为其代北王的上游之行，其目的是解湖南太平军和北伐军之困，此行当进入安徽，但谢介鹤未明言，只是说他因遭到清军红单船截杀而急返金陵，其印帽被清军俘获，清军以为他已战死。谢介鹤在介绍曾相凤时提到他追随秦日纲第二次入皖事，他对曾相凤的介绍说：“伪冬官又副丞相，广西人，金陵破，为伪指挥，加秋官丞相，与赖汉英同窜江西。官兵防守，城不得破，东贼削其职。甲寅春，东贼闻湖南贼又为官兵所败，乃授伪冬官又副丞相，使往接应。嗣使燕贼往安徽，又调回使尾燕贼后。”② 看来，秦日纲第二次入皖是为了增援北伐军。东王派秦日纲增援北伐军确有其事，李秀成在总结天朝十误时，关于北伐就讲了三条：“一、误国之首，东王令李开芳、林凤祥扫北败亡之大误。二、误因李开芳、林凤祥扫北兵败后，调丞相曾立昌、陈仕保、许十八去救，到临青（清）州之败。三、误因曾立昌等由临青（清）败回，未能救李开芳、林凤祥，封燕王秦日昌复带兵去救，兵到舒城杨家店败回。<杨家店清将，现今日久，不能记得姓名。>”③ 此处李秀成未记起的清将，据罗尔纲先生考，是秦定三④。从李秀成的总结来看，当时秦日纲不愿率军增援北伐军似为自己的考虑。李秀成明确地说秦日纲是从安徽舒城败回的。

---

① 《太平天国》，第3册，第227页。

② 《太平天国》，第4册，第674页。

③ 《太平天国》续编，第2册，第397页。

④ 罗尔纲：《增补本李秀成自述原稿注》，中国社会科学出版社1995年版，第383页。

咸丰四年三月十二日胜保的《奏报据禀敌催后援由兰仪渡河并请令和春力遏敌窜片》后附张大其等人的供单，供单称："小的随同他们合官兵打仗八次。（咸丰三年）十二月里听说北边贼匪被官兵围困，贼众商议到天津解围。那月二十八日贼内丞相曾姓、胡姓、许姓、陈姓，共带十五军，每军二千五百人，分两起行走。本年正月初十日到安徽，由蒙城县河南永城、夏邑两县沿途裹胁。又添一万多人，自蟋龙集渡过黄河。接到南京探报，说庐州府被攻紧急，许丞相带着后起人马赶回安徽，说明随后仍来直隶"。"至贼营内丞相曾姓、胡姓、陈姓并有伪封顶天侯陈姓，都是广西、湖南人"①。将这些内容和李秀成的总结结合起来看，秦日纲确是杨秀清派出的第二批北伐增援军的将帅，只是他也以失败而告结束。

在增援北伐失败以后，秦日纲又第三次入皖。张德坚《贼情汇纂》载：秦日纲不愿北伐之后，"续奉伪旨，仍往安徽抚民，日纲遂遍扰安池各属邑。甲寅六月回江宁省"。随后，秦日纲又指挥了兔儿矶之战。李滨《中兴别记》卷十五载，咸丰四年七月，"贼杨秀清调武昌踞贼韦俊、韦宾、石贞祥、石镇仑、张子明还江宁，以伪地官副丞相黄再兴、伪国宗石凤魁守武昌。使韦俊、石镇仑助秦日纲犯兔儿矶，败于官军，韦宾、石贞祥守西梁山，贞祥败死，俊、宾皆遁还，其兄昌辉斥其无用，收伪国宗印，置之闲散"②。又载，闰七月初二日，"水师吴全美、叶常春，自浦口乘风上驶江宁，击毁下关贼船百余艘，炮台七处，焚七里洲水营二，贼船遁入夹江，师船进泊三山营。越日，上游贼船数百艘扬帆压下，全美先令五船沿北岸泝流而上，横截贼后，亲督各船，俟贼逼，群炮齐发，贼首尾受敌，大败之，毁夺贼船二百余艘，军报谓击毙伪燕王秦日纲"③。

（二）秦日纲与田家镇之战

咸丰三年九月，太平军攻陷田家镇，此后，"兴国、大冶贼已踞为老巢，上达崇阳，下达九江，贼势张甚"④。咸丰四年二月，韦俊上犯湖南，石凤魁守汉口镇。五月，杨秀清本令韦昌辉上犯湖北、安徽，但在韦昌辉濒行前，却又改令韦俊、黄再兴前往。当时的黄再兴可能未成行，至六月，太平军攻克武昌后，石凤魁遂踞湖广总督署，而石达开则上奏洪秀全，令黄再兴赴湖北安民，这样黄再兴才得以成行。七月，黄再兴到达武昌，而杨秀清又令侯裕宽和涂振兴出巡安徽、湖北。但是，到八月情况发生了变化，清军围攻武

① 《清政府镇压太平天国档案史料》，第13册，第205页。
② 《太平天国资料汇编》，第2册上，第258页。
③ 《太平天国资料汇编》，第2册上，第259~260页。
④ 《太平天国资料汇编》，第2册上，第277~278页。

汉，并于下旬攻陷，黄再兴、石凤魁、侯裕宽等退至田家镇。在武汉危急的情况下，八月，杨秀清又令韦昌辉往援湖北，但韦昌辉行至采石时，又令石达开往援，同时还令秦日纲往湖北一带稽查河道，密拏奸宄。韦昌辉之行，不只是张德坚的记载，还有韦昌辉发给黄再兴和石凤魁的诫谕为证，他在诫谕中要求黄、石两人分巡湖北各郡县，"遇妖即诛，见民必救"①。

秦日纲在出巡过程中有不少表现是值得称道的。一是他建立了行路船票制度，现存一份他于咸丰四年九月初二日（太平天国甲寅九月十八日）颁发的行路船票内容为："真天命太平天国燕王秦为巡查河道来往船只，严拿私藏奸宄事：今据后拾贰军典油盐汪大元坐船一条，统带兄弟叁拾伍、水手捌名，内装长龙拾条并铅码、红粉至圻州杀妖，仰沿途巡察官照数验明，不得多少，方准放行。如数不符，情形可疑，即行拏究，遵此。"② 二是他还建立了一套间谍暗号制度，据《贼情汇纂》载："贼目役使奸细，另有二寸八分长、一寸宽黄纸一方，汉文花边，中刻空心篆文'奉天诛妖'四字，更刻草书'凭'、'据'二戳，如左营则印左边，右营则印右边，前营则印于上，后营则印于下，中营则印于中，然后又分牌尾牌面，牌面则印于上，牌尾则印于下。凡暗记一张，上必加二小戳，所印之处无定，盖先分何营，后分牌面牌尾故也。每印必先印凭字，又侧加一据字，并非印色。满纸花文，印文皆系银朱水印，加印二戳狂草颠倒模糊，专意使人不能辨识。此系扬州生员胡莼卿为秦日纲设策创置者，自矜巧妙无比，孰知我军搜出，一望即知为贼物，不待讯供，便可正法矣。"③ 三是关注沿途士兵和百姓的思想动态，他发现"在外兵士，均皆新招弟兄"，为此而禀奏杨秀清要求将杨的《行军号令》一书"择其至要者"镌刻，令兵士熟读谨记④。由于"近有不法之徒，甘受妖惑，胡言澜语，捕风捉影，摇乱欲以，以致愚民互相惊扰"，他张贴安民告示，要求老百姓"各宜安分守业"，不再"摇动"，即不再动摇，并表示要查拿造言之人，并已团集乡兵⑤。四是他在军事方面也有自己的思考。他禀报石达开，建议在彭泽县小姑山设防，请石达开裁夺后再禀奏东王。因为"其山居中，该处水面较之各处甚窄，且此处亦系湖北江西下游总口，最关紧要"。从此禀报可知，秦日纲外出巡查河道，亦系石达开之意⑥。他对陈玉成的部队亦实施了有

① 《太平天国》，第3册，第195页。
② 《太平天国》，第3册，第239页。
③ 《太平天国》，第3册，第235页。
④ 《太平天国》，第3册，第207～208页。
⑤ 《太平天国》，第3册，第222～223页。
⑥ 《太平天国》，第3册，第210～211页。

效的指挥。八月初九日他接到陈玉成的禀申后，即诲谕陈玉成等人在圻州地方“坚筑营盘，约束兵士，小心灵变，加意防范”①。

八月二十二日，秦日纲又接到陈玉成的禀申，得知他已退守圻、黄，而石凤魁和黄再兴已失守武昌的情况。陈玉成在禀申中还说：“今闻燕王巡查河道，不日可到圻州田家镇，小卑职欣幸之至，特此禀申，并禀知国宗兄齐会于田家镇，庶可诛杀妖魔。”② 据张德坚载，秦日纲其时已到达九江。而石达开得到武汉被攻陷的消息，则是他到达芜湖之时，他还没有来得及采取新的行动即得到杨秀清新的命令而踞守安庆。秦日纲在得到消息后，立即采取了几方面的行动，一是要求黄再兴、石凤魁驻扎田家镇，听候他的调度，二是令曾凤传转谕彭奕嵩“作速前往圻州”，援助陈玉成，所有富池口一带营盘交与何潮元。曾凤传照会彭奕嵩，告诉他说：“燕王现在九江巡察奸宄，不日即可驾临富池口，踏看营盘。”③ 随后，秦日纲就受到了杨秀清一系列指令。杨秀清先令他与韦俊、石镇仑、韦以德等协力镇守田家镇，后又“毋容韦俊等统兵前往”，只令张子朋、许宗扬前往镇守田家镇，并命他赶紧前往九江统兵赴田家镇，再后令他“统理田家镇军事”，并令涂镇兴和侯裕宽帮办。这说明，当时秦日纲的态度是积极的，而杨秀清对他也是非常重视的。

九月十一日，秦日纲“舟抵武穴及田家镇一带地方，逐细访查武昌失守情形”。杨秀清诰谕秦日纲在田家镇“筑起坚固营盘，并造木簰水城，在江心挽泊堵御”，为此杨秀清特差涂镇兴押解“能上水木簰”一座赴田家镇，要求秦日纲在木簰到后“安足军装炮熄”，并依式整造多座④。在调查清楚了武昌失守情形后，九月十四日，秦日纲即向杨秀清禀奏，当时他在田家镇会同石、黄“公同酌议”。九月二十四日，秦日纲在盘塘接到杨秀清于九月初八、初九日的诰谕两件，杨秀清认为“田家镇地方为天京咽喉，上下通衢，最为紧要”，因此，他禀奏杨秀清，汇报田家镇防守情形：造成三座木簰，加造坚固营盘，赶紧打造铁链。此时涂镇兴已到田家镇，而石凤魁、黄再兴仍在田家镇。当时石达开“出师安省”⑤。

关于田家镇的地势，李滨《中兴别记》卷九记载说：“田家镇当江北，诸山峻峙，江南大山曰半壁山，三面斗绝，山下富池口，江水绕山北而东，故舟行依田家镇以避湍。三年，官军失半壁山而败，至是贼于忠源至之前一日

---

① 《太平天国》，第3册，第196~197页。
② 《太平天国》，第3册，第216~217页。
③ 《太平天国》，第3册，第212~213页。
④ 《太平天国》，第3册，第194页。
⑤ 《太平天国》续编，第3册，第42~43页。

踞之，忠源望贼垒叹曰：此天险也，军情地势，两失之矣。”[①] 杜文澜《平定粤寇纪略》卷三则说：“田家镇之东，有半壁山，孤峰峻峙，俯瞰大江，一夫守之，万人愕咋，即前江巡抚叹为天险者也，贼结垒其上。”[②]

当时秦日纲在田家镇防守的具体情况究竟如何呢？杜文澜《平定粤寇纪略》卷三的记载是：“贼于田家镇置铁锁，其法与三国时东吴成式不同。吴人于两岸凿石穿铁江中，无物承载，故一处镕断，全锁皆沈。贼则节节以小船承之，中用木簰三架，联以铁码，小船与木簰皆有大锚钩于江底，斫断一节，余仍坚牢，前后以大小战船数千号护之。”[③] 夏燮的《粤氛纪事》则载：“于是仿吴人铁鏁横江之法而变通之，乃于田家镇之下游，遥对南岸之半壁山，相为犄角，而系之以铁锁，江之中比船扎簰而承之，节节钩廉，钤以铁马。”李滨的《中兴别记》卷十六载：“日纲增益濠垒，分贼数千屯蕲州镇，距城四十余里，缘岸修土城，列炮位，南岸半壁山富池口，别守以悍党。以铁锁拦江，自半壁山引属田家镇，节节用舟承其下，钤以铁码，辅以大筏，列炮横中流，舟筏俱系铁索巨锚，沈句江底，舟貯水筏布沙，以防火攻。铁锁以上守以战舰六十艘，以下用民船数千艘为水营，延长数十里。”[④]

对于田家镇的重要地位，对于太平军方面对田家镇战略地位的重视，清军方面是非常了解的，并据此确定了攻打田家镇的战略步骤。《粤氛纪事》载，清军在咸丰四年八月克复武汉三镇以后，“九月，陆师克复大冶县。时贼之踞浔者，恃上游之武汉以为屏蔽，既不得逞，则思保蕲黄以为外援，乃亟饬下窜之贼，无过田家镇一步。……其逆首踞田家镇，又分遣悍贼踞上游之蕲州，以为策应，南岸之半壁山，亦有万人守之。于是官兵既克大冶，乃与水师合谋，先夺半壁山以为战地”[⑤]。曾国藩在奏报攻破半壁山水陆之战中说：“查逆党全力占踞田家镇，自蕲州至该镇四十余里，沿岸增筑土城，安设炮位，江面用铁锁横亘，阻截舟师。其南岸之半壁山、富池口，均令重兵驻守，两岸之贼舟楫往来，我军欲破田镇，必须先夺南岸。上年田镇失防，因半壁山、富池口为贼所据，势遂不支，故南岸为必争之地。”[⑥] 看来，半壁山之战是不可避免的。

十月初四日申刻，韦俊、石镇仑、韦以德一行人舟抵田家镇，与秦日纲“公同酌议”，发动战役。事实上，韦俊等人到达时，已发生战事，初五日，

① 《太平天国资料汇编》，第2册上，第152页。

② 《太平天国资料汇编》，第1册，第46～47页。

③ 《太平天国资料汇编》，第1册，第46～47页。

④ 《太平天国资料汇编》，第2册上，第277～278页。

⑤ 《太平天国》续编，第4册，第171～172页。

⑥ 《清政府镇压太平天国档案史料》，第16册，第34～35页。

战事继续，是谓富池口、半壁山之战，在这两天的战斗中，石镇仑、韦以德牺牲。而据杜文澜的记载，在半壁山之战前，还发生了十月初一日的马岭坳之战。其战况如下：“十月初一日，楚南陆军由黄州而下，行抵马岭坳，宝庆勇先进，千总何如海、六品军功彭称祥均阵亡。罗泽南、李续宾等奋勇冲突，斩伪秋官丞相林绍璋于马下，歼贼极多。”① 这里需要注意的是，林绍璋并未战死。

十月初六日巳刻，秦日纲于田家镇行营接到石达开贵谕，得悉建德一带业已安堵。石达开要求秦日纲在田家镇尽心竭力，“约束官兵防守，坚筑营盘，方可进兵直剿”②。这天，秦日纲分两次向杨秀清汇报初四日、初五日战况。韦俊也向杨秀清禀奏初四日、初五日战况，但与秦日纲所汇报的有所不同③。

据秦日纲禀奏，十月初四日，清军从兴国州进攻富池口小河，秦日纲率兵迎击，小胜，并拟追击清军时，又传来马鞍山清军进攻吊桶山的消息。秦日纲即刻率兵去援，快到吊桶山时，清军已攻毁吊桶山和田家镇营盘，秦日纲继续向前援救，清军遂退，他没有追击。这天，韦俊、石镇仑、韦以德到达田家镇，遂会同酌议，商定了第二天从马鞍山上路、下路兜剿清军的作战计划。十月初五日晨，秦日纲率军赶往吊桶山下边江岸，拟在此上岸与韦俊从上路而来会合，形成对清军的夹击。但是，他在此一开始就遭到清军的拦击，由于此地滨水环山，他不能前进，遂多次发动进攻，都没有突破，韦俊觉得接应无望，就上船返回。而秦日纲仍然坚持堵御清军的进攻，直至黄昏清军退兵，他才率兵上船返回。他回到田家镇见到韦俊之后，才知道石镇仑和韦以德牺牲的消息。从两天作战的情况来看，他建议放弃吊桶山，而在富池口小河驻扎营盘，等待时机再发动新的进攻。

从杜文澜的记载来看，似乎他认为半壁山之战只有十月初四日一天的战事，对此他记载稍详：“初四日复战，正欲攻山，忽江中贼船以数千人登岸，田家镇亦渡过贼数千人，与垒贼约共二万余人，排列半壁山左右。泽南所部仅湘宝勇一千六百人，众寡悬殊，军士恇怯，有三人临时逃去，李续宾飞马追回，挥涕手刃之，军心始固，分路督剿，贼皆败退，乘势追杀上山。贼前阻大江，下临绝地，从峭壁之上横坠而下，死者数千人，罥石罣树，血肉横飞。余贼奔江觅船，人多船小，沈溺数十只。即已开之船，亦战慄不能鼓棹。

① 《太平天国资料汇编》，第1册，第46～47页。

② 《太平天国》，第3册，第211～212页。

③ 《太平天国》，第3册，第209～210页。

我军以火弹火箭纵横延烧，合营之长夫余丁，亦持械杀贼。自岳州以后陆战数十次，未有毙贼如是之多者。是日，塔齐布之兵隔港分击，斩获亦多。”[①]从中可看出秦日纲的汇报有一定的真实性。李滨的《中兴别记》记载稍简，只说十月初四日，“罗泽南夺踞半壁山，断横江铁锁，贼秦日纲自田家镇渡江来援，拒败之”[②]。但是，夏燮的《粤氛纪事》则以为战事发生在十月初三至初五日三天。他的记载说：“十月，塔罗两军大战于半壁山，自初三日至初五日，贼之护铁锁者冒死抵拒，我军屡战败之，先后杀贼近万，遂斫断其锁，夺而踞焉。”[③] 很显然，李滨和夏燮的记载过于笼统，而所言此战中清军即已“斫断其锁”则是错误的。

由于韦俊没有参加十月初四日的作战，因此，他的禀奏主要是汇报十月初五日的作战情况。他和秦日纲汇报的不同点主要有以下几点：

第一，关于作战的计划，两人的汇报有两点不同：一是，秦日纲汇报的是从马鞍山上路、下路兜剿清军的计划，而韦俊汇报的是分三路兜剿的计划，突出了石镇仑和韦以德一路的作用；二是，“兼防富池口”的任务，秦日纲汇报是由他从下路负责的，而韦俊则说是他从上路负责。

第二，关于作战的过程，不同体现在三个方面。一是关于清军进攻的情况，秦日纲的汇报只注意到清军吊桶山拦击他上岸和前进的情况，而韦俊从总体上认识到清军亦从三路进攻；二是关于太平军的总体作战情况，韦俊汇报得更为详细一些，他将太平军三路上岸的地点及上岸后的作战情况都有交待，而秦日纲只是汇报了他下路作战的情况；三是关于秦日纲下路作战的情况，两人的汇报也不同，秦日纲自己强调下路作战的目的是与上路接应，但始则不能前进，后则多次接应都不成功，似乎下路的作战就局限在吊桶山下边江岸。而韦俊的汇报则说秦日纲追击敌人，在富池口遭到清军的两路进攻，首尾受敌，被迫上船返回。

第三，关于作战的结局，亦有三点不同。一是关于石镇仑、韦以德之死，两人都提到石镇仑和韦以德的牺牲，但说法有所不同。秦日纲汇报是听韦俊说的，据说是“被妖追赶下河，矛刺升天”，而韦俊本人的汇报则说石镇仑和韦以德身边的兵士被清军冲散后，“二人追前妖前进，被妖围绕，均被矛朝[戳] 升天”。二是关于伤亡人数，两人都未提到清军的伤亡情况，但对太平军自己的伤亡情况，两人的说法出入较大，秦日纲汇报说，太平军受伤

① 《太平天国资料汇编》，第1册，第46～47页。

② 《太平天国资料汇编》，第2册上，第282页。

③ 《太平天国》续编，第4册，第171～172页。

冲散者约数百名，升天者约数百名，而韦俊汇报说，太平军被伤者十有八九，浸水升天者约数百人，统计千余人升天。三是关于作战结局的认识，韦俊没有承担自己的责任，而秦日纲对于十月初五的作战承担“自己不能先事预防”的责任，对十月初六日石镇仑、韦以德的牺牲则承担“救援不及之罪”，通过作战，他认识到富池口小河的战略地位，并据此提出进一步的作战计划。

从两人禀奏的不同点来看，两人对如何作战似乎是有分歧的，但他们的禀奏都没有明言分歧，只是体现在具体的内容之中。韦俊对战役全局的了解要多于秦日纲，这对于负责田家镇防守事务的秦日纲来说，似乎是说不过去的。但是，秦日纲禀奏的态度较好，勇于承担责任，并有进一步的思考，又体现了他的角色所应有的高度，这种态度弥补了对全局把握不足的缺陷。而且，从作战的实际过程来看，秦日纲的表现也是积极的，“兼防富池口”的任务是他从下路负责的，他坚持了一整天的战斗，他承担的应是战略主攻的角色。正因为如此，虽然韦俊汇报他的作战情况不利于他，但他仍未被杨秀清处死。当然，在前期王爵不多的情况下，欲处死一位王爷，也是杨秀清必须要深思熟虑的。

在杨秀清的战略布局中，对韦俊的态度是有变化的。一开始是要韦俊来田家镇的，后来又不要韦俊前往，大概是经过秦日纲的要求，杨秀清再次改变了想法，又令韦俊往援秦日纲。韦俊等人到来时，战役已经打响，而且吊桶山、田家镇的太平军营盘已遭到清军攻毁，因此，韦俊来援，要挽回败局也很难。他对此可能有些自己的设想，在与秦日纲会同酌议时未能达成一致，因此，在作战过程中，他比较消极，很快从战场上撤下来。正因为他实际的作战活动较少，也有较多的时间了解作战的全局，故而他作战全局的汇报较为详细一些。又由于他处在一个救援的客军地位，在他看来用不着承担战役失败的责任，所以，在他的禀奏中就没有这方面的内容。他可能是希望秦日纲承担这个责任，结果如他所愿，秦日纲承担起了这个责任。但是，从战略实施的角度，韦俊应负有较大的责任，甚至可以说是主要责任，原因就在于他没有配合秦日纲的战略进攻，实现上路、下路两军的接应，形成对清军的夹击，他看到石镇仑和韦以德作战的艰难处境，以为获胜无望而过早地从战场上撤退，未能有效地消灭清军的主要力量，两人的禀奏都未提及清军的伤亡人数，就说明了这个问题。

十月初六日以后，秦日纲又向石达开禀报他在田家镇防守的情形，表示会同韦俊、曾凤传等酌议，加意防守田家镇。初九日，秦日纲在田家镇行营又接到杨秀清的诰谕，杨秀清要求他保举官员时先调查后勘验，不得徇情滥保①。半壁山之战后，清军进攻的下一个目标就是田家镇。

但是，田家镇之战没有来自太平天国方面的记载，只有清方的记载，这主要是指杜文澜和夏燮的记载。此次战事发生在十月十二日和十三日两天。同样的，杜文澜的记载也较详，其战况如下："曾侍郎虑陆军势孤，派杨岳斌等水师冲蕲州而下，至田家镇会师。十二日，杨岳斌、彭玉麟密登高岸，至塔齐布、罗泽南营内商定大举破贼之策。……岳斌、玉麟与各营哨约定，分水师为四队，第一队专断铁锁，炉椎皆备，第二队专以炮攻，护头队，第三队俟铁锁开后，驶至下游，向上纵火烧贼船，第四队守老营，以防上犯。十三日辰刻，依令开队。塔齐布、罗泽南等率陆军六千人，排列江南岸，以助声势。贼自牛肝矶炮台以下直至吴王庙，尽力抗拒，千炮环轰。我水师第一队哨官刘国斌、万瑞书等循南岸急下，径赴铁锁之下，椎断船上之铁码，我军自锁下抽渡。哨官孙昌凯以洪炉大斧且镕且椎，须臾锁断。贼见官军冲过铁锁，即驾小划而遁。我军追及，梭穿于千百贼船之中，迅如飞鸟，纵火大烧，烟焰蔽天。正值东南大风，贼舟不能下行，纷纷扑水号哭，沈浮昏如梦呓，或反攀战船求援，辄被官军刺杀，或缘登贼舟，贼亦抽刃斫之，不能相顾。塔齐布等于水师冲过铁锁之时，即从半壁山飞驰而下，呼声振天，与战船炮声相应。炮无虚发，军无停刃，燔贼舟一万有奇，沈尸塞流，遂拔田家镇，贼遁九江，追至武穴而还。蕲州贼首伪英王陈玉成，即四眼狗，弃城窜往广济，塔提督等由田家镇渡江追之。"② 看来，战事主要发生在十三日，清军的战术是在陆军的配合下由水师分四队解除太平军的横江铁锁，然后水陆两军联合进攻太平军战船和田家镇。

夏燮的记载稍有不同，其《粤氛纪事》载曰："时水师已抵蕲州之下游，十二日进扎见峰咀，去田镇不及十里。水师统领密登南岸，与塔罗共商大举破贼之策，议合两军专攻其南岸，则其北岸之贼一闻铁锁全断，不战而自溃也。计其时南岸所断者不过铁锁之根，而江上船簰之承护者如故，贼又续系其锁于山之下，去山十里曰富池口，连营三座守焉。十三日辰刻，水师参将杨载福、同知彭玉麟统领左右两营，自见峰咀循南岸急桨而下，疾趋半壁山前，焚其船簰，贼不能复护铁锁，乃载以红炉巨斧，先椎铁马，再断铁锁，于是节节皆碎。时铁锁以下，贼掳民船四千余号，捍蔽下游。我军驶三板舟追贼至郘穴、龙坪，回师溯上游，遂将其四千余号之船，纵火焚之。方谋攻

① 《太平天国》，第3册，第208页。

② 《太平天国资料汇编》，第1册，第46～47页。

北岸，而田镇之贼已溃而走，遂克之。其蕲州踞城之贼，官军为其所袭，阵亡兵勇数十人，猝闻下游之败，夺其所恃，亦于十四日宵遁，遂并蕲州克之。陆军又乘胜克复广济、黄梅等县，与水师会于浔阳。”① 夏燮的记载虽有水陆两军将领共商大计的内容，但只反映了水师作战的经过，而没有反映水陆两军共同作战的情况，从夏燮的记载看，清军的战术是专攻南岸，先断铁锁，再烧其船，战术实施的结果是田家镇不战而克。

田家镇之战后，秦日纲退至九江等地，随后又在湖北黄梅与清军激战。杜文澜的《平定粤寇纪略》记载了这次战役的情况：“贼首伪英王陈玉成窜至广济，联合伪燕王秦日纲、伪丞相罗大纲等，分守各要隘。塔提督（指塔齐布）渡江后，由菩提坝、莲花桥节节进剿，克复广济，贼众退踞黄梅。黄梅为湖南、江西、安徽三省接壤之区，三贼首并力死拒，以万余贼守小池口抗水师，以数万贼踞城西之大河铺，以万余贼札北门外，又以数千贼游弋联络之。塔提督与罗泽南、周凤山等于（咸丰四年）十一月初一日自广济进至双城驿，距大河铺十里。贼乘立营未定，率众来扑。我军奋登山冈，冲杀而下，追至大河铺，立将贼垒蹋毁，初四日破新桥之险，直逼城根，四面剿杀，鲜得脱者。塔提督头受石伤，裹创猛攻，贼从小南门、化龙门缒城而遁，遂克黄梅。”②

应该说，黄梅之战后，秦日纲即被调回天京，受到杨秀清的处罚。张晓秋《粤匪纪略》载秦日纲：“咸丰四年冬，领贼众犯田家镇、黄梅县等处，数为我兵剿败。杨逆锁回欲杀之，嗣贬为奴，犹得与闻贼务。”③ 在天父圣旨中，关于对秦日纲处罚的记载主要有以下几处：

咸丰四年十二月初一日（太平天国甲寅四年十二月十三日），天父劳心下凡，降圣旨诏东王于梦中曰：“燕、豫同如何不同？南一丈燕不杀先。三伯功深恩如海，尔为侄孝格理虔。”天父降旨诏毕，东王即醒，天父回天。咸丰五年二月初三日（太平天国乙荣五年二月十三日），天父上主皇上帝大开天恩。情因顶天燕秦日纲屡次失守之罪，锁押在牢，未经主断。爰于是夜五更劳心下凡，降托梦诏，恩降圣旨，诏东王曰：“纲无桥过，奴其三载。”东王寤聆圣旨之下，不胜欢欣。忽然醒悟，乃知天父开恩，密降梦诏。当跪谢天恩，遵赦秦日纲矣④。八月十三日（太平天国乙荣五年八月十七日），天父因秦日纲革职之后，尚知愧厉，亦既除却奴名，即可复还原职，惟林启容、朱文光、

① 《太平天国》续编，第4册，第171～172页。
② 《太平天国资料汇编》，第1册，第48页。
③ 《太平天国》续编，第4册，第48页。
④ 王庆成编注：《天兄天父圣旨》，辽宁人民出版社1986年版，第112页。

曾添浩、骆潮杰等，以及有私自过营之汪庚扬、胆敢留宿之张有珍，其罪均难赦宥。爰于是早降托梦诏于东王，圣旨恩复秦日纲原职。黜林启容、朱文光、曾添浩、骆潮杰四名为奴[①]。10天之后，八月二十三日（太平天国乙荣五年八月二十七日），东王命女官传男承宣官传韦正及顶天燕暨侯相等到府，要求他们“细心详解”天父给他所降的梦诏。由于“词意渊深，难明真意”，无人能够详解[②]。

（三）秦日纲与金坛之战

涤浮道人《金陵续记》载，太平天国六年夏进攻江苏句容、溧水、金坛的将领有“秦日纲（伪顶天燕）、陈玉成（伪冬官又正丞相）、陈仕章（伪夏官副丞相）、余正兴、周胜坤、李寿成（以上三贼伪丞相，不知是何伪六官名目）”。这说明秦日纲在被赦后参与或指挥了金坛之战。

据麦高文《东王北王内江事件始末》载，咸丰六年四月，“数以万计的男女老幼都在挑运米粮，由扬州及附近各市镇到瓜洲和镇江。在他们四人（指肯能等4个外国人）到来以前不久，瓜洲和镇江差不多快要断粮，如果不是顶天侯秦日纲及时从南京率将士驰援，吉尔杭阿将军指挥下的清军就会轻而易举地得胜。顶天侯从天京杀出一条血路，解除了被包围的太平军防守部队的困苦，随即与镇江守将（周胜坤?）指挥下的部队会师，联合作战大捷，肃清了长江以北大部分地方的清军，由此缴获大批粮食，储备将来之用”[③]。接着，秦日纲和另一位统帅决定恢复镇江与南京之间的交通，“出征的两位统帅各自率领士兵一万五千名，经过三天苦战，占领了位于京镇之间中途的几座炮台，把人炮口转而对准江面上的敌方军舰，迫使敌舰起锚驶往他处。在胜利的鼓舞下，两位统帅并不班师返回天京，而是乘胜反击，向长期驻守镇江南面的清军吉尔杭阿部队侧翼猛攻。四天的奋战终于使他们夺取清军的大批炮垒，其中至少有大炮六百尊”。“最剧烈的战斗发生在一个小峡谷中，清军在那里有三座炮台，由兵勇约七百名防守，太平军把他们团团围住；最后清军因断粮而奄奄待毙，终于全部被歼。1856年5月31日（咸丰六年四月二十八日），吉尔杭阿将军就是在这场大战中阵亡的”。在这次战役之后，秦日纲才决定返回天京。但是，“在返回天京的行军途中，有必要在南面迂回而行，以便绕过天京附近几座坚固的炮台，因为他们所带的火药差不多要用完了。当快要走近南京城时，他们望见天京为向荣的部队紧紧地围住，敌军的浩大

① 王庆成编注：《天兄天父圣旨》，辽宁人民出版社1986年版，第121页。

② 王庆成编注：《天兄天父圣旨》，辽宁人民出版社1986年版，第123～125页。

③ 北京太平天国历史研究会编：《太平天国史译丛》，第二辑，中华书局1983年版，第80页。

声势颇有俘获太平军全部的可能。然而顶天侯出奇制胜，压倒对方，安然进城，并未遭受多大损失”①。回到天京后，秦日纲将随行的四个外国人带到东王府。

“约在1856年7月（咸丰六年六月）中旬，外国水手原来的上司顶天侯受到极为严厉的怒斥，因为他在丹阳接连战败，最后一次战役，由于中了敌军的埋伏，损失士卒六百名。这是清军老将向荣所奏报的最后一次胜仗，不久他就因年老力竭而死。据向荣奏称，此次战役杀死逆贼一千名，斩首与割耳者二百名，后来几天所杀的人更多。同样《邸报》宣称，清军在撤出丹阳前杀了大批逆贼。而在现场看到交战经过的外国水手，目击屠杀惨状，据他说，被杀者差不多完全在清军一边”②。

麦高文所记似为金坛之战的前哨战，从时间来看，金坛之战在他所记的战事之后。强汝询《金坛见闻记上》：“咸丰六年七月，贼帅洪秀全，遣其党秦日纲、陈玉成等寇金坛。”“欲由金坛以达常州”，七月十四日，秦日纲率军到达金坛城下。但一直未能攻下，至八月初五日夜撤围而去。强汝询评论说：“金坛邑小民贫，非贼所急，而攻围不遗余力者，志在得金坛以窥苏常也。其始遣秦日纲来犯，贼之骁悍者皆属，其十日必陷金坛，即移兵寇常州。既十日不拔，秦日纲又死，贼乃请命于其渠，其渠遣李姓者增兵来攻，更申期十日，逾期又不克。贼以东门地道将成，请更申五日，及地道成，而火药缺，张总兵（国樑）又急击败之，贼遂遁。”③ 罗尔纲指出：强汝询《金坛见闻记》载，秦日纲战死于清咸丰六年七月廿二日攻金坛之役，则是错误的④。

对金坛之战记载较为简明的是李滨，他的《中兴别记》卷二十八载：咸丰六年七月十三日，“贼秦日纲、陈玉成等自丹阳窜金坛，谋窥苏常。防军游击李鸿勋、知县李沭润、绅团吴秉礼、袁昶等闭门固守，张国樑乘贼南窜，毁贼十一垒，与福兴会调珥陵防军虎嵩林，统虎坤元、鲁占鼇、李定太领八千人赴援，分大营兵千人赴常州，听候怡良调遣”。二十二日，“游击李鸿勋遣军出金坛南门筑垒，败还，伪燕王秦日纲毙于流弹，我军不知。先是，张国樑遣都司陶茂森，率千人突贼围入城协守。鸿勋以城兵渐多，援师且近，募夫百余出南门为垒，遣卫兵三百版筑。甫半，秦酋率党

① 北京太平天国历史研究会编：《太平天国史译丛》，第二辑，中华书局1983年版，第80~81页。

② 北京太平天国历史研究会编：《太平天国史译丛》，第二辑，中华书局1983年版，第84页。

③ 《太平天国》，第5册，第193、200~201页。

④ 罗尔纲：《增补本李秀成自述原稿注》，中国社会科学出版社1995年版，第146~147页。

觇于高阜，官兵遽前击之，贼驰下，张两翼夹击，兵少不能支，奔城，贼从之，鸿勋大骇，亟闭门，令曰，敢入者斩。兵不得入，返与贼持，贼亦不敢遽逼，鸿勋遣亲兵出援，贼退。我军死三十余，创百余，民夫生还者不及半。后围解，搜贼垒，获伪文卷，检之，得秦日纲创毙月日，是战虽孟浪致挫，然除一巨酋也"①。咸丰六年八月十一日，怡良在《奏报剿办金坛获胜重围立解力图进取折》中称：在八月初五日进攻金坛县城的战斗中，清军"生擒贼匪二十名，讯据供称：连日官兵攻击贼巢，巨逆秦日纲在望楼被我兵火箭射死，又击毙伪丞相吴姓一名，伪指挥韦黄等三名，伪检点范二等五名、伪军师帅十余名"②。其实，前述史料中反映秦日纲死于金坛之战，都是错误的。

（四）秦日纲与天京事变

关于领导核心人物之间的关系，李秀成在《忠王李秀成自述》中说："韦昌辉与石达开、秦日昌是大齐一心，在家计议起首共事之人，后东王威逼太过，此三人积怒于心，口顺而心不息。少怒积多，聚成患害，积怒仇深，东、北、翼三人不和。"③ 李秀成的看法揭示了天京事变的原因，也说明了秦日纲在天京事变中所可能采取的立场。天父圣旨载，太平天国丙辰六年七月初九日（咸丰六年七月十六日）早，天父劳心下凡，诏曰："秦日纲帮妖，陈承瑢帮妖，放烧烧朕城了矣。未有救矣。"④ 如此定性，秦日纲还有生路吗？杜文澜《平定粤寇纪略》附记一说："后贼魁相屠，日纲死乱刃中"⑤。但是，秦日纲在天京事变中的表现究竟如何，还是值得探究的。

对于天京事变，方玉润《星烈日记》记载了大致概况：咸丰六年（丙辰）十月初七日，"余养疴襄河舟中，外事多不与闻。昨晚解衣将就寝矣，及六李梅卿始自营归。……又言，（胡）中丞前数日射书入武昌、汉阳城，劝贼归降。贼亦复书云：'我东王之所以被杀也，乃其有篡弑之心，故北王讨之，戮其全家。今翼王与北王已除大憝，南京已定，不日大兵将来救援，尔等妖兵，死无日矣！'云云，观此则杨逆之死已确。闻张国樑亦与制军信，云此事在七月十九日，则更不虚矣。又言一发贼投诚杨军门麾下，云南京事颇详：先是秀清带甲士三百人，入伪朝欲行弑，秀全知之不出朝，秀清退。秀全暗召其党伪北王韦昌辉及诸伪臣曰：'尔等为主乎？为王乎？'佥曰：'为主。'

① 《太平天国资料汇编》，第2册上，第458～459页。

② 《清政府镇压太平天国档案史料》，第18册，第584页。

③ 《太平天国》续编，第2册，第350页。

④ 王庆成编注：《天兄天父圣旨》，辽宁人民出版社1986年版，第128页。

⑤ 《太平天国资料汇编》，第1册，第304页。

遂各领众围秀清屋，屋墙高且坚，并环列铁炮不能入。有伪顶天侯者勇而捷，距跃先登，众继之，遂入，获秀清伏壁中，家属数百人，悉除无遗。又欲乘势除伪翼王石大开，大开越城遁，昌辉率众追之至宁国，见大开为官兵围始回。而南京大乱，闭城不纳，盖两湖新贼尽逐粤西老贼而据其巢也。此投诚贼乃大开所遣求援于其弟者，今其弟已由武昌县东下，未知确否"①。这里的记载反映了秦日纲在围攻东王府中的作用，这说明李秀成的看法还是基本成立的。

根据目击太平天国天京事变的一个欧洲人的口述而写成的《镇江与南京——原始的叙述》，较多地提到燕王秦日纲在天京事变中的情况。

咸丰六年三月（1856 年 4 月），这个欧洲人和另一个欧洲人乘船在焦山抛锚，然后沿长江北岸步行到瓜洲加入太平军。三天之后，他们被带到镇江。后来，他们又从镇江随太平军到了南京。到南京后，才知道"第七位［秦日纲］就是跟我们一起从镇江来的那个头目"。在秦日纲的安排下，他们还见到东王杨秀清。关于事变的起因，这个欧洲人叙述说："我们听说第二位曾命令第五位的队伍［即北王韦昌辉的军队］从驻地调往别处。在丹阳的第七位［燕王秦日纲］被调往安徽。他在途中遇见第五位。第五位问他到哪儿去？他回答说：受第二位之命去安徽。第五位说：你得跟我一起回南京，因为我有天王信件，这是你所不知道的。在他们到达南京前，第七位一直不知道怎么回事。他们在城外停下，这时第五位才告诉第七位，他得到第一位［即天王］的命令，要杀掉第二位。正在这时，第二位已经命令第一位的部队都出城去作战，但他们并没有去。他又召唤他的朋友第六位［即翼王石达开］的部队进京，然而在第五位和第七位的队伍入城以前他们来不及赶到，而第五位和第七位的部队在午夜未被怀疑地进了城。官兵们说，如果第五位和第七位不进来的话，那么第二位就要杀害第一位了。"② 这似乎表明秦日纲没有接到天王的诏令，他懵懵懂懂地回到天京才知道将要发生什么。而据麦高文《东王北王内江事件始末》载，东王"为一个高级的共谋者（当指陈承瑢）所出卖，后者把他的妄图篡夺的阴谋向天王告密，表示愿负扫除奸党的重任。洪秀全于昏聩懵懂之中顿时醒悟，立刻诏令当时出征安徽的北王以及奔赴丹阳的顶天侯及其他首领回京勤王。北王和顶天侯二人应召返京"③。这又表明秦日纲是得到天王密诏的。

---

① 《太平天国史料丛编简辑》，第 3 册，第 98～99 页。

② 北京太平天国历史研究会编：《太平天国史译丛》，第二辑，中华书局 1983 年版，第 53～66 页。

③ 北京太平天国历史研究会编：《太平天国史译丛》，第二辑，中华书局 1983 年版，第 85 页。

这个欧洲人叙述说，一天早上四点钟左右，他们被炮声惊醒，黎明出去后知道东王已被杀，而且发现有数千第五位、第七位甚至第二位的部队在东王府抢劫东西。从这个欧洲人的叙述来看，诱捕、杀害东王余部的策划是得到洪秀全同意的，但具体实施者则是韦昌辉和秦日纲。麦高文《东王北王内江事件始末》也说："按照天王的诏旨，北王和顶天侯应受鞭笞的刑罚。"①石达开回到天京，责备韦昌辉杀人过多，估计到自身处境的危险，随即出城，其妻小及未能出城的追随者被韦昌辉杀害。这个欧洲人指出，韦昌辉和秦日纲屠杀第二位的追随者达三个月之久，估计有四万余人，他们对此感到满足之后，"第七位就带领船队和一万五千人"，由长江行驶到芜湖这边的新岭山。这个欧洲人也是随行的。秦日纲的部队上岸后进军内地，后来又回到船上，但仍经常大队出去寻找清军，并多次交战。不久，第七位受命回南京。而且，还有外国人已经过江访问了第六位的军队在江对面的营盘和堡垒，并从第六位的部下那里得知第七位因他在南京的残酷行为而不久就要杀头。因此，这个欧洲人就参加了翼王石达开的部队。这个欧洲人叙述了一个重要的情节，那就是，在秦日纲离开南京后，石达开曾上书天王，要求处死北王，否则就要进攻天京。天王因害怕石达开从瓷塔方向进攻天京，竟命令炸毁该塔。石达开没有得到天王的答复，遂进攻天京三天，然后才退至芜湖。不久，他就收到了韦昌辉的首级。然后他就第二次回天京。这个欧洲人也跟着回到天京。当时"第六位对第五、七、八位的处死表示满意，却不愿杀他们手下的官兵"②。根据这个欧洲人的叙述来看，秦日纲率众到芜湖的目的似乎不是追击石达开。但是，他到芜湖的目的是什么，没有给出一个合理的说明。

麦高文《东王北王内江事件始末》对秦日纲到芜湖的目的讲得非常清楚。麦高文记载说："新的屠杀惨剧又开始演出。幸存的东王余党陆续被搜出捕杀；石达开的家属也在其列，无一幸免。两星期后，独揽军政大权、扮演狄克推多脚色的北王韦昌辉，派遣顶天侯率领大军，载乘小舰队，溯江而上，追击翼王。……追击大军在西林山停了下来，这是一个位于南京与芜湖中途的长江北岸小镇，翼王部下在此设有驻防军，遭到追击军的攻击和抢掠。在他们重上征程以前，他们获得这样的情报：天京以外的太平军全体弟兄都表同情于翼王石达开，而翼王正统率着一支占有压倒优势的

① 北京太平天国历史研究会编：《太平天国史译丛》，第二辑，中华书局1983年版，第86页。

② 北京太平天国历史研究会编：《太平天国史译丛》，第二辑，中华书局1983年版，第53～66页。

强大部队。该项情报促使顶天侯改换目标，转而攻击太平军两派的共同敌人——清军，希望借此博得翼王的欢心。因此，他率领士兵一万五千名向附近一个城市进攻，交战一开始，即被击退。……清军跟踪追逐他们，直到西林山镇为止。”然后，秦日纲又准备分四队向清军反攻，但发现追逐他们的不是清军，而是那些没有军械、仅仅穿上军服、冒充士兵的无知乡民。“大概就在这时，顶天侯又开始跟一支驻防的广东新军秘密谈判，他们似乎在归附问题上有些军心动摇，然而他们财力充裕，远远不是侯爷的资金所能收买的，终于远走高飞，没有谈成”。仗没有打胜，扩军也未成，燕王的内心不免忧惧起来，更令他忧惧的是，他已听到北王被杀的消息，“逆料他自己不久也将被召回天京”，因此，他的脸上不时泛起一阵阵的愁云。不久，“天京派兵前来，把顶天侯押解回朝，随即被处斩。顶天侯的处决，也是应翼王的要求而执行的”①。

裨治文在《北华捷报》上发表的关于东王北王内讧的通讯报道，没有提及秦日纲在内讧的表现情况，只是说，在内讧中，“除韦昌辉外，尚有若干要员伏诛，特别是两位高级首领，据传闻是按显贵等级排辈的第七、第八号人物”②。

据吴煦档案透露，洪秀全顺应民心，答应石达开处死韦昌辉以后，即命秦日纲将韦昌辉处死，秦日纲遂设计将韦昌辉杀死。秦日纲杀韦昌辉以后，洪秀全函其头，“启致翼贼，收灭前赏格，召之还”。秦日纲也派专差投信，邀石达开赶赴天京，议论大事。十月十七日，石达开正在南陵与诸兄弟讲道理之际，收到此信，即日前往天京。③ 但是，石达开到天京以后，竟以“韦逆之党”为罪于十一月初一日将秦日纲、陈承瑢等诛死，“城门关闭三月有余”，其燕王的封爵被永远削除④。

不论是何种说法，但有一点是肯定的，那就是秦日纲死于天京事变。对于他一生的评价，杜文澜认为他“罪与萧、冯、韦、石埒，虽比肩胡以晃，而以晃视之不及也”⑤。这个看法是比较符合史实的。秦日纲一直身处太平天国领导集团的核心层，但居于末位，可谓核心的边缘。由于他地位的这种特殊性，他在领导集团的内部斗争中，显得有些摇摆，这种态度最终使他身首异处。

---

① 北京太平天国历史研究会编：《太平天国史译丛》，第二辑，中华书局 1983 年版，第 86～88 页。

② 北京太平天国历史研究会编：《太平天国史译丛》，第二辑，中华书局 1983 年版，第 76 页。

③ 太平天国历史博物馆编：《吴煦档案选编》，第四辑，江苏人民出版社 1983 年版，第 121 页。

④ 贾熟村：《对秦日纲集团的考察》，《黑龙江社会科学》2001 年第 4 期，第 47 页。

⑤ 太平天国历史博物馆编：《太平天国资料汇编》，第一册，中华书局 1980 年版，第 304 页。

表4－3　太平天国六官丞相设置沿革表（一）

授予年份	授予月份	姓名	丞相名称	原任官职	后升官职
辛开元年	十月	秦日纲	天官正丞相		顶天侯
	十月	胡以晃	春官正丞相		护国侯
壬子二年	十二月	李开芳	地官正丞相	殿右二检点	定胡侯，后期追封请王
	十二月	林凤祥	天官副丞相	殿左一检点	靖胡侯，后期追封求王
癸好三年上半年	二月	陈承瑢	地官副丞相	殿右二检点	天官正丞相
	二月	吉文元	春官副丞相	殿右六指挥	平胡侯
	五月	黄玉崑	夏官正丞相	殿左一检点	卫国侯
	五月	赖汉英	夏官副丞相	殿右四检点	东殿尚书
	五月	朱锡琨	秋官正丞相	殿左三检点	剿胡侯
	五月	黄益芸	秋官副丞相	殿右十六指挥	灭胡侯
	五月	许宗扬	冬官副丞相	恩赏丞相	北殿右二十丞宣①
	六月	罗大纲	冬官正丞相	殿左五检点	后期追封肺王
癸好三年下半年	九月	陈承瑢	天官正丞相	地官副丞相	兴国侯
	十月	曾水源	天官又正丞相	东殿左丞相	天官正丞相
	十月	黄再兴	地官副丞相	恩赏丞相	湖北省佐将
	十月	刘承芳	地官又副丞相	翼殿丞相	
	十月	卢贤拔	秋官又正丞相	东殿簿书	镇国侯
	十月	蒙得恩	春官又正丞相	殿左七检点	赞天侯、赞王
	十月	陈宗扬	冬官又正丞相	东殿承宣	
	十月	曾锦发	春官又副丞相		
	十月	林绍璋	春官又副丞相	恩赏丞相	
	十一月	曾钊扬	天官又副丞相	东殿右丞相	
	十一月	罗苾芬	地官又正丞相	北殿丞相	
	十一月	曾立昌	夏官又正丞相	指挥	
	十一月	陈仕保	夏官副丞相		
	十一月	万象汾	冬官又副丞相	检点	
	十一月	钟廷元	秋官又副丞相		

①《太平天国》，第4册，第640页。《金陵续记》载，许宗扬在天京事变中诛杨秀清尤力。

（续表）

授予年份	授予月份	姓名	丞相名称	原任官职	后升官职
甲寅四年	？	杨正潮	天官正丞相	1854年11月16日死于镇江	郭廷以《太平天国史事日志》下册附录P42
	二月	曾水源	天官正丞相	天官又正丞相	
	二月	吴汝孝	天官又正丞相	殿左五检点	后期为顾王
	二月	何震川	夏官正丞相	左正史	
	二月	曾天养	秋官又正丞相	殿左一检点	
	三月	白晖怀	秋官副丞相	殿右八检点	
	四月	黄启芳	春官正丞相	北殿吏部尚书	
	四月	周胜坤	夏官又正丞相	殿左九检点	
	四月	曾锦谦	夏官又副丞相	殿左九检点？	卫天侯
	四月	宾福寿	冬官又正丞相	恩赏丞相	后期封为愉王
	四月	陈宗胜	秋官又副丞相	殿右二检点	
	九月	钟廷生	秋官又正丞相		
	不详	黄超芳	春官副丞相	北殿尚书	
乙荣五年	？	刘官芳	冬官又正丞相		
	二月时任	陈仕荣	秋官副丞相	殿左七检点	倚天侯①、导王
		莫某某	冬官正丞相	补罗大纲职②	
	七月	陈玉成	冬官正丞相	殿右三十检点，补罗大纲职？	正掌率、成天豫、英王
	？	林启容	冬官副丞相	殿右十二检点	咸丰七年初为忠贞侯③，后期为勤王

① 郭廷以：《太平天国史事日志》，上册，第554页。

② 《金陵杂记》认为系莫某某袭罗大纲职，而陈玉成为冬官又正丞相（《太平天国》，第4册，第643、644页）。罗尔纲在陈玉成传中又认为是陈玉成袭罗大纲冬官正丞相职，不知何据。

③ 《清政府镇压太平天国档案史料》，第19册，第189页。另据第20册第278页，贞天侯林启容死于咸丰八年三月的九江之役。

（续表）

授予年份	授予月份	姓名	丞相名称	原任官职	后升官职
丙辰六年	?	罗琼树	秋官正丞相	甲寅年恩赏丞相	郭著下册附录P44
	二月时任	李秀成	地官副丞相	殿右二十二检点	地官正丞相
	三月	周胜富	夏官又正丞相	将军，袭周胜坤	
	春	涂镇兴	春官又副丞相	东殿左七承宣	
	春	陈仕章	夏官副丞相	殿左二十九指挥	至咸丰七年五月已封为迓天侯①
	六月	张遂谋	春官又副丞相	殿左二十九检点	先天燕
	夏时任	张潮爵	春官又正丞相	殿右四检点	安徽省文将帅、力王
	夏	蓝成春	春官又副丞相	殿左十五检点	后期为祜王（启王?）
	冬时任	李秀成	地官正丞相	地官副丞相	合天侯、忠王
丁巳七年	春时任	陈亨容	冬官副丞相		后期任翼府宰制
	五月时任	李春发	天官副丞相		加侯爵并任江南省佐将，后封顺王
	五月时任	陈潘武	地官丞相		加侯爵，后期封相王
	五月时任	刘庆汉	春官丞相		加侯爵，后期封尊王
	五月时任	蔡子贵	夏官丞相		
	五月时任	莫仕睽	秋官丞相		加侯爵，后期封补王
	五月时任	陈得风	冬官丞相		
戊午八年		林绍璋	地官又副丞相		后期封章王
?	?	余福胜	冬官又副丞相		
?	?	刘某某	冬官又副丞相	咸丰五年八月在汉阳	

① 《清政府镇压太平天国档案史料》，第19册，第403页。

表4－4　太平天国六官丞相设置沿革表（二）

丞相	癸好上半年	癸好下半年	甲寅四年	乙荣五年	丙辰六年	丁巳七年
天官正丞相	秦日纲辛开十月	秦日纲九月升侯 陈承瑢九月	陈承瑢二月升侯 曾水源二月 曾水源七月革职 杨正潮七月 曾水源十月复职	曾水源五月被杀	？	
天官又正丞相		曾水源十月	吴汝孝？	吴汝孝	吴汝孝？	
天官副丞相	林凤祥壬子十二月	林凤祥九月升侯	林凤祥？	林凤祥二月死	李春发？	李春发
天官又副丞相		曾钊扬十一月	曾钊扬	曾钊扬	曾钊扬死于事变	
地官正丞相	李开芳壬子十二月	李开芳九月升侯	李开芳？	李开芳五月死	李秀成	
地官又正丞相		罗苾芬十一月	罗苾芬	罗苾芬	罗苾芬死于事变	
地官副丞相	陈承瑢二月	黄再兴十月	黄再兴十月被斩	李秀成？	李秀成	
地官又副丞相		刘承芳十月	刘承芳	刘承芳五月死	？	
春官正丞相	胡以晃辛开十月	胡以晃	胡以晃二月侯 黄启芳四月	黄启芳	黄启芳死于事变	
春官又正丞相		蒙得恩十月	蒙得恩二月侯	张遂谋？	张遂谋	
春官副丞相	吉文元二月	吉文元九月升侯	黄超芳	黄超芳	黄超芳死于事变	
春官又副丞相		曾锦发十月 林绍璋十一月	林绍璋二月被革 余福胜三至十月 张遂谋	张遂谋？ 涂镇兴？	涂镇兴 蓝成春 张潮爵	
夏官正丞相	黄玉崑王月	黄玉崑	黄玉崑二月侯 何震川二月	何震川	何震川死于事变	
夏官又正丞相		曾立昌十一月	周胜坤四月	周胜坤	周胜富	
夏官副丞相	赖汉英五月	赖汉英	林大旺？	陈仕章	陈仕章	
夏官又副丞相		陈仕保十一月	曾锦谦四月	曾锦谦	曾锦谦已升侯	
秋官正丞相	朱锡琨五月	朱锡琨九月升侯	朱锡琨？	朱锡琨？	罗琼树	
秋官又正丞相		卢贤拔十月	卢贤拔二月侯 曾天养二月 曾天养七月死	钟廷生？	钟廷生	
秋官副丞相	黄益芸五月	黄益芸九月升侯	白晖怀三月 白晖怀七月死	陈仕荣？	陈仕荣已升侯？	
秋官又副丞相		钟廷元十一月	陈宗胜四月	陈宗胜庐州战死	？	
冬官正丞相	罗大纲六月	罗大纲	罗大纲	莫某某 陈玉成	陈玉成？	
冬官又正丞相		陈宗扬十月	陈宗扬正月被斩 宾福寿四月	宾福寿？	宾福寿？	
冬官副丞相	许宗扬五月	许宗扬	许宗扬七月革职	林启容升忠贞侯	林启容改贞天侯	陈亨容
冬官又副丞相		万象汾十一月	万象汾	万象汾投降清军 刘官芳？	刘官芳？	

第五章　太平天国的告示

在太平天国诸文书中，对广大人民群众影响最为直接的当首推告示。在太平天国统治区，告示“遍贴通衢”[①]、“遍贴街衢”[②] 或“遍处张贴”[③]，它是太平天国对广大人民群众进行宣传的主要媒介。

一、太平天国告示的起源问题

告示，又称布告，由古代的檄和露布发展而来，在宋代社会中就已经相当发达和成熟了[④]，但最早出现和现代意义一致的告示名称是在元代[⑤]。美国传播学奠基人之一的哈罗德·拉斯韦尔将告示作为大众传播媒介之一[⑥]。所谓大众传播，就是通过某种媒介向许多人传递信息、思想和观念的过程[⑦]。太平天国发轫之初，由于活动隐秘性的需要，不可能进行大众传播活动。一般地说，人类的传播活动有一个从自我传播到人际传播到组织传播再到大众传播的发展过程，太平天国的传播活动亦未例外。自我传播是指个体对信息的加工过程，洪秀全创建上帝教是他进行自我传播的产物。道光二十三年（1843）他第四次落第后，把多次名落孙山的失意、对科场腐败风气的厌恶、读毕《劝世良言》的强烈感受以及升天异梦的幻觉糅合起来，在内心进行激烈的思想交锋，对自己所走的一般封建文人的道路作出了否定的判断，开始走上了“上天堂之真路”，创立了上帝教。最初的传教活动只能采取人际传播的方式。人际传播是指信息在个体之间的传递，这是最基本的社会传播形式。洪秀全

① 《太平天国》，第 5 册，第 280 页。

② 《太平天国》，第 3 册，第 217 页。

③ 《太平天国》，第 4 册，第 352 页。

④ 尹韵公：《中国明代新闻传播史》，重庆出版社 1990 年版，第 174 页。

⑤ 元朝杨显之古杂剧《临江驿·潇湘夜雨一》：“如今沿途出起告示，如有收留小女翠鸾的，赏他花银十两。”

⑥ 中国社会科学院新闻研究所世界新闻研究室编：《传播学》，人民日报出版社 1983 年版，第 104 页。

⑦ 中国社会科学院新闻研究所世界新闻研究室编：《传播学》，人民日报出版社 1983 年版，第 1 页。

要发展自己的上帝教教徒，就必须一个一个地去进行面对面的人际传播活动，将自己的上帝教思想和主张传播给他们，使他们皈依上帝教。他的努力获得成功，冯云山、洪仁玕等人成为他最早的上帝教教徒。但是洪秀全急于求成，试图超越人际传播和组织传播的形式而采取以语言为媒介的大众传播形式劝诫乡人信奉上帝教，效果不大，遭到大多数乡人的拒绝。道光二十四年，洪、冯等来到广西继续从事传教活动。后来，洪秀全返回广东，冯云山留在紫荆山区一步一个脚印地进行人际传播活动，发展上帝教教徒，使当地上帝教教徒达到2000余人，由此他成立了上帝会的组织，开创了紫荆山上帝会根据地。为了加强上帝会内部的团结，巩固紫荆山上帝会根据地，就必须进行组织传播。所谓组织传播就是指组织内部的信息传递。没有组织传播，就不能保证内部信息及时而准确的交流和传播，也不能保证内部行动的快捷统一，而上帝会根据地的巩固亦是根本不可能的，也难以形成上帝会内部的领导核心。随着上帝会活动的不断发展和反清斗争的日趋激烈，上帝会必须争取人民群众的广泛支持，因此，它的传播活动就不能再局限于人际传播和组织传播，它需要进行大众传播活动以使广大的人民群众认识和了解上帝会的主张。与此同时，洪秀全乡居期间撰写的《原道救世歌》、《原道醒世训》等作品，把基督教教义和儒家思想结合起来，系统地阐发了上帝教的教义和主张，为上帝会走向大众传播活动做好了信息内容的理论准备。在历史已经提供告示这种大众传播媒介而当时又无现代大众传播媒介的情况下，太平天国告示应运而生了。

关于太平天国告示产生的时间，张德坚指出："贼之初踞永安也，官兵四集，负固深藏，何告示之有？即洪逆发令，不过以寸条书数语，晓谕贼众而已。及由长沙下窜，始明目张胆，大肆伪言。洎陷江宁，夜郎自大，大张伪示，遍贴街衢。"[①] 也就是说，张德坚认为太平天国告示产生于咸丰二年（1852）十一月太平军放弃进攻长沙以后，广泛使用于咸丰三年二月攻克南京以后，然揆诸史实，张德坚的观点是错误的。

道光二十七年，洪秀全第二次到达广西，亲眼看到冯云山开辟的紫荆山上帝会根据地的活动正如火如荼地开展，心中无比激动。为了强化自己的教主地位，提高自己的威信，他亲自领导了一系列活动。九月，他率领上帝会群众到象州砸毁了甘王庙，并在庙壁上题诗一首，又写天条和布告贴在墙上。这则布告的内容如下："奉天父上主皇上帝真命太平天王大道君王全诏谕该处人民，尔等知此甘妖怪既犯了天条大罪乎？打死母亲，大罪一；敢犯冒天父

① 《太平天国》，第3册，第217页。

上主皇上帝功劳，大罪二；迷惑天父上主皇上帝子女心肠，大罪三；诱赚天父上主皇上帝子女肉食，大罪四；缠捉天父上主皇上帝子女灵魂，大罪五；细妹与同年共坐，大罪六；欢悦妇女唱邪歌，大罪七；缠捉天父上主皇上帝行淫乐，大罪八；诱坏天父上主皇上帝子女行邪事，大罪九；种种作妖作怪，迷惑害累世人，大罪十。犯了十款大罪，天理难容，朕奉天父上主皇上帝命亲身到此，毁破此妖。继自今，其令此妖永不准在世作妖作怪，迷惑害累世人；并令该处人等永不准复立此妖庙，仍拜此邪魔。倘敢抗命，定与此妖一同治罪。钦此。”① 这则布告向当地人民群众宣传了上帝会不拜偶像的主张，揭露了甘王的十大罪恶，最后向民众提出了不得祭拜邪神的严厉警告，已经具备了告示的基本特征，而且具有比较标准的格式，因此，太平天国的第一则告示应当是道光二十七年九月洪秀全亲自撰写的声讨甘王的布告。

尽管道光二十七年九月洪秀全已经开始使用了告示，但为了使上帝会的活动能够顺利进行，洪秀全、杨秀清、萧朝贵等一再告诫上帝会群众要谨口慎言，保守秘密，因此，告示的使用在以后的一段时间内是相当少的，上帝会的传播活动主要还是组织传播。不过，这一阶段的组织传播有了新的发展，一是组织传播有了新形式，这就是天父天兄传言，从传言的一些内容也可以看出这一阶段的传播活动主要是组织传播。传言的内容之一就是要树立洪秀全的教主权威，以增强上帝会组织的凝聚力，道光二十八年的天兄传言几乎都与此有关②。传言的内容之二就是要求上帝会群众保守秘密，防止内部核心信息的外传。二是组织传播的规模扩大了，天父天兄传言有时是针对广大的上帝会群众的，一些上帝会的领导人也对会众进行规模较大的教义教育活动，如曾天养就教400余人敬天父及敬天兄③。随着组织传播活动的进一步发展，上帝会就越来越需要进行广泛的大众传播活动，而且，当上帝会力量发展到足以与当地封建势力相抗衡的时候，仅仅局限于组织传播就会阻碍上帝会力量的进一步发展壮大，也不利于上帝会展开对封建势力的斗争。因此，当上帝会起义的准备工作基本就绪时，它就会开始广泛使用告示了。金田起义前后，上帝会使用了告示。据道光三十年十二月初五日（1851年1月6日）李星沅奏称：“桂平之金田村，另有会匪聚集，号称万余，并贴伪示，诱胁附近平南、玉林等处。”④ 这说明上帝会在金田起义前夕又开始使用告示了。就在

---

① 《太平天国》，第2册，第649～650页。

② 王庆成编注：《天父天兄圣旨》，辽宁人民出版社1986年版，第3～52页。

③ 王庆成编注《天父天兄圣旨》第36页载：“天兄谕曾天养曰：‘曾天养，尔教有几多人敬天父及敬天兄乎？’天养奏曰：‘有四百余人。’”

④ 《清政府镇压太平天国档案史料》，第1册，第115～116页。

金田起义的当天，他还奏报说："广西贼势披猖，各自为党，如浔州府桂平县之金田村贼首韦正、洪秀全等私结尚弟会，擅贴伪号、伪示，招集游匪万余，肆行不法。"① 金田起义后，太平天国更是广泛使用告示，咸丰元年九月二十三日，赛尚阿奏称："惟金田逆匪自称太平天国，确有历次所获犯供、伪示、伪印为凭。"②

金田起义以后至攻占永安的这一段时间，太平军将士转战于广西的崇山峻岭之间，也经常使用告示，发动群众。咸丰元年六月二十日，赛尚阿奏报说："现访得该匪逆词伪示，指团练为妖团，其畏忌团练可知。"③ 八月初五日，他奏称："前攻猪仔峡并进兵花雷等处，搜获逆书伪示多件，除逆书与前次重复者，由奴才封存外，其伪示等件谨附报军机处备查，合并声明，伏乞皇上圣鉴。"④ 闰八月初三日，他又上奏说："该匪（从新墟）退去，我兵追至大旗岭，山径陡险，后无接应，即于风门坳分后驻守。团练廪生李时新所带壮丁抢得枕箱一个，内有伪示、名单各件。"⑤ 由于征剿大吏的不断奏报，清政府中央已经了解到太平天国利用告示发动群众这一事实了。咸丰帝在八月十六日的上谕中指出："伪军师杨秀清遍贴伪示，编造妖言，逼胁愚民，实堪痛恨，必须将著名逆首设法歼捡，勿令漏网，以快人心。"⑥

咸丰元年闰八月初一日，太平军攻占了上帝会力量尚未深入的桂北州城永安。为了使广大人民群众了解和支持太平天国，太平天国在永安张贴了安民告示，并进行了其他形式的宣传传播活动。恩师钟文典先生的调查研究证明了这一点⑦。事实上，太平天国在永安半年多的时间里是经常张贴告示的，这从清军攻陷永安城后的所见所闻中可以得到证实。赛尚阿在咸丰二年二月二十七日的奏折中说："奴才入城搜视，由长寿桥入南门，进州署门外。贼贴伪示甚多，署内黄纸裱糊墙壁，并有二三四朝门字样匾额、东凤四轮车。"⑧ 丁守存的《从军日记》于咸丰二年二月十八日载："午间，随揆帅至西炮台，历观贼所设望楼、炮台、炮眼及一切竹木土墙并竹签，门户曲折，沟水甚阔，其所据实系险隘，处处可以拒敌。复由长寿桥入永安南门，进州署，见贼于

① 《清政府镇压太平天国档案史料》，第1册，第131页。
② 《清政府镇压太平天国档案史料》，第2册，第407～408页。
③ 《清政府镇压太平天国档案史料》，第2册，第108页。
④ 《清政府镇压太平天国档案史料》，第2册，第214页。
⑤ 《清政府镇压太平天国档案史料》，第2册，第275页。
⑥ 《清政府镇压太平天国档案史料》，第2册，第243～244页。
⑦ 钟文典：《太平军在永安》，生活·读书·新知三联书店1962年版，第24～25页。
⑧ 《清政府镇压太平天国档案史料》，第3册，第55页。

署外张贴伪示甚多，并有贼风帽颜色等级，……”[①]

咸丰二年二月从太平军永安突围以后进攻桂林。在进攻桂林时，太平军也广泛使用了告示。据邹鸣鹤奏报，太平军曾经用箭将告示射到桂林城墙上，声称将有六七千人随后应援，以此来动摇守城清军的信心[②]。这是太平军在军事上利用告示进行心理战的首次尝试。太平军还在漓江对岸大张告示动员人民群众支持太平天国[③]。在郊区张贴告示，要求百姓将米谷卖给太平军，动员群众为太平军积极筹饷[④]。四月，太平军攻克全州后也张贴了告示[⑤]，李滨《中兴别记》卷三载：“贼既陷全州，谋水陆进犯湖南，遣奸谍四出揭伪示，有入楚后直取长沙之语。”[⑥]

太平军在撤离全州至进攻长沙的一路进军中，不断地使用告示。咸丰二年五月初二日，程矞采奏报说：“现距粤交界之黄沙河仅二十余里，又大张伪示，欲直扑长沙……”[⑦] 五月二十五日，他又奏告清政府说：“查衡永彬村（桂）以至长河（沙），月余来拿获奸细郭万珍、萧芒棕等已有三十余名，佥供踩探路径，窃伺衡湘，并带安民伪示。”[⑧] 东王杨秀清、西王萧朝贵联衔的三篇著名告示《奉天讨胡檄布四方谕》、《奉天讨胡救世安民谕》、《救一切上帝子女中国人民谕》就是在咸丰二年四月至七月间发布的。咸丰二年七月二十八日，太平军直逼湖南省城长沙，在进攻长沙前，就准备了告示进行宣传。据七月十七日骆秉章的上奏称：“已据拿获奸细王世恩等五名供认，敢从首逆来省，探听军情，散布伪示等情不讳。”[⑨] 在攻城过程中，太平军在长沙城内也曾张贴过告示。徐广缙奏告说：“观贼前于南门外张贴告示，只写伪东王杨、伪西王萧，并无冯、韦两逆姓名，所刻逆书亦然。”[⑩]

综上所述，太平天国自金田起义前后至进攻长沙期间一直广泛地使用告示。关于太平军早期使用告示的事实在外人著述中也有所反映。曾任英国驻华公使的德庇时在其《战时与缔和后的中国》中说：“1851 年（咸丰元年）中，事态发展到相当严重的程度，迫使两广总督亲自带领大批人马离开广州，这时自封的天德皇帝，随即向人民发布告示，保证他的天德统治如果成功的

---

① 《太平天国史料丛编简辑》，第 2 册，第 311 页。
② 《清政府镇压太平天国档案史料》，第 3 册，第 73 页。
③ 《清政府镇压太平天国档案史料》，第 3 册，第 111～112 页。
④ 《清政府镇压太平天国档案史料》，第 3 册，第 192 页。
⑤ 《清政府镇压太平天国档案史料》，第 3 册，第 216 页。
⑥ 《太平天国资料汇编》，第 2 册上，第 2 页。
⑦ 《清政府镇压太平天国档案史料》，第 3 册，第 258 页。
⑧ 《清政府镇压太平天国档案史料》，第 3 册，第 340 页。
⑨ 《清政府镇压太平天国档案史料》，第 3 册，第 398 页。
⑩ 《清政府镇压太平天国档案史料》，第 4 册，第 274 页。

话，‘国家将是一片乐土，官员们就像古时官员一样的诚实’。”① 这依稀地反映出太平天国在金田起义前后发布告示的情况。法国加勒利·伊凡的《太平天国初期纪事》则明确地记载了太平天国在进攻永安时使用告示的事实：“（1851 年）阳历 9 月 29 日（咸丰元年闰八月初五日），大队叛军与官军在永安州境内遭遇，交绥之后，官军大败，经过这一场歼灭性的血战以后，叛军遂乘胜一鼓而下永安州、水窦、莫邨以及平乐县城……叛军占领了这三座城以后即行安民，生命财产，秋毫无犯。天德出布告教他们安居，同时允许不承认其政权者可以随意退避到他们愿去的任何地方，而且可以携带财产。”②“目击这一战役（指永安破围战）的人肯定叛军由多种军队组成，各省独立的首领指挥。但是，他们有着相同的目的，便是推翻清朝，这个说法可以下面的檄文证实……，这个檄文曾贴在永安州的城墙上，给叛乱史开一个新纪元。”③ 太平天国忠诚的外籍战士呤唎所著的《太平天国亲历记》中也有太平天国在永安张贴告示的记载：“（攻占永安后）头两个月，定立新法制，选任官员，奖赏有功者。又发出布告号召兵士勇敢作战，奖赏立功者，并命令兵士恪守天条……”④ 因此，大量的史料表明张德坚在太平天国告示起源问题上有三点错误：一是太平天国告示的产生不是在咸丰二年十一月太平军放弃进攻长沙以后，而是在道光二十七年九月；二是太平天国广泛使用告示不是在攻克南京以后，而是在金田起义前后；三是太平天国在永安时不但已有了告示，而且张贴得很多。

为什么对太平天国很有研究的张德坚会犯这些错误呢？这是因为：第一，太平天国告示虽早已产生，但是在金田起义前的相当长的一段时间里使用得较少，即便是清政府的征剿大吏也难以搜获到这一时期上帝会张贴的告示，更何况作为一般封建地主阶级知识分子的张德坚呢？第二，虽然太平天国在金田起义前后已经普遍使用告示，但是，清政府关于太平天国的信息大多源于太平天国告示，因此，在相当长的时间内清政府征剿大吏都必须将所搜获到的太平天国告示上交给清政府军机处。如果太平天国势所未至，一般的民间还难以看到太平天国告示。只有当清政府关于太平天国的信息主要地不是依靠太平天国告示的时候，太平天国势所未及的一般民间才可能看到太平天国告示。笔者在翻阅清政府镇压太平天国的档案资料时发现了一个有趣的现

---

① 北京太平天国史研究会编：《太平天国史译丛》，第二辑，中华书局 1983 年版，第 289 页。

② ［法］加勒利·伊凡：《太平天国初期纪事》（英国约·鄂克森佛译、徐建竹补译），上海古籍出版社 1982 年版，第 53 页。水窦、莫邨并非城镇，平乐县城也未被太平军占领，原书记载有误。

③ ［法］加勒利·伊凡：《太平天国初期纪事》（英国约·鄂克森佛译、徐建竹补译），上海古籍出版社 1982 年版，第 64 ~ 65 页。

④ ［英］呤唎：《太平天国亲历记》（王维周译），上海古籍出版社 1985 年版，第 64 ~ 65 页。

象：在咸丰二年十一月以后的清政府征剿大吏和地方督抚的奏报中很少提及太平天国告示，而在此之前则是每获必报。这反映了由于俘获了大批太平天国情报人员和将士，清政府关于太平天国的信息主要地已经不是来源于其告示了。所以，自此以后的太平天国告示才可能流向民间，张德坚也才能搜集到太平天国的告示。然而他所能搜集的太平天国告示也只能是自此以后的告示，由此使他产生了一个错误的认识：太平天国于咸丰二年十一月以后才产生告示。而张德坚恰恰是在这不久之后才开始编撰《贼情汇纂》的，他在序中说："癸丑正月收复武昌，……时德坚充湖北抚辕巡捕官，因好闻贼情，彼都人士，凡有采辑，手辄录寄……"① 由此看来，张德坚的错误是不可避免的。

太平天国告示的产生与广泛使用具有重要意义。太平天国告示的产生标志着太平天国的活动逐渐由隐秘走向公开，这一过程是与传播活动的演变发展规律相一致的。随着太平天国力量的不断壮大，发布的告示越来越多，太平天国告示的普遍张贴使太平天国的活动信息传播面扩大。在告示出现之前，上帝会上层领导人物的命令一般是由口头传播；即使有书面的东西，也很少张贴公布或四处散发。因此，关于上帝会活动的情况及其主张只有上帝会内部会众及其所要运动的对象才能知道。如果要发展会员，也只是由会员秘密地去做口头宣传和劝说工作。太平天国告示出现以后，其活动信息的传播面扩大，通过有文字阅读能力的群众，告示的内容就会在广大人民群众中间广泛传播，可以使人民群众了解上帝会的主张和活动，有利于进行太平天国的政治动员和宣传，保证太平天国的顺利发展。

太平天国农民战争是中国历代农民战争发展的顶峰，它是中国历史上唯一的一次在军事、政治、经济和社会生活诸领域广泛使用告示这种大众传播媒介的农民战争。太平天国从打江山、坐江山再到保江山都离不开告示的使用。告示充当了太平天国与人民群众之间的中介，是广大人民群众了解太平天国政策、措施、思想和主张的重要渠道。

二、对太平天国告示的传播学分析

太平天国的告示一般包括起语、正文和结语三个部分，起语大多简明扼要地说明发布告示的目的，一般的句式为："发布者+为……事"，然后以"照得……"引入正文。正文是告示的中心内容，告示发布者的观点、主张、

---

① 《太平天国》，第3册，第27页。

命令、措施、要求、警告等尽在其中。结语都是希望接受者执行和遵照告示的词句。告示的下方一般都署有天历时间（包括太平天国纪元、年月日），在时间上还盖有各种印章或图记，有些告示的上方也注明其名称。不过，有些告示的格式比较灵活，不一定完全具备以上各要素，如忠王李秀成在苏州曾经发布一则六言诗的告示就是如此。

1. 太平天国告示的双重信息

告示作为大众传播媒介，具有双重信息：一是告示的具体内容，这一点不言而喻，毋庸赘述。二是媒介本身所显示的信息。我们观照太平天国告示，至少可以发现以下信息：

第一，告示发布者的地位。这可以从四个方面作出判断：

一是从告示的名称。太平天国告示的发布者不同，名称就不同。各级职官发布的告示的名称与其下达的下行文书名称一致，在前期，东王杨秀清发布的告示称诰谕，北王韦昌辉发布的告示称诫谕，翼王石达开发布的告示称训谕，燕王秦日纲、豫王胡以晃及外出带兵作战的国宗所发布的告示称诲谕，侯、相、检、指发布的告示称晓谕，将军以下发布的告示称札谕①。到后期，干王洪仁玕发布的告示称諠谕，忠王李秀成、英王陈玉成、侍王李世贤和扬王李明成等发布的告示称谆谕，六爵发布的告示称诲谕②，将军以下发布的告示的名称基本与前期相同。《越难志》载："贼中告示，安、福以上称谕，其次则称理。"③ 因此，一般地，只要稔知太平天国告示名称与发布者之间的这些对应关系，就可以大致推测其发布者的地位了。

二是从告示的纸张颜色和画纹图案。不同发布者的告示所使用的纸张颜色和画纹图案也可能是不同的。太平天国以黄、红二色为尊，而黄又胜于红，因此诸王告示"皆黄纸龙边，侯以下红纸无边"。但同是黄纸，所饰画纹图案也因不同的王而不同："诰谕上画双龙，下云水，诫谕上画双凤，下云水，训谕上画双狮，下云水，诲谕上画双虎，下云水。"而佐天侯陈承瑢的告示则是介于"黄纸龙边"与"红纸无边"之间，为"素黄纸无云龙边"④。曾含章《避难记略》记载后期太平军攻占常熟后的情况，亦说："凡伪王之伪示与他贼异，用黄纸若誊黄样，四边皆盘龙。伪天王之伪诏亦然。"⑤

① 《太平天国》，第3册，第217页。

② 《太平天国文书汇编》，第5~9页。

③ 《太平天国》续编，第5册，第162页。

④ 《太平天国》，第3册，第217~218、223页。

⑤ 《太平天国》续编，第5册，第343页。

三是发布告示者的官职自称。曾含章《避难记略》载："伪示上伪职，自侯起俱有天朝九门御林字样。其系粤西起事老贼，皆曰王宗。系两湖、安徽之贼，皆曰开朝勋臣。"① 张汝南《金陵省难纪略》记载说："贼伪示多出自东贼，北翼间见，亦或出自西南，洪贼则决无。东贼示称'真天命太平天国禾乃师赎病主左辅正军师东王杨为某事'云云，北贼则称'后护又正军师北王韦'，翼贼'前锋主将翼王石'，南贼'前导正军师南王冯'，西贼'右弼又正军师西王萧'，其起头七字皆同东贼。东贼后又加'圣神风劝慰师'于禾乃六字下，北加'雷师'，翼'电师'，南'云师'，西'雨师'，燕'霜师'，豫'露师'。其贼目中有多智星、能谋星等等名色，不知何人？"②

四是印制。张汝南《金陵省难纪略》记载说："示后各钤以印，东贼用金，长七寸，宽三寸，四边镌龙凤，中直行正书即其衔加姓名。天贼及西北南印俱用金铸成，有五印告成，颁贺万国伪诏。翼以银，宽长递减。佐天侯亦银印，此数贼印皆镌姓名，示无更代意。其下惟天官正丞相银印，余俱铜，再下如总制等则用木，其式皆汉文边，中刻伪官衔。印旁俱用四爪龙，即伪旅帅亦龙。"③

天王告示称诏谕，张汝南称东王诰谕多是事实，而说没有天王洪秀全的告示则误。太平天国的告示起自洪秀全发布的布告，但后来直接发布的告示不多，到后期天王直接发布的告示则更少，但也不排除有少量的诏谕告示。同治元年三月二十日，都兴阿在《奏报扬防近日兴防剿情形片》中称："惟据各路咨报，江南发逆现又陆续渡江甚众，据称逆首伪天王出示，凡江浙福建严州等处被陷州郡，城大者留贼三千，城小者留贼一千七八百人，各携足三年粮食，渡江以图久踞，定欲窜淮扬里下河一带。"④ 同治元年正月十六日，清政府在寄谕官文等人各拨劲旅迎头截击进解颍围及添兵清淮时称："据袁甲三奏，前于克复六合时据投诚之黄朝栋禀称，张落刑西窜系陈逆所使，并令逆首马代率二千六百人会合张苗二逆为到处攻城之用，洪逆并允给苗沛霖银十万两、洋绉洋布二万疋，现在克复江浦，见贴有洪逆伪示，称张苗两股一由上游窜入河南再犯湖北，一由下游径扑清淮扼踞蒋坝之说，请饬严防。等语。"⑤ 这两则史料表明，到后期天王洪秀全发布的告示是存在的。

---

① 《太平天国》续编，第5册，第343页。

② 《太平天国》，第4册，第712页。

③ 《太平天国》，第4册，第712页。

④ 《清政府镇压太平天国档案史料》，第24册，第209页。相同的内容亦见第197页（同治元年三月十四日《袁甲三奏报官军六合剿敌大胜及筹战守折》）。

⑤ 《清政府镇压太平天国档案史料》，第24册，第49页。

第二，太平天国活动的动向。有些告示会直接透露出太平军的进军去向，如沈梓《避寇日记》卷二载，咸丰十一年十二月“初十日，盛泽长毛伪棍天福罗有告示在新塍，言伪兵于本月二十日攻破杭州城，即日进攻湖州，浙江全省悉入版舆之说。彼所谓二十日，乃大清十一月二十八日也”①。佚名《庚申避难日记》载，同治元年正月十一、十二日，“长毛有告示，去攻取杭城，现在百万兵众，俱回苏福省，又要备办器具，发兵打账（仗）等语”②。但是，撇开告示的具体内容，人们从告示所出现的地点也能估计到太平军的进军动向。一般地，太平军“军行先数百里，即遣人前往遍张告示”。杨秀清在一篇诰谕中也曾说：“本军师于军行相距数百里之先，即遍张诰谕。”③ 咸丰五年九月二十一日，胡林翼在《奏报罗泽南一军克复通城并进剿桂口获胜折》中称：“崇阳县属之桂口，处湖南、江西、湖北之边，形势奥衍，米粮亦多。贼目伪承相钟逆万宁州之败，即于此修土木之城，跨山引涧，袤斜六里，意欲据一隅以牵缀三省之兵，伺兵力单弱之处而乘之。罗泽南之行军也，审量地势，偷度贼情，每多胜算，乘屡胜之锐气，不暇休养，于九月初十日遂由通城直捣桂口。适有贼探百余名、骑马贼十余名前至沙坪遍贴伪谕，为兵所追杀而窜走。”④ 朱用孚撰反映太平天国后期历史的《摩盾余谈》亦载：“贼每陷一城，必搜罗图籍，广募士人绘舆图，考道里之远近。将欲他窜，必发传单。先后次序，皆传教令。”⑤ 佚名《寇难琐记》载，咸丰十一年五月，“长毛自得（乌）镇人馈赂，暗中有一凭据，令于静僻处用白灰书‘放生河’三字，贼见此字，便不毁残。又有告示四张，旗四面，于将至前三日遍贴四境，乃董沧洲、马兰芳等明知之而不欲传播，直至贼兵临境，始于东南近自己门之左右露出白灰字样，保一己之身家，轻万人之性命，何等居心，残忍至此。又不首先帅父老出境迎接，转贻长毛口实，彼出示，言初至镇静俟良久，不见壶浆载道，是前恭后倨也，故怒而忍至此”⑥。因此，从太平天国告示在非太平天国统治区出现的地点是可以判断出太平军进攻方向的。对于太平天国的敌对势力来说，这是一个极为重要的信息。咸丰二年四月十八日，湖北巡抚龚裕在武昌城内发现了两张天地会的反清告示，却误认为是太平天国告示，引起了清政府上下的一场惊慌。咸丰十年七月初二日（1860 年 8 月

① 《太平天国史料丛编简辑》，第 4 册，第 104 页。
② 《太平天国史料丛编简辑》，第 4 册，第 518 页。
③ 《太平天国》，第 3 册，第 270 页。
④ 《清政府镇压太平天国档案史料》，第 17 册，第 588 页。
⑤ 《太平天国史料丛编简辑》，第 1 册，第 102 页。
⑥ 《江浙豫皖太平天国史料选编》，第 143 ~ 144 页。

18 日）的《北华捷报》报道说：“星期三（8 月 14 日）早晨，我们的确大吃一惊，真正的太平军的布告竟然夜里在外国租界与上海县城各处张贴出来。这真是一项大胆的行动，它证明在我们当中确实有很多勇敢而机灵的叛军党羽。”“布告贴出，所有对危险逼近的任何怀疑，当然全部打消。”① 同治元年（1862）正月初十日，袁甲三在《请饬河南湖北迎截并扼清淮要隘以防张苗窜突片》中汇报说：“据李世忠称，前六合克复时曾据投诚之黄栋禀称，前接伪天王洪逆信云，张落刑西窜系伪英王四眼狗所使，并令逆首马代率士兵二千六百人会合张苗二逆，为到处攻城之用，洪逆并允给苗沛霖银十万两、洋绉洋布各二万疋。等语。今克复江浦，见贴有洪逆伪示，内云张、苗两股一由上游窜入河南，再犯湖北，一由下游径扑清淮，扼踞蒋坝，以阻临淮后路。等语。咨请查照前来。臣查逆情诡谲，其伪信、伪示虽难尽信，而以现在情形计之，江北定、来、天、六及江浦、浦口均已克复，该逆扼踞蒋坝之说无所施其伎俩，倘果以重利诱苗勾结上窜，则楚豫均形吃重。至清淮为里下河门户，并恐另勾西捻再图窜突。除由臣分别咨行严防外，相应请旨敕下河南、湖北各巡抚派拨劲兵迎头截击，为先发制人之计，并饬令吴棠添兵严扼清淮要隘，以免窜越。”② 上述史料说明太平天国告示的接受者可从它出现的地点挖掘出其作为媒介本身所潜藏的信息。如果在太平天国统治区出现太平天国告示，则说明太平天国已经或将要发生某些事情，这是因为太平天国每开展一项具体活动，每推行一种新的政策或措施，一般都要张贴告示，“刑赏生杀喜庆生诞亦皆出示”③。

第三，告示发布的大致时间。一般地，告示后均署有时间，但是，遗留后世的一些太平天国告示往往所署时间不太明确，或所署时间残缺不全。后世的史学工作者也可从相关的信息大致判断告示发布的时间。这是为什么呢？太平天国制度和史事的演变，在太平天国的告示中有时能够得到反映，准确了解这些制度或史事的演变情况，就有助于判断告示发布的时间。如咸丰十一年，天王改制，将太平天国改为“上帝天国”，旋又改为“天父天兄天王太平天国”，并规定“凡出示以及印内，俱要刻天父天兄天王字样，不遵者五马分尸”。因此，学者们如遇到对此事有所反映的太平天国告示，应能大致确定告示的发布时间。

第四，其他潜藏的信息。当然，这里有一个对告示潜藏信息的理解问题。

---

① 上海社会科学院历史研究所编译：《太平军在上海——〈北华捷报〉选译》，上海人民出版社 1983 年版，第 219 页。

② 《清政府镇压太平天国档案史料》，第 24 册，第 30 页。

③ 《太平天国》，第 3 册，第 218 页。

沈梓《避寇日记》载，同治元年，“（五月）初十日，长毛出示，言青浦、嘉定已经克复，而不言破湖州。则湖州似未失，而附近湖城三十里者皆言已失。或曰赵竹生放百姓出城，诱贼入城而杀之云云。十二日，知湖城真实失守，百姓饿死实多，赵不得已开城放百姓，皆从太湖一路走，大开城门三日。长毛知其确无粮民散，乃敢入之。方失湖州时，有言赵竹生炮船悉为长毛所得，从烂溪经过；或言严墓某人至谭主将处说丝捐，亲见竹生衣马衣在贼处吃烧酒云云。廿三日，闻赵竹生已打赵字旗号领炮船五、六十号赴上海，长毛听其行，不敢打，闻其亲族及官兵幕友均保出城。闻前年失杭系听王所克，则即有告示；此刻失湖州系忠王之功，故书告示均未出来”①。“六月初五日，伪忠王有告示贴新塍、盛泽各路，其始侮谩本朝，……观此伪谕，知曾兵实围南京矣”②。补遗中亦载：“初五日，伪忠王有告示贴新塍、盛泽各路，有妖朝以十三省兵马困我皇城之语，国中有难，还望协力同心，始言天，继言命。又闻南京于五月廿八日克复等语。”③ 由此看来，告示的内容中说了什么，而没有说什么，或者重点说了什么，接受者可以从中悟出若干潜藏的重要信息。

告示的潜藏信息，还可以从另一个角度去挖掘。沈梓对清军克复苏城分析说：“苏城之破也，或传伪康、纳等王均被杀矣，余疑不然，若果被杀之，何以招徕降者乎？继又传苏城破后上洋不见告示，抚台尚未出奏，因夷人于城外占地造夷房之故。余谓不然，夷人占地多矣，何独于苏城不可出奏耶？十一月廿一日得信，知李中丞抚御大不恰军民之心，城中扰乱尚未靖也。”④ 又说：“克城二旬余日，不闻有进取之举，而城中扰乱如是，其情形早入夷人新闻者通国皆知矣。其不出奏章，不出告示也，或者其难乎为辞乎？”⑤ 这里虽然说的是清军告示，但其方法适用于太平天国告示。也就是说，如果有情报认为太平军有进攻某处的动向，或者有太平军已攻占某处的传言，但在这些地方却没有一张太平军的告示，那么，从这样的事实就可以初步判断这样的情报或传言有可能是不实的，也可能是主事者“难乎为辞”，另有隐情。

2. 太平天国告示的传播者与流向

太平天国告示作为一种大众传播媒介，有其传播活动的主体即传播者。

---

① 《太平天国史料丛编简辑》，第4册，第158页。

② 《太平天国史料丛编简辑》，第4册，第164页。

③ 《太平天国史料丛编简辑》，第4册，第221~222页。

④ 《太平天国史料丛编简辑》，第4册，第285页。

⑤ 《太平天国史料丛编简辑》，第4册，第286页。

关于太平天国告示传播者的构成可从对其承办过程的分析中得出结论。前期诰谕的承办过程据《贼情汇纂》载："一示之成，更易数回，由伪侯定稿，呈于石逆，准行则送伪诏命衙缮写，写成交石逆判朱，送杨逆处盖伪印，转交伪宣诏官发贴。"[①] 由此推断，一般地，太平天国告示的传播者由以下几部分人员构成：一是作为信息源的太平天国告示的发布者，也就是太平天国各级正职官；二是负责信息加工和处理工作的太平天国文书人员；三是使告示进入传播网络的张贴人员。

发布者。不仅提供告示的原始信息，而且掌握了告示内容的最后审定权。太平天国告示发布者在不同的时期是有所变化的，在前期大多是上层领导集团的人物，如洪秀全、杨秀清、萧朝贵、韦昌辉、石达开、秦日纲等，在后期则大多是军中官、守土官，甚或是守土乡官。这种变化主要是由于前期是在上层领导集团的直接指挥下以大规模军事推进和征伐为主，而后期则是以天京为基地四面出击并建省设郡。因此，天王洪秀全的诏旨在前期有些属于告示类，而到后期则基本不属于告示类，因为它一般地已不直接面向广大人民群众了，后期的幼主诏旨也是如此。

文书人员。在太平天国初期，上层领导人物都曾不同程度地充当过文书人员，此后则逐步建立起一支阵容庞大的文书人员队伍。文书人员隶属于各级职官或文书机构。不同级别的正职官配备有数量不等的文书人员，在前期，天王66人，东王104人，北王和翼王各60人，燕王和豫王各32人，侯、相、检、指分别为31人、29人、27人、27人，将军、总制、监军和军帅各4人，师帅、旅帅和卒长各2人。中下级职官的文书人员又称"书理"、"书使"、"书手"、"先生"、"掌书记"等，为数最多，仅卒长书理在前期就有23750人。文书人员（佐天侯和六官丞相除外）还是不同级别的职同官，天王、东王的文书人员职同检点，北王和翼王的职同指挥，燕王和豫王的职同总制，侯、相、检、指的都职同军帅，军帅、师帅、旅帅、卒长的文书人员的职同官品比其对应的正职官品低一级[②]。由此可见，文书人员在太平天国政权中具有较高的地位。他们不仅负责告示的信息加工和处理，而且还负责其他文书的承办工作。在太平天国中央还存在着很多文书机构，如有专门负责缮写告示的诏命衙，负责镌刻文书诏书的镌刻衙，负责印刷文书诏书的刷书衙等[③]。《金陵杂记》载："贼造伪书并首逆等伪示，间亦有印刷者，派令伪刷书衙贼

① 《太平天国》，第3册，第218页。

② 《太平天国》，第3册，第83～93、285页。

③ 《太平天国史料丛编简辑》，第2册，第33～35页。

将掳得刷书匠胁令刷印。馆在文昌宫后簷。"[①] 这些机构与告示信息的加工和处理有直接的关系，反映了太平天国政权对告示的高度重视。

张贴人员。张贴人员是太平天国告示信息传播的关键，他们张贴或散发告示，使之进入传播网络。太平天国告示的张贴人员有三种情况：一是专职人员。在早期，专门负责张贴告示的是秦日纲，《金陵癸甲纪事略》载："首从东贼倡乱，自金田至武昌，先行贴伪示者。"[②] 宣诏书是太平天国负责张贴告示的专职人员，前例诰谕承办过程中的张贴人员就是宣诏书。太平天国在朝内和军中都设有宣诏书的官职，在朝内，"宣诏书正副又正又副共四人，主收发伪书"[③]。《金陵杂记》载："贼专贴伪示，有伪宣诏衔者，奔走贼也。馆在城北未详。"[④] 朝内宣诏书的同职官品为职同指挥[⑤]；在军中，"凡陆营、水营，除正职官外，亦设各典官，与伪朝所立大同而小异。如通军册籍，则设正副宣诏书二人掌之"[⑥]。各军宣诏书的同职官品为职同监军[⑦]。二是兼职人员。无论是初期还是在后期，太平天国的情报人员都一直充当着告示张贴人员。他们随身携带告示，每到一处即行张贴，初期清军俘获的所谓"奸细"大多带有太平天国告示。即使到后期也是如此，同治三年十一月初六日，徐宗干在《奏报近日各路军情及浙师来闽援剿折》中称："现探窜犯漳、龙各处系李世贤一股，兵联初接仗时，见贼队有李字大旗，嗣经盘获奸细搜出李逆伪示、行路等件。"[⑧] 兼职的另一种情形是正职官直接张贴告示，顾汝钰《海虞贼乱志》载：咸丰十年七月十六日，"我邻卖豆腐者闻信探亲，到彭家桥小街，见红顶武官两员，前者掮扛军牢四名，后跟二人掮着皮凳，过南桥到巷门口亲贴告示，进北街去"[⑨]。三是临时派用的。如《盾鼻随闻录》记载了咸丰三年三月二十四日太平军攻陷扬州的情况："先是扬州人江寿民，……赴江宁馈贼，秀清给以黄绸龙旗一杆，令插在城上，又给伪示数十张。"[⑩] 同治元年正月十五日（太平天国壬戌十二年正月初四日），张洛行在《命张发科等立即来营谕》中后附言："外告示一道，祈弟等专人送至城内萧永祥处。"[⑪] 沧

① 《太平天国》，第4册，第616页。
② 《太平天国》，第4册，第670～671页。
③ 《太平天国》，第3册，第101页。
④ 《太平天国》，第4册，第618页。
⑤ 《太平天国》，第3册，第87页。
⑥ 《太平天国》，第3册，第107页。
⑦ 《太平天国》，第3册，第83～93页。
⑧ 《清政府镇压太平天国档案史料》，第26册，第259页。
⑨ 《太平天国》，第5册，第358～359页。
⑩ 《太平天国》，第4册，第378页。
⑪ 《太平天国》续编，第3册，第143页。

浪钓徒《劫灰余录》载："陆三福之父被贼胁贴示，为里人所杀。张半樵贼胁贴示于崇明，伪太仓州印，故查奸细，斩一太仓难民，冤哉。"[①] 这也是兼职的一种情形。太平天国告示除了通过张贴或散发进入传播网络外，在军事上还采用射示入城的办法，太平军在进攻桂林时首次使用了这种方法[②]，前文已有介绍。到后期告示进入实质性的张贴程序是必须通过一定的行政网络的层级进行传递的。同治元年九月初八日（太平天国壬戌十二年九月十八日），太平天国长洲天县监军吴省秋在《致前中叁军帅张照会》中说："兹奉珽天安黄宪法札委阁下会同汪宏绣兄办理中三、五、六军收租事，奉发告示委札到敝衙，合行备牍照送，祈为查收遵办，以施惠于小民。……补送宪札告示。"[③] 这些告示由珽天安办理长洲军民事务黄到长洲天县监军吴省秋再到前中叁军帅张的手中，然后才能张贴。同治元年十一月初三日（太平天国壬戌十二年十一月十一日），太平天国殿前顶天靖东苏福省天军主将勋天义汪宏建钧谕抚天豫徐少蘧说："缘昨据送到告示多张，业经钤印发行，谅已查收矣。"[④] 这也说明告示从发布者到张贴还要经过一定的传递程序。后期的一些告示后附有"实贴"字样，实际是指这些告示在发布者完成之后很快就张贴了出来。

太平天国告示作为一种大众传播媒介，其信息流向大致有以下 4 种：

第一种：太平天国官兵。为了推行各项措施和制度，加强太平天国的统治，各级职官发布了很多针对其官兵的告示，在前期主要是诸王发布的对朝内军中布告，到后期在太平天国广大的统治区则经常张贴禁止太平军官兵烧杀抢掠奸淫百姓的告示，所有这些告示的信息流向首要地是太平天国官兵自身。这些信息在被他们接受后，还可能有两种流向：一是太平天国官兵之间相互传播；二是向地主阶级知识分子和一般百姓传播。周邦福《蒙难述钞》叙述了作者在太平军攻占庐州府城后担惊受怕的情形："我看那两个不是真贼，我就问他，'老兄可能保命？'他说：'前三日丞相射有书子进城，关门在家者，不躲不杀，你们不晓得么？'我说：'不知。'他说：'你们如此，不碍不碍。'"[⑤] 这位"不是真贼"的太平天国士兵就把告示的信息传播给了周邦福。

第二种：在华外人。自从太平天国起义爆发后，各国政府非常关注太平天国的对内对外政策，并以此作为它们制定对太平天国政策的依据，因此，

---

① 《太平天国史料丛编简辑》，第 2 册，第 147 页。

② 《清政府镇压太平天国档案史料》，第 3 册，第 73 页。

③ 《太平天国文书汇编》，第 253 页。

④ 《太平天国文书汇编》，第 214 页。

⑤ 《太平天国》，第 5 册，第 63 页。

一些在华外人就注意搜集太平天国的情报，告示是他们搜集的一个重要对象。告示信息在被这些外人接受后，可能有以下四种流向：一是报告给各国政府，这可从一些告示原件在西方各国留存至今得到说明[①]。中国人知道海外保存有太平天国告示似始自光绪三年（1877）清政府驻英国副使刘锡鸿参观当时的伦敦不列颠博物院，他记述说："粤逆伪诏伪示，亦珍藏焉。"[②]二是传播给他们的上级或平级。咸丰十年六月三十日，杨笃信牧师在给戴德曼牧师的信中说："我们在途中经过了一座浮桥，这座浮桥是革命军所搭造的，而交乡民管理，河岸上贴有告示，嘱人民安居乐业，缴纳捐税，各守本分。"同治元年二月，英国驻上海领事巴夏礼在给何伯提督的报告中也不厌其烦地汇报他所看到的告示信息，说："我在城门外见到了英王的告示，内容是保护人民，并劝人民来此和军队贸易。另一则告示则是自该月起禁止士兵潜行乡间，劫掠民物。再有一张告示张贴在两名叛军首级旁，内称这两名兵士因为在军队收集粮食时，抢劫了人民的衣物而被枭首云云。"[③]三是一些外人特别是记者把搜集到的太平天国告示登载在报刊上，使之进入了另一种大众传播媒介的网络。《北华捷报》就登载了很多太平天国的告示[④]。四是一些外人著书立说，将所知太平天国告示的内容及有关情况写进书籍，传诸时人和后世。呤唎在其《太平天国亲历记》中就收录了不少太平天国告示的内容，不仅传播了这些告示的信息，而且利用这些告示的信息维护了太平天国的形象。

第三种：清朝官兵。太平天国经常发布一些针对清朝官兵的告示，用以劝降和分化瓦解敌人。这类告示，太平军经常用箭射进所攻城内，因此，其直接接受者当是清朝官兵，而清朝官兵也有目的地搜集太平天国告示，以此作为决策的依据。太平天国告示信息在被清朝官兵接受后，可能有两种流向：一是清军将领将之随奏折一起报送清政府军机处。通过军机处，太平天国告示信息就会传播给清朝政府其他官员。这种流向到后来就基本消失了。二是清朝官兵之间相互传播，张汝南《金陵省难纪略》记述了南京雨花台之战时发生的这类情况，他说："比二月初一日天晓，见其安居不前，炮始稍息，贼旋来城下，射入贼示贼书，惟将军总督藩司共观，不知上作何语，弁兵等觉

① 参见《太平天国文书汇编》所辑文书后的说明，此外还可参见王庆成《太平天国的文献和历史——海外新文献刊布和文献史事研究》，第52～53、254～256、333～334页。

② 王庆成：《〈天父下凡诏书〉（第2部）及其澳藏原刻本》，《近代史研究》2003年第1期，第258页。

③ ［英］呤唎：《太平天国亲历记》（王维周译），上海古籍出版社1985年版，第230、278页。

④ 参见马博庵译、章克生校、吴乾兑整理：《李秀成等的布告和致外国人文书》，见于北京太平天国历史研究会编《太平天国史译丛》，中华书局1983年版，第二辑。

三人皆有忧色。"[①] 虽然这三人没有直接将太平天国告示的具体内容明确地传播给兵弁，但是通过他们对太平天国告示的反应，其中的信息已经部分地传播给了兵弁。同治元年四月二十四日，托明阿等人在《奏报粤股窜扑陕西省垣迭经击退折》中称，在威宁县境内尹家卫第一次战斗后，"嗣遂连接探报，该逆张贴伪示，直欲围扑省城"。在随后的韦曲作战中，清军又俘获不少战利品，"并揭到伪示数张，语多悖逆"[②]。

第四种：一般百姓。太平天国每到一处即发布针对四民百姓的告示，是谓安民告示。这些告示在传播过程中，封建知识分子起了重要作用，他们有文字阅读能力和记录能力，而一般百姓是没有文化的，因此，他们是安民告示信息的最初接受者。经由他们的口传，一般百姓才能知道和理解告示的信息。这些知识分子相互之间也经常传播太平天国告示信息而且还记录下来，又写进他们的日记、笔记和随笔，从而使一部分太平天国告示的内容留传至今。一些知识分子还把他们所知道的太平天国告示信息报告给清军将领，如张德坚就曾经搜集到不少太平天国告示等文书，通过研究写成《贼情汇纂》一书献给曾国藩以资征剿。在百姓之间也互相传播着告示信息，有时甚至在"路上拾得伪示传观"[③]。不过，也有的时候这种传播并不顺利。顾汝钰《海虞贼乱志》载：咸丰十年八月初五日，"城中黄李二逆六门悬伪安民示，……悬之半日，并无一人来看，二逆焦躁，命伍逆远寻居民，适一老者，素走旱差，被获解到，二逆亲手递示，命传谕各处，并持千钱，命买菜卜等物，限明日午刻在锁澜桥外馆交货领赏。老者持钱怀谕，细思此事大有关系，不可藏匿，乃往附郭乡镇大张其说"[④]。沈梓《避寇日记》卷一载，咸丰十年九月初八日，他"坐船至乌镇已午夜，至新塍已夜，至高宅已黄昏时矣。时新塍已进贡，高氏抄得长毛安民告示，其为官最大为钦差大臣殿后军大佐将悦天安黄姓，其自称曰天朝，曰天兵；指本朝为妖朝，凡本朝之官员与兵皆指为妖"[⑤]。沈梓在叙述了悦天安的告示内容后，又说："相传濮院雷家潭亦贴此告示，后为官兵揭去也。其次伪官为殿后军正总提朗天安陈，为镇守嘉兴之伪官，自称曰本爵。其告示自谓兵士众多，尤恐下乡滋扰，因出示，倘有滋扰者，准捆送来辕，按法治罪等语。"[⑥] 十一月廿五日，"有徽人陈姓者，向在朱仲二典中作伙，后在零押店作伙，是时被掳至禾，陈即求贼释之回濮，

① 《太平天国》，第4册，第690页。

② 《清政府镇压太平天国档案史料》，第24册，第313～314页。

③ 《太平天国》，第5册，第351页。

④ 《太平天国》，第5册，第259页。

⑤ 《太平天国史料丛编简辑》，第4册，第44页。

⑥ 《太平天国史料丛编简辑》，第4册，第45页。

仍复劝濮院人进贡，并将贼告示至濮”①。这些记载都反映了太平天国告示在百姓之间传播有时会出现一些波折。

3. 太平天国告示的传播效果

接受者是传播过程的终点，接受者对信息的反应是传播效果的重要指标。太平天国告示的接受者对其信息反应主要有以下4种类型：

第一类：不信型。这又有5种情形：一是由于阶级立场和阶级偏见，对太平天国告示采取蔑视的态度。采取这种态度的接受者一般为地主阶级知识分子，他们大多认为太平天国告示是“侈口自张”，“狂悖之词”或“鄙俚可笑”等等。二是对告示信息采取不予理睬的态度。如浙江巡抚王有龄不为李秀成射入杭州城内的告示所动，拒绝和议，最后在杭州战死②。金坛知县李淮和千总金诏对于太平军进攻金坛早有所备，对守住金坛充满信心，故而两次焚毁告示，坚守抵抗③。三是消极抵制。《贼情汇纂》载：“设立乡官后，则又出示曰：‘天下农民米谷，商贾资本，皆天父所有，全应解归圣库，大口岁给一石，小口五斗，以为口食而已。’此示一出，被惑乡民方如梦觉，然此令已无人理，究不能行。”④ 这实际上反映了百姓不理解太平天国的圣库制度。太平军在宁波张贴安民告示，“示及江北岸，夷官见而即毁，街巷巡逻不许张挂”，进行捣乱⑤。四是把太平天国告示视若虚文，采取置若罔闻的态度，这类接受者多是后期违纪犯法的太平军官兵。如长洲潘钟瑞《苏台麋鹿记》记载太平军咸丰十年在苏州的情况说：“奸淫之禁，伪示百不森严，而违令习为故常”，在“苏州城破半月后，虽榜示安民，严禁抢掠，而众贼不遵约束，若罔闻知”⑥。鲁叔容《虎口日记》于咸丰十一年十一月二十二日亦载：“昨晚闻沈玉堂母云：‘贼目有伪示不准搜掳，不意更甚于是前，甚至拆墙掘地，无物不毁。”⑦ 沈梓《避寇日记》载，咸丰十一年二月二十八日，“局中出告示，贴行牌上迎于街道，言今汪大人安民把卡，一应过往弟兄概行禁止，断无骚扰等情。特此晓谕居民迁回镇上，安居乐业，开店贸易等语。四市稍皆贴告示，然镇人无敢信者”⑧。这说明到后期太平天国告示的效力已非常低下。五

① 《太平天国史料丛编简辑》，第4册，第56页。

② 《太平天国》，第2册，第817页。

③ 《太平天国》，第5册，第211页。

④ 《太平天国》，第3册，第275页。

⑤ 近代史资料增刊《太平天国资料》，第182页。

⑥ 《太平天国》，第5册，第275、276页。

⑦ 《太平天国》，第6册，第799页。

⑧ 《太平天国史料丛编简辑》，第4册，第66页。

是由于发布者的地位造成的不信型。沈梓《避寇日记》卷二又载，咸丰十一年七月廿五日，“自钟长毛来桐乡，以食者民之天，故累出告示免米税，而贼犹坚执如故。钟乃讼诸镇守嘉兴之伪朗天义陈姓处，陈乃为之调停，饬令免一半税，故自七月望后，每担收税一百十五文云。”①

第二类：迟疑型。这种类型的接受者3种情形：一是似信非信。如杭州将军瑞昌在咸丰十一年杭州攻城战中对李秀成射进城内的告示就是如此反应。一开始他已和李秀成进行和议，似乎相信了告示信息，但后来他又不相信告示中“准赦满军回国”的承诺，竟打死太平军士兵1000多人②。他对告示的反应一直在信与不信之间游移，这是因为他既希望免受战斗之灾，又害怕李秀成背弃承诺、清政府对他不会宽贷。二是怀疑告示信息的真实性，但不影响其行为。如江宁李圭《思痛记》记载了其一家在太平天国第二次击溃江南大营后在南京城郊逃难的情形：“余至第四日始归，行至南阳村之三令桥地方，……此处有贼首伪示云：‘不再骚扰百姓。’无论真否，且在此地暂避，再作他图。”③ 三是怀疑告示的真实性并影响其行为。如《蒙难述钞》的一段记载就反映了作者开始时对太平天国告示的怀疑，将信将疑的心态和犹豫观望的行为，以及在信息的真实性得到证实后态度的变化，该段记载道：“稍顷，周三喜来说：‘恭喜恭喜，我走城外来，见县桥口贴春官丞相告示：士农工商各有生业，愿拜降就拜降，愿回家就回家。’听他这话很有转机，暂缓至明日再看。二十五日早饭后，本城沈广庆手执令箭，长毛打锣，大声喊叫：‘合肥亲兄弟们听着！士农工商各执其业，愿拜降就拜降，不愿拜降就叫本馆大人放回，倘不放就到丞相衙门去告。’听说此令，我到房内向先生说：‘大人再不放我，就去告状。’”④

第三类：相信型。这种类型接受的原始心态都是相信告示信息的真实性，但不同的接受者就会衍生出其他不同的心态，并导致不同的行为。《贼情汇纂》载：“甲寅三月，韦贼令张子朋上犯湘潭，因封船只，激变水营。杨贼得知，先差亲信之人，赴唐正财所，以好言抚慰，将韦逆重杖数百，张子朋重责一千，并出伪示，晓谕水营，人心始服。”⑤ 据沈梓《避寇日记》卷六（杂记）载，浙江巡抚王有龄在《嘉兴军情万急请饬统兵大员两面合剿折》中称：“臣近接代理吴县沈锡华续禀，该县各镇举办民团均尚安静，惟局费告匮，无

① 《太平天国史料丛编简辑》，第4册，第76页。

② 《太平天国》，第2册，第817页。

③ 《太平天国》，第4册，第471页。

④ 《太平天国》，第5册，第70页。

⑤ 《太平天国》，第3册，第69页。

从设法。早稻将成，难防抢割。且附郭一带逆匪遍贴伪示，贸易交通日久，更多附和，民团相持数月，心力已竭。”① 这类例子很多，兹不赘述。

第四类：主动利用型。这种类型的接受者认为利用太平天国告示，可以达到自己的目的。之所以会出现这种类型的接受者，是因为太平天国有时会赋予告示特定的用途，而这种用途事关人们的性命前途。顾汝钰《海虞贼乱志》收录了一则太平天国的告示，其中有云：“秋凉时吾天王命各列王统率大兵踏平江南地，民家抄藏此示者，吾兵到处，每家门首贴一顺字，将此示献马前，免一乡杀戮，一乡烧淫，不然吵白无孑遗。”② 陈思伯《复生录》载：咸丰二年，他“初入贼营，贼目右一旅帅郑阿培，见予文弱书生，令充燮理，掌管笔墨事件；并在总查衙中代请安民告示，当门张贴，贼不敢入，阖家赖之以安”③。张宿煌《备志纪年》载，咸丰三年七月太平军攻占湖口后，“由是煽惑人心，假托周官，倡为军、师、旅帅、两司马、百卒、伍长等职，索民间造册，许给散门牌，以安百姓。凡称名，男呼兄弟，女呼姐妹，无老少，无尊卑。主其事者潘敬孚，本城中纨绔子，捐纳国学生，出入文昌宫。至是将就木矣，犹为老妖，肆无忌惮，凡贼中所出伪示，张挂家门，乡人咸恐”④。汤氏《鳅闻日记》载，后期太平军进攻常熟时，“听得议献金银与鸡鸭猪羊若干，赴城求见贼首黄老虎，开造民册，领给伪门牌告示安民旗。准投诚后，贼兵过路，不杀人烧屋，可保方隅”⑤。咸丰十年四月二十七日（1860 年 6 月 16 日），《北华捷报》报道说：“清军曾派间谍一名到苏州去，倘若他能揭到叛军布告一张带回，作为证据将给予重赏。”⑥ 在这里，清军利用告示的目的是寻求太平军的军事情报，而这位清军间谍也可利用告示作为领赏凭据。

因此，接受者对太平天国告示信息的反应是多种多样的，这种接受者对信息反应的多样性反映了太平天国告示的传播效果并不是非常理想的，然而这又是正常的。因为要取得理想的传播效果不仅取决于媒介、信息和传播手段、技术的特点，还取决于传播环境。这主要是指以下几点：（1）生活在传播环境中的接受者在立场、思想、价值观点上保持一致；（2）传播环境必须具有良好的社会风气；（3）传播环境必须是安定和平的。不言而喻，太平天

---

① 《太平天国史料丛编简辑》，第 4 册，第 319 页。

② 《太平天国》，第 5 册，第 351 页。

③ 《太平天国》续编，第 4 册，第 344 页。

④ 《太平天国》续编，第 5 册，第 133 页。

⑤ 中国科学院近代史研究所近代史资料编辑组编辑：《近代史资料》1963 年第 1 期（总 30 号），中华书局 1963 年版，第 88 页。亦可参见第 90 页。

⑥ 上海社会科学院历史研究所编译：《太平军在上海——〈北华捷报〉选译》，上海人民出版社 1983 年版，第 91 ~ 92 页。

国告示的传播环境决定了它不可能取得理想的传播效果。

要进一步了解传播媒介的传播效果，除了研究接受者对信息的反应外，还应该研究信息是怎样对接受者发生作用的，这是一个问题的两个方面。太平天国告示对接受者产生作用的可能性可从以下几方面得到说明。

首先，传播媒介只要善于把一种新的观点或行为同接受者原有的价值观念和需要联系起来，就可以使接受者很快地接受这一新观点或新行为。如太平天国主张蓄发，并把蓄发和广大汉族群众的民族意识联系起来，《奉天讨胡檄布四方谕》说："夫中国有中国之形象，今满洲悉令削发，拖一长尾于后，是使中国之人变为禽兽也。"① 这种联系促使广大群众纷纷蓄发，积极参加太平天国起义队伍。

其次，当传媒的内容不能支持接受者的固有观念和行为时，他们就会拒绝相信或产生心理冲突。在太平天国张贴禁读孔、孟之书的告示时，封建知识分子的反应就是这样。佚名《金陵纪事》载："（贼）初出示皆魔障语，专以天父哄人，以天条杀人。"② 又载："出示以读孔、孟书及诸子百家者皆立斩。迨八月初十日在南京开科取士，连出三示，用文用策，又谓孔、孟非妖书。"③

最后，传媒可以为接受者提供情况，证明他基于某些需要和固有观念而采取行动的正确性，从而进一步支持接受者已采取的行动。如清朝统治阶级曾利用团练镇压过川楚陕甘白莲教起义，因此他们中的一部分人就非常相信团练的力量，提出兴办团练镇压太平天国的主张，并从太平天国告示中找到根据。如赛尚阿在咸丰元年六月二十日的奏折中说："现访得该匪逆词伪示，指团练为团妖，其畏忌团练可知。"④ 以后在全国各地就兴起了兴办团练的热潮。

从以上几个方面来看，太平天国告示对于接受者的固有立场和观点的稳定作用远远大于变动作用。特别是告示发布者自身的表现对于告示的传播效力也有很大的影响，佚名《寇难琐记》载，咸丰十一年，"初至之时，伪示安民，尚惬众望，后渐苛暴，时出独游，时而排队骑马，举止轻佻，拍肩踏歌，招摇过市，不自知其有职司也"⑤。潜山储枝芙蓉塘著《皖樵纪实》载：咸丰

① 《太平天国文书汇编》，第105页。

② 《太平天国史料丛编简辑》，第2册，第45页。

③ 《太平天国史料丛编简辑》，第2册，第47页。

④ 《清政府镇压太平天国档案史料》，第2册，第108页。

⑤ 《江浙豫皖太平天国史料选编》，第144页。

六年五月十一日，“贼伪翼王石达开窜皖城，踞之，伪示云避嫌也”[①]。太平天国告示的传播并没有能够改变其敌对势力的固有立场，这是近代农民阶级的传播活动所无法达到的目的。

太平天国告示产生于道光二十七年九月洪秀全声讨甘王的布告，广泛使用则始于金田起义前后。从太平天国告示的双重信息、传播者和传递网络来看，它都具有取得理想传播效果的可能性，但由于其传播环境的不净化，太平天国告示在实际中并没有取得理想的传播效果。不过，太平天国告示对于太平天国自身来说仍具有十分重要的作用，其政治、军事、经济以及社会生活领域的各项政策和措施的推行，都必须张贴告示，没有告示，太平天国就无法维持自身的统治。从传播学的角度看，这属于太平天国告示的各项功能及其实现的问题。

三、告示在军事上的功能：劝说（攻心战）

在军事上，告示是太平军在攻城战中进行心理战的重要武器。因此，告示往往是太平军随带的战斗武器之一。赵烈文《落花春雨巢日记》载，咸丰三年四月二十三日，“是日盘获贼匪四名，搜得伪诏、伪示及妖书二本，一名《天条书》，其教禁例。一名《太平军目》，则兵制也”[②]。咸丰四年三月十七日，黄宗汉在《奏报防堵窜徽之敌并拿获奉化发首洪世贤等情片》中称，三月十四日宁波府属奉化县之莆湖地方，清军进攻所谓的“逆匪洪世贤”，“直抵巢穴，生擒洪世贤及伪军师、伪丞相董铃冈、董得彰三名，起出伪示千余张，字大径寸”[③]。同年闰七月初七日，杨霈在《奏报收复京山等五州县并进剿天门安陆余敌折》中总结战绩时称，“搜获伪西府将军印信、伪示、伪照等件”[④]。闰七月二十五日，官文等人在《奏报剿除沔阳之沙湖股巢大获胜仗折》中亦说，在俘获的战利品中有“伪书告示”等件[⑤]。八月二十四日，杨霈在《奏报各路剿办获胜武汉克日可复折》中又称俘获“刀矛、旗帜、伪衣冠、号衣、伪书、伪示等物三百余件”[⑥]。李滨《中兴别记》卷三十六载咸丰七年事，转载骆秉章的奏折说：“比接刘长佑等探报，该逆于十月二十七、八

① 《太平天国史料丛编简辑》，第2册，第96页。
② 《太平天国史料丛编简辑》，第3册，第34页。
③ 《清政府镇压太平天国档案史料》，第13册，第298页。
④ 《清政府镇压太平天国档案史料》，第15册，第189页。
⑤ 《清政府镇压太平天国档案史料》，第15册，第291页。
⑥ 《清政府镇压太平天国档案史料》，第15册，第480页。

等日，率大股抵丰城，遍张伪示，骄悖异常。”[①] 王莳惠《咸丰象山粤氛纪实》载，咸丰十一年十一月，太平军进入象山城，“时走迎者为禀生周某、监生王某也。周、王谒见张酋，献所赍犒军物。酋甚喜，慰劳数语，即给以令旗、告示，并谆谕城中人民，但粘太平天国顺民字于门，不须搬避”[②]。同治元年十月十二日，韩超等人在《奏报石达开攻扑大定等处官军堵剿获胜折》中称：“臣等查石逆拥众入黔，人数众多，蓄谋凶狡，分股肆扰，叠扑各城。每股号称数万人，或十余万人，沿途张贴伪示，诱胁民人。其伪示内皆用石逆伪翼王名号，盖用伪印，语甚狂悖，殊堪发指。”[③]

前文已经提到，在确定军事进攻方向之后，在军行之前，太平天国往往派遣告示张贴人员或情报人员到进攻目标所在地张贴告示，给民众一定的心理准备，宣传太平天国的安民政策，劝说民众不要反抗，以减少军事进攻的阻力。佚名《金陵被难记》载：“凡贼未入境，先遣奸细，在城市布散谣言，张贴伪示，皆云不杀百姓，愚者每帖然信之，信则惑，惑即受害矣。”[④] 关于咸丰三年攻克南京时的情况，姚宪之《粤匪南北滋扰纪略》载：“二月十八日，至江宁，贼目韦振、石达开争先攻之，不克。当是时贼早有奸细入城，布流言，贴伪示，皆曰不杀百姓。及逼城下，省垣各门皆壅土堵闭，贼又绕城遍告曰百姓毋惊，照常贸易。”[⑤] 周振钧《洪杨纪事》载，咸丰六年二月，“十六日，向帅令箭提（补江宁府升道）刘存厚主事带勇赶赴丹阳，七襄公所宴罢。因初八、十、十七等日虎嵩林、鲁占鳌镇江开仗失利，贼营札及高资镇，一路伪示，禁句容民为乡勇。十七日，句容乡勇得胜”[⑥]。赵烈文《能静居十日记五》载，咸丰十年六月二十五日，“伪忠王遣贴示于夷场，约三日内到沪，至二十九日由法华、龙华焚掠而进，城中戒严”[⑦]。

在军事上运用告示的另一种情况的具体做法是：先以兵力围城，但并不急于攻城，而是将太平天国的告示射进城内，让城内将帅士兵和黎民百姓了解、阅读或传播告示的内容。这种告示一般都宣传太平天国的各项政策和主张，竭力颂扬天兵天将的强大威力，尽情揭露清朝统治的腐朽和满汉之间的民族矛盾，从而达到分化、瓦解和劝降敌军将领的目的。告示的内容在城内传播也会使敌军士气民心发生变化，为太平军发动攻城战创造良好的契机。

① 《太平天国资料汇编》，第 2 册下，第 587 页。
② 《太平天国》续编，第 5 册，第 208 页。
③ 《清政府镇压太平天国档案史料》，第 24 册，第 645 ~ 646 页。
④ 《太平天国》，第 4 册，第 751 页。
⑤ 《太平天国》续编，第 4 册，第 76 页。
⑥ 《太平天国史料丛编简辑》，第 2 册，第 21 ~ 22 页。
⑦ 《太平天国史料丛编简辑》，第 3 册，第 163 页。

在攻城战处于相持阶段时也常使用这种攻心战的方法。

同治元年正月，李秀成在进攻杭州城时就使用了这种办法。下面是《李秀成自述》中关于杭州攻城战的记载：杭州城“内外不通，内外夹战未下，城内无粮，民亦无食，军民之心甚乱。那杭郡巡抚王有龄甚得军民之心，甚为坚守。我困城之时，射谕入城，分军民满汉分别言语，顺言而化，肯降者即可，不肯降者不足为要。浙江瑞将军带领满众，我亦愿放。我围城七日之前，具本恳我天王准赦满军回国，文由浙江来往二十余日，御批未及下来，我先破大城，破入大城四日，尚未攻其满城，专候诏下赦。一面与瑞将军和议，云愿放其全军回家，渠总未信。我奏准天王，御诏降下，准赦满人，渠亦不信，开枪打死我兵千百余人，然后攻其内城，各男女投水死者有之，被获者有之，后瑞将军及都统之死，当即差员在河下寻其尸首，用棺木埋之。其本已信我奏，准放回国，不欲加害，我亦射谕入城，城内军民可悉，我云：‘尔奉尔主之命镇守杭城，我奉我主之命来取，各扶其主，尔我不得不由，言和成之事，免伤男女大小性命，愿给舟只，尔有金银并行带去，如无，愿给助资，送到镇江而止。满洲之人过我天国为帝，此是天命而来，非由自成，满待汉人其情本重，今各扶一君，两不得已，存我之心而为此事也。’”

在这里，李秀成似乎在极力表明他在杭州攻城中对清军将帅士兵已做到仁至义尽以期换得清朝统治者对他的谅解。但是，他在这次战斗中利用告示宣传他的优待俘虏政策进行心理攻坚战则是确凿的事实。同治元年五月，李秀成进攻松江时也射示入城，姚济的《小沧桑记》如是记载：“初九日，午后，城外射进伪忠王伪示，有‘及早投诚誓不杀戮’等语。”心理战发挥的是告示的劝说功能。告示的劝说功能在咸丰十年太平军进攻金坛时也得到充分体现。据强汝询《金坛见闻记》载：“初贼屡遣使持书诱降，城中悉斩使焚书。至六月贼乃射书入城，曰：‘我亦知城中忠义，不欲相犯，今若肯与我约和，每门树黄旗一，我即日退兵，不遣一人入城。’城中焚其书，不之应。贼又射书入曰：‘我欲得者城耳，既不肯与我约和，则请悉众归镇江，我先撤丹阳门之围，听命五日。如许我，我全军退三十里，俟城空乃入。’贼果尽撤丹阳门诸营。城中又不应，贼乃复合围。”① 看来，在进攻金坛的战役中，李侍贤多次使用告示进行劝降，并未获得预期的成功。赵烈文《能静居士日记五》载，咸丰十年十二月，“初四日，贼伪示诱降，并插旗（金陵）城外，上书‘投献免死’四字。‘投’字写作‘头’字”②。同治元年五月初九日，李鸿

① 《太平天国》，第5册，第211页。

② 《太平天国史料丛编简辑》，第3册，第165页。

章在《奏报官军招抚降众立复南汇并克川沙厅折》中称，太平军进攻金山卫时也使用射示入城的办法，五月初三日辰刻，“贼目伪朝将吉庆元率众扑城，复射进伪示及手书各件。吴建瀛、刘玉林义不返顾，随同邓贤芬、刘铭传带勇出击，贼众望见旗帜，即行却退”①。

太平军利用告示进行心理战的战术也引起清军的注意。太平天国的内奸张继庚根据对太平军的了解，在给向荣的建议中就有这样一条：“一、宜先射告示进城，告以铜轰已成，不日开放，先散其众。再用长条告示或树旗二面，上写无论何省人，有能临战倒戈者，封官给赏。无论何省人，有能弃矛跪拜者，免死回家。则人人心各异心，而贼志亦沮，不但可免死守之虑，兼可免巷战之虞。”张继庚把心理战的目的和效果讲得简括明了，可谓刻毒之至。因此，清军在具体的战役中也很注意告示的应用。告示首先用来稳定军心，赵烈文《落花春雨巢日记》载，咸丰三年三月初二日，“阿哥同幼静归自城中，言向提督已奉旨特授钦差大臣，赏给霍钦巴图鲁名号，现率川贵兵勇，驰至金陵，屯兵孝陵卫，檄示远近，令各固要隘，无得听信谣言，自弛守备云云。羽书所到，人心大定，贼兵于前月二十四日已至丹阳西三十余里之马陵，闻其来，乃退归京江，其威望如此”②。对于那些投赴太平军的清军将士要做争取的工作，李滨《中兴别记》卷三十二载，咸丰七年三月，袁甲三在给清政府的奏折中说：“在事诸臣，非不出示，劝谕改过投诚，其中畏法悔罪者，亦复不少。惟既已陷于匪中，深恐官军虽不究，而被害之家必将寻仇搜杀，未奉恩纶，终怀犹豫。”③ 而对一般的百姓，也要做争取民心的工作。咸丰四年九月初十日，杨霈在《奏报驰抵武昌会筹进剿及收复黄州等处折》中说：“奴才抵省时，即虑武黄一带久为贼薮，胁从众多，必须先行解散，当饬许赓藻多张示谕，令被胁民人薙发速逃，复委金子矶巡检马效良，授以告示谕贴，饬令潜赴武昌、大冶、兴国一带遍行张贴散发，密约绅民乘间袭取，会黄州收复，武昌县城匪闻信惊慌，……”④ 咸丰十一年十二月十六日，袁甲三在《奏报定远善后办妥亟图联络楚师规复庐郡折》称：“至前次内应克城之吴永璧、吴殿元人极明白，向与褚开泰、吴开会等练极相联属，且均为一乡之望，前经饬令来营面授机宜，一面整备守御，一面密谕本地伪官及狗逆党众早日归顺，并发给投诚免死告示，使妥为解散。”⑤ 沈梓《避寇日记》卷三载，同

---

① 《清政府镇压太平天国档案史料》，第24册，第352页。
② 《太平天国史料丛编简辑》，第3册，第32页。
③ 《太平天国资料汇编》，第2册下，第525页。
④ 《清政府镇压太平天国档案史料》，第15册，第587页。
⑤ 《清政府镇压太平天国档案史料》，第23册，第673页。

治元年“十二月初六日，有人从绍兴来，言余姚谢吉士者领团练官兵及夷兵，于十一月廿八辰刻克复绍兴府城，其兵皆以白巾为号，贼匪退据萧山县城。又有余杭及富阳等到处富家挈眷至新塍，避民狭港荒田等处，言余杭、富阳均有官兵，曾国藩大张告示，言年前会大军克日恢复杭城等语”①。因此，太平军与清军之间不仅是军事实力上的对决，而且还是运用告示争取人心、瓦解对方军心的攻心对决，双方在军事实战中都充分注意到告示的作用。同治三年六月初四日，清政府在寄谕僧格林沁等人急赴黄州督剿并严防楚股东趋皖境时说：“金陵之贼飞走技穷，著曾国藩随时督同曾国荃相机进剿，周历巡防。该处城池虽高且坚，但使真能断其接济，外援不来，内贼不出，又宽为收抚胁从，播散告示，俾令传入贼中，以破其固结之谋，不久定能蒇事，该大臣等其慎勉图之，以副企望。”②

有时甚至在组织防御力量时，清方就自觉地利用告示进行动员。佚名《金坛围城追记》载，咸丰十年五月二十五日，“今早附生汤翼然、于城等来告，闻城中多奸细，贼来时，当敌处分，他处兵民相助，恐有疏误，莫如于众中择派技勇者结义团，另立筹御公所。有警即向当敌处助御，无事巡城僻处，查察奸细。出示邀约义团启稿。翼然师、吴清臣以为此事不可强派，须人自愿，将来稿酌改，誊贴传之。于城隍庙设一簿，愿入团者自于庙簿书名，胆力之士踊跃而至。下午，得九百余人，就各人居址酌派人数，设筹御局八所于各营门关，夜制旗数十面，中书大义字，傍书各坊名。”③ 佚名《庚申避难日记》载，咸丰十一年三月初十，“有‘钦命江南督办团练大臣前内阁部堂庞，为剀切晓谕事：照得虞邑西乡团练，素称得力，上年拒贼保乡，屡著战功。自县城失陷以来，乡间被扰，居民涂炭，本大臣念切梓乡，实深痛愤。近闻各乡，士怀忠义，民切同仇，久已暗行团练，以待大兵，协同进剿，实堪喜慰。为此示谕各乡，务须互相联络，远近一心，守望加严，捍卫无误，始终不懈，以待大兵。如有实在出力之一，定必从优奏奖，切勿延误，特示。咸丰十一年二月廿五日示。’（发黄桥士民细视）又有咸丰十年十一月二十七日内阁奉上谕：‘朕问（闻）以苏省本年被贼蹂躏最为惨酷，百姓流离颠沛，户口散亡。贼复设立伪官，迫索钱米，并多方诱胁，稍有不遂，凌虐横施。朕心实深悯恻，屡饬绕（统）兵大臣督卒（率）兵练，奋力剿办，谅不难指日荡平。惟念陷城（贼）州县，小民如在倒悬，将来地方克复，若将新旧钱

① 《太平天国史料丛编简辑》，第4册，第201页。

② 《清政府镇压太平天国档案史料》，第26册，第5页。

③ 《江浙豫皖太平天国史料选编》，第70~71页。

粮照常征收，民力其何能给！所有江苏、浙江、安徽所属被贼占踞各州县，应征本年新赋及历年实欠在民钱粮，著一律豁免，以苏民困。其被贼窜扰，未经占踞地方，并著各该省督抚查明，应征、应缓，分别具奏。至各处被贼裹胁良民，迭经降旨，准其自拔归来。现在江、浙、皖省贼陷州县，被胁人数更多，著申明晓谕，予以自新。并著各路统兵大臣，严饬所部员弁、兵勇，凡被胁良民，毋许妄行杀戮。该督抚即刊刻誊黄于被贼踞扰地方，遍行晓谕，用示朕轸念民依胁从罔治之至意。钦此。'有人传说大兵到时，即要贴起，现在隐而未露"①。龚又村《自怡日记》卷二十一载同治元年事说，五月二日，"见曾经略、都将军（兴阿）檄示：僧王征剿山东流寇，登、莱一带肃清。本帅曾攻复安徽各属，伪英王陈（玉成）、伪顾王胡（如孝）等各股剧匪，俱已授首。其伪护王陈（坤书）窜过长江，本帅都札饬总兵李（同兴）会剿，生擒于天长贼窟中。……为此先行檄示，凡各乡镇，务于见示后齐心团练，如遇贼氛下窜，共实力追拿"②。同治元年闰八月十六日，耆龄在《奏报调兵防守温处进攻金华并宁波台湾防剿情形折》中称："汤溪逆匪近来愈聚愈多，必得慎重图攻，会合夹击，以期力拔坚城，即可联络浙师进规金郡。至温处二郡各属民团屡经助剿，洵为敌忾同仇，奴才业经刊刻告示，遍贴晓谕，并查明办团得力绅董发给印札嘉奖激励，务使众志成城，协同战守。"③

清军的这种告示心理战术也有一定的成效。兼署湖广总督、湖北巡抚杨霈在咸丰四年闰七月十六日的《奏报股首蒋莒梧等情愿投诚等情片》中说："前据探报密禀，贼情近颇慌张，各怀去志，因乘机遣人设法解散，并刊刻告示，潜赴贼巢张贴，贼益疑惧，剃发潜遁者甚多。"④ 同治二年正月十五日，左宗棠在《奏报官军连克汤溪等四城生擒首要折》中称："窃汤溪距（踞）逆经官军逼围日久，穷蹙益甚，蒋益澧于城外加出重濠，叠次击败金华援贼。时复射示城中，晓以祸福，贼目伪朝将彭禹兰遂于正月初九日遣人诣蒋益澧军前乞降，蒋益澧随令副将刘树元、守备徐文秀、军功李世祥等至城边，密与之约。"⑤ 在攻克龙游的战斗中，"初十、十一两日，城贼舁其辎重，出屯城外垒中，诸营皆知其窜必速，詗察益严。臣复射示城中，谕以汤溪已克，李尚扬已擒之故。十二日酉刻，贼乘月色晶澈，居然启东门向汤溪大路窜赴

① 《太平天国史料丛编简辑》，第4册，第499页。
② 《太平天国史料丛编简辑》，第4册，第445~446页。
③ 《清政府镇压太平天国档案史料》，第24册，第560页。
④ 《清政府镇压太平天国档案史料》，第15册，第254页。
⑤ 《清政府镇压太平天国档案史料》，第25册，第19页。

金华，盖犹不信汤溪之已克也”①。同治三年十月二十三日，官文在《奏报股众投诚及陈得才服毒自尽折》中也透露，太平军天将“吴清泰偕伪朝将魏康福小头目等二十余人亲来乞降，口称前在蕲水见有张贴上谕，皇恩宽厚，愿率马步三万余人来归赎罪”②。

由此看来，告示在军事上的运用主要是利用告示的劝说功能，即以比较优越的条件和政策劝说城内百姓不与太平军对抗，劝诱清军将帅士兵缴械投降。当然，这里面也有震慑功能，那就是在告示中声称：如果敢与太平军对抗到底，就只有遭到杀戮和失败的结局和下场。

四、告示在政治上的功能：教育

攻城需要告示进行心理战，在城池被攻克以后，太平天国仍然离不开告示。攻城之后的“受降”即需告示。张德坚《贼情汇纂》说，攻城之后，太平军“先必大张伪谕，声以兵威，令各州县并造户册，即于乡里公举军帅、旅帅等，议定书册并各户籍敛费，呈于伪国宗、检点，申送江宁，是谓受降”③。《贼情汇纂》在介绍黄玉崑和赖汉英时就提到太平军攻占南京之后运用告示的情况，介绍黄玉崑时说：“癸丑二月至江宁，杨秀清等欲大肆屠戮，玉崑极言不可，即矫伪诰谕张贴安民。五月升夏官正丞相，办理军务，颇合杨贼心计，遂重任之，令伪官自检点以下，俱至伊处听令。”④ 在介绍赖汉英时也说：“癸丑二月至江宁，升殿右四检点。城陷时，汉英先入，遍出伪示，胁人从逆。”⑤ 而攻城之后社会秩序的稳定更需要告示作为宣传的媒介和舆论工具，所以，《金陵述略》载：“逆匪所刻妖书、逆示颇多。”⑥ 太平军利用告示“受降”，清军也利用告示“招降”。佚名《庚申避难日记》载，同治元年六月十一、十二，“今常熟城外已有曾帅招降告示”⑦。

攻城之后，最紧迫的事务即是要求百姓归顺，佚名《粤逆纪略》载：“贼既踞城，乃遍贴伪示，勒令百姓三日拜降，不从者杀。时拜降者至伪师帅处，人给一木牌，上写姓名，黄布两块，一印某军，一印圣兵，以二十五人为一

---

① 《清政府镇压太平天国档案史料》，第25册，第20页。
② 《清政府镇压太平天国档案史料》，第26册，第246页。
③ 《太平天国》，第3册，第109页。
④ 《太平天国》，第3册，第51～52页。
⑤ 《太平天国》，第3册，第71页。
⑥ 《太平天国》续编，第5册，第81页。
⑦ 《太平天国史料丛编简辑》，第4册，第529页。

队，贼以伪两司马主之。”[1] 当然，归顺的最基本条件就是缴械，龚又村《自怡日记》卷二十一载，同治元年六月二十五日，“见伪将谭□□示，奉忠王谕各处枪船，著令速缴军器，枪勇留营，倘逾限不能如令，即派慕王谭□□剿洗一乡，如嘉兴近事”[2]。但是，归顺太平天国的标志，从精神层面来说，是要求百姓信仰上帝教；从物质层面来说，就是体现在发式上，要求百姓蓄发。

太平军的将帅们非常重视百姓的信教问题，在攻城以后告示的大量张贴就是很正常的现象。涤浮道人《金陵杂记》也记载说：“逆匪设天父教，裹胁愚民，城中遍贴伪示，无论何事，起首皆有‘天父大开天恩，命我天王为真命主，定鼎天京’数句。”[3] 咸丰七年太平军攻克福建汀州以后，曹大观《寇汀纪略》载道：“是日（指三月十六日），颁示各乡，张贴通衢，狂悖之词，辄假天国天王天父天兄天师等字煽诱愚民崇奉。”[4]

蓄发不仅仅是生活习俗问题，而且是百姓归顺太平天国的重要标志。太平军每占一地，就张贴告示令民蓄发。陆云标《庚申年陈墓镇记略》载：“是时镇上业已进贡，王文竹与郑焕章等时往苏州李姓贼首处，市中遍贴伪示，禁止剃发。陈骏台、朱南畇等先已蓄发科头，改装易服。后传伪谕，在镇设立伪官。”[5] 顾深《虎穴生还记》记载咸丰十一年太平军占领江苏金山后，“钱圩已出伪示安民，不许薙头，农商归业”[6]。古越隐民氏《越州纪略》也记载，咸丰十一年太平军攻占越州古城及其附近乡村后，“于是千村万落，量力入贡，贼乃出示安民，令蓄发”[7]。佚名《平贼纪略》记咸丰十年五月事，下有“贼立伪乡官”条，载：“逆贼遍地焚掠，一月始息。踞贼黄和锦升伪济天安，出示招募乡官，令民蓄发。”[8] 在前期太平天国的蓄发令是相当严格的，北王韦昌辉有《为劝告朝内军中人等毋爱妖惑致干天诛诫谕》称：“乃有织营总制吴长崧等，身受天恩，不知图报，勾结妖魔，欲破天京，蒙天父大显权能，密中指出，将妖魔杀退，并拿获剪发通妖逆犯多名，以正天法。”[9] 可见在前期是有些留发即留命、剃发即丢命的意味。李滨《中兴别记》卷十三载咸丰四年三月事称：“贼杨秀清搜杀男馆私剪鬓发者无数。江南北妇女，每截

① 《太平天国史料丛编简辑》，第 2 册，第 31 页。
② 《太平天国史料丛编简辑》，第 4 册，第 451 页。
③ 《太平天国》，第 4 册，第 612 页。
④ 《太平天国》，第 6 册，第 815 页。
⑤ 《太平天国》续编，第 5 册，第 357 页。
⑥ 《太平天国》，第 6 册，第 745 页。
⑦ 《太平天国》，第 6 册，第 769 页。
⑧ 《太平天国史料丛编简辑》，第 1 册，第 267 页。
⑨ 《太平天国文书汇编》，第 87 页。

颈后发，余寸许覆之，俗谓刘海箍，贼亦以剪发论，女馆被杀者亦众。又遍榜伪示，禁阻反正，胪举往事，略云，织营总制吴长松，勾结外兵朱九妹，私藏红粉，图害东王，周锡能谋反，陈进先内应，云云。”① 但是，后期太平天国的蓄发政策要比前期灵活一些，《避寇日记》记载了太平天国符天燕钟良相所出的一则告示，其后附列的13则规条中关于蓄发的内容称：“留须蓄发，复中原本色，其外出经营者，准其剃头。”这表明了后期蓄发令并不是一刀切的，有一定的灵活性。佚名《庚申避难日记》载咸丰十一年二月十七日事说：“近日长毛连发告示，禁止薙发，如有薙者或修去半段者，即要穿去，索取银钱，始可放回，各处乡镇，都要来查。”② 对于清军来说，也有一个如何对待在战争中蓄发的百姓的问题，李滨《中兴别记》卷五十七载，同治元年“十二月，戊寅，朔。上命曾国藩出示晓谕：如江宁城中，有被逼蓄发，随同抗拒官军，果能于城池未下之先，诚心归顺者，勿论其从贼之久暂，一律准其投诚。将军械马匹呈缴后，该大臣等酌留所部，令其随同剿贼，一如洪容海等之例。倘有不愿随营者，即饬地方官递送回籍，或妥为安插，毋令失所，携带资财，不准兵勇抢夺。如兵勇利其财物，私行杀害，即按军法从事，本管官不行查办，一经发觉，即著照此办理。毋得追咎既往，任意杀害，以阻其向化之忱”③。对此，沈梓《避寇日记》卷四也有记载，同治二年“二月初一日，克复萧山县城。县官于初二日进城大坐，出告示招绅士入见，办善后事，并招居民入城认屋。绅士有衣帽各以衣帽见，无衣帽者以便服见，不及剃头者带发亦见，限居民半月剃头，其半月之前不剃头者不罪”④。

要求百姓信教和归顺，必须要有一定的道理和根据，这类告示大多宣扬太平天国天父皇上帝的神明伟大及太平义师的强大正义，揭露清朝统治的腐朽与反动，处处表现出为民做主、为民做想的姿态。赵烈文《落花春雨巢日记》载，咸丰三年二月“廿九日，贼纷纷薄（金陵）城下，炮日夜不绝，挑土筑围，为久守计。四出虏掠，驱年壮力强者为之作工，羸弱者令炊汲。贴伪示甚多，首称开国平满大元帅杨秀清，语多指斥本朝”⑤。咸丰九年，太平军进攻宝庆时，据李汝昭《镜山野史》载：“（粤营主将奥大丞相）至五月出示遍谕，示云：‘宅中图大，万古严夷夏之防。……势将迅扫妖氛，为亿万姓

---

① 《太平天国资料汇编》，第2册上，第225页。
② 《太平天国史料丛编简辑》，第4册，第496页。
③ 《太平天国资料汇编》，第2册下，第906页。
④ 《太平天国史料丛编简辑》，第4册，第239~240页。
⑤ 《太平天国史料丛编简辑》，第3册，第29页。

生灵吐气，澄清海宇，奠千百世中夏丕基。'"[1] 这则告示原文很长，气势恢宏，从中国传统的夷夏观出发论证了太平天国必胜的趋势，又从揭露清朝反动统治的腐败的角度阐论了太平天国出师的正义性，具有动魂慑魄的力量。赵烈文《能静居士日记五》载："咸丰十年八月二十三日，甲申，晴。至弢甫家午饭。又至小农处，不遇归。虎溪自城归，过访，言贼在吴江出示云：清朝皇帝非亡国之君，其臣皆亡国之臣。目下杭州尚未归天朝，尔民且无蓄发，俟杭城破后，大事已定，再用天朝制度，庶不致胜负反复，有累尔等云云。"[2] 沈梓《避寇日记》卷二载，咸丰十一年七月"二十日，余从白雀寺走过，见长毛有告示，系南京伪天皇规条，有十诫、十嘱、十除、十斩四十条，其说总以天主、耶稣为教主，盖教匪也"[3]。佚名《庚申避难日记》载，咸丰十一年十一月十四，"长毛有榜文一纸，都是毁骂清朝，其中文字加减可笑，'咸丰'二字，俱加'犭'旁，'愧'字换作'怇'字"[4]。佚名著《粤逆纪略》载："有叶姓最代为忠谋，似教以正者。伊所谓'魂得升天'，向来教匪皆有此语，以死后没寻处之天堂，骗人用生前之死力，人之听信，其愚迷为何如。'炼好成人'，亦贼匪告示语，此盗语也。"[5]

但是，在百姓归顺之后，还要安定民心，这就需要大量的安民告示。可以说，"安民"是出告示的一个基本目的，无论是前期，还是后期，都是如此。佚名《徽难全志》就较多地记载了这一点："咸丰三年，贼匪初次到祁门县。始贼首张指挥带十余人，到祁门县贴伪告示安民，叫百姓进贡，未停数日而去。""四年二月十二日，贼到黟县。始贼头范检点带兵走羊栈岭岭头，绩溪吴老明带勇驻扎，一见贼到，即放数抬枪而走。初次直到黟县城中，亦无官兵阻挡，贴伪告示安民。""十三日，（贼）即直行而下休宁县，……贼在城中，贴伪告示安民。……十五日，（徽州）郡城被陷，营兵及百姓死去百十余人，就在城中打馆占踞，贴伪告示安民。以前之贼，假仁假义，不杀百姓，不烧民房，不打掳，只杀官兵劫库而已。"后因邓绍良统带河南马步全军进攻徽州府城，"贼即退往休宁县而去"，"不期贼头白检点，带兵走祁门县，至黟县城中打馆，贴伪告示安民，踞住城中一月之久"。"五年，贼到黟县三次，以后之贼无信无义，放火、杀人、打掳三者当先"[6]。丰城毛隆保撰《见闻杂记》载咸丰三年五月至九月太平军进攻南昌一带事，说："连日闻县城各

---

① 《太平天国》，第3册，第12～13页。
② 《太平天国史料丛编简辑》，第3册，第155页。
③ 《太平天国史料丛编简辑》，第4册，第74～75页。
④ 《太平天国史料丛编简辑》，第4册，第516页。
⑤ 《太平天国史料丛编简辑》，第2册，第50页。
⑥ 《江浙豫皖太平天国史料选编》，第294～296页。

衙署，逃走一空，惟存官一人，邑侯招募乡勇，逃亡净尽。邑侯日与诸在城绅议事，亦皇皇待命而已。城中各户首，俱用黄纸墨书顺字贴之。铺家招牌有顺字者，俱改却中一直，传闻贼匪令贴此字者可免也。又传有贼匪告示一张，系杨秀清者，云特授开国军师平满大元帅杨示，禁土匪滋扰，约数十字。”① 薛凤九《难情杂记》载，咸丰十年六月十七日，“其时白鹤江镇贼匪设立伪局，遍贴安民伪示，因此该处居民得以苟安”②。龚又村《自怡日记》卷十九载，咸丰十年六月，“见伪示，据称‘天朝九门御林贞忠保国嗣天豫杨、殿左二伯九十一检点高为出示安民晓谕事：奉我真圣主天王谕驻守浒关，四乡居民，各归各家，各守本业，各村镇有材能之人，赶紧前来当□□官。倘有匪徒混充天民，在乡掳掠民财，许尔等捆送到官，以凭天法究办”③。九月初三日，“又闻北贼冲至平墅，贴安民示条”④。九月十八日，“见侯、钱伪示，非弗假仁假义，但其抄扰城乡，显与示背”⑤。张乃修《如梦录》载，咸丰十年“五月中旬，各镇集赀备办鸡猪羊之类，入城进贡，贼即令人携安民告示张贴。于是，设立军帅，锡、金各一，若县令也”⑥。佚名《庚申避难日记》载，咸丰十年十二月“又有告示称：‘投诚向化者现今只有五、六，其余顽梗再四，限期尚未向化，今再限□日，不来定要起师剿伐’等情”⑦。朱用孚撰反映太平天国后期历史的《摩盾余谈》亦载：“贼至大掠三日，谓之打粮，三日后出伪示安民，禁止掳掠。其游贼无所统者，仍入人家搜取米谷妇女。民之无业者随之。”⑧ 王彝寿《越难志》载，咸丰十一年十月，“贼入村追杀，尸骸如山，大焚房庐，两日夜始去。由是各村无敢拒者，贼至，惟睹其逞凶而已。如是者十余日。伪主将陆顺德出示安民。令各献金银，名曰‘进贡’。下令立乡官”⑨。沈梓《避寇日记》卷二载，咸丰十一年正月“十七日，见大全桥花园衖有伪左一宣传汪姓告示，亦是安民说话。盖贼众号令不一，各思得地设馆，为渔利之计。谭系乌镇魏长毛属下，因新塍吴老琪而来，与嘉郡长毛不甚通气；汪系嘉兴南门内伪麻天福属下，因凤喈桥章义群而来。

① 《太平天国史料丛编简辑》，第2册，第58～59页。
② 《太平天国》续编，第5册，第274页。
③ 《太平天国史料丛编简辑》，第4册，第354页。
④ 《太平天国史料丛编简辑》，第4册，第368页。
⑤ 《太平天国史料丛编简辑》，第4册，第369页。
⑥ 《太平天国》续编，第4册，第388页。
⑦ 《太平天国史料丛编简辑》，第4册，第490页。
⑧ 《太平天国史料丛编简辑》，第1册，第102页。
⑨ 《太平天国》续编，第5册，第143页。

庥天福之伪职势力较大于魏，以故谭不敢与争而去”[1]。咸丰十一年七月“十三日，贾长毛又至镇，在局中卖一马与沈幼巢师帅，沈于是骑马出入。伪符天燕钟出告示在关帝庙观前等处，大略总在安集四民，以士农工商分别言之，招徕流移，安居乐业，言颇文雅悱恻。其后设列规条十三则：……”[2] 陈懋森《台州咸同寇难纪略》载，咸丰十一年十月二十九日，“贼于仙居街市遍贴伪示，大意谕‘民各守旧业，无别生事，致陷典刑’。世贤复图郡城，留部下鏕天义、结天安守仙居”。十一月初三日，“临海贼出示安民，又窜东乡等处”。陈懋森还录下了这则告示，注明“录章家溪蒋百江家”[3]。沈梓《避寇日记》卷三载，同治元年正月“十四日，遇一留村人，云官兵现扎严家汇、荻港、菱湖，已安民之说。长毛出告示招聚流亡云”[4]。同治二年七月“廿一日，伪殿前忠莱朝将何出安民告示，其属下一朱姓来濮设馆，住大有桥街旧馆子内”[5]。有时，一些将领的高姿态也有助于民心、军心的稳定，沈梓《避寇日记》卷三记同治元年十二月十五日事，在介绍了慕王谭绍光等人于十二月五日左右试图谋叛不成后，说：“（十二月）初八日，伪忠王即出告示，罪己求贤，盖恐民之生心也。”[6]

民心是双方都要争取的，清军在攻克一地后，也往往张贴安民告示，潜山储枝芙蓉塘著《皖樵纪实》载，咸丰三年“二月，总兵吉进皖省，出安民示。贼悉赴下游也”。“秋八月，知县王日川出示征钱粮，民不应”[7]。咸丰四年八月初四日，和春等人在《奏报克复英山县城折》中称：“查点城内衙署，已被残毁，监狱、仓库一空，赶即出示安民，一切善后事宜，暂由该县祝昌奎接办。”[8] 佚名《蘋湖笔记》载，咸丰三年正月“初六日至十二日愈觉平安，而搬者绝无要抢之事。府、县、道出示谓：陆制府（指两江总督陆建瀛）带兵数十万重扼九江要口，贼匪断难飞越。以是镇城百姓稍安。十三日，镇城绅民好事者送匾都统及本府”[9]。沈梓《避寇日记》卷二载，咸丰十一年二月“初七日，徽人陈姓领长毛封朱星河房屋，又封翁中和房屋。初七日闻又□□家园、曹梅舫房屋。传闻塘路上有官兵告示”[10]。“（十二月）廿一

---

① 《太平天国史料丛编简辑》，第4册，第66页。
② 《太平天国史料丛编简辑》，第4册，第73～74页。
③ 《太平天国》续编，第5册，第180～182页。
④ 《太平天国史料丛编简辑》，第4册，第128页。
⑤ 《太平天国史料丛编简辑》，第4册，第266～267页。
⑥ 《太平天国史料丛编简辑》，第4册，第205页。
⑦ 《太平天国史料丛编简辑》，第2册，第92页。
⑧ 《清政府镇压太平天国档案史料》，第15册，第334页。
⑨ 《江浙豫皖太平天国史料选编》，第89页。
⑩ 《太平天国史料丛编简辑》，第4册，第67页。

日，余在濮往候王孟英，孟英处有沈姓者，于初七日自杭城逃至濮。据(云)：'……初王有龄之初莅杭也，出告示略云：'别吾民三年矣，不料鼠寇入境，……'。故当初以绍兴有警，百姓过江者皆回城，其向居城外之有家者皆入城，故围城后查门牌百姓有二百三十余万，无一人逃者，而王又日出告示以安民曰，不日有大兵来救等情。百姓亦遂忍死等救兵"①。同治三年十月十四日，僧格林沁等人在《奏报督军追剿获胜及股首率众投诚等情折》中称，"（十月）十三日将蓝成春解送到营，当即派员讯问录供后，即将该逆凌迟处死，枭首示众，以申国法而快人心。仍出示晓谕投降人众，务当痛改前非，同知炯戒"②。

针对太平天国的安民告示，清军也利用告示从事颠覆太平天国政权的活动，胡恩燮《患难一家言》载，咸丰三年"五月一日黎明，余与孙芝亭离尖山至孝陵卫买卖街，买卖街者军市者。遇一人顾余曰：'君非胡某与？君父四出招帖，又托粮台官吏访觅，君胡不速往吴。'诘其何以相识，则在其族林小田处曾见余，馈余钱千，余与芝亭正不名一钱，得此买酒荒肆，见市中所张翼长马龙示，择于五月五日破城，如有难民愿从入者，又白布书'复仇'字于衣前，各荷竹竿枪，随队进城云云"③。后来，"余与兄谋脱眷事，约既定，必谕曾（炳发）、吴（玉堂）之党来迎。届期余从北河俞姓往，时贼巡夜甚严，俞惧余为逻者所获，嘱慎之。余遂由圩堤下行，时冬夜严寒，身披狐裘，提一竹篮，将向帅密贴贼中之示悉纳之"④。十二月，"大营兵不满三千人，所铸大炮又未成，向帅但令余齐招安告示数十纸交蔚堂密贴城中"⑤。"时向帅之示既张，贼中未匝月逃出数千人，向帅檄余保卫之"⑥。当然，清军要在太平天国占领区张贴告示并使告示发挥作用还是有困难的，《贼情汇纂》分析说："或谓宜多张告示解胁从之惑，殊不知贴示于无贼之地，贼不能见，即有冒死兵勇入贼巢张贴，群贼一见，立即扯碎，大索三日，示中劝导之言，难民何由得知？"⑦

但告示能否起到"安民"的作用，关键还取决于太平军的军纪。如果军纪太差，百姓是不会相信告示的。汤氏《鳅闻日记》记太平军后期在江苏常

① 《太平天国史料丛编简辑》，第4册，第110页。
② 《清政府镇压太平天国档案史料》，第26册，第230页。
③ 《太平天国史料丛编简辑》，第2册，第341页。
④ 《太平天国史料丛编简辑》，第2册，第347页。
⑤ 《太平天国史料丛编简辑》，第2册，第349页。
⑥ 《太平天国史料丛编简辑》，第2册，第350页。
⑦ 《太平天国》，第3册，第304页。

熟的情况说："贼中称为伪忠王，李姓。其渠假作仁义，慈爱军民，约束手下各头目，勿许杀害良民，无故焚掠。叠出伪谕，远近张贴，招徕四民开设店铺，俾各复业。释放男女难民出城。究竟其众杀人放火，依旧肆横，而城中店铺无人敢应焉。"① 因此，太平天国要稳定社会秩序，除了要求百姓信教和归顺外，还必须对太平军将士提出纪律要求，申明军纪，使他们不得抢掠民间，扰乱百姓的正常生活，为百姓的信教和归顺创造一个现实祥和的社会环境。为此，太平军也张贴告示禁止士兵抢掠百姓，安定民心。在前期太平天国惩治违纪者是非常严厉的，《贼情汇纂》卷八载："俘获伪奏章稿内有增议太平刑律多条，又伪燕王秦日纲所出告示，亦载应斩罪多款，谓之律则。"② 后期的情况要复杂一些，沈梓《避寇日记》载，太平军在咸丰十一年攻陷新塍后，朗天安陈炳文亦出告示，"其告示自谓兵士众多，尤恐下乡滋扰，因出示，倘有滋扰者，准捆送来辕，按法治罪等语"。③ 咸丰十一年，太平天国殿左军主将黄呈忠在《招安余姚县四乡乡民钧谕》中也说："兹本将恭奉圣命，统率大队官兵，所行仁义之师，决非残暴之众。故一路以来，示谕遍贴，不准奸淫妇女，不准宰杀耕牛，更不准民房烧毁。"④ 但后期军纪大不如前期，有时为获百姓的信任，往往还出示要求百姓前去申冤，沈梓在《避寇日记》里还记述镇守桐乡县的符天福钟良相治理桐乡县事说："钟长毛出告示，听治狱讼，凡民间有冤抑不伸者，于三、八日期至辕门击鼓，审断曲直，平反冤狱。""又出告示禁人抢劫索诈，如有敢犯此者，许控诉即究"⑤。有时，也惩处一些违纪分子，并通过告示公布处理情况，以儆效尤。冯氏《花溪日记》记载了一个生动的史实："花溪乡官朱芸泉欲求升阶，强以某妇及许氏女载送宁贼首蔡，问二女一系有夫，一士人家，俱非心愿，赠金遣还，将朱芸泉斩示，并出伪示，辞甚慷慨，复以印玉轩为乡官。"清军也有类似的做法，李滨《中兴别记》卷三十三载，咸丰七年四月，李孟群在奏折中说："又闻从前有勒捐扰民之弊，出示严札，晓以大军所至，除莠安良，断不准将弁及地方官勒捐苛敛。"⑥

在特定情形之下，张贴安民告示似乎是一种策略。佚名《寇难琐记》载，

---

① 中国科学院近代史研究所近代史资料编辑组编辑：《近代史资料》，1963 年第 1 期（总 30 号），中华书局 1963 年版，第 72 页。

② 《太平天国》，第 3 册，第 227 页。

③ 《太平天国史料丛编简辑》，第 4 册，第 44 页。

④ 《太平天国》续编，第 3 册，第 117 ~ 118 页。

⑤ 《太平天国史料丛编简辑》，第 4 册，第 73 ~ 74 页。

⑥ 《太平天国资料汇编》，第 2 册下，第 533 ~ 534 页。

咸丰十一年七月廿三日，太平军进攻浙江省陡门县城，“县令李宗谟死之，空城中烧毁十之六七，直冲长安镇。镇本聚米山积，先已运空，搜括民间无所得。伪示安民，第一日不动，次日如故，三日渐骚扰，又明日五鼓后，火光冲天，号呼奔突。但闻喊杀之声，老幼互相蹂践而死，妇女悉弃孩提而逃，须臾间，尸横满路矣”①。如果这种情况多了，那么，所谓的安民告示的效力就会大大降低，没有人相信安民告示的说辞了，而且这种迷惑性的告示给百姓带来的则是灾难。类似的情形在清方也有发生，林大椿《红寇记》记载咸丰四年瞿振汉在浙江乐清筹备起义响应太平天国事，就反映了这样的情形：“正月下旬，镇道同至乐，遍张告示，亦谬称郡城员弁率兵灭贼以实前言，乐民不服，几至激变。巡抚闻捷后，知盐运使庆云浦（廉）前此备兵温处十年，久谙民俗，委之持令赴乐，熟筹善后事宜。正月四日，庆自省城登程，二月间至台郡，密访诸逆姓名及克复情状。廿四日驻大荆，接见官绅，奖其防守要隘，酌赏功牌；续谕贼徒名册急宜焚毁，有持此讦发者，以诬告论。众疑猾衿某名在逆籍，走乞奥援，曲为消弭，意虽为私，然册中人实阴受其庇。越五日，庆至虹桥毁瞿、倪二姓宗祠，发掘瞿逆先墓，议籍逆产入官。三月初，至县城，先发简明告示，归功百姓，大意谓本司入境以来，访闻详确，知廿四日起义实尔百姓之功，自当据实详报，断不使官绅等冒攘民功，滥邀奖赏。尔民亦不得恃功生事，有干法纪。示出民心大悦，谤议尽息。”② 战时环境中的措施要通过告示广泛告知百姓，使百姓按照统一的要求而行动。但是，在有些地方，如果措施不当，没有准备的安民告示，也会给百姓带来灾难。佚名《寇难琐记》载，浙江巡抚“卢（罗遵殿）中丞平日武备废弛，临变又无筹策。（庚申）二月初旬，湖城告急，置若罔闻，时举行武乡试，中丞专责日日比校，不暇为守城计也。迨兵临城下，出示不许居民迁徙，于是万众号啕，有从鳖子门缒而出者不计其数。然闭城数日，众绅士力请，始开一面之网，纵民出奔，其有泊舟江口，器物装载，而人不得出，因而致毙者何限。中丞已死，人犹无不怨恨”③。

太平天国要较好地维持统治区的社会秩序，必须有一定的人才基础，将统治区的百姓通过重建基层政权而重新组织起来，使统治区的基层社会秩序得以正常地运转。为此太平天国通过张贴告示广泛招徕和延揽各类人才。赵烈文《落花春雨巢日记》载咸丰四年三月初五的事说：“开孙来，言江宁管小

① 《江浙豫皖太平天国史料选编》，第138页。
② 《太平天国史料丛编简辑》，第2册，第258～259页。
③ 《江浙豫皖太平天国史料选编》，第137页。

异（敬伯同族，其尊甫异之先生系先大夫乡榜同年）从贼中来，曾见伪示甚多，其招贤榜云：'江南人才最多，英雄不少，或木匠，或瓦匠，或竹匠，或铜铁匠，或吹鼓手，你有那长，我便用你那长，你若无长，只可出出力的了。'"① 这是在招徕手工艺人才。佚名《平贼纪略》于辛酉十一年正月下有"城贼招募书吏"条载："城贼黄和锦出示招募锡、金老书吏，设伪钱粮局于东门亭子桥唐宅。分业田收租完粮，令民自行投柜，随给伪串。城乡业田者俱得收租糊口，或顽佃抗租，诉贼押追。"② 沈梓《避寇日记》卷二载，咸丰十一年七月"十三日，……关帝庙前又有告示，大略以定乱尚文才，戡乱需武略，清朝士习时文，官多捐纳，故空疏贪劣之人夤缘冒进，而畸士异人所以不出也。今列规条□款，凡民间有才力可任使者，来辕禀明录用：……于是窃叹军兴以来，朝廷不计及此，文武当道之臣，又皆无经济干略者，狃习故常，斤斤自用，希图宝贵，夤缘苟且，致天下于溃败决裂而莫可挽，即就近而论，如大营中及各处防堵团练等局亦无人议及此者。至去年张玉良在禾，军中求一医而不可行，其无人物可知。张固武夫，安知大计，所怪封疆诸大员不为计及耳。而今乃见之反贼文告中，天下事亦大可喟也"③。这里所录告示要延揽的人才则是"文才武略"，共罗列了太平天国所需要的 10 类人才，反映了太平天国所要求的人才是相当广泛的，但也说明了太平天国所要求的人才素质是不高的，特别是没有执意选贤任能，没有高级知识分子参加，因此，太平天国政权的基础是相当脆弱的。

太平天国除通过张贴告示招徕人才外，还通过科举考试选拔人才。但考试信息和考试结果也必须通过告示公布，并通过张贴告示动员士子参加太平天国的科举考试。佚名《金陵纪事》载："贼改南京为天京，前已改岳州府为得胜府矣。出示以读孔、孟书及诸子百家者皆立斩，迨八月初十日在南京开科取士，连出三示，用文用策，又谓孔、孟非妖书。"④ 倦圃野老《庚癸纪略》载，咸丰十年八月初六日，"伪行文告示，招文武生应试，里中赴考者四人"。咸丰十一年三月初六日，"伪监军出示招文武生应试"⑤。龚又村《自怡日记》卷二十载，咸丰十一年二月二十九日，"见牌示常昭邑试定于上巳，案首奖银廿两，其次递减，与考者免掠一村"⑥。三月初八日时又载太平天国科

① 《太平天国史料丛编简辑》，第 3 册，第 40 页。
② 《太平天国史料丛编简辑》，第 1 册，第 276 页。
③ 《太平天国史料丛编简辑》，第 4 册，第 73 ~ 74 页。
④ 《太平天国》续编，第 5 册，第 73 页。
⑤ 《太平天国》续编，第 5 册，第 315、317 页。
⑥ 《太平天国史料丛编简辑》，第 4 册，第 390 页。

举考试制度说："先期出示，令禁毡寇、缨结、眼镜、折扇，亲丧不必成服，似准入场，有缟素入馆者斥之。"① 六月六日，"见伪示，九月天京会试，准举、贡生、监、布衣一齐入场，不拘新举子，京借求才之意，诱进群儒"②。佚名《庚申避难日记》亦载，咸丰十一年二月"廿七，晴。长毛有告示来镇，三月初三日要县考，十三日上苏省府考，每旅帅要文童三十名，武童三十名，初一日动身"③。沈梓《避寇日记》卷二又载，咸丰十一年十一月"十五日，见伪符天福贴告示于关帝庙，招桐邑生童投辕报名，定于初十日开课，评文取士。每月三课，分上取、次取、备取三等：上给膏火三千，次给二千，备给一千。彼所谓初十日者乃大清历十九日也"④。

在招徕人才的基础上设立乡官是建立基层统治机构的最重要环节。一般地，乡官通过选举或保举而产生。选举的动员和选举的结果都通过张贴告示通告百姓。吴大澂《吴清卿太史日记》载咸丰十一年五月十一日事就记录了一则忠王李秀成动员苏州百姓选举乡官的告示，告示要求百姓选举"干事才能称职者"充当各级乡官⑤。《夏虫自语》则反映了太平天国张贴告示公布选举结果的情况：咸丰十一年十月十四日，"余见伪绫天安有示云：'本地居民，公同保举潘兰，精明强干，老成持重，爰特拔为监军'等语"。有时，乡官发生变化，也需要通过告示公布和说明。沈梓《避寇日记》卷二载，咸丰十一年七月二十日，"……至是为钟长毛械系之后，（沈幼巢）求卸师帅之职，举仆孟然以自代，而钟不许，仍著沈当此职，而令屠镇（指附近之屠甸市）军帅王花大代理。廿三日，余见有汪得胜告示，嘱濮院绅董到局办事云云。盖沈固纨绔，未尝经历，其所以被人控诉诸不法之事，实由办理无人故也。王花大者，屠镇人，花大其诨号也。以避伪讳故，王姓者皆改为汪云"⑥。又载，同年十二月"廿一日，闻钟长毛亦奉忠王令至桐乡，又将谭姓所封仓谷等封起矣，谭长毛亦莫能争也。总之，长毛无甚法令，其为伪官及到某处设馆子者皆可用钱捐而得之，与咸丰末造仕途升转之情仿佛，而更容易翻变者如是。钟长毛出告示，言为军务紧急，著谭姓代理，今已回任之说，为伪十二月初九日，实十九日也。是日午后，果见钟长毛之子，所谓嵌天豫者与二人皆黄包头黄马褂，骑二马驰骋于大街、柳岸北横街及义路街火烧场中，于是知钟

---

① 《太平天国史料丛编简辑》，第4册，第393页。
② 《太平天国史料丛编简辑》，第4册，第401页。
③ 《太平天国史料丛编简辑》，第4册，第497页。
④ 《太平天国史料丛编简辑》，第4册，第94页。
⑤ 《太平天国》，第5册，第336~337页。
⑥ 《太平天国史料丛编简辑》，第4册，第74~75页。

之复任确也”[①]。龚又村《自怡日记》卷十九记咸丰十年七月二十日事，载：“伪王以下官衔如天将、主将、天义、天安、天福、天燕、天豫、天侯、丞相、参军、指挥、左右同检、检点、拾遗、文武军政（司）、总制、疏附、文将帅、仆侍（射）、卒长、百长、承宣、巡查、稽勋之类，其他典袍、典鞋、典铅、典红粉之类不一而足。乡官则如军帅、师帅、旅帅、卒长、左右司马、伍长之类，专管漕银等务。新设一府三县，府为总制，县为监军。长洲县监军姓杨，居然出示，馆大石头巷中，书差仍招原人。”[②]

任何聪明的军事家都不会以单纯的攻城略地为目的，特别是到后期，太平军攻克城池后，都设官而治，纳入太平天国的郡县版图，使黎民百姓由大清臣民变为太平天国真主皇上帝的子民。因此，稳定社会秩序的首要环节就是争取黎民百姓，使他们信仰太平天国的上帝教，敬奉太平天国天王为共主。对他们的思想进行进一步的控制，他们甚至只能阅读经过太平天国删改的书籍，诚然，这样的政策亦需要通过告示进行宣传，《贼情汇纂》又载：“贼本欲尽废六经、四子书，故严禁不得诵读，教习者与之同罪。癸丑四月杨秀清忽称天父下凡附体，云：‘天命之谓性，率性之谓道，以及事父能竭其力，事君能致其身，此等尚妖话，未便一概全废。’故令何震川、曾钊扬、卢贤拔等设书局删书，遍出伪示，云俟删定颁行，方准诵习。”[③] 从前面的介绍，我们不难知道，从安定民心到基层统治秩序的建立，每一项政策和措施的推行，都必须通过张贴告示这一环节，因此，在政治上，太平天国充分利用告示的教育功能，教育人民要做天朝的子民，归顺天朝，信仰上帝教，尽其所能为天朝效力；教育士兵要遵纪守法，不要扰乱百姓，破坏正常的社会秩序。告示的教育功能得到了充分的发挥。当然，在发生了重大的政治事件之后，太平天国也要通过张贴告示通告民众。天京事变发生后，太平天国即告知民众，进行解释，以安民心。咸丰六年九月二十日，吴熙致函吴煦说：“伪东王突被韦昌辉杀戮。宁国有委员来省，据云宁国贴有伪示，内云杨逆窃据神器，妄称万岁，已遭天殛等语。”[④] 在这里，告示发挥的功能应偏重于告知。

五、告示在经济上的功能：告知与命令

太平天国要维持其在占领区的统治，除了招徕人才，建立基层政权外，

① 《太平天国史料丛编简辑》，第4册，第112页。
② 《太平天国史料丛编简辑》，第4册，第361页。
③ 《太平天国》，第3册，第327页。
④ 太平天国历史博物馆编：《吴煦档案选编》，第四辑，江苏人民出版社1983年版，第116页。

还必须建立起正常的经济秩序。正常的经济秩序在于提供可靠的收入来源，这也是政权稳定的基础。为此，太平天国在经济上采取了一系列措施以增加收入，以保证军需的供给，这些经济措施的执行也需要张贴告示。

太平天国对军需物资供应实行圣库制度，要求百姓将自己的财产物资及农商所获解归圣库，收贡是圣库物资来源之一，但是，要收贡就必须先行张贴告示。《贼情汇纂》载："军行先数百里，即遣人前往遍张告示，令富者贡献赀粮，穷者效其力，……"[①] 又说："设立乡官后，则又出示曰：'天下农民米谷，商贾资本，皆天父所有，全应解归圣库，大口岁给一石，小口五斗以为口食而已。'此示一出，被惑乡民方如梦觉，然此令已无人理，究不能行，遂下科派之令，……"[②] 王彝寿《越难志》载："伪乡官皆有局，号曰馆衙，延人理文案，其间亦有借势需索者。曾见有无名子造伪示，遍贴各村镇，大堪捧腹。"[③] 赵烈文《落花春雨巢日记》载，咸丰三年二月太平军占领金陵后，"又四处出示，教人送礼物，有一小旗插孝陵卫街上，书'奉令收贡'四字。凡各村庄送猪、羊、米、面者，给与执照，上书某村送物若干，吾等兄弟不得上门滋扰，末书太平天国三年日给"[④]。杜文澜《平定粤寇纪略·附记三》载："贼之所至，先贴伪示，令人赀送，首重米谷，次则银钱珍宝，名曰进贡，给以字条，名曰贡单，云贴于门首，则贼不敢扰。人争趋送，贴单门首为护符。殊不知后到之贼，称属别队，照单复索，叠扰不已，最后则入室搜劫，寸丝升粟，罄所有而后已。"[⑤] 李召棠《乱后记所记》回忆说，咸丰三年九月中旬，"复见市口贴有伪示，勒限池城（指贵池——笔者注）贡黄金六百两，否则剿洗。时城绅耆纷纷劝捐，纳贡呈册"[⑥]。倦圃野老《庚癸纪略》载，咸丰十年五月"十五日，早，拾得贼伪示，要献贡纳降"[⑦]。姚济《小沧桑记》载，咸丰十年五月十九日，"车墩镇贴有陆姓贼目称认天安伪示：'令民纳贡以免诛戮'，于是各图议进献猪羊等物，冀苟安旦夕"[⑧]。沈梓《避寇日记》卷二载，咸丰十一年正月"初五日，长毛伪官右十四宣传谭姓出告示言：奉伪□□□陈谕，（下阙约十字）寒者无衣，饥者无食，实属可悯。因命

① 《太平天国》，第3册，第270页。

② 《太平天国》，第3册，第275页。

③ 《太平天国》续编，第5册，第157~158页。

④ 《太平天国史料丛编简辑》，第3册，第32页。

⑤ 《太平天国资料汇编》，第1册，第323页。

⑥ 中国科学院近代史研究所近代史资料编辑组编辑：《近代史资料》（总34号），中华书局1975年版，第181页。

⑦ 《太平天国》续编，第5册，第312页。

⑧ 《太平天国》，第6册，第447页。

照得天朝吊民伐罪，扫除妖孽，天兵所至，立即削平。□□□□□知尔四乡子民，素称淳厚，投诚输贡，（下阙数字）本宣传前来设卡安民，招集流离，复归故土，安居乐业，复享太平。尔百姓益当感激，投诚前来纳贡等语。一贴大全桥，一贴共园衖。其关帝庙等处各有告示。又有告示一张，系伪官天朝九门御林后军正总提朗天安陈谕，天父天兄大开天恩命□真圣主降凡，□□安民，定鼎金陵。知尔浙江百姓（下阙数字）特命本爵前来安抚，招集流亡。叠经出示晓谕，播昭遐迩。尤恐尔四乡子民良莠□杂，顽顺不齐，□造妖言，阻尔等归向之心。尔等惑于□□，不无欲前且却，因再出示晓谕，俾尔四乡子民咸各闻之。自示之后，速速放胆投诚，输粮纳贡，毋再观望，致为游说所惑云云”①。同治三年六月初四日，张之万在《奏报徐连升进剿光山获胜及拟调军扼守光固折》中称：“发逆分扰豫境光罗一带，依山傍险，出没靡常。……其窜踞光山新集之贼众约数万，扰至泼陂河、田家新坳、西高庙等处，回环数十里，焚掠裹胁，攻破曾家寨、孟家寨，边马四出打粮，张贴伪示，勒索各寨贼物，又分股围攻最大之连康寨。”②《海虞贼乱志》则收录了一则告示告诉人们如何纳贡：“尔常昭乡城百姓，本属仁厚可嘉，无奈被勇棍王元昌所惑，夏秋间大吃其苦，今王元昌谅不能再惑尔等，是以逃遁他方，不敢出头。我苏福省忠王千岁洞悉情由，特命封刀入城，秋毫无犯。前日白场出队，实因东妖胆撄我锋，以致玉石俱焚，殊深惋惜。今后尔等欲归家安业者，只须按图备办猪羊油盐等物，择一二确实之人，执旗前导，旗上大书‘纳贡’二字，后面缓敲锣鼓，抬着物件送进城来，我给予路凭，尔等归后，即行写明人数具册投呈，我即给发门牌，张挂门首，我兄弟见之不敢吵扰，尔等居安如旧，老幼男女高枕无忧。若然恃顽不睬，立即放出大队，踹为平地，鸡犬不留，我言及时，尔行勿迟，急切凛遵，毋违，特示。”③由此看来，纳贡也是归顺太平天国的重要标志之一。

佚名《庚申避难日记》较多地记录了后期太平军收贡的情况，咸丰十年八月“初四，贼使人至塘桥贴告示，要令人进贡、领旗、领牌。初五午时，贼至塘桥，须臾至蔡墩、西资桥、韩登六房巷，又至圣帝殿、张巷、六房桥、楼子里、西场塘、西街，穿人而不放火，不进人家掠物，回至塘桥住夜。附近数里，人人敢在家宿夜，俱往野田、稻田、杆棵中住”④。九月“初五、初六、初七，无事。有张金者，自长毛到后，即为买办，任其差使，最为竭力，

① 《太平天国史料丛编简辑》，第4册，第64～65页。

② 《清政府镇压太平天国档案史料》，第26册，第6页。

③ 《太平天国》，第5册，第359页。

④ 《太平天国史料丛编简辑》，第4册，第482页。

得长毛欢。迩日又为城中长毛发告示，议贡、议领门牌、造册，其本处庙桥镇上凭其号令，无所不行”[①]。十月“初十，天雨。本镇自张金议贡，城中屡有钱姓告示来镇，黄德芳、钱永兴、汤义明等开销供饮。常在乡间收钱，每亩租钱三百文，收下即兑洋钱。贡去约有百金，现又领门牌”。同治元年十二月“十二，晴。朝晨，余家佩儿夫妇、孙男三人，避居北村徐姓家。已有谣言长毛已到庙桥，火光亦有，饭后稍平。逃避者甚多，镇上店家未开。晡夕时，进贡者自城返，说慕王、听王馆在山前祠堂内，送禀单上阅准，即发令旗一枝，安民告示一张，说不妨。随有张军（帅）传来告示一张，并要贡物数件，如牛、烛、猪、鸭、鸡、小吃八色等，即行办去。有长毛十余人在庙桥，说要到杨舍投文，使其不得来扰”[②]。以上史料说明了太平天国的告示有一定的威慑功能。张德坚《贼情汇纂》亦记载在收贡告示张贴以后，“此示一出，胆怯者无不担负银钱粮米，络驿于道，以献于贼，城市镇聚，所至皆然，非专行于乡村也”[③]。

但是，单纯地依靠收贡不能有效地保证收入来源的稳定，张德坚指出：“其初陷武昌时，亦如此出示，设馆收贡。仅行一日，见所获无几，遂逐户搜刮。此时盖专虏城市，仍不扰乡民。逮后陷安庆、江宁，再犯江西、湖北，于城市并不出示取贡，但肆虏劫于乡村，则仍出示督民进献。”[④] 咸丰四年以后，太平天国实行“照旧交粮纳税”政策，要求地主和占有土地的农民向太平天国缴纳田赋，租税收入逐渐成为太平天国较稳定的收入来源。而要收租收税，也需要通过告示来实施。《微虫世界》记载后期太平军在浙江绍兴的情况说：“又出伪示令凡有田者，得自征半年租。”[⑤]《海虞贼乱志》载，咸丰十年十月二十日，钱姓、侯姓两位太平军将领在海虞“出伪示：着旅帅卒长按田造花名册，以实种作准，业户不得挂名收租，……完现年漕米，补完现年下忙银两，限到年一并清割。幸是年秋收大熟，各项皆能依示，惟收租度日者及城中难民无业无资者，甚属难过”[⑥]。徐日襄撰《庚申江阴东南常熟西北乡日记》则载，咸丰十年“十一月初，常郡贼来守江阴，派各镇供应，伪示遍张，命乡官各保完粮”[⑦]。龚又村《自怡日记》卷十九载，咸丰十年十月十

① 《太平天国史料丛编简辑》，第4册，第485页。

② 《太平天国史料丛编简辑》，第4册，第545页。

③ 《太平天国》，第3册，第270页。

④ 《太平天国》，第3册，第270页。

⑤ 中国科学院历史研究所第三所编辑：《近代史资料》，1955年第3期，科学出版社1955年版，第89页。

⑥ 《太平天国》，第5册，第370～371页。

⑦ 《太平天国》，第5册，第433页。

七日，“伪帅熊姓逼令同至黄埭安民，给示收漕，每亩定六升，连条银共一斗，业主租收五成，先自办米缴新赋”[①]。佚名《庚申避难日记》对太平天国征收田赋漕粮亦有较多的记载：同治元年八月“廿三，阴、小雨。各师帅出示晓谕，先完早豆粮，每亩三斗”[②]。闰八月“初三，半阴晴。常熟慎天义有告示，奉慕王、听王之令，征收下忙银。今日各旅帅入城结算上年米账”[③]。九月“初四，朝晨小雨，阴。受天天军主将钱有告示，要征收漕米，限十月中”[④]。沈梓《避寇日记》卷四载，同治二年七月“廿七日，又有告示，从前民欠漕银俱豁，自今六月以后下卭漕银开征催缴云”[⑤]。租额的确定必须通过告示让各业户、佃户知悉。同治元年九月初八（太平天国壬戌十二年九月十八日），珽天安办理长洲军民事务黄的《酌定还租以抒佃力告示》就是这样的一则告示，该告示在提出酌定的租额后还说：“除委员率同各军乡官设局照料弹压外，合行出示晓谕。”如有田赋政策的变化，也要通过告示进行宣传，沈梓《避寇日记》卷三载，同治元年九月二十三日，“冯家桥章义群者，初以县役受伪官，为贼耳目爪牙久矣，贼甚信任之。壬戌之秋，贼又授以听殿编修，嘉兴郡七县总制之职，出告示于各邑乡镇为剔田赋之弊，……”[⑥] 对于农民占有原来地主的土地，到后期有些地方太平军也保护原来地主对土地的所有权。桐乡濮院镇守将钟良相在同治元年出告示说：“住租屋，种租田者，虽其产主他徙，总有归来之日，该租户仍将该还钱米缴还原主，不得抗欠。”[⑦] 为了保证农业生产的丰收，有时还会兴修水利工程，但这需要张贴进行宣传，沈梓《避寇日记》卷三补遗载，同治元年三月十一日，“又见盛川伪礼司员沈子山告示，言：奉听王谕修海塘，造听王府章程已定，合行出示。云云”[⑧]。

为增加财政收入，太平天国还废弃了最初禁止工商活动的政策，允许并保护商人正常的经营活动，并对他们征税。沈梓《避寇日记》卷二载，咸丰十一年正月“十五日，又复还濮。十二日谭长毛出告示令民间开店贸易，在岳庙馆子出入，议收店捐，为供给长毛经费”[⑨]。倦圃野老《庚癸纪略》载，咸丰十一年七月二十四日，“苏酋刘姓领炮船泊市河，贴伪示，查店铺本钱，

① 《太平天国史料丛编简辑》，第 4 册，第 377 页。
② 《太平天国史料丛编简辑》，第 4 册，第 535 页。
③ 《太平天国史料丛编简辑》，第 4 册，第 536 页。
④ 《太平天国史料丛编简辑》，第 4 册，第 537 页。
⑤ 《太平天国史料丛编简辑》，第 4 册，第 266 ~ 267 页。
⑥ 《太平天国史料丛编简辑》，第 4 册，第 192 页。
⑦ 《太平天国史料丛编简辑》，第 4 册，第 73 页。
⑧ 《太平天国史料丛编简辑》，第 4 册，第 146 页。
⑨ 《太平天国史料丛编简辑》，第 4 册，第 65 页。

给商凭抽厘”①。佚名《庚申避难日记》则载，咸丰十年十二月“初三，微晴。昨日有长毛三十余人到恬庄，七、八人在庙桥做馆收粮，发告示各处，要各店铺领凭，并要各样生意或摊头都要每日税钱若干，以作饭（馆）中供饮之费”②。太平天国还对商业采取了一些鼓励性的措施，并通过告示进行宣传。佚名《平贼纪略》于咸丰十年六月下有“伪示典当开赎”条载：“养源典当，邑城顾氏所开。道光季年置地盖房，其门墙巩固，匪盗不能摧其坚。城陷时，典伙李某等守之。四月十八日贼至，李某就近出避，贼由邻墙而入，所掠极微。贼退，土匪窃取不过十之三，李某等回而逐之，保当本数万串。至秋，倩乡官谋踞逆伪济天义出示，令民备本让利取赎，乡民从之，半年告竣。从中化费若干，不知其详。邻当胡正昌缘房屋之固不及养源，甚至家伙亦被抢完。”③《花溪日记》载，同治元年四月二十五日，“澉洋又到官兵船百余，嘉贼闻风，令熊某领千余贼来守黄塘关口，统管海盐县，岂知官兵过路，络绎而去，熊乃分百余贼设馆通元镇，并出伪示安民，有‘凡无力开店许发本永不取民间分毫’等语”。有些地方的政策并不是有利的，同治元年二月初七日，“盛泽伪官沈子珊出告示，新塍伪军帅及局内董事俱派股作本钱，本少利重，卖主除三厘捐款，买除加一用钱”④。当然，在特殊情况下，特别是到后期太平军军纪较差的时候，有些地区的太平军将士也会采取一些措施维持正常的交易秩序。太平军进驻城镇后，常常出告示“谕各店铺尽开，照常贸易”。为了确保镇江，支援天京，罗大纲采取了一系列活跃经济，加强防务的措施。他命令部属在城内外遍贴告示，声称“买卖公平”，号召村民到西门交易，又“传谕各乡送礼，许不掳掠”⑤。佚名《庚申避难日记》载，同治元年二月初八，太平军出告示，“禁止客商贩米”⑥；七月初三，“晚兴天预老余等二十余（长）毛到局发告示，要七百廿结帐，遍挞旅帅，一夜不定，各处告贷”⑦。沈梓《避寇日记》卷三载，同治元年“三月初六日，寒食节，左营师帅出告示，禁恃强索诈、恃强卖买、欺骗霸占、抗欠及假冒枪船等约十条左右，贴在大街之中”⑧。卷三补遗亦载：“三月初六日寒食节，右营师帅沈出

① 《太平天国》续编，第5册，第318页。
② 《太平天国史料丛编简辑》，第4册，第490页。
③ 《太平天国史料丛编简辑》，第1册，第270页。
④ 《太平天国史料丛编简辑》，第4册，第134～135页。
⑤ 钟文典：《太平天国人物》，广西人民出版社1984年版，第434页。
⑥ 《太平天国史料丛编简辑》，第4册，第520页。
⑦ 《太平天国史料丛编简辑》，第4册，第531页。
⑧ 《太平天国史料丛编简辑》，第4册，第142页。

告示，禁索诈、恃强卖买及欺骗、假冒枪船等。”[①] 卷四又载：“惟濮镇张镇邦于（同治二年七月）二十日出示晓谕：‘凡弟兄所欠各店钱款，各开账来取。于是夜二鼓如数给发。’局中诸董事办酒作饯。”[②] 清军收复某些地方的时候，也同样会采取一些措施维特市场秩序，并通过告示进行宣传。胡恩燮《患难一家言》载，咸丰三年二月“二日，贼登报恩寺浮图，叠然巨炮，击毁南城楼，陆制军仓皇失措，不能安坐。时富贾闭粜，贫民无以食，刘武烈公发仓粟，于堂皇减价卖之，出示平市价，并不准典局闭门”[③]。沈梓《避寇日记》卷五载，同治三年五月，“月杪许本高（清军官员）到禾，痛嫉公估不便于民，乃出告示曰：‘刁恶市侩，通同劣绅，开设公估，以好作坏，上下其价，盘剥小民，大属不便，严行禁止。’于是大街公估始息”[④]。“（六月）廿六日，见许本高告示，言得驿站苏州李抚军文书写明南京于今月十六未时克复之语，因即出示晓谕云云”[⑤]。

太平天国对行商的征税是通过设立的关卡来完成的，但在何处设立关卡，由谁人把卡，必须张贴告示通告人民。鹤樵居士手辑《盛川稗乘》载，咸丰十年冬天，“贼兵围攻杭州，王永义出令禁止客米往西南一带，声言毋得接济妖军，于东西两庙设卡巡查，派仲纶为伪卡员，悬挂枫阁户书伪示，杭城粮饷罄尽，无处探买，遂至失守”[⑥]。沈梓《避寇日记》有很多这方面的记载：咸丰十一年正月初五，“长毛伪官右十四宣传谭姓出示言：奉为□□□陈谕，……本宣传前来设卡安民，招集流移，复归故土，安居乐业，复享太平”。正月“十三日又有九门御林开朝勋臣庥天福陈告示，系嘉兴发来，亦是特令兄弟前来把卡，招集逃亡。尔等子民勿必惊疑，通商贸易等语。十六日，始有汪姓至濮设卡，谭姓乃去”[⑦]。“廿八日，局中出告示，贴行牌上迎于街道，言今汪大人安民把卡，一应过往弟兄概行禁止，断无骚扰等情。特此晓谕居民迁回镇上，安居乐业，开店贸易等语。四市梢皆贴告示，然镇人亦无敢信者。又差人到四乡催沈小芸及仲刘濮等大家至镇议办公事，亦无人敢至者”[⑧]。“六月二十左右，闻驻扎平望、平管、黎里、严墓之长毛钟符天燕钟良相调往桐乡，乌镇、屠甸市、濮院皆归钟姓把卡。六月底，伪官钟以文书

---

① 《太平天国史料丛编简辑》，第4册，第211页。
② 《太平天国史料丛编简辑》，第4册，第266～267页。
③ 《太平天国史料丛编简辑》，第2册，第330页。
④ 《太平天国史料丛编简辑》，第4册，第311页。
⑤ 《太平天国史料丛编简辑》，第4册，第315页。
⑥ 《太平天国史料丛编简辑》，第2册，第204页。
⑦ 《太平天国史料丛编简辑》，第4册，第65页。
⑧ 《太平天国史料丛编简辑》，第4册，第66页。

及告示两纸发到濮院局内，欲到濮院把卡”[①]。七月初一日，符天燕钟良相“仍回桐乡，向来卢姓所属之贾长毛不肯让馆子。初四日卢姓出告示，仍令贾长毛住濮把卡。初六日，卢姓又来告示一张，调贾回去，是日午后贾姓遂让馆子。初八日，桐乡符天燕钟著一林姓李姓至濮把卡。林、李人甚廉正，并不出门闲走，并不横索钱财，约束小长毛甚严，小长毛出门买物交易皆公平”[②]。而到了八月廿五日，“是日陡门长毛粹天侯者出告示云：‘前奉朗天义令，嘉兴只设陡门一关，其余关口均已辍去，岂有七里设两卡之理，倘卡有无龙文印，并不奉朗天义裘天安僚天福令者，定系秘设，凡商贾可不必完纳’等云。是日，吾镇师帅往桐禀钟长毛，钟移文至朗天义处，言百姓凋敝已极，何堪此七里设两卡之税，回文未转”[③]。同治元年“（八月）十二日，余返濮。陡门卡上伪官听王亲周姓退居濮院横板桥馆子，前两旁栅门皆砌城堞形，是日周去，接任者为伪倍天豫罗姓。陡门卡上换伪官鲁姓，无官衔，其告示印为陡门卡务四字”[④]。由此可见，把卡人员的变动及关卡的废置都要张贴告示，否则商贾不知，征税就难以进行，也无法保证正当的税收秩序和商贾利益。清方也有同样的做法，佚名《蘋湖笔记》载，咸丰七年七月，“何制府、赵抚军（指何桂清、赵德辙）出示奉上谕裁静（尽）沿江卡局，人心亦快”[⑤]。有时，为了某种目的，必须对特定的商品进行过卡稽查，甚至严禁过卡，太平天国为此会张贴告示予以通告。据佚名《蠡湖乐府》载，咸丰十年，太平军攻陷苏州以后，“乡民载米到杭粜卖，贩买纸货，因杭省米贵而纸贱也。夫杭纸不能救饥，赖苏米以生，（徐）少蘧报知贼目，以为苏米到杭，杭即有粮可守。贼目出伪示禁止，粒米不得过卡，而杭城遂不可支矣”[⑥]。

太平天国除了对农民征收田赋，对行商坐贾征收商税卡税外，还征收其他各种杂税。海虞学钓翁《粤氛纪事诗》称：“多张告示谕民家，衔署钦差也押花。布匹纱绸同捕网，自然有果结琵琶。”[⑦] 据鹤樵居士《盛川稗乘》载，咸丰十年七月，邓光明、汪心耕率领的太平军占领了盛泽镇，汪心耕于七月初三“遍贴伪示，称奉听王令旨，总理嘉兴米饷，于济东会馆内设立筹饷总

① 《太平天国史料丛编简辑》，第4册，第71页。

② 《太平天国史料丛编简辑》，第4册，第72页。

③ 《太平天国史料丛编简辑》，第4册，第44页。

④ 《太平天国史料丛编简辑》，第4册，第182页。

⑤ 《江浙豫皖太平天国史料选编》，第109页。

⑥ 中国科学院近代史研究所近代史资料编辑组编辑：《近代史资料》（总34号），中华书局1975年版，第172页。

⑦ 钟文典：《太平天国人物》，广西人民出版社1984年版，第449页。

局，创立厘捐、卡捐、铺捐、房捐、军柴捐、红粉捐诸名目，专以强派勒罚为事”①。佚名《平贼纪略》于咸丰十年闰三月下有“乡难”条载：“十七日，伪四百三十四丞相樊毛大（无锡人）遍贴安民伪示，设卡于北门外梵音阁，收土匪窃物之税。”② 关于樊毛大，该书在同治五年丙寅下有“贼目”条载：“樊玉田乳名毛大，无锡刘潭桥人，驾舟为业。咸丰三年，至镇江金山被掳。庚申春，随贼回家，以宦官自居，出示安民，设卡于北门外梵间阁，抽收土匪取物运乡之税。未几，为城贼设卡所撤，至家造船起屋，设肆刘潭桥，市面一兴。十一年夏，率众攻陷嘉定，升伪诚天福。”③ 沈梓《避寇日记》补遗载，同治元年十二月“初八日，忠王出告示。十四日，长毛收隔日店捐”④。在征税过程中出现了货币问题，太平天国在提出解决办法后也通过张贴告示通告百姓，沈梓《避寇日记》载，咸丰十一年九月初九、初十日，“白雀寺前贴一伪告示，其伪官为户部正地官，示为评定洋价收漕米，惟滥板隔铜不收，其光洋每元作洋八钱，以下小花等递降有差”⑤。

在经济上，太平天国从钱粮赋税的征收到货币问题的解决，都必须通过张贴告示这一环节，使黎民百姓了解太平天国的各项经济政策及有关措施，使他们对这些政策和措施有一个从消化至接受再到付诸行动的过程，有些政策的变化也需要通过告示进一步告知百姓，如沈梓《避寇日记》卷二载，咸丰十一年“十二月初八日，伪粹天侯谭姓，即春官名奉宣，闻初至濮设卡之右十四传宣也。往桐乡与钟长毛争馆子，云奉伪忠王令将钟姓所收仓谷等尽行封锁，钟长毛乃引去。谭姓继之，谭姓出告示令民间还粮，为伪十一月三十日也”⑥。不难看出，告示在经济上起作用的主要是告知功能和命令功能，也就是宣传和告知太平天国的各项经济政策，要求百姓按照这些政策去履行作为天国子民的各项义务（进贡、缴纳田赋和各种税收），保证太平天国拥有最基本的收入来源，维持统治区最基本的经济秩序。

六、告示在社会领域的功能：命令和警告

在社会生活领域，太平天国为了适应战争环境的需要，特别是为了适应上帝教的内在需要而采取了一系列移风易俗的措施，在这方面，也离不开告

---

① 《太平天国史料丛编简辑》，第 2 册，第 183 ~ 184 页。
② 《太平天国史料丛编简辑》，第 1 册，第 263 页。
③ 《太平天国史料丛编简辑》，第 1 册，第 324 页。
④ 《太平天国史料丛编简辑》，第 4 册，第 228 页。
⑤ 《太平天国史料丛编简辑》，第 4 册，第 85 ~ 86 页。
⑥ 《太平天国史料丛编简辑》，第 4 册，第 100 页。

示的作用。太平天国必须通过张贴告示将这些措施广为宣传，使广大百姓了解和掌握这些措施的要求，从而能够自觉地执行，并促进整个统治区的社会风气的逐步改变，形成新的社会风尚和新的社会环境。

在生活习俗中，太平天国禁止饮酒。咸丰四年四月，东王杨秀清发布《通令朝内军中人等禁酒诰谕》指出："照得酒之为物，最易乱人性情，一经沉酣，遂致改变本来面目，乘兴胡为，故我天父皇上帝最为深恶，降有圣旨，不准饮酒。"并声称："重究严禁以后，如再有饮酒者，定即斩首不留。"①

太平天国还禁止卖淫嫖娼、赌博、吸食鸦片和黄烟，为此韦姓和石姓两位国宗于咸丰四年发布《革除污俗禁娼妓鸦片黄烟诲谕》，表示要"革除恶习，禁遏浇风"，认为"男行女行最宜分别也"，"娼妓最宜禁绝也"，"洋烟、黄烟不可贩卖吸食也"，最后警告人们"倘有犯此者，一经察觉，定按天法究治"②。佚名《庚申避难日记》载，咸丰十一年八月"初四，晴。长毛有告示禁鸦片"③。沈梓《避寇日记》亦载，咸丰十一年七月十三日，"钟长毛又出告示劝人戒赌，戒鸦片，先以妻子衣食为喻，继以精神血气父母遗体为喻，长篇累牍，居然苦口婆心"④。十月"十六日，钟长毛至濮讲道理，出示禁赌博及字宝场，赌场皆停止一天。"⑤ 十一月十二日，"闻十月十七日沈牌士屋内之长毛又换瀧天侯秦姓，亦伪钟长毛所统下。秦姓伪告示禁字宝赌场"⑥。佚名《寇难琐记》还记载说，咸丰十一年"六月下旬，严墓之符天燕新转福爵，人品温雅，有局量，与彼处甚有恩信，量移桐乡。兼隶乌镇，及石门镇之东北乡。七月初莅任，出示禁赌博、拿匪棍"⑦。与太平天国严厉禁烟形成鲜明对比的是，有些清军竟然要求百姓献烟。佚名《金坛围城追记》载，咸丰十年五月"初六日，（清军参将）艾得胜出示，令民献烟土。闰三月，局中曾备存烟土五十包，以济兵勇之急，至是已尽。艾得胜出示，谓兵无烟食，无力战守，着有土者献出平卖。初尚由局觅买，继则兵勇自入民家搜查，甚至将素贩土得捉营吊讹。后禀县假监追名，将被捉者入外监躲避，始免"。"十八日，邑侯（指金坛县令李淮）示，禁民买兵勇物。自得胜出示后，各勇借搜土名，掠民物街卖。无知者贪廉争买，于是搜土勇益多，不能禁，请邑

① 《太平天国文书汇编》，第88～89页。

② 《太平天国文书汇编》，第89～90页。

③ 《太平天国史料丛编简辑》，第4册，第511页。

④ 《太平天国史料丛编简辑》，第4册，第74页。

⑤ 《太平天国史料丛编简辑》，第4册，第92页。

⑥ 《太平天国史料丛编简辑》，第4册，第94页。

⑦ 《江浙豫皖太平天国史料选编》，第154页。

侯出示，独禁民买。派地保巡查，犯者立拘，照价以一罚十，买物入官，仍枷号一月示惩。掠物者无售主，搜土风始息”①。

对人们的衣着服饰，太平天国也有严格的规定。佐天侯陈承瑢发布《告官员兵士等恪遵定制晓谕》规定：“因红、黄二色为天朝贵重之物，凡有官者，即遵职制造穿着。无官之人，仅准红色包头，其汗袍、蚊帐、足裹尤不准用。”“必须郑重红、黄二色。”“其已成之物，只准穿在内服，不准作为外观，倘限期已满，一经查出，按照天法，斩首不留，那时后悔无及，勿谓谕之不先也。”② 沈梓的《避冠日记》对这种服制变革的告示在民间的反应有较为详细的记载，同治元年“正月十二日，余在盛泽闻长毛欲改服饰，男子皆红扎巾，不许戴氈帽，女子不许着裙子。黎里已出告示，凡道里闻戴氈帽则除之，拖辫发者则割之，女子曳裙子则扯之，故盛泽亦将复然。余初不信，后晤岳蓉邨知望边果有伪文移至盛泽整顿服饰。伪官沈子珊遂出告示，于是长毛在盛泽者纷纷除人氈帽，孙四喜号少湘，为赌局巨魁，有误除其摇小船氈帽者，孙于是大怒曰：‘百姓势穷力竭，不得已还粮纳贡以役于长毛，犹之可也。而廉耻则尽人所有，岂得尽人而丧之？人谁无妻孥，人谁无头足？而官绅当为百姓先，今官绅未尝尽易其服，而欲令百姓从之，不亦难乎？男子无帽，何以御寒？女子无裙，何以蔽身？此固无须易者。今盛泽绅士及军师帅若必欲易之，则请各绅士及军师帅之妻妇去裙曳裤，敲锣迎于镇，令百姓见之，俾知所响，夫然而有不遵此制者，我孙少湘受其咎；若其不能，则我当先打各绅士及军师帅之家，而后及长毛。’局中于是大惧，凡所除小船帽者均各赔偿，丁初旬演昆腔戏四天，盛设酒肴，请罪于孙而后止。于是新塍、濮院等处遂无易服饰之议”③。

对于丧葬习俗，太平天国也有变革，认为：“凡军中兵士无故升天，亦是好事，所有升天之人，俱不准照凡情歪例，私用棺木，以锦被绸绉包埋便是。”④ 杜文澜《平定粤寇纪略·附记二》说：“贼出伪示，死不用棺，用则为妖，香火不设，设则为邪，死为升天，享受天堂极乐，为莫大喜事，禁哭泣，其传教然也。”⑤ 李圭《金陵兵事汇略》亦载在定都天京后，“出伪示，谓人死为升天，不许哭，不用棺木，不设香火，违则为妖邪”⑥。

---

① 《江浙豫皖太平天国史料选编》，第70～71页。

② 《太平天国文书汇编》，第91页。

③ 《太平天国史料丛编简辑》，第4册，第134～135页。

④ 《太平天国》，第3册，第229页。

⑤ 《太平天国资料汇编》，第1册，第316页。

⑥ 《太平天国》续编，第4册，第250页。

太平天国甚至对人们的言行举止也有一些规定，《落花春雨巢日记》就曾记述太平军“又出示改小便曰润泉，大便曰润化，尾闾曰化关。又云‘尔等军民交头接耳，殊为失体，以后说话，止许化关对化关，违者重处’云云”①。在节日之前，太平军还要求百姓打扫街道以迎接节日。沈梓《避寇日记》载，同治元年正月“初七日，长毛出告示言：‘三日后为岁朝令节，街道打扫净洁，有不打扫者违令即究。’”② 太平天国还禁止悬挂清朝的功名匾额，毛隆保《见闻杂记》载咸丰三年五月至九月太平军进攻南昌一带事，说：“又传有贼匪告示一张，……又次传一张，亦系杨秀清者，衔名如前，内有令各乡将旗匾扯毁者。于是各乡有功名匾额的，均行撤去，上点并将祠堂中有官衔主位俱收藏矣。又云贼匪恶门联，各乡遂将门联福字亦俱洗去；又恶门神，城中将门神俱用颜色刷尽矣。贼匪又恶神佛，只观音、关圣、文昌不毁，于是县城将各神像，纷纷迁徙避匿。即最显如天符大帝、三王菩萨俱匿去，万寿宫即改许氏宗祠，各庙俱改文昌宫、关帝殿、观音堂，上点北屏庵扁（匾）额均改去。”③ 可见，太平天国在社会生活方面对广大人民的要求细致入微。

到后期，在太平天国统治区，亦有遇旱祈雨的习俗，但在祈雨之前，都要张贴告示，要求人们“断屠斋戒”。佚名《庚申避难日记》在同治元年六月二十日下载：“迩日旱干，河内无水，长毛出示，断屠斋戒，祈求雨泽。”④ 沈梓的《避寇日记》亦载，同治元年四月，“又闻十八日新塍长毛出告示禁屠宰一礼拜期求雨。十九日果雷雨。又闻乌镇长毛出示叫僧道求雨，天不雨杀和尚”⑤。同治二年六月，“时十余日无雨，乡人雇工车水甚忙，每工工钱三百文，益以酒肉供给，每工约费五百文，多有听其槁去者。贼卡出伪示禁止屠宰，斋戒祈雨，冬春米价每石昂至七元余，每升约计百文”⑥。

在社会生活领域，告示的主要功能是命令或警告，告示命令人们不要嫖娼卖淫、赌博、吸食鸦片与黄烟，不要随便穿着红黄二色衣服，讲话不得交头接耳，家中不能悬挂清朝功名匾额，等等。警告人们如果违背这些命令，必将受到重处。由于移风易俗的艰巨性，因此，告示的功能当以警告为主。据咸丰四年八月三十日《塔齐布等奏报水陆搜剿汉水获胜并筹虑各条折》称：“自岳州以下直至金陵数千里，久已沦为异域，小民劫于凶威，蓄发纳贡视为

---

① 《太平天国史料丛编简辑》，第3册，第40页。

② 《太平天国史料丛编简辑》，第4册，第126页。

③ 《太平天国史料丛编简辑》，第2册，第58～59页。

④ 《太平天国史料丛编简辑》，第4册，第530页。

⑤ 《太平天国史料丛编简辑》，第4册，第220页。

⑥ 《太平天国史料丛编简辑》，第4册，第259～260页。

固然，虽经谕令薙发，而乡民畏贼之暴，狐疑观望。”① 这种对清政府告示的漠视在一定程度上表明太平天国前期的告示效力还是较好的。

七、告示效力与政权兴亡

告示的最基本功能就是将信息公开化并使之得到传播。因此，由于内部斗争的需要，一些太平天国将领到后期也将内部斗争的内幕信息公示于众，以取得同情和谅解。石达开出走时亦曾有六言诗告示，《皖樵纪实》载，咸丰七年五月十一日，“贼伪翼王石达开窜皖城，踞之，伪示云避嫌也”②。同治四年八月二十三日，左宗棠在《奏报李侍贤被汪海洋暗杀情由片》中称：“汪逆前曾藉词不救侍逆，杀其旧党李元茂等，兹见李世贤至，亦不自安，遂于七月初三日夜，密遣贼党四人，乘李世贤酣卧时杀之，并杀其旧党伪王宗、伪天将、伪朝将等五人，传示各贼馆，扬言侍逆已降官军，兹入镇平复结党图为内应也。臣等犹恐所闻不确，未敢遽以入奏，兹镇平克复后询之降人难民，所言皆同，并见汪逆所贴伪示，有侍王心怀险毒，不得已而行此法。”③

综上所述，太平天国如果不使用告示，是无法实施对占领区的统治的，而占领区的百姓如果没有太平天国的告示，也无法了解太平天国的各项政策和措施，以求得在太平天国统治区的更好生存，告示的张贴和发布在太平天国占领区是常见的现象。倦圃野老《庚癸纪略》记吴江史事时说“时有伪示来镇，词甚鄙悖”，除了前述当地太平军将领所发的要求纳贡、参加科举和抽税的告示外，还有来自上级领导的告示，如咸丰十年七月二十六日“有伪忠王李逆示，词甚狂悖”。十月二十六日，“苏城贼酋徐姓与吴江贼酋，以伪天王洪逆诏至镇，伪乡官迎接悬挂，其辞甚鄙”。咸丰十一年正月二十九日，“吴江贼官邱姓送伪诏来镇”④。所以，在太平军撤出以后，清朝官吏往往看到大量的告示，《咸同广陵史稿》载，咸丰三年十一月，太平军撤出扬州后，“新旧城伪官告示并各伪署门前对联依然式贴，不曾洗抹，未知当事者是何意也”⑤。在缺乏现代传播技术设备和手段的太平天国时代，告示充当了太平天国与人民群众之间的中介媒体，在太平天国的各种文书中，人民群众看到最多的就是贴满大街通衢的告示，告示成为他们了解太平天国政策、措施、思

① 《清政府镇压太平天国档案史料》，第15册，第515页。
② 《太平天国》续编，第5册，第40页。
③ 《清政府镇压太平天国档案史料》，第26册，第533页。
④ 《太平天国》续编，第5册，第314、315、316、317页。
⑤ 《太平天国》续编，第5册，第101～102页。

想、主张的重要渠道。而太平天国要臣服广大的人民群众，也必须张贴大量的告示让人民群众了解和理解太平天国各方面的政策和主张，自告示出现以后，它就成为太平天国重要的武器，成为太平天国上层建筑的有机组成部分。这个武器曾经指向清军，用于军事上的心理攻坚战，试图不战而屈人之兵；这个武器也曾经指向百姓，用于政治上要求百姓归顺和信教；这个武器也曾经用来维持太平天国的有机体，用于经济上征收钱粮赋税。所以，太平天国从打江山、坐江山再到保江山的每一个环节都离不开告示，在这些环节中，告示发挥着劝说、告知、教育、命令和警告等各种功能，而其核心功能则是命令和警告，而告知则是其最基本的功能。当然太平天国的严厉措施可能产生了相当大的作用，但不可否认的是，太平天国告示的功能还是起了一定的作用。没有告示，太平天国的各项政策、措施就难以广为传播，其实施的范围和效果都要受到很大的限制。正因为告示的如此作用，直到最终，李秀成还是忘不了要利用告示来达到他“收齐”的目的。李秀成在自供中提出的收齐章程十条中，最后一条说：“要劳老中堂，如行者求行，出示各省远近三十县乡村，言金陵如此如此，今各众不计何人俱赦，仍旧为民，此是首要。”①

当然，太平天国的宣传和传播方式并不止于张贴告示，还有口头宣传的方式，所谓的“讲道理”就属于这种方式，还形成了行之有效的制度。太平天国规定每两设一座礼拜堂，全两成员在星期日都必须到礼拜堂做祈祷，听人讲道理，主要宣传上帝教的教义和太平天国的各项政策。曾含章《避难记略》载：“贼目时至各乡镇，或庙宇中，或贼馆内，搭高台，南向而坐，旁坐伪乡官，若两司马而下皆环立庭前，呼土人聚其下，而告之以征粮、索贡之语，名曰讲道理。”② 余一鳌《见闻录》载：“（太平军）每出一令，则令人打锣口传，名曰喊令。又搭高台勉众合力打江山，名曰讲道理。……其喊令也，大令：则曰某某有令如此，如有不遵者，斩首示众。小令：则曰如有不遵令，拿获天法究治。其杀人、枷人、赶兵归队皆喊令，盖贼中识字者少，出示不能尽悉，喊令则老幼皆知，疾而易传也。”③ 因此，“喊令”也是一种口头宣传方式，这种方式主要是宣传具体的政策和措施、临时性命令或指示。这种方式弥补了告示的不足。但是口头宣传的局限性是明显的：一是口头宣传稍纵即逝，互相传播更易以讹传讹，不易记录和保存；二是受时间和空间限制，直接对话的双方必须处在同一时间，必须在很近的距离内，人群规模不能太

① 《清政府镇压太平天国档案史料》，第26册，第301页。

② 《太平天国》续编，第5册，第344页。

③ 《太平天国史料丛编简辑》，第2册，第128～129页。

大，否则就不易听清，达不到宣传的目的；三是必须及时理解，接受者必须一边听一边理解，并立即作出反应。口头宣传方式的这些局限性对处在战乱时期的太平天国政权来说是致命的，因此，口头宣传方式不能成为太平天国主要的宣传方式，张贴告示则克服了口头宣传的以上局限性，成为太平天国主要的宣传方式，在地主阶级知识分子的记载中可以看到大量的有关太平天国张贴告示的史料。

有时为了增强宣传效果，太平天国也会把两种方式结合起来，前述《蒙难述钞》中的有关记载就说明了这个问题。曾含章《避难记略》载："贼有伪令，众贼皆听贼目之指挥，有不听伪令而适被贼目知觉者必杀，曰犯令。杀后将首级挂竹杠上，以黄纸书伪示，使二贼扛首级，一贼鸣锣，一贼读伪示，呼于贼众中，以为榜样，曰喊令。"① 这种恐怖性的结合方式一时会收到较好的效果。佚名《寇难琐记》载，咸丰十一年，"忽于十一月初九日，喧传长毛复来，已而伪军帅吴存曹自南而北，摇旗呐喊，手携告示，令众曰：'毋惶恐，太平天国将于此筑馆安抚尔众'，贼尾其后者数百人，径至利济寺，……占利济刹院，贼分踞之"②。沈梓《避寇日记》卷三载，同治元年正月初三，"有嘉兴秀才张厚仙云，初五日桐乡钟长毛有告示以硬牌敲锣迎四栅云：'符天安大人有令，众位弟兄齐听。明日凡我兵勇均各调赴杭城，除留桐乡办事以外，不得暂停。'然初六日街上长毛更多矣"③。同治二年（二月）"十四日，局中出示敲锣，言桐乡有客长毛数百，借寓濮院，尤恐居民惊慌，出示晓谕。濮院师帅及张镇邦伪保天安陈姓等出西栅迎接不至。是夜镇人大小户眷口皆走避。次早平明后，犹行走不绝，辰刻桐乡派来长毛四百余名至濮，分四处馆子：一河下蒋同裕当屋，一沈牌士住屋，一观前三分当屋，一横板桥唐姓屋。有十余人皆受伤，舁之登岸，盖皆系上路溃长毛也。而桐乡伪筱天安文书告示皆云刻际天兵过境，弟兄糅杂，尤恐滋事，特派弟兄某某至濮设馆代为巡缉，保卫地方。此皆官（冠）冕语也。镇人议论纷纷，咸谓萧墙之祸匪朝即为夕矣"④。这是先敲锣后贴告示的方式，还有先告示后敲锣的方式，沈梓《避寇日记》卷三载，同治元年八月廿一日，为救助饥民在筹得米后"于是更定章程，丐桐乡师帅出告示，于秀邑翔云观设施粥局，敲锣示众，令饥民先至局领筹。凡镇人及乡人无食者均得给筹，……"⑤ 这种结

① 《太平天国》续编，第5册，第347页。

② 《江浙豫皖太平天国史料选编》，第144～145页。

③ 《太平天国史料丛编简辑》，第4册，第126页。

④ 《太平天国史料丛编简辑》，第4册，第239～240页。

⑤ 《太平天国史料丛编简辑》，第4册，第184页。

合，将会使更多的人了解救助措施，这种结合的方式效果当会好一些。但是，情境不同，结合的效果也不同。沈梓《避寇日记》卷二载，咸丰十一年十二月“廿四日，天未明又闻炮声，至黄昏又止。回家询老母，知十一日镇人皆逃。初十边长毛回，杭城既破而回陡门。塘上大队兵过，关上长毛恐其入关也，十一日封卡，而并运卡中货物入船中，离塘四、五里歇宿，镇人闻之皆惧。是夜起潮头。十二日，卡上长毛船逃入镇者，镇人又逃。长毛出告示不许逃，逃者执去枷号，人始定。是晚，贼船有由正家泾入沈家兜者，乡人逃至镇，又起潮头，镇人逃者纷纷。有开肉店者，取店中腥肉与人抬而走，方出大街，长毛正肩行牌敲锣安民，遂锁以去。次日复枷系而迎四栅，一人敲锣前导，二人以竹篠打之，令锁者自喊‘逃则枷号示众’云云。迎毕，然后释之”①。在这里，尽管将两种方式结合起来，但是，在大兵过境的情况下，人心慌乱，告示的效力还是有限的。而同样的情况，在前期效力却是较好的。佚名《咸同广陵史稿》载，咸丰三年九月二十四，“群贼定计速行，巳午时，贼鸣锣谕众云，大队即刻往南京，凡兄弟姊妹愿去者随行，不愿去者听”。“二十五日，贼复鸣锣谕众云：愿去者自随行，不愿去者如湖南（、湖）北、江西、芜湖之口音，固遭大兵之杀戮，即扬郡新兄弟姊妹亦难免大兵之荼毒而奸淫。自示之后，兄弟姊妹愿投金陵速出徐凝门登巨舟，终不愿去之人，勿以未尝相强而贻后来之怨悔也。至是从贼者如归市矣”②。

张贴告示之所以能够成为太平天国宣传的主要方式，不仅在于它能克服口头宣传方式的局限性，而且在于太平天国告示本身的原因。太平天国对包括告示在内的所有文书，要求文以纪实和朴实明晓，为此干王洪仁玕两次发布誼谕要求广大的官员、文书人员和知识分子执行，这两次誼谕指出：“一应奏章文谕，尤属政治所关，更当朴实明晓，不得稍有激刺，挑唆反间，故令人惊奇危惧之笔。”“嗣后本章禀奏，以及文移书启，总须切实明透，使人一目了然，才合天情，才符真道。”体现了太平天国文书具有人民性的倾向，这也正是告示能够成为太平天国对群众的最直接的宣传媒介的基本原因。但是，这种具有人民性倾向的告示，到后期却因为整个政权的基础发生变化而没有了权威，因而告示的效力在有些地区已经降至零点了。《自怡日记》卷二十载，咸丰十一年二月二十五日，“见伪示欲到处讲道，并禁薙头、霸租、抗粮、盗树，犯者处斩。然其所统官员半吸鸦片，又任佃农滋事，见新剃发者藉法敛钱，随处剽夺人家祠墓大树，辄封寺观，民房无人即拆，万事借天欺

① 《太平天国史料丛编简辑》，第4册，第113～114页。

② 《太平天国》续编，第5册，第97页。

人，与示正大反”[1]。因为告示的效力来源于实际的执行力，如果实践中执行的政策与告示所宣传的政策不一，那么告示的效力和权威也会下降，如沈梓《避寇日记》卷三载，同治元年四月十四日，“是晚局中出示，令民间开店，黄昏时（伪官粹天侯）谭又至北横街天□绸庄买湖绉及绸千余疋，当夜发炼，次日朝晡时，谭先以其众行，留百人在濮候绸出炼，午后乃去。然即此一夕之淹留，而借宿供餐，局中人已不胜其扰矣”[2]。令民间开店的政策在有些地方是保护商人的正常经营权利，有些地方甚至还有鼓励性的措施，但是，在这里开店的结果是被粹天侯无偿征用了湖绉及绸千余疋，这就使人对告示的效力发生怀疑，商人开店的积极性就会受到抑制。不仅如此，到后期，告示的效力受到太平天国自身的严重挑战，一些太平天国官员竟然扯碎其他官员发布的告示。据汤氏《鳅闻日记》载：“时王市首创进贡，各乡亦闻风而起。昭文界东乡，有朱姓叔侄两人，前在姑苏投入，亦立伪监军局在东。（咸丰十年八月）二十一日，大股下冲其处，各家已贴门牌，仗朱姓出头打话。贼竟不睬，扯碎伪告示，毁去门牌馆子，依旧掳人焚掠。并朱姓人亦捉去，毫不可恃。愚民媚贼，究何益哉。”汤氏还发出了“贼中反复无信，法度荒谬可知”的慨叹[3]。

太平天国告示在其军事、政治、经济和社会生活等方面发挥着告知、劝说、教育、命令和警告等功能，它是太平天国对群众进行宣传的中介媒体，而张贴告示则成为太平天国主要的大众传播方式。在当时的历史条件下，告示同时也是清政府进行大众传播的主要方式之一，因此，太平军与清军之间就存在着另一种形式的战争，即告示战。当太平天国的告示效力下降以后，太平天国就会失去广大的群众基础，而其失败也就成为一种历史的必然了。这就是研究太平天国告示的基本结论。

---

① 《太平天国史料丛编简辑》，第4册，第390页。

② 《太平天国史料丛编简辑》，第4册，第152页。

③ 中国科学院近代史研究所近代史资料编辑组编辑：《近代史资料》，1963年第1期（总30号），中华书局1963年版，第94页。

后 记

20 年前，我硕士研究生毕业的时候，我的导师钟文典教授正在主编《太平天国史丛书》。他将一部书稿交给我，希望我在这个书稿的基础上进一步修改，并进行充实性的研究，具体的度由我把握，而且时间也不作限制。这个书稿就是崔德田先生最初提交的《太平天国文书制度》的初稿，崔先生并非专业的研究者，竟以此学术界较少进行全面研究的难题为课题孜孜矻矻地进行了多年的探讨，撰成初稿，实属不易，其精神亦令我赞叹。崔先生当时年事已高，再请他继续修改，恐其力有未逮，故恩师有此安排。我知道，这个安排意味着恩师对我的信任。从一开始，我确立的态度是：要认真地做好这件事。随后，我从三个方面着手：一是先将初稿认真的研读，对需要修改和补充的地方作出标记，对全部工作的量做到心中有数；二是了解学术动态，将学术界有关文书制度研究的成果都设法找到手边，当时没有期刊网，了解学术动态的办法是利用各种索引，对于近期的动态则是充分利用报刊索引，通过了解学术动态，进一步确定需要补充或增加的内容；三是我到图书馆和资料室将能找到的太平天国史料都借到手边，然后逐本进行阅读。根据需要修改、补充、增加的内容，摘录出相关的史料。在完成史料阅读和积累的基础上，最后才动笔修改。为了保持稿件的完整性，我实际上是用笔重新撰写，当时使用电脑的人只是极少的人。经过两年的努力，终于完成书稿的写作。在得到恩师的首肯之后，将书稿交由广西人民出版社出版。这是我踏上太平天国史研究之路的最初由来。

书稿的出版，令我兴奋，我反复地阅读着还散发着油墨香味的新书。当时我已到中国社会科学院研究生院师从王庆成研究员攻读博士学位，课程之余的时间较多，反复的阅读使我渐渐地发现了一些有待继续探讨的问题，有些需要进一步归纳，有些需要进一步深化，而有些则需要进行全新的研究。因此，书稿的出版，并没有使我停下探索太平天国文书制度的脚步。当时我首先觉得有必要对太平天国的文书种类进行归纳，构建一个易于让人掌握的系统，因此而有了《太平天国文书系统述略》一文。其间我还感到很有必要展开对太平天国告示的研究，同学间的关系非常融洽，饭后闲余同学们常常进行学业的交流，有同学建议对这个问题可以借鉴传播学的方法，在继续搜

集史料的基础上，运用传播学的基本理论对太平天国告示的起源、发布者、文书人员、流向及传播效果等问题进行分析，缘此我先后写成了《太平天国告示刍论》和《试论太平天国告示的起源》两文。后来由于主要精力投入博士学位论文的准备和写作，对太平天国文书制度的研究有过短暂的中断。

博士毕业之后，我回到原单位工作，继续着对太平天国文书制度的研究。文书是由文书人员承办和运转的，因此，我将研究的重点转向文书人员，写成了《太平天国文书人员初探》。在这个过程中，我发现了诏书衙的问题，感到有些诏书衙史料的价值未得到充分的利用，一时间，我埋头于史籍继续寻找相关的史料，通过考辨，纠正了史籍记载的错误，弥补了学界长期的疏漏，提出了自己的一得之见，写成《太平天国诏书衙考辨》。而在研究诏书衙的时候，我觉得诏命衙也很值得探讨，运用相同的方法，又写成《太平天国诏命衙简论》。这两篇文章即是对太平天国文书机构的研究。

在两篇关于文书机构的文章之后，我又回到对文书人员的研究。由于文书人员都是具有一定级别的职官，我准备探讨太平天国的文书官制，六官丞相就具有“承意旨，具文书”的职能，我即拟从丞相制度入手，岂料这是一个难啃的骨头，身陷其中不能自拔，2001 年参加广州纪念太平天国起义 150 周年学术讨论时，我提交了《太平天国丞相制度初探》一文，但自感不太满意。会后，我本打算修改这篇论文，但越是修改，发现的问题就越多。只得不断地搜集史料，我翻阅了新出版的《清政府镇压太平天国档案史料》26 册和《中国近代史资料丛刊续编·太平天国》10 册，从中找到不少的史料。在修改论文和搜集史料的过程中，对有些问题的思考相对成熟，就先写成了《太平天国侯相考》、《太平天国前期高层官员配置文书人员问题新探》、《太平天国前期高层文书人员的命运》等文。但是，关于丞相制度的正式论文则迄未发表，直到今年才将多年的研究心得从头疏理，得以完成全部的研究，纳入本书的第四章。

当然，在研究太平天国文书制度的过程中，我也因缘时会涉及太平天国史的其他领域，2003 年上海南翔古镇召开纪念上海小刀会起义 150 周年学术研讨会，我即以上海小刀会起义与太平天国的关系为题撰写与会论文。在其后的 5 年时间中，曾以较多的精力投入这一问题的研究，使得对文书制度的研究受到一定的影响。不过，5 年中对这个问题的探讨是有收获的，先后发表了《刘丽川上天王奏折时间考》、《小刀会起义的酝酿与太平天国的关系新探》、《一个真实的刘丽川》、《上海小刀会对太平天国的“争取接管”战略述论》、《上海小刀会起义首领刘丽川下落考》等文，并出版了专著《上海小刀会起义与太平天国关系重考》。

总的说来，20 年来，我对太平天国史的研究主要集中在文书制度、上海小刀会起义与太平天国的关系这两个领域。虽然不能算有多大的成就，但是，我自感是在不断地进步并有所心得的。回过头去看，我些微的进步或微不足道的创见，都要归功于我的导师钟文典教授和王庆成研究员对我的指导和关心。他们都是研究太平天国史的大家，他们占有史料的扎实功底、分析史料的独到眼光、各具特色的行文风格都是作为学生的我所不敢企及的。钟老师耳提面命，给我无数次鼓励，使我有不断奋斗的动力；王老师不时的点拨及其论著中所显现的学术魅力常使我感受到学术的真义和乐趣，使我有不断奋斗的精神支柱。我生有幸，得有两位恩师，我深深地感谢他们。

以上不成系统的学术总结，并不意味着学术研究的完结。对太平天国史，我还要尽我的努力继续地研究下去。

朱从兵

2010 年 9 月于苏州

图书在版编目(CIP)数据

太平天国文书制度再研究/朱从兵著. —合肥:合肥工业大学出版社,2010. 10
(近代国家与社会丛书)
ISBN 978-7-5650-0287-8

Ⅰ. ①太… Ⅱ. ①朱… Ⅲ. ①太平天国革命—文书—制度—研究
Ⅳ. ①K254. 07

中国版本图书馆 CIP 数据核字(2010)第 190545 号

太平天国文书制度再研究

著 朱从兵　　　　责任编辑 章 建

出 版	合肥工业大学出版社	版 次	2010 年 10 月第 1 版
地 址	合肥市屯溪路 193 号	印 次	2010 年 10 月第 1 次印刷
邮 编	230009	开 本	710 毫米×1010 毫米 1/16
电 话	总编室:0551—2903038	印 张	22. 25
	发行部:0551—2903198	字 数	398 千字
网 址	www. hfutpress. com. cn	印 刷	中国科学技术大学印刷厂
E-mail	press@ hfutpress. com. cn	发 行	全国新华书店

ISBN 978-7-5650-0287-8　　　　定价: 48. 00 元

如果有影响阅读的印装质量问题,请与出版社发行部联系调换。